运河十景——平望四河汇聚（吴江区平望镇人民政府宣传办供稿）

阳澄湖生态湿地（苏州市水利工程建设处供稿）

苏州太湖湖滨湿地公园（苏州太湖国家旅游度假区供稿）

江海交汇第一湾——张家港湾（张家港市水务局供稿）

常熟铁黄沙生态岛（常熟市水务局供稿）

印象苏州水文化馆（苏州市河道管理处供稿）

苏州大学重点学科经费资助

胡火金 主编

苏州水文化概论

SUZHOU
SHUIWENHUA GAILUN

苏州市水务局 编

苏州大学出版社
Soochow University Press

图书在版编目（CIP）数据

苏州水文化概论／胡火金主编；苏州市水务局编.—苏州：苏州大学出版社，2022.8
 ISBN 978-7-5672-3900-5

Ⅰ.①苏… Ⅱ.①胡… ②苏… Ⅲ.①水-文化-苏州 Ⅳ.①K928.4

中国版本图书馆 CIP 数据核字（2022）第 034249 号

苏州水文化概论

胡火金　主编

苏州市水务局　编

责任编辑　周凯婷

苏州大学出版社出版发行
（地址：苏州市十梓街 1 号　邮编：215006）
苏州市深广印刷有限公司印装
（地址：苏州市高新区浒关工业园青花路 6 号 2 号厂房　邮编：215151）

开本 700 mm×1 000 mm　1/16　印张 20.75　字数 362 千　插页：1
2022 年 8 月第 1 版　2022 年 8 月第 1 次印刷
ISBN 978-7-5672-3900-5　定价：75.00 元

图书若有印装错误，本社负责调换
苏州大学出版社营销部　电话：0512-67481020
苏州大学出版社网址　http://www.sudapress.com
苏州大学出版社邮箱　sdcbs@suda.edu.cn

绪论 / 1

第一章　水环境状况 / 13

　　第一节　自然地理 / 14
　　第二节　水系 / 18
　　第三节　"三江" / 27
　　第四节　水旱灾害 / 34

第二章　古城水道 / 41

　　第一节　水门 / 42
　　第二节　"三横四直" / 46
　　第三节　河道变迁 / 50

第三章　湖泊利用与开发 / 57

　　第一节　早期水利 / 58
　　第二节　湖泊利用 / 59
　　第三节　太湖治理 / 74

第四章 水道开浚 / 79

第一节 通湖水道 / 80
第二节 通江水道 / 89
第三节 运河 / 101
第四节 水上运输 / 105

第五章 农田水利 / 113

第一节 农田种类 / 114
第二节 魏晋及以前的军屯与围田 / 117
第三节 隋唐两宋的塘浦圩田 / 120
第四节 元明清的农田水利 / 126

第六章 桥塘堤闸工程 / 131

第一节 桥梁 / 132
第二节 塘路 / 138
第三节 堤坝 / 140
第四节 闸站 / 143
第五节 江堤海塘 / 146

第七章 治水思想与水利技术 / 151

第一节 治水思想 / 152
第二节 水文观测与水利技术 / 164
第三节 水利科技与经济社会发展 / 177

第八章 水利管理 / 185

第一节 水利机构与水利职官 / 186

第二节　水利社会组织　/ 191
第三节　水利经费与劳动力　/ 197
第四节　水资源管理　/ 205

第九章　水居空间与水建筑　/ 209

第一节　水文化遗产　/ 210
第二节　古城、古街　/ 215
第三节　古镇、古村　/ 219
第四节　古典园林　/ 221
第五节　水栅　/ 230

第十章　水乡生活　/ 235

第一节　饮食与服饰　/ 236
第二节　舟桥　/ 244
第三节　古井　/ 249
第四节　民俗　/ 252
第五节　水上体育与游艺　/ 258

第十一章　水韵文学与艺术　/ 263

第一节　昆曲与评弹　/ 264
第二节　歌舞　/ 266
第三节　水墨吴门　/ 270
第四节　水润工艺　/ 272
第五节　涉水诗词　/ 274

第十二章　水文化传承与城市精神　/ 281

第一节　水文化特征及其现代价值　/ 282
第二节　水文化内涵与城市精神塑造　/ 289

第十三章　水生态与美丽水城建设　/ 301

第一节　水文化景观建设　/ 302
第二节　水生态文明建设　/ 315

后记　/ 322

绪 论

水是大地的血脉，是生命的源泉。人类文明的起源和发展离不开水，长江、黄河、底格里斯河、幼发拉底河、印度河、尼罗河和地中海等河海孕育了灿烂的古代文明。东晋时期的郭璞在《玄中记》中言："天下之多者水也，浮天载地，高下无所不至，万物无所不润。"① 在水的浸润涵养下，不同的区域形成了不同的文化。海洋文明、湖泊文明、河流文明集中地体现了水文明及水文化，在人类文明史上具有重要意义。苏州在特定的自然地理环境中，孕育了丰富的水文化，在历史演进中，对区域经济社会发展具有重大作用和深远影响。

一、水利建设与区域历史发展

苏州地处太湖流域低洼区，湖泊众多，河网密布，水上交通便利，特定的水环境为人们的生存与发展奠定了基础。与此同时，因为地势低洼，水涝灾害频仍，区域发展又受到严重制约，治水成为区域的头等大事。历代水利建设不断疏浚湖泊、河流水道，设法解决太湖泄水问题，区域内外水网水系渐趋整合，水利设施进一步完备。这一方面解决了长期困扰区域发展的水患问题，另一方面，丰富的水资源得到有效利用，构成了四通八达的水网体系，促进了区域农业开发、市镇经济、商贸流通等方面的全面发展。

汉代之前，吴地较为落后，水涝灾害频繁，经济状况不甚景气。《史记·货殖列传》称："楚越之地，地广人稀，饭稻羹鱼，或火耕而水耨，……无积聚而多贫。是故江淮以南，无冻饿之人，亦无千金之家。"② 《吴越春秋》载："吾国僻远，顾在东南之地，险阻润湿，又有江海之害。

---

① ［晋］郭璞：《玄中记》，清道光梅瑞轩十种古逸书本。
② ［汉］司马迁撰：《史记》卷一百二十九《货殖列传第六十九》，北京：中华书局，1959年版，第3 270页。

君无守御,民无所依,仓库不设,田畴不垦。"① 魏晋南北朝时期开始,南方得到开发,经济社会迅速发展。《晋书·食货志》载:"天下无事,时和年丰,百姓乐业,谷帛殷阜,几乎家给人足矣。"② 唐以后,经济重心南移,江南成为国家经济的重心,正如韩愈所说"当今赋出于天下,江南居十九"③。而苏州成为江南的重中之重,白居易在《苏州刺史谢上表》中称:"况当今国用多出江南;江南诸州,苏最为大。兵数不少,税额至多。"④ 其后,获得发展先机的苏州顺势而为、迅速发展,在国家经济社会发展中占有重要地位。明清时期,苏州成为"衣被天下"的全国经济文化中心之一,在财赋供给、水利建设、人才储备等诸多方面首屈一指。康熙时人沈寓说:"东南财赋,姑苏最重;东南水利,姑苏最要;东南人士,姑苏最盛。"⑤ 在利用水、治理水的基础上,丰富的水资源发挥了天然优势,滋润着人们的生活,涵养了社会文化,水在苏州经济社会文化发展中发挥了重要作用。在这个层面讲,苏州农业开发及经济社会发展的历史,就是一部水利史,苏州文化史就是一部苏州水文化史。

苏州历史文化悠久。三山岛遗址显示一万年前人们就在此繁衍生息。吴地是稻作文化的起源地之一,是中国最早的鱼米之乡,其经济生活的典型特征是"饭稻羹鱼"。在新石器时代的马家浜文化、崧泽文化、良渚文化等遗址中,具有农田灌溉、水井开凿等早期水利的内容,体现了当时利用水、治理水的较高水平。苏州草鞋山文化遗址,发现了6 000年前的古稻田遗址,其中有水口、水塘、水沟,还有水坑、水井及储水池,形成了与原始稻作相关的原始灌溉系统。在澄湖遗址、摇城遗址、昆山绰墩遗址、张家港徐家湾遗址及东山村遗址、吴江龙南遗址等,发现了遗存稻谷、稻壳、炭化米粒,显示了区域早期稻作农业的发展,同时也反映了先民在水稻生产过程中的排灌措施,体现了早期水利的一些基本状况。

水井是早期农业生产和生活用水的重要来源。在中国早期水井集中的

---

① [汉]赵晔撰,[元]徐天祜音注,苗麓校点:《吴越春秋》卷四《阖闾内传》,南京:江苏古籍出版社,1999年版,第30-31页。
② [唐]房玄龄、褚遂良、许敬原等撰:《晋书》卷二十六《志第十六》,北京:中华书局,1974年版,第791-792页。
③ [唐]韩愈:《送陆歙州诗序》,[清]董诰、阮元、徐松等编纂《全唐文》卷五五五,清嘉庆内府刻本。
④ [唐]白居易:《苏州刺史谢上表》,周绍良主编《全唐文新编·第3部·第3册》,长春:吉林文史出版社,2000年版,第7 518页。
⑤ [清]贺长龄:《皇朝经世文编》卷二十三《吏政》九《治苏》,清光绪十二年思补楼石印本。

三大区域中，长江下游太湖地区遗址数量较多、年代较早、范围较大，用途涉及生活和灌溉。苏州具有开挖水井和饮用井水的悠久历史。距今4 000~6 000年前，在马家浜文化、崧泽文化、良渚文化遗址及夏商周文化中发现了数以千计的水井，包括用于农业灌溉和生活用水的水井，后又发现了战国、汉代、宋代等不同时期的水井。草鞋山遗址的水井，区别了农田灌溉和生活用水；吴县澄湖遗址中的古井群，显示了居住区与作业区的区分。这表明水井已兼具生活用水和农田灌溉的双重作用。

春秋战国时期，阖闾修建苏州大城，伍子胥开辟水陆城门，沟通了城内外的水网；黄歇建造楚门和蓉门，初步奠定了四纵五横的古城水系框架。同时，古城外围也开通疏浚了很多重要河道，商周至春秋战国时期，开浚伯渎河、胥河、邗沟、越来溪、百尺渎等，秦代开挖陵水道，孙吴时期开凿破岗渎，秦汉时期修建海塘及围田、堰塘、运河、湖泊的开发，为苏州水利建设奠定了重要基础。

隋朝京杭大运河的开浚和通航，贯通海河、黄河、淮河、长江、钱塘江水系，苏州与其他区域进行了广泛连通，促进了水上交通和贸易往来，加强了南北经济及社会文化的交流，带来了苏州经济社会的发展和繁荣。唐宋时期，水利建设主要集中在太湖、吴淞江等重要湖泊和江河的治理，重点围绕塘浦圩田，加强农田水利建设，在原来水网格局的基础上，继续开浚疏通河道，加强桥、闸、堤、坝等工程设施建设，保证了水利建设的顺利进行。塘浦圩田体系使得农业获得先期发展，由此促进了区域经济社会的全面快速发展。明清时期，太湖流域水涝灾害较前期更为严重，苏州地区水灾与流域情况基本同步①，治水形势十分严峻，治水活动更加频繁。这一时期，除水灾多于旱灾外，潮灾也明显比前期增多。自南宋开始，吴淞江日趋淤浅，太湖的东江出水口被堵塞之后，淀山湖和浙西平原诸水逐渐汇入黄浦江，因黄浦江的水道不够宽广，不足以尽泄太湖来水。到了明初，太湖下游的排水不畅问题相当严重。时任户部尚书的夏原吉主持浙西治水，他采取"掣淞入浏""掣淞入浦"方案，疏浚吴淞江南北两岸支流，引太湖诸水入浏河、白茆，疏浚黄浦江、范家浜、夏驾浦等河道，使得太湖、淀泖湖群及吴淞江水分流入长江，使吴淞江与黄浦江相连。在此基础上，明清时期经过了多次大规模河道疏浚，水利状态得到基

---

① 明代276年间发生水涝灾害79次，平均3.5年发生一次；清代268年间发生水灾73次，平均3.7年发生一次。流域内发生大涝、特大涝的次数超过33次，其中特大涝12次，平均5.5年一次。参见胡火金、孟明娟、李兵兵：《明清时期太湖流域水灾危害及灾害链：以江苏苏州为中心的考察》，《农业考古》2021年第4期，第113-119页。

本改善。此外，由于前期所建的海塘多次为强潮冲毁，潮灾严重，其间政府屡次修建海塘，防止了海潮侵害。治水活动的不断开展，基本保障了人民生命财产安全，维持了农业生产的持续稳定发展。

苏州古城水系为百姓生产生活提供了便利。在春秋战国时期建立的水系格局基础上，唐代初步形成了三横四直的水陆双棋盘格局水系，历经唐、宋、元三代，明代三横四直主干河道基本完好，其他支流也基本通畅。"城内河流三横四直外，如经如纬尚以百计，皆自西趋东，自北而南，历唐、宋、元不湮。"①鉴于城内河道的不断淤塞，明代加强了河道修浚。弘治六年（1493），苏州府水利通判应能疏浚府城内河，并开浚外河水道虎丘山塘、枫塘，使古城水系纵横四达，大小通利；万历三十四年（1606），巡抚金都御史周孔教疏浚苏州府城内河；万历四十四年（1616），主事张铨修葺董公堤（枫桥堤）；万历四十五年（1617），巡抚都御史王应麟疏导苏州府城内河，畅通三横四直主干道，并疏浚府学前玉带河；崇祯三年（1630）吴县知县陈文瑞疏导县前河；崇祯十年（1637），都察院右佥都御史张国维疏浚至和塘，并畅通府城内河。河道的开浚和疏浚，保持了三横四直主干道及主要支流的畅通，河道总长度较之前也有较大幅度增加。明后期至清，水患增多，水道淤塞严重，古城水系受到冲击，除主干河道外，支流湮塞甚多。清代淤塞河道50条，总长度为27千米有余。②疏浚河道淤塞成为古城水利建设的当务之急。据《重浚苏州府城河碑记》载："自乾隆十一年，前苏州府知府傅椿集议开浚后，积久未修，壅阏渐甚。余于乙卯秋奉命抚吴，公余周览城市，见所谓四经三纬之水道，淤塞过半。其他小港断流，有遂成平陆者。"③由此先后进行了七次较大规模的修浚疏导④，基本维持了三横四直主干道的通畅，河道淤塞情况有了很大改善，保障了人们的基本生产和生活用水。同时，由于河道淤塞、污染加重，自清代开始，城中大街小巷开凿了大量水井，缓解了百姓的生产生活用水压力。

---

① ［明］张国维纂：《吴中水利全书》卷一《图说》，清文渊阁四库全书本。
② 《苏州河道志》编写组编纂：《苏州河道志》，长春：吉林人民出版社，2007年版，第134页。
③ 苏州博物馆、江苏师范学院历史系、南京大学明清史研究室合编：《明清苏州工商业碑刻集》，南京：江苏人民出版社，1981年版，第305-306页。
④ 七次大规模修浚，分别为康熙四十八年（1709）、康熙六十一年（1722）、雍正六年（1728）、乾隆四年（1739）、乾隆十一年（1746）、嘉庆元年（1796）、同治三年（1864）等年间。据同治《苏州府志·水利》、民国《吴县志·水利》《清史稿·江浙海塘》《太湖备考》《吴门补乘》等文献梳理总结。

二、水文化的结构层次

文化是"自然的人化"。水文化是"水的人化",是人们在对水的使用及改造过程中形成的实体物质系统和观念精神系统的总和。换言之,水文化是人们利用水、认识水、开发水、治理水、保护水、鉴赏水的物质财富和精神财富的总和。水文化亦有广义、狭义之分,广义水文化包括物质和精神两个层面;狭义水文化专指精神层面,是指人类在与水打交道的过程中创造的精神成果,包括与水相关的思维方式、价值观念、伦理道德、风俗习惯、宗教信仰、文学艺术、科学技术等。水文化的实质是人与水的关系,以及人水关系影响下人与人之间、人与社会之间的关系。人水关系不但伴随着人类发展的始终,而且几乎涉及社会生活的各个方面,举凡经济、政治、科学、文学、艺术、宗教、民俗、军事、体育等各个领域,无不蕴含着丰富的水文化因子,因而水文化具有深厚的内涵和广阔的外延。[①]

近年来,水文化已渐渐成为全国乃至全球关注的热门话题。2006年联合国第十四个世界水日的主题为"水与文化"。国际上在水文化方面关注的主要问题包括:水文化内涵和价值、水文化和人类文明形成和发展的关系、在人类文明过程中水文化扮演的角色;水与资源管理、保护、利用的土著知识和传统文化的价值问题;水文化与应对气候变化、环境危机的可持续途径;水文化政策、水文化权、水文化教育等。[②]我国水文化概念的提出始于20世纪80年代,水利部门专家开始了水文化探索,产生了一些成果。其后,水文化研究逐渐展开,靳怀堾、张耀南、吴铭能、郑国铨、李宗新、尉天骄、郑晓云等学者,在水文化理论构建、案例研究、运用及推广等方面取得了一定的进展。[③]近年来,随着政府和公众对水文化的高度重视,国务院及水利部、地方水利部门出台有关水文化建设文件,尤其是遵循习近平总书记对大运河、长江、黄河的有关指示精神,使水文

---

① 靳怀堾:《漫谈水文化内涵》,《中国水利》2016年第11期,第60—64页。
② 郑晓云:《国际视野中的水文化》,《中国水利》2009年第22期,第28—30页。
③ 如靳怀堾:《中华文化与水》,北京:长江出版社,2005年版;《水之礼赞》,武汉:长江文艺出版社,2008年版。张耀南、吴铭能编著:《水文化》,北京:中国经济出版社,1995年版。郑国铨:《水文化》,北京:中国人民大学出版社,1998年版。李宗新、靳怀堾、尉天骄主编,中国水利文学艺术协会编:《中华水文化概论》,郑州:黄河水利出版社,2008年版。郑晓云:《水文化与生态文明:云南少数民族水文化研究国际交流文集》,昆明:云南出版集团公司,昆明:云南教育出版社,2008年版,等等。

化建设发展进入了国家战略。相关学者加强了对水文化的纵深研究，在水文化理论、水工程文化、水生态文明、水文化遗产、水文化传播和地域水文化等方面取得了丰厚成果。水文化研究方兴未艾，同时，地域水文化研究也蓬勃发展起来。

在水文化理论结构方面，诸多学者进行了梳理。有学者将水文化结构分为四个层面：其一是精神层面，包括人们对水的认识、理解及崇拜，因水而形成的文化认同，以及通过宗教、文学、艺术等方式表达出来的对水的感悟等；其二是制度层面，包括人们利用水、管理水、治理水的社会规范、社会习俗及法律法规；其三是人类行为层面，包括人们对待水、利用水的行为模式；其四是物质文化层面，包括人类在使用水、治理水、改造水过程中形成的具有文化内涵和象征意义的物质建设结果，尤其是以文化遗产方式表现出来的水环境建设成果，例如有文化象征意义的运河、水渠、水井、桥梁、水坝、喷泉等水景观设施等。① 亦有学者把水文化的基本结构界定为物质水文化、制度水文化、精神水文化三个层次。物质水文化是指人对水资源利用和改造过程中的物质形态，主要包括水利工程建筑、河流湖泊水库湿地、流域区域（江河海）、水自然社会环境、水旅游、水工器具、水介质、水质水量等特质；制度水文化是指在水事活动中连接和规范人们社会关系的组织形式、社会价值观、法律规章等制度形态，主要包括水社会经济、水政治法律、水管理、水婚姻家庭、水教育等特质；精神水文化是指人们在涉水过程中对水的认知、由水引发的精神形态，主要包括水哲学、水语言、艺术、符号象征、水科技、水宗教、水崇拜、水风俗、水灾害、水道德、水历史、水人物事件等特质。②

历史上的苏州区域文化（吴文化）在水环境的影响下，具有鲜明的水文化特征。总体而言，由稻渔并重、船桥相望形成的景光独特的水乡文化，由吴歌、昆曲、吴语小说构成的土味十足的吴语文化，由尚武与重文养成的由刚及柔的民风习性，由融摄与更新铸就的适时顺变的开放功能，都是水浇灌、造就、滋润的结果。③ 本书在前人研究的基础上，结合区域经济社会发展特点，针对水文化的实体物质系统和观念精神两大系统，围绕水利文化核心，将苏州水文化分为物质层面水文化、制度层面水文化和

---

① 郑晓云：《水文化的理论与前景》，《思想战线》2013年第4期，第1—8页。
② 万锋、麻林：《水文化特质理论方法研究》，《水利发展研究》2011年第1期，第72—76页。
③ 王卫平：《论吴文化的基本特征》，周向群主编《吴文化与现代化论坛：苏州现代化进程中的吴文化研究》，南京：江苏古籍出版社，2002年版，第12—24页。

精神层面水文化三个层面，篇章布局及讨论以此展开。

其一，物质层面水文化。湖泊、河流是苏州文化的母体，湖河和土谷交杂并成，相得益彰，共同营造了吴地文明。① 除了众多湖泊和河道构成的丰富水网体系以外，境内长江、大运河贯穿，形成了开放的水环境系统，孕育了发达的湖泊河流文明，具有包括长江文化、太湖文化、运河文化、古城文化在内的丰富的水文化资源。其在历代治水实践中，留下了丰富的物质文化遗产，如河湖、陂塘、堤坝堰闸、塘浦圩田、桥梁、园林、井泉、码头、渡口、城门、水巷等，这对于水利工程建设、社会生产、人们生活等各个方面都发挥了重要作用。

苏州从开始建造古城时起，就根据水环境状况，建造了兼有水陆两门的城门。在历史演变中，苏州古城逐渐形成了"河街相邻、水陆并行"的双棋盘格局，营造了"小桥流水、粉墙黛瓦"的城市风貌。苏州的经济社会发展伴随着治水实践的展开而深入。苏州在长期的水利建设中，完成了众多水利工程，主要包括古运河修建、通海通江水道的开浚和疏通、太湖下游去水的分流、吴淞江的疏浚，涉及桥梁塘坝、海塘兴建等水利工程。此外，塘浦圩田工程体系构建的农田水利系统，为苏州的农业开发和先期发展奠定了重要基础。这些水利工程留下了丰厚的物质文化遗产，见证了苏州治水的历史。

在诸多物质水文化遗产中，苏州园林独树一帜，其将水文化推向艺术高峰。苏州私家园林数量众多，号称"城里半园亭"。古城水系发达、水源充沛，这为造园提供了丰富的水源，可谓"无水不园，园因水活"。园林引水入园，通过技术处理和艺术加工，聚散结合，迂回盘曲，活水周流；采用多样化的理水手法，将水与建筑物、山石、小桥、花木等融为一体，展示了园林的灵动和俊秀，营造了极高的艺术境界。苏州园林作为江南园林的代表，其奥秘在于理水，无论是拙政园、留园，还是沧浪亭、环秀山庄、网师园，都是水文化艺术的杰作。

古井是苏州古城的文化标点，在水文化中具有独特地位。苏州古井具有久远的历史，各个时期绵延不断，至清代达到高峰。古井遍布大街小巷、老宅小院、寺院内外、园林名胜等，为人们的生活生产及防灾提供了重要保障。现今古井尚存很多，作为稀缺的水文化遗产，需要保护好，以传承城市记忆。

---

① 胡火金：《吴文化的特质及其现代价值》，《学术界》2012 年第 2 期，第 177–185、287 页。

其二，制度层面水文化。水利制度建设是水利工程及水利设施正常运行的基本保障。鉴于苏州的重要地位及治水的重要性，苏州制度层面水文化极其发达，其重点在于治水的组织领导和实施，不仅涉及政府层面的水利机构、水利职官设置，还涉及民间社会水利组织；不仅牵涉到水利经费的筹措，还涉及劳动力的动用和安排，由此形成了一个关联社会经济、政治法律、行政管理的庞大的水文化制度系统。

水利组织机构和水官设置是水利建设的重要保障。先秦时期，水利工程主要是由帝王将相主导，如伍子胥等亲自参与组织领导。秦汉以后，中央层面设立水利管理机构，地方则由地方行政长官兼管水利，至唐中期以后，形成了中央和地方条块清晰的水利管理体系；五代吴越时期设置都水营田司专门机构；宋朝大型水利工程主要由转运使、发运使、提举常平等官员总理，在地方设立开江营负责水利建设，而昆山、常熟两县还暂添设县丞一员专管治水；元代在地方设置水利机构，如都水庸田司与行都水监；明清时期，水利建设一般由朝廷特派水官（巡抚、部臣、水利佥事等）统理，府县设水利通判、水利丞督率粮长、塘长等职，负责修护圩岸等水利事务。自明、清、民国以来，苏州设立了多种水利管理机构，保证了区域治水的顺利进行。

不仅如此，水利组织还渗透至民间。在朝廷特派水官及地方水官体系之外，地方社会组织在水利事务中亦发挥了重要作用。汉唐以后，民间社会对水利的参与度不断加大，民间力量渐渐演化为各种类型的社会组织，如乡圩组织、民间信仰及公益慈善团体、民间专业组织等，这些组织是对官方机构的重要补充，保证了小区域水利建设和管理的顺利进行。此外，在水利经费筹措与劳动力安排方面，五代以前的水利经费由中央和地方政府直接支出，水利劳动力主要依靠徭役、徙民及军队；宋元时期的经费筹措趋向多元，劳动力安排除以兵充役、征调劳役外，出现了"以工代赈"的募役形式；明清时期经费筹措不断细化，至清代主要有动帑、借帑、按亩征摊、业食佃力等形式，劳动力安排由徭役制走向雇募制，实行经济利益与田亩负担相结合的方式。

苏州区域的治水实践及管理是多方合力的结果。从朝廷到府县，从地方组织到氏族社会，直到"有力之家"和普通百姓，形成了自上而下、上下互动的组织体系，在制度和组织层面保障了治水活动。

其三，精神层面水文化。苏州在长期用水、治水、乐水等涉水生产生活过程中，渐渐产生了对水的反映、认识、感悟等精神活动，形成了极为丰富的精神文化。

水利建设是苏州经济社会文化发展的基本支撑和保障，苏州治水的历史不仅仅是治水实践、水利工程建设和管理，还包含了大量的治水观念、思想和技术，产生了众多的治水人物，凝集了丰富的精神财富。如春秋战国的伍子胥、黄歇，宋代的范仲淹、郏亶、单锷、郏侨，元代的任仁发，明代的夏原吉、张国维、归有光、沈启、耿橘，清代的庄有恭、林则徐，如此等等，他们围绕太湖治水，针对防洪、排涝、灌溉、河运、围田等各个方面，阐发治水思想，留下了大量的水利著述，如范仲淹的《上吕相公书》《条陈江南、浙西水利》，论述了浚浦、置闸、筑圩三者结合的治水方法，对后世影响深远；单锷的《吴中水利书》、张国维的《吴中水利全书》、沈启的《吴江水考》及郏亶的《苏州水利六失六得》《治田利害七事》等，对太湖治水及研究亦具有重要价值。此外，苏州府县志书及有关档案等也是区域水利建设的宝贵精神财富。

在改造水、利用水、欣赏水的基础上，传统苏州人的衣、食、住、行也烙上了水的印迹，基于对水环境的适应性改造，形成了舟桥生活、水生饮食、水样服饰、临水而居等水乡生活样态，经过长期积淀和升华，水文化渗透至人们的价值观念、思想情感、审美情趣、娱乐休闲之中，并不断进入哲学思考、科学思想、工艺美术、文学艺术等领域。在人们社会生活及精神生活中，涉及的民间故事、宗教信仰、岁时节令、生活礼仪、竞技游艺、休闲娱乐等，都围绕水、关联水，印刻着水的痕迹，深受水的浸润，形成了色彩斑斓的文化精神生活。

水文化影响了人们的价值观念及人文心态，苏州呈现出鲜明的水乡文化色彩、浓郁的市民文化特色、外柔内刚的文化品格、重文重教的文化理念，精巧细腻的文化品位和博采众长的文化个性。[①] 从尚武到崇文，从水涝到水利，社会经济不断发展，崇文尚雅文化塑形并渐趋定型，体现了人们要求闲情，求适宜、讲适意，不疾不徐，外柔内刚，雅致精巧的文化特征；塑造了不排外、不狭隘、不极端，吐故纳新，与时俱进，保持创新活力的兼容并蓄的文化品质；培养了人们聪慧阴柔、崇文尚雅、柔中蓄劲、雅不废俗、激昂大义、蹈死不顾的性格特征。明清以后，人们不仅崇文，而且重商重技，处世通达，做事耐心有韧性，体现了人们对工作对事业的敬业精神，培养了精益求精的"工匠精神"，成就了如香山帮建筑技艺、

---

① 汪长根、王明国：《吴文化的特征研究：兼论吴文化与苏州文化的关系》，周向群主编《吴文化与现代化论坛：苏州现代化进程中的吴文化研究》，南京：江苏古籍出版社，2002年版，第3—11页。

苏绣、玉雕、缂丝、桃花坞木刻年画等工艺美术作品。同时，良好的人文环境，崇尚文教的社会风气，造就了大批人才，有"姑苏文盛出状元"一说。不仅如此，苏州还产生了众多思想家、文学家、经学家、科学家、藏书家、戏曲家、书画艺术家。直至现代，苏州被称为"院士之乡"，英才辈出，为祖国科技事业做出了重要贡献。

三、水文化的研究框架

苏州水文化根深蒂固，在长期治水实践中，社会文化不断受到水的孕育和滋养，在城乡格局、居住环境、建筑风格、交通商贸，乃至文学艺术、风土人情等各个方面，都体现了独特的水乡韵味。长期以来，江南问题一直是学界研究的重心，诸多学者涉及了江南及苏州经济社会与文化及相关领域，而全面展示苏州水文化概貌的著作尚未面世。本书以苏州水利文化为重点，基于纵横两条线梳理分析水文化，既厘清其发生发展脉络，又考察其文化内涵和结构层次，以期获得对苏州水文化的整体认识与把握。

其一，自然地理与水环境状况。丰富的水资源和水涝灾害频繁发生构成了苏州的水环境特点。处理水资源与水涝灾害之间的关系在区域发展中举足轻重。本书梳理历史时期自然地理、水文气象、水资源等状况，考察太湖、"三江"的演变对于区域水环境的影响，分析水系格局及水系的变迁，探讨水旱灾害发生情况，以获得对自然地理与水环境状况的整体认识。

其二，湖泊利用和水道疏浚。河道开浚和疏通是苏州水利建设的重点。我们探讨湖泊资源利用和开发的历史过程，勾勒通湖水道、通江水道疏浚的大体线索，梳理分析苏州古运河、大运河苏州段开浚的历史脉络，阐述水道开浚对于苏州水上交通、商业贸易及经济社会发展的重要影响。

其三，农田水利。农业是传统时代经济社会发展的基础，农田水利建设（塘浦圩田体系）是苏州从卑湿之地走向粮食产区的重要保障。我们在考察苏州地区魏晋之前围田、屯田的基础上，重点讨论了唐宋时期的塘浦圩田系统，阐述农田水利建设对农业先期发展乃至经济社会全面发展的关键作用。

其四，水利工程设施。在河道疏浚、农田水利及水上运输等水利建设方面，需要有多种工程设施的跟进。我们针对苏州地区的实际情况，讨论了桥梁、塘路、堤坝、闸站等重要水利工程设施对于河塘疏浚及水利功能发挥的重要作用。与此同时，苏州水系连通江海，对于避免"江海之害"的江堤海塘修建也进行了一定的探讨。

其五，治水思想理论与技术。水利思想和技术是水利建设的重要支撑。在长期的治水实践中，苏州地区涌现出大量的治水名人，积累了丰富的治水经验和技术。我们在总结治水实践的基础上，对历史时期水利思想的形成与发展进行了总结、梳理，并具体分析了水文观测技术、河道开凿技术及农田水利技术。

其六，水利管理及水利经费。水利建设的组织管理关涉水利工程建设的成败得失，其中涉及组织机构、水利官员，以及经费和劳动力安排。我们基于水利建设的制度层面，考察苏州治水管理、机构设置的发展脉络，讨论民间组织对于苏州水利建设管理的作用，考察历史上苏州地区水利经费的多渠道筹措和劳动力的分配安排。

其七，居住与建筑。苏州人的居住和房屋建筑最能体现水乡特色。我们考察了苏州古城"水陆并行、河街相邻"的双棋盘格局；探讨古街巷、古村镇的空间布局和建筑特色，分析水围之城、"枕河"之街的水乡特点。同时，基于苏州园林建筑和艺术的独到之处，阐述了园林理水和艺术审美，进而揭示苏州园林的特色。

其八，水乡生活。在水环境的影响下，苏州人的日常生活体现了浓郁的水乡特色。基于人们衣、食、住、行等日常生活及相关的民风民俗，我们从饮食、服装、舟桥文化、水井生活、岁时水节、水上礼仪及水上信仰等方面进行考察，以获得"小桥流水人家"的水乡生活概貌，进而探究水乡人们的文化精神生活风貌。

其九，文学艺术。在水文化浸润下，苏州的文学艺术呈现出独特的水乡韵味。我们从戏剧、曲艺、歌舞、绘画、诗歌及工艺等方面，重点考察吴歌、昆曲、吴门画派、诗词及工艺美术，梳理其发生发展的脉络，探讨其水乡特有的文学艺术成就及风格。

其十，水文化传承和水生态文明建设。水文化是苏州的重要遗产，需要保护好、传承好、利用好。我们试图通过分析苏州水文化的特征，揭示水文化的现代价值，探讨水文化保护、传承和创新对于苏州城市精神提炼及苏州文化软实力提升的重要价值。在现代化发展框架下，借助水文化遗产和丰富水资源，采取大手笔，做大做好水文化文章，着力于水文化景观、山水城市、水生态文明建设，将苏州建设成为"世界最美水城"。

上述框架及内容，涉及水文化的物质层面、制度层面和精神层面，并在此基础上，对水文化的现代价值及水生态文明建设进行了拓展讨论，总体阐明了生产生活实践活动对水环境的利用和适应性改造，以及由此产生的物质生活与精神文化诸端，在水资源环境、水利建设同文化之间进行了融通。但是，作为区域水文化史，需要厘清并加深理解水文化本质内涵、结构层次等方面的问题，由于时间和任务界定等因素，这里不能涉足很深，亦不能包罗万象，有些内容诸如吴语方言、社会心态、人文精神等未及分块梳理和深入探讨，这有待于以后进一步研究。诚然，就该书"水文化概论"部分而言，我们基本采取以水利文化为主导的思路，或许未必需要拘泥于水文化的某个层面或某些细节，况且在上述诸多方面确实需要进行相关专题研究。

现代苏州，在历史文化的长期积淀和影响下，经济社会获得长足发展。探讨水文化内涵，融入现代要素，对于苏州城市文化建设具有不可替代的价值。从长三角区域来看，因其历史文化的一脉相承，苏州文化在其中又具有典型性和代表性，基于水文化和吴文化，将苏州文化与江南文化、长江文化、海派文化进行关联性、整合性研究，对于建立长三角区域文化的认同感，推动长三角区域一体化和高质量发展，实现"经济长三角"与"文化长三角"的互动，发挥经济和文化的双聚效应，辐射带动周边区域，促进我国区域经济社会的全面发展皆具有重要意义。

第一章 水环境状况

"吴地卑下,触处成川,众水所都,号称泽国。"[1]苏州西抱太湖,北依长江,地处太湖流域碟形洼地,属于北亚热带季风海洋性气候区,温暖湿润,降水充沛。境内湖荡棋布,水网密布,河流纵横,水系发达,水资源极其丰富,土地肥沃,适宜稻、麦、棉及其他多种经济作物种植。

---

[1] 隆庆《长洲县志》卷二《水利》,江苏省地方志编纂委员会办公室编:《江苏历代方志全书·苏州府部》,第47册,南京:凤凰出版社,2016年影印版,第405页。

第一节　自然地理

一、境域位置

苏州位于长江三角洲中部、江苏省东南部，地处东经119°55′~121°20′，北纬30°47′~32°02′，东傍上海，南接浙江，西抱太湖，北依长江，总面积8 657.32平方千米。全市地势低平，境内河流纵横，湖泊众多，太湖水面绝大部分在苏州境内，河流、湖泊、滩涂面积占全市总面积的36.6%，是著名的江南水乡。[1]

苏州地势西北高、东南低，沿江高、腹部低，位于一个大的碟形盆地中。东面为平原地区，基本上无山地峰峦；西南则属于天目山脉；西北经无锡至常州、镇江一带地势逐渐升高。自苏州西郊直到太湖沿岸，平原上常有低山丘陵，海拔高度一般在100~300米，连绵不断地分布在西部山区和太湖诸岛。在这些低山丘陵中，又以穹窿山最高，其主峰海拔为341.7米，除此之外，其他比较著名的还有洞庭西山缥缈峰（336.6米）、南阳山（338.2米）、七子山（294.8米）、东山洞庭莫厘峰（293.5米）、虞山（263米）、潭山（253米）、天平山（201.6米）、灵岩山（182米）、渔洋山（171米）等。这些低山丘陵的走向多呈北东向分布，山坡舒缓，一般为10~20度，常见有20~30米高的陡崖。苏州诸山历来为人们所关注和称颂，《姑苏志》载："吴中诸山，奇丽瑰绝，实钟东南之秀。地理家谓其原自天目而来，发于阳山。今纪自阳山，分华、鹿而南，迤逦天平，尽于灵岩；别由穹窿而东，尽于楞伽，以及湖中诸山。"[2] 总体而言，苏州西郊至太湖沿岸的低山丘陵屏障及太湖平原的腹地，是城市建设的重要依托和支撑。

---

[1] 苏州市地方志编纂委员会办公室（市方志馆）：自然地理和资源，http://dfzb.suzhou.gov.cn/dfzb/zrdl/202105/a2738558dae4483cbde2b2273c62170a.shtml，有改动。

[2] 正德《姑苏志》卷八《山上》，清文渊阁四库全书本。

二、气象水文

苏州属亚热带季风海洋性气候，冬季温和、夏季炎热，年平均气温为 15.9℃~16.5℃，平均气温的年际变化为 2.1℃。全年最热是 7 月份，平均气温为 28.5℃；最冷是 1 月份，平均气温为 3.9℃；气温的平均年较差为 25.2℃。根据 1951—2018 年的统计，日最高气温≥38℃的有 24 年，最高气温出现在 2013 年 8 月 7 日，为 41.0℃；日最低气温≤-8℃的严寒期平均 3~4 年一遇，极端最低气温出现在 1958 年 1 月 16 日，为-9.8℃。苏州全年无霜期约 248 天。日照量，常年平均约为 1 800.9 小时，自有科学记录以来，其最多为 1967 年的 2 357.6 小时，最少为 1989 年的 1 620.9 小时。太阳辐射年总量为 4 651 焦耳/平方米，最多为 1967 年的 5 188.3 焦耳/平方米，最少为 1970 年的 4 348.9 焦耳/平方米。①

苏州 1981—2010 年平均降水日数为 125.2 天，平均降水量为 1 140.7 毫米。其中，6—9 月降水量占全年降水量的 50%~60%。自有科学记录以来，最大年降水量出现在 1931 年吴江县芦墟站，为 1 758 毫米；最小年降水量出现在 1934 年常熟站，为 481 毫米；区域降雨类型主要有春秋季连阴雨、梅雨、暴雨等。其中，1951—1990 年共出现春季连阴雨 61 次，年平均 1.5 次，最长的一次是 1957 年 4 月 17 日至 5 月 12 日，历时 26 天，总降水量约为 241.3 毫米；秋季连阴雨出现 42 次，年平均 1.1 次，最长的一次是 1970 年 9 月 7 日至 9 月 29 日，历时 23 天，总降水量约为 167.7 毫米。入梅期时间平均为 6 月 16 日，最早为 6 月 1 日，最迟为 7 月 4 日；出梅时间平均为 7 月 10 日，最早年为 6 月 15 日，最迟年为 8 月 2 日。梅雨期平均长 24 天，最长达 54 天，最短仅有 4 天；梅雨量平均为 237.9 毫米，最高值在 1999 年，为 663.7 毫米，是多年平均值的 2.8 倍；最低值在 2005 年，为 26.8 毫米，为多年平均值的 1/9。但是，因副高压长期控制，苏州也会出现"枯梅"的情况。②

苏州地区洪水有梅雨型和台风雨型之分，梅雨型的雨区范围广，历时长，洪水总量大，容易造成大范围的洪涝灾害。最近半个世纪中，以 1954 年型和 1991 年型最有代表性。1991 年，全流域汛期降雨量及区域产水量虽不超过 1954 年，但降雨强度明显大于 1954 年，最大 30 日雨量 1991 年

---

① 有关数据经苏州市水务局水利水务质量监督站核实。
② 有关数据经苏州市水务局水利水务质量监督站核实。

比 1954 年多 43 毫米，致使 1991 年的洪峰水位明显超过 1954 年。此外，1951—2020 年，区域共出现暴雨（日雨≥50 毫米）173 次，平均每年 2.5 次，大暴雨（日雨≥100 毫米）22 次，约 3~4 年一遇；特大暴雨（日雨≥250 毫米）1 次。暴雨出现时间为每年 3—10 月，6—9 月出现暴雨次数最多，约占 87.3%，其中，1999 年出现暴雨 14 次；1962 年 9 月 5 日至 9 月 7 日，第 14 号热带风暴（台风"艾美"）过程暴雨量 219~414 毫米，市区最大达 437 毫米，其中 6 日一天降水 343 毫米，为日降水量最高纪录。区内多年平均水面蒸发量约为 921.2 毫米，最大年份出现在 1971 年，为 1 236.5 毫米（洞庭西山站），最小年份出现在 1980 年，为 704.7 毫米（瓜泾口站）。一年中蒸发量最大的时间是 7 月份，为 223.5 毫米，其次是 8 月份，为 219.6 毫米。其中，陆地蒸发量近于水面蒸发量。①

太湖洪涝情况，明清时期发生频次有所增加。有学者根据吴江《水则碑》记录的考证和量算②，结合太湖流域各县志记载，分析了 1480—1980 年雨情和水情资料，认为太湖流域在近 500 年中出现过 6 次大洪水（1481、1561、1608、1823、1889、1954），其水位高程均达 4.23~4.48 米（吴江《水则碑》的六则）。由此可见，1954 年型的洪水平均约 80 年发生一次，间隔最短也有 65 年（1889—1954）。然而，自中华人民共和国成立至 2015 年，太湖平均年最高水位超过 4.23 米的就有 1954、1962、1980、1983、1991、1993、1995、1996、1999、2009 等 10 个年份，这一情况表明太湖出现 4.23 米以上大洪水的频率有所提高。③

三、水资源

苏州倚湖控海，扼太湖下游河道之咽喉，居"三江五湖"之汇口，太湖水东行至苏州，由娄江、吴淞江、黄浦江等河道分道宣泄。其中娄江由浏河至浏河镇入江，而吴淞江由苏州河至上海，转黄浦江入长江。城市的北、东、南三面为平原河网地区，湖荡星罗棋布。

苏州处于太湖流域核心洼地，太湖流域有较大湖泊 189 个（面积大于

---

① 有关数据经苏州市水务局水利水务质量监督站核实。
② 胡昌新：《从吴江县水则碑探讨太湖历史洪水》，《水文》，1982 年第 5 期，第 51-56 页。
③ 汪铎、许京怀：《苏州太湖地区现代气候灾害演变初步分析》，《铁道师院学报》（自然科学版），1994 年第 4 期，第 23-30 页。

0.5平方千米），面积约3 231平方千米（其中太湖面积2 460平方千米）①。面积大于10平方千米的湖泊9个，分别是太湖、漏湖、阳澄湖、洮湖、淀山湖、澄湖、昆承湖、元荡、独墅湖，合计面积2 838.3平方千米，占流域湖泊总面积的89.8%；蓄水容积50.77亿立方米，占全部湖泊总蓄水容积（57.68亿立方米）的88%。苏南地区水网密布，湖泊面积约3 607平方千米，占全省湖泊总面积的52.70%。②境内河道纵横交错，有大小河流2万余条，京杭运河穿城而过。

水资源总量主要由降雨产生的地表水资源量和入境及侧向补给产生的地下水资源量组成。根据水资源公报，2000—2015年苏州市多年平均水资源总量为34.44亿立方米，最大为67.46亿立方米（2015），最小为16.50亿立方米（2003）；多年平均入境水量为151.9亿立方米（太湖、杭嘉湖区、无锡及长江引水），最大为225.8亿立方米（2015），最小为73.46亿立方米（2000）；多年平均出境水量为158.6亿立方米，最大为257.6亿立方米（2015），最小为60.18亿立方米（2000）；多年平均地下水开采量为0.355亿立方米，最大为1.666亿立方米（2000），最小为0.061亿立方米（2015）。③

四、土壤植被

苏州境内成土母质大部分为第四纪堆积物，土层较为深厚，经过人们长期的精耕细作，土壤肥沃。丘陵地区多因风化而以石英岩、砂灰页岩、石灰岩为主；北部沿江地带的母质颗粒较粗大；中部平原地区颗粒较细；而湖荡周围及南部低洼圩区的母质颗粒细小。从土壤分布来看，大体以盐铁塘为界。从盐铁塘东北直至长江边，土壤发育为沙土、夹沙土、沙夹垄和垄泥，土壤呈碱性或中性，属于棉、麦、稻轮作区；从盐铁塘以西至元和塘以东，土壤类型为黄泥土、白土、乌泥土和青泥土等，是苏州的稻、麦轮作区；南部地区是圩田和荡田，包括吴江全部和吴中区沿太湖的狭长地带，土壤类型有黄松土、青黄泥土、青紫泥、青泥土、草渣土和湖边小粉土，原种植水稻，现成为麦、稻轮作区；北部地区，土壤组合有沙土、

---

① 国家环境保护局、国家计划委员会、国家经济贸易委员会编：《中国跨世纪绿色工程规划第一期（1996—2000年）》，北京：中国环境科学出版社，1996年版，第92页。

② 中国科学院南京地理研究所湖泊室编著：《江苏湖泊志》，南京：江苏科学技术出版社，1982年版，第1页。

③ 相关数据资料经苏州市水务局水利水务质量监督站核实。

沙夹黄土、夹沙土和沙黄泥土等，属于稻、麦、棉轮作区。

作为古老的农业耕作区，苏州以农作物栽培为主，主要种植水稻、棉花、三麦及油菜和绿肥作物等。荡田栽培藕、芡实、菱、慈姑、茭白、荸荠、水芹、席草等水生作物。太湖之滨的吴中洞庭东、西山和光福等山地，距离水源较近，昼夜温差较小而湿度大，土质肥沃，多种植茶叶、桂花、柑橘、金橘、杨梅、枇杷、梅子、银杏、板栗、枣子、石榴等；常熟、张家港等沿江地区的山丘，距离水源较远，昼夜温差大，土质差且水土流失重，又多黄土陇岗，以栽培薪炭林为主；在原吴县（现吴中区）和张家港市还有一些孤山丘陵，历史上以种桑和水蜜桃为主；中华人民共和国成立后，也开始推广桃、茶、油茶、梨等经济林，以及栽培毛竹、杉木等。

第二节　水系

苏州地区水系与区域地质构造、地貌特征及发育历史有关，主要由太湖水系、长江水系及内陆湖河构成，总体呈现河道水网密布的格局。

一、总体格局

苏州总体水系格局直接关联太湖水系。太湖水源来自南路浙北天目山区的苕溪水系（又称霅溪），西路湖西宜溧山区的南溪水系（又称荆溪）。汛期长江水位高涨时，在通江河港开闸引水的情况下，也有部分江水倒灌进来。上游镇江、金坛山地有部分山水循江南运河东流，成为苏州的又一股来水。

太湖流域水系以太湖为中心，分上游水系和下游水系，上游水系包括苕溪水系、南河水系及洮滆水系，发源于西部山丘区，来水汇入太湖后，经太湖调蓄从东部流出，下游水系包括北部长江水系、南部杭嘉湖水系、东部黄浦江水系（图1-1）。[1]

根据地形地貌及水系等特征，苏州境内可分成新沙区、虞西区、阳澄区、淀泖区、滨湖区、浦南区六大水系。

---

[1] 韩昌来、毛锐：《太湖水系结构特点及其功能的变化》，《湖泊科学》1997年第4期，第300-306页。

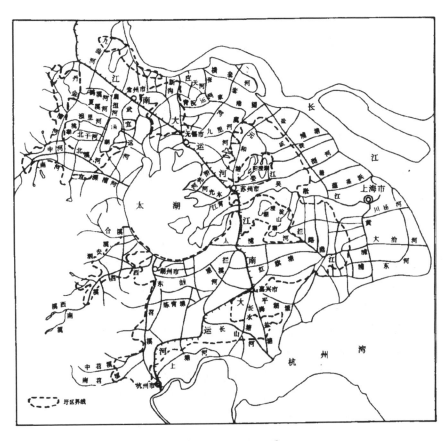

图 1-1　太湖水系图①

新沙区水系，位于盐铁塘以北，南以南横套河和盐铁塘为界，东、西、北三面滨江，属于张家港市辖范围；有一干河、二干河等二十余条通江河流，还有南横套河、盐铁塘两条调节河道。

虞西区水系，属于太湖流域武澄锡虞高片的一部分，位于南横套河和盐铁塘以南，望虞河以西，苏锡分界线以东，分属张家港和常熟两市；主要有望虞河、张家港、十一圩港、福山港等通江骨干河道，还有东横河、盐铁塘、锡北运河等主要调节河道。

阳澄区水系，位于望虞河和苏南运河以东、娄江和沪宁铁路线以北，涉及苏州市区、昆山、太仓和常熟等；以盐铁塘为界又分为阳澄圩区和滨江平原两大片，主要河流有白茆塘、七浦塘、杨林塘、浏河（娄江）、常

---

① 韩昌来、毛锐：《太湖水系结构特点及其功能的变化》，《湖泊科学》1997年第4期，第300—306页。

浒河、徐六泾、金泾、海洋泾、钱泾等十多条通江河道，还有盐铁塘、张家港和元和塘三条南北向的调节河道，有阳澄湖、昆承湖、傀儡湖等千亩以上的湖泊15个。常浒河、白茆塘、七浦塘、杨林塘、浏河为区域五大引排河道。

淀泖区水系，位于太湖下游，娄江、沪宁铁路以南，太浦河以北，涉及苏州市区、昆山、吴江等；区域内河湖密布，圩区、半高地、平原三者交错，主要河流有吴淞江、江南运河、急水港、大窑港、牛长泾、八荡河等，主要湖泊有澄湖、淀山湖、元荡、汾湖、白蚬湖等数十个，主要水源来自东太湖，有瓜泾口、三船路、军用线港、戗港等通湖河道，入吴淞江分泄至内部河网，转入淀山湖、入黄浦江等。

滨湖区水系，属太湖湖区，位于江南运河以西至太湖，包括太湖湖区的西山等岛屿，涉及苏州市区、吴江；江南运河以西至太湖沿岸，主要河流有浒光运河、胥江、木光运河、苏东河和江南运河，太湖出水口主要有铜坑口、胥口、大缺口和鲇鱼口，分泄入江南运河、入澄湖及下游河道、湖泊。

浦南区水系，属太湖流域杭嘉湖平原区，位于太浦河以南，与浙江省交界，在吴江境内，主要有江南运河、太浦河、荻塘、烂溪塘、乌桥溪等河流，有麻漾、长漾等湖泊湖荡。东泄通道主要是太浦河。①

在总体水系格局下，苏州形成了湖泊群、通湖河道、通江河道及运河几大水网系统。湖泊群主要有西部太湖、漕湖，东部淀山湖、澄湖，北部昆承湖，中部金鸡湖；东北阳澄湖群，东南独墅湖、黄天荡，西南石湖，还有沙湖、尹山湖等湖群（图1-2）。

通湖河道主要有太浦河、望虞河、吴淞江、胥江。其中，太浦河从太湖边时家港（吴江境内）起，向东连通原有湖荡（蚂蚁漾、雪落漾、桃花漾、北草荡、北琶荡、杨家荡、后长荡、太平荡、将军荡、木瓜漾、汾湖、东姑荡、韩郎荡、白洋湾、马斜湖、吴家漾、长白荡、白渔荡、钱盛荡、叶库白荡），经平望、黎里、芦墟至西泖河注黄浦江入海，以其起讫点而命名太浦河。望虞河由望亭的沙墩港口起，过漕河，串联鹅真荡、嘉菱荡、张巷塘、环虞山北麓，经谢桥，在王市花庄入江；吴淞江源出太湖，东流经吴江、吴中、昆山县（市）的若干乡镇，越滨湖、淀泖两区域，于四江口进入上海市境，继续向东至旧江（今称虬江）道入海；胥江位于苏州古城西南方向，自太湖出水口胥口起，过木渎，到横塘与江南运

---

① 徐叔鹰、雷秋生、朱剑刚主编：《苏州地理》，苏州：古吴轩出版社，2010年版，第55-57页。

图1-2 苏州市水系图①

河汇合后,水分两路:一路随江南运河折向东南;另一路直通胥门外城河,绕城北过齐门,接元和塘到娄门(娄江),然后连接浏河。胥江自胥口到胥门外城河,是太湖东南方向第一泄水要道,又是苏州入太湖至洞庭西山的重要航道。

通江河道按水系整治,进行并港建闸。通江河道存有张家港、十一圩港、福山塘、常浒河、白茆塘、七浦塘、杨林塘、浏河等。节制闸的建造,基本做到了遇旱水源不缺,遇涝排泄通畅,并可通过大引大排,改善水质。

大运河河道从苏州城区环绕而过,与长江、太湖、苏州护城河及城内数百条河道互通互融,共同组成了一个完整的城市水系。苏州运河可分为三段。第一段是沙墩港至枫桥段,河线顺直,偏东西走向,水流自西向东,是苏州上游来水的一条主要通道;第二段是枫桥至宝带桥,河线弯

---

① 苏州市水务局提供。

曲,自城西流入苏州环城河,经辗转后自城南流出,呈现自西转南折向东的走向,历史上变迁不大,中华人民共和国成立后,河线已多次改道,绕过苏州古城,成为太湖来水的主要通道;第三段是宝带桥至王江泾段,河线上段顺直,下段弯曲,呈南北走向,流向不定,其西滨太湖,东连淀泖水系,南接杭嘉湖水系,北通阳澄水系。运河不仅对苏州原有水系进行了改造,也对苏州水系整合发挥了重要作用。

二、水系变迁

太湖流域水系的形成,经历了较为漫长的历史时期,其形成不完全因为自然地理环境,也受到人类活动的深刻影响。苏州水系的形成,既是自然地理环境作用的结果,也有人工疏浚的功劳。人们在自然河流的基础上,开凿运河,修整河道,沟通湖泊,最终形成了如今西倚太湖,北靠长江,东临大海,河、湖、荡、塘纵横交错的水系网络。

苏州早期河道开浚是区域水系形成的重要基础,春秋战国时期吴国水利事业相当发达。商朝末年有泰伯开泰伯渎传说;阖闾元年(前514)吴城建城时辟有水门,开通护城河。其后疏浚通江水道,《越绝书》载:"吴古故水道,出平门,上郭池,入渎,出巢湖,上历地,过梅亭,入杨湖,出渔浦,入大江,奏广陵"[1],连通苏州和扬州,沟通了太湖和长江流域;同时吴国于高淳开胥溪,沟通太湖流域与青弋江、水阳江流域[2],史称"东则通太湖,西则入长江,自后相传未始有废"[3];周敬王三十四年(前486),吴国凿邗沟,从邗城(今江苏扬州蜀冈)到末口(今江苏淮安河下镇),将长江、淮水连通;此期还开通疏浚胥浦、百尺渎、吴塘等河道,沟通了太湖与东海、钱塘江水系;黄歇治吴期间,整治河湖,疏浚多条河道。

秦汉时期,吴地水系发达,水路交通便利。秦始皇于三十七年(前210)最后一次出巡时,"过丹阳,至钱唐。临浙江,水波恶,乃西百二十

---

　①　[汉]袁康、[汉]吴平辑录,乐祖谋点校:《越绝书》卷二《吴地传》,上海:上海古籍出版社,1985年版,第10页。
　②　郑肇经主编:《太湖水利技术史》,北京:农业出版社,1987年版,第20页。有学者认为没有开浚胥溪,其原为自然河道。见魏嵩山:《胥溪运河形成的历史过程》,《复旦学报》(社会科学版),1980年增刊1,第53-58页。
　③　[宋]单锷:《吴中水利书》,清嘉庆墨海金壶本。

里从狭中渡。……还过吴，从江乘渡"①。至两汉，邗沟又进行了两次疏通。一次是刘濞时"开邗沟，……通道运海盐"；一次是广陵太守陈登于献帝建安二年（197）对邗沟进行了第二次疏通。② 此外，据《吴江水考》记载，西汉元始二年（2）皋伯通在长兴县东北二十五里处筑皋塘，"以障太湖之水"③。邗沟疏浚、皋塘开凿使得吴地外围水系更加完善。

三国孙吴时期，苏州外围水系获得进一步完善。孙权为了加强与苏州地区的联系，于赤乌八年（245）"使校尉陈勋作屯田，发屯兵三万凿句容中道，至云阳西城，以通吴、会船舰，号破岗渎，上下一十四埭"④。佞臣岑昏对江南运河丹阳至丹徒段河道加以疏治。清代王鸣盛在《十七史商榷》"策权起事在吴"中认为："自今吴县舟行过无锡、武进、丹阳至丹徒水道，自孙氏始。"⑤ 人们还修建了众多的塘河沟渠，约束引导水流。

东晋南朝时期，苏州附近水系不断调整，经过荻塘的修建，以及排水河道、通江港浦的疏凿等，水系状况有了一些变化。荻塘位于太湖东南缘，自平望至湖州，《元和郡县图志》卷二十五《江南道一》载：后太守沈攸之又加开浚，更名为吴兴塘，"可灌溉二千余顷"⑥。随着太湖三江的淤塞，河道排水不畅问题开始凸显，人们在沿江一带开凿通江港浦，并筑圩田。《常昭合志稿》载："高乡濒江有二十四浦，通潮汐，资灌溉，而旱无忧。低乡田皆筑圩，足以御水，而涝亦不为害。"⑦ 由于旱涝无忧，"岁常熟"，由此，梁大同六年（540）将海虞县改为常熟县。

隋炀帝大业六年（610），拓展江南运河，对境内水系有了较大的影响。江南运河自京口（镇江）经毗陵（常州）、吴郡（苏州），止于余杭（杭州），苏州成为江南航运的中心。苏州河段西自枫桥新开河经彩云桥向东入胥江至泰让桥后，折南入苏州外城河，经盘门、觅渡桥至尹山桥，南

---

① ［汉］司马迁撰：《史记》卷六《秦始皇本纪第六》，北京：中华书局，1959年版，第260、263页。
② ［北魏］郦道元注，杨守敬、熊会贞疏，段熙仲点校，陈桥驿复校：《水经注疏》卷三十，南京：江苏古籍出版社，1989年版，第2558-2559页。
③ 雍正《浙江通志》卷五十五《水利》，清文渊阁四库全书本。
④ ［唐］许嵩撰，孟昭庚、孙述圻、伍贻业点校：《建康实录》卷二《吴中·太祖下》，上海：上海古籍出版社，1987年版，第39页。
⑤ ［清］王鸣盛撰：《十七史商榷》卷四十二《三国志四》，清乾隆五十二年（1787）洞泾草堂刻本。
⑥ ［唐］李吉甫撰，贺次君点校：《元和郡县图志》卷二十五《江南道一》，北京：中华书局，1983年版，第605页。
⑦ 光绪《常昭合志稿》卷九《水利志》，江苏古籍出版社编：《中国地方志集成·江苏府县志辑》，第22册，南京：江苏古籍出版社，1991年影印本，第111页。

与吴江市运河段相连。

为了打通苏州与常熟、昆山的水路,唐元和二年(807),苏州刺史李素请于浙西观察使韩皋开常熟塘,河道自苏州齐门起,经过今相城区北抵常熟,长九十里,竣工后改名"元和塘"。宋代曾加以疏浚,明代复筑,以石料修堤,清代和民国也多次疏浚,又称"杨公塘"。元和塘南端经苏州古城区外城河通娄江、浏河入长江,中部有多条西东向河道连通阳澄湖,经阳澄湖下游河道入长江,北段经常熟环城河通白茆塘入长江。今元和塘南起苏州古城区外城河齐门,向北经蠡口、渭塘,过南湖荡西端,止于常熟市环城河。

唐以后,太湖水系总的趋向是,作为太湖上流的来水之一的胥溪运河时断时续,下游三江的排水,由于潮汐倒灌,泥沙沉积,河口日趋淤浅,排水受到阻碍,水患连作。吴越政权设撩浅军以疏浚塘浦,修高圩岸,对苏州地区的水系完善起到了积极的作用(图1-3)。

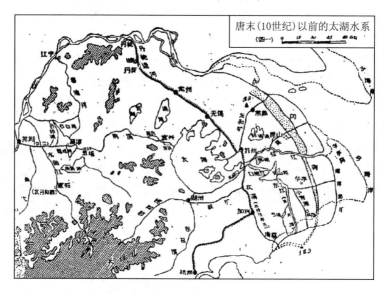

图1-3　唐末(10世纪)以前的太湖水系①

宋代,苏州水系由于大规模整治太湖三江而有所改观,但随着时代发展而逐渐变细。其一,将原来淤废的娄江故道,改造成为至和塘,至明永乐初已拓宽为水阔二三里的浏河,成为明前期对外贸易大港,但"万历以

---

① 褚绍唐:《历史时期太湖流域主要水系的变迁》,《复旦大学学报》(社会科学版)1980年增刊1,第43—52页。

后，港为潮沙壅积，仅存一线矣"①。随着时代变迁，原来的河道由大变小。其二，由于东江的淤塞与海塘的修筑，河流也渐渐狭窄。北宋时，东江下游只存有几条很小的出海口河流，大多已壅塞中断。《宋史·河渠》记载，乾道七年（1171），秀洲（今属浙江嘉兴）守臣丘崈奏言："华亭县东南大海，古有十八堰，捍御碱潮。其十七久皆捺断，不通里河；独有新泾塘一所不曾筑捺，海水往来，遂害一县民田。缘新泾旧堰迫近大海，潮势湍急，其港面阔难以施工，设或筑捺，决不经久。运港在泾塘向里二十里，比之新泾水势稍缓。若就此筑堰，决可永久。"②

吴淞江是苏州地区重要的水系之一。吴淞江古称"松江""松陵江"，或"笠泽"，其泄水、航运等功能强大，元代以前是太湖东部排水的主要通道。北宋时，它的河口宽度尚可达九里，因风涛常起，败坏潜舟，庆历二年（1042）遂筑松江长堤，造成水流减缓，刷沙力弱，导致下游日益淤浅。庆历八年（1048）又兴建了吴江长桥，江源日弱，松江河口的宽度也就日渐浅狭。

吴淞江北部塘浦废弃促进了泾浜水系形成。"至和塘两岸塘浦二十四条。在塘北者，今犹有其名，而或无其迹。在塘南者，虽存在其迹，而并皆狭小断续，不能固田。其间南岸又有朱泾、王村泾，北岸又有司马泾、季[李]泾、周泾、小萧泾、大萧泾、归泾、吴泾、清泾、谭泾、褚泾、杨泾之类，皆是民间自开私浜。即臣向所谓某家泾、某家浜之类是也。"③南宋时期，塘浦的淤积进一步加剧了泾浜体系的形成，即"每港不过数十丈，一、二里间断不有之"④。苏州及周边地域水道河网渐渐细化。

自唐末至明初以前，太湖平原的水道变迁比较明显。这一时期太湖水系总的趋向是，太湖上流的来水之一的青溪运河时断时续，下游三江的排水，由于潮汐倒灌，河口日趋淤浅，兼以南宋初期海塘阻断以后，排水受了阻碍，此后水患连年。宋元时期，太湖由于东江下游出水口先后阻塞，吴淞江及沿江诸港浦亦日益淤浅，太湖下游排水不畅，湖东平原水害经常

---

① [清]严如熤：《洋防辑要》卷五《江南沿河舆地考》，郑鹤声、郑一钧编《郑和下西洋资料汇编》下册，济南：齐鲁书社，1989年，第18页。

② [元]脱脱等撰，刘浦江等标点：《宋史》卷九十七《志第五十》，长春：吉林人民出版社，1995年版，第1539页。

③ [宋]范成大撰，陆振岳校点：《吴郡志》卷十九《水利》，南京：江苏古籍出版社，1999年版，第276页。

④ [明]姚文灏编辑，汪家伦校注：《浙西水利书校注》，北京：农业出版社，1984年版，第40页。

发生（图 1-4）。① 同时，东江下游逐渐形成淀泖之水倾注于黄浦的形势。在长期的浚河过程中，太湖水网已初步形成，除主干河道之外，有纵浦横塘交错其间，塘浦之间修筑堤岸，形成棋盘式的圩田系统。

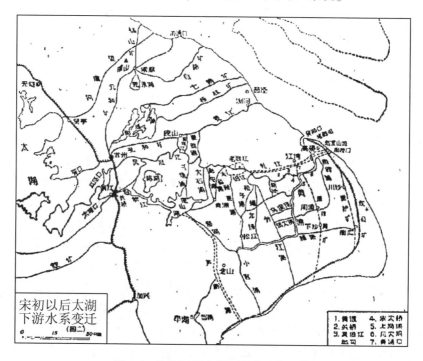

图 1-4　宋初以后太湖下游水系变迁②

明清时期，太湖水利得到频繁治理。这一时期，除水灾多于旱灾外，潮灾也显然比前期增多。从南宋初年，东江的出口被堵塞之后，淀山湖和浙西平原诸水虽已逐渐汇入黄浦。然黄浦的水道还不宽广，不足以尽泄太湖来水，同时吴淞江自南宋以后，日趋淤浅，因而到明初，太湖下游的排水问题就更见迫切。而经过夏原吉采取"掣淞入浏""掣淞入浦"的治水措施，水系状况发生改变。夏原吉引太湖诸水入刘家港、白泖港，疏浚黄浦、范家洪、夏驾浦等河道，使得太湖、淀泖湖群及吴淞江水分流入长江，吴淞江与黄浦江相连。此外，由于前期所建的海塘多次为强潮冲毁，发生潮灾，曾屡次修建海塘。如明成化八年（1472）在宋乾道八年所建的

---

① 褚绍唐：《历史时期太湖流域主要水系的变迁》，《复旦学报》（社会科学版）1980年增刊1，第43—52页。

② 褚绍唐：《历史时期太湖流域主要水系的变迁》，《复旦学报》（社会科学版）1980年增刊1，第43—52页。

海塘的基础上重复修建里护塘；清雍正十一年（1733）又在备塘的基础上，修建了钦公塘，此后又先后完成了盐官、海盐及宝山境内石塘的建造。这一方面保障了农业生产，另一方面也使太湖下游水系得以改造成为今日的黄浦江和其他独流入江的水系。

第三节 "三江"

"三江"之说，源于《尚书·禹贡》，其云："三江既入，震泽底定。"① 后有太湖"三江"说，"三江"在苏州水网中具有重要地位。

一、"三江"之辨

三江名称及其地理位置，史籍所见，多有抵牾。如《汉书·地理志》继承了《禹贡》的观点，颜师古认为"三江"指的是"北江、中江、南江也。震泽在吴西，即具区也"②。韦昭注《国语》所言"三江环之"，为吴江、钱塘江、浦阳江，这一观点为《史记索隐》所沿用；《吴越春秋·夫差内传》言："出三江之口，入五湖之中。"③ 赵晔注"吴江"为"松江"；晋郭璞以岷江、松江、浙江为三江；《禹贡·释文》引《吴地记》以松江、娄江、东江为三江。

此后，历代学者不断辩争，持《汉书·地理志》所言北江、中江、南江为"三江"者，渐成主流，支持者如朱鹤龄《禹贡三江辨》、钱塘《三江辨》、许宗彦《禹贡三江说》、张澍《三江考》、张海珊《三江考》、萧穆《禹贡三江说》、汪士铎《三江说》、胡薇元《三江说》、黄家辰《三江既入解》、邹汉勋《三江彭蠡东陵考》等。持类似观点者有顾炎武《日知录·三江》、王鸣盛《尚书后案》、阮元《浙江图考》等。清末孙诒让曾在《周礼正义》中，对这一问题的辩争加以概括判断，并认为："三江之

---

① ［清］顾炎武撰，黄珅、顾宏仪校点：《天下郡国利病书》，黄珅、严佐之、刘永翔主编《顾炎武全集》，上海：上海古籍出版社，1980年版，第405页。
② ［汉］班固撰，颜师古注：《汉书》卷二十八上《地理志第八上》，北京：中华书局，1962年版，第1126页。
③ ［汉］赵晔撰，徐天祐音注：《吴越春秋》卷五《夫差内传》，南京：江苏古籍出版社，1999年版，第79页。

说，以《汉志》最为近古可信。"①

《汉书·地理志》在"毗陵县"条下言："江在北东入海"；在"会稽郡"条下曰："南江在南，东入海"②；在"丹阳郡"条下曰："芜湖，中江出西南，东至阳羡入海。"③ 其以扬子水、胥溪运河和新安江、钱塘江为"三江"，也即长江、吴淞江和钱塘江④。北魏郦道元的《水经注》，引《汉书·地理志》言："毗陵县，会稽之属县也。丹徒县北二百步有故城，本毗陵郡治也。旧去江三里，岸稍毁，遂至城下。城北有扬州刺史刘繇墓，沦于江，江即北江也。"⑤ 他又考察中江所在，细究地理，考辨文献，认为"会稽山宜直湖南，又有山阴溪水入焉。山阴西四十里，有二溪：东溪广一丈九尺，冬暖夏冷；西溪广三丈五尺，冬冷夏暖。二溪北出，行三里，至徐村，合成一溪，广五丈余，而温凉又杂，盖《山海经》所谓苕水也。北径罗浮山，而下注于太湖，故言出其阴，入于具区也。……松江自湖东北流，径七十里，江水歧分，谓之三江口"⑥。他对于南江的考察，认为南江："一江东南行七十里，入小湖，为次溪，自湖东南出，谓之谷水。……谷水于县出为澉浦，以通巨海。"⑦ 因此，郦道元的解读虽与《汉书·地理志》有所相类，但又与此前不同，所以他在文中经常强调这一点，如"三江口"，他认为"虽名称相乱，不与《职方》同"⑧，对于南江，他强调"水名已殊，非班固所谓南江也"⑨。

晋时出现了太湖三江的说法，如："顾夷《吴地记》云'松江东北行七

---

① [清] 孙诒让撰：《周礼正义》卷六十三，民国二十年（1931）湖北篴湖精舍递刻本。
② [汉] 班固撰，颜师古注：《汉书》卷二十八上《地理志第八上》，北京：中华书局，1962年版，第1590-1591页。
③ [汉] 班固撰，颜师古注：《汉书》卷二十八上《地理志第八上》，北京：中华书局，1962年版，第1592页。
④ 王建革：《太湖形成与〈汉书·地理志〉三江》，《历史地理》2014年第1期，第44-55页。
⑤ [北魏] 郦道元注，杨守敬、熊会贞疏，段熙仲点校，陈桥驿复校：《水经注疏》卷三十，南京：江苏古籍出版社，1989年版，第2430-2431页。
⑥ [北魏] 郦道元注，杨守敬、熊会贞疏，段熙仲点校，陈桥驿复校：《水经注疏》卷三十，南京：江苏古籍出版社，1989年版，第2446页。
⑦ [北魏] 郦道元注，杨守敬、熊会贞疏，段熙仲点校，陈桥驿复校：《水经注疏》卷三十，南京：江苏古籍出版社，1989吴版，第2447页。
⑧ [北魏] 郦道元注，杨守敬、熊会贞疏，段熙仲点校，陈桥驿复校：《水经注疏》卷三十，南京：江苏古籍出版社，1989年版，第2446页。
⑨ [北魏] 郦道元注，杨守敬、熊会贞疏，段熙仲点校，陈桥驿复校：《水经注疏》卷三十，南京：江苏古籍出版社，1989年版，第2453页。

十里，得三江口。东北入海为娄江，东南入海为东江，并松江为三江'是也。"① 这一说法在南北朝时期，为齐人庾仲初注《扬都赋》时所沿用。在这里，北江是指娄江，中江是指吴淞江，而南江指的是东江（今黄浦江）。

其后，"三江"所指不断变动。唐代孔颖达注疏《尚书·禹贡》云："下传云：'自彭蠡江分为三，入震泽，遂为北江而入海'。是孔意江从彭蠡而分为三，又共入震泽，从震泽复分为三，乃入海'。"② 他对三江的看法，既包含《汉书·地理志》的成分，也掺杂有庾仲初和《水经注》的解释。唐代开元年间，张守节在《史记正义》中放弃了《汉书·地理志》关于"北江、中江、南江"的说法，把吴淞江、娄江和东江定义为《禹贡》中的三江，认为"三江者，在苏州东南三十里，名三江口。一江西南上七十里至太湖，名曰松江，古笠泽江；一江东南上七十里至白蚬湖，名曰上江，亦曰东江；一江东北下三百余里入海，名曰下江，亦曰娄江；于其分处号曰三江口"③。他认为太湖流域的娄江、吴淞江和东江即是《禹贡》所言三江，回到太湖三江说。

北宋吴县人朱长文的《吴郡图经续记》，对历史上的三江之说进行了考察梳理，其言："三江者，北江、中江、南江也。历丹阳、毗陵者，为北江，即今之大江也。首受芜湖，东至阳羡者，为中江。分于石城，过宛陵，至于具区者，为南江。三江在震泽上下，而皆入于海，震泽之流有所泄，是以底定。今二江故道中绝，故震泽有泛滥之患，理势然也。"④ 他认为三江在太湖上下，皆入海，对韦昭的松江、浙江、浦阳江"三江说"进行了否定。其言："松江，出太湖，入于海。韦昭以为三江者，松江、浙江、浦阳江也。今浙江、浦阳与震泽不相入，韦说非也。"⑤ 他列举《水经注》《吴越春秋》《扬都赋》等书，指出三江非《禹贡》中的三江。其云："郦善长云：'松江，自湖东北经七十里，江水分流，谓之三江口。'《吴越春秋》云：'范蠡去越，乘舟出三江之口，入五湖之中。'此谓也。庾仲初注云：'太湖东注为松江，下七十里有水口分流，东北入海为娄江，

---

① [汉] 司马迁撰：《史记》卷二《夏本纪第二》，北京：中华书局，1959年版，第59页。
② [唐] 孔颖达注疏：《尚书注疏》卷六，清嘉庆二十年（1815）南昌府学重刊宋本十三经注疏本。
③ [宋] 范成大撰，陆振岳校点：《吴郡志》卷四十八《考证》，南京：江苏古籍出版社，1999年版，第632页。
④ [宋] 朱长文撰，金菊林校点：《吴郡图经续记》卷中，南京：江苏古籍出版社，1999年版，第46页。
⑤ [宋] 朱长文撰，金菊林校点：《吴郡图经续记》卷中，南京：江苏古籍出版社，1999年版，第47页。

东南入海为东江，与松江而三。'此非《禹贡》之三江也。"①

朱长文还对《水经注》所谓南江的"谷水"进行了考察，《水经注》云："一江东南行七十里，入小湖，为次溪，自湖东南出，谓之谷水。……以通巨海。"② 他认为："盖此渠足以分震泽、松江之水，南入于海也。后世谷水堙废，人不复知其名，故吴中多水。尝质于老儒长者，谓松江东流，聚为小湖，西北接白蚬、马腾、谷、玳瑁四湖，盖所谓谷湖者，即谷水之旧迹也。"③ 他结合吴地实际，咨询年长老者，认为谷湖为谷水旧迹。

清代学者对"北江、中江、南江"的概念进行了梳理考辨，通过实际考察，结合经典旧籍，逐步厘清了这一问题。顾炎武在《日知录》中指出："然则江至彭蠡并三为一，未尝分一为三。况震泽在今之常、湖、苏三府地，自隋炀帝凿江南河，始与江通，当禹时江湖何自而会？且大江又合流入海，未闻三分。故前辈谓安国未尝南游，不谙吴楚地理，是《书传》之说非也。"④ 这质疑和否定了孔颖达关于"江从彭蠡而分为三，又共入震泽，从震泽复分为三，乃入海"的观点。

二、从《禹贡》三江到太湖三江

由《禹贡》三江到太湖三江，主要由于历史时期太湖地区经济社会地位的不断提高，为了凸显其治水的水利利益，引出太湖"三江"说。"三江"由《禹贡》指出的汉水、长江、豫章江，不断演变为太湖流域的娄江、吴淞江和东江。这既与太湖的形成发展有关，也源自江南地区社会经济地位的提升。

顾颉刚对于"三江"之说进行了梳理，认为三江可分为四种。一是指鄱阳湖下流分歧成北、中、南三道入海的长江三支；二是指长江的上流、中流、下流为三江；三是指长江为北江，吴淞江为中江，钱塘江为南江；四是以长江之中江入太湖，再分吴淞江、娄江、东江三江入海。他还认

---

① [宋]朱长文撰，金菊林校点：《吴郡图经续记》卷中，南京：江苏古籍出版社，1999年版，第47页。

② [宋]朱长文撰，金菊林校点：《吴郡图经续记》卷中，南京：江苏古籍出版社，1999年版，第49页。

③ [宋]朱长文撰，金菊林校点：《吴郡图经续记》卷中，南京：江苏古籍出版社，1999年版，第49页。

④ [清]顾炎武著，黄汝成集释，栾保群、吕宗力校点：《日知录集释：上》，上海：上海古籍出版社，2014年版，第27页。

为，古书称三江、五湖，多为泛称，上述四说都很勉强。① 近代学者陈怀荃对"三江"进行了梳理，认为"《禹贡》三江实际包括的地理范围，从九江以下，除今皖南沿江平原和太湖流域之外，还有皖南山区和浙江流域。江水的名称，也就由此扩展到钱塘、会稽一带，并逐步成为东南诸川的通称"②。

"江"在古代，最早是特指长江，古人认为余水不能称江。"唯汉水、彭蠡水与江水会，始称三江；沅、湘等水入洞庭与江水会，始称九江。盖皆以岷江为主，而总其来会之数以目之，其未合者不得名江也。"③ 在此，三江与九江，是因其支流汇入长江之数而名之，以此强调这些支流与长江的关系。此后，"江"的内涵开始泛化，诸多入江河流也为人们习惯性地称为江，这种泛化也为古人所指责，认为"后世汉江、章江、湘江、沅江等称，殊乖经义"④。

《禹贡》所言"三江"，与太湖流域"三江"是两个截然不同的概念。从《汉书·地理志》所言北江、中江和南江，到太湖流域的娄江、吴淞江以及东江，这种"三江"内涵的演变，既与太湖的形成息息相关，又与太湖流域在中国经济社会发展过程中地位的抬升密不可分。

首先，在《禹贡》和《汉书·地理志》成书的年代，太湖尚处于发育定型的阶段，其湖面的盈缩时有发生。《周礼·职方》中记载："东南曰扬州，其山镇曰会稽。其泽薮曰具区，其川三江，其浸五湖。"⑤ 在这里，三江、五湖、具区是各不相同的概念。"具区是一个广大薮泽的概念，指太湖未形成时包括平原、沼泽和湖泊群的区域。"⑥ 这构成了长江流域江水漫延入海的一种途径，在《汉书·地理志》中属于古中江。但随着古太湖的发育成型，实际的地理变动逐渐与《汉书·地理志》所载不符。

对于太湖的起源，有泄湖成因说、构造成湖说等诸种解读，随着人们近年来对太湖浅地层的勘探、太湖平原沉积相分析资料及古文化遗址等研究的推进，学界多认为，"太湖实际上是在河道水文环境的变化下形成的，

---

① 顾颉刚：《〈禹贡〉全文注释》，侯仁之主编《中国古代地理名著选读》，北京：学苑出版社，2005年版，第18页。
② 陈怀荃：《黄牛集》，合肥：安徽教育出版社，2000年版，第144—145页。
③ [汉]桑钦撰，[北魏]郦道元注，[清]赵一清释：《水经注释（续）》附录上，李勇先、高志刚主编《水经注珍稀文献集成》，第3辑，成都：巴蜀书社，2017年影印本，第283页。
④ [清]孙星衍撰，陈抗、盛冬铃点校：《尚书今古文注疏》卷三《禹贡》，北京：中华书局，1986年版，第197页。
⑤ [汉]郑玄：《周礼》卷八，四部丛刊明翻宋岳氏本。
⑥ 王建革：《江南环境史研究》，北京：科学出版社，2016年版，第16页。

由于出水受阻,古震泽区诸湖汇水扩展,形成太湖"①。在全新世中期,"由于基面抬升,古郎溪河、苕溪等河口淤塞,加之区内地面下沉,使河流的中下游洼地积水形成大片的湖泊、沼泽"②。太湖开始形成雏形,是在全新世晚期。随着气候的转变,丰富的地表径流汇入古太湖,在距今3 000多年前,"由于遭受东部冈身的阻遏和上升海面的顶托,又由于南部原本可以大量倾泻碟形洼地洪水入海的太湖海湾,也已被钱塘江沙嘴彻底封堵,在这诸多内、外营力长期共同作用的结果,终于导致碟形洼地中部低浅的湖盆,积水壅溢而演变为太湖"③。但是,这一时期太湖的面积较今天为小,《越绝书》记载,"太湖周三万六千顷"④,约合1 680平方千米,仅为今太湖的五分之三左右。但后来不断扩大,并将附近湖泊纳入其中,《史记会注考证》记载:"五湖者,菱湖、游湖、莫湖、贡湖、胥湖,皆太湖东岸,五湾为五湖,盖古时应别,今并相连。菱湖在莫厘山东,周回三十余里。……西与莫厘湖连。莫厘湖在莫厘山西及北,北与胥湖连。胥湖在胥山西南,与莫厘湖连。各周回五六十里,西连太湖。游湖在北二十里,在长山东,湖西口阔二里。……周回五六十里。贡湖在长山西,……周回一百九十里已上。"⑤最晚在魏晋南朝时期,今日太湖的形态已经基本形成。

在这一时期,正常情况下的太湖之水仍可通过娄江、吴淞江和东江顺畅泄入大海。太湖流域"三江"的概念开始萌芽,并对《禹贡》和《汉书·地理志》所言"三江"的概念产生冲击。因此,在《吴地记》《水经注》等相关记述中,"北江、中江、南江"所指,开始出现抵牾,孔颖达疏《尚书·禹贡》也意图对两者加以调节,而张守节在《史记正义》中则直接将"三江"定义为太湖流域的娄江、吴淞江和东江。

此后,随着泥沙沉积,太湖流域的娄江、吴淞江和东江壅塞日趋严重,各类湖泊荡地开始出现。自从江南运河的开凿,特别是唐元和五年(810),苏州至平望数十里长"吴江塘路"的兴筑,使得塘路与冈身之间的东太湖地区,成为一个对水体极其敏感的低洼平原地域。唐宋时期,太湖流域三江的淤塞更为严重,东江、娄江先后湮废,太湖泄水仅靠束狭且

---

① 光绪《常昭合志稿》卷九《水利志》,清光绪三十年(1904)活字本。
② 景存义:《太湖地区全新世以来古地理环境的演变》,《地理科学》1985年第3期,第227-234页。
③ 张修桂:《太湖演变的历史过程》,《中国历史地理论丛》2009年第1期,第5-12页。
④ [汉]袁康、[汉]吴平辑录,乐祖谋点校:《越绝书》,上海:上海古籍出版社,1985年版,第16页。
⑤ [汉]司马迁撰,泷川资言考证:《史记会注考证》,上海:上海古籍出版社,2016年,第77页。

为淤塞所患的吴淞江，因太湖之水下泄不畅，冗水反而大量溢入原东江、娄江流域低地，从而导致东太湖地区涌现大量的湖群。因此，太湖流域三江的湮废及湖群的涌现，使人们难觅太湖三江的原迹，在当时关于三江的论述中，各种谬误和猜测难以避免。

明代江流更细，淤塞不断，河道常改，加上圩田害水，导致太湖下游湖泊渐少，而河道越来越细，小河道、小湖泊、小圩田相互串联，如翁泾漾"其受太湖来水凡三，曰钱家港，曰牛尾泾，曰巴泾，与八斥、大浦港水同出运河"①，随即演化为一系列的小河道与小水荡。明代水利专家沈启说："合而东播为谢家漾车𫐄漾，为泥潭荡，又东为六百亩荡，为女儿荡，为廊庙荡，为槐婆潭，为李婆荡，为桂枝荡，为南戴荡，为戾开荡，为东长荡，为蚌壳荡，俱合为长白荡，与元鹤荡水会为杨坟荡，为孙家荡，为江泽荡，为杨卢荡，东经义家路亦出元荡，其北为杨家荡为白蚬江东，为急水港出松江淀山湖。"② 清代朴学家意识到太湖流域水道的历史演变问题，不再拘泥于古籍旧典，对"三江"问题进行较为系统的梳理，从而形成了对《禹贡》三江与太湖三江概念的基本认识。

其次，在"三江"概念演变过程中，存在自然地理因素和社会经济因素的双重影响。苏州地处江南，远离中原文化圈，至秦汉时经济社会发展水平尚低。《汉书·地理志》载："江南地广，或火耕水耨。民食鱼稻，以渔猎山伐为业。"③ 在整个国家政治经济结构中，地位并不高。因此，这一时期学者关于"三江"的论述，仍然着眼于整个长江中下游地区，而非太湖流域。

随着江南地区经济文化的不断发展，国家经济重心不断南移，苏州地区的政治、经济和社会地位开始凸显。景祐初（1034—1035），苏州地区大致亩产折合稻谷 3 石至 5 石④之间。"东南每岁上供之数六百万石，乃一州所出。"⑤ 于是，南宋年间就有了"苏湖熟，天下足"的谚语。太湖流域在整个国家政治经济结构中的地位，受到越来越多的重视，这客观上影响了人们对"三江"概念的认知，为太湖流域"娄江、吴淞江、东江"

---

① ［明］沈启撰，（清）黄象曦辑：《吴江水考增辑》卷一《水道考》，沈氏家藏本。
② ［明］沈启撰，（清）黄象曦辑：《吴江水考增辑》卷一《水道考》，沈氏家藏本。
③ ［汉］班固撰，颜师古注：《汉书》卷二十八下《地理志第八下》，北京：中华书局，1962 年版，第 1 666 页。
④ 在宋代，一石等于 59.2 千克。
⑤ ［宋］范成大撰，陆振岳校点：《吴郡志》卷五《营寨》，南京：江苏古籍出版社，1999 年版，第 46 页。

这三江概念的确立，以及冲击古三江概念，提供了基本的社会心理准备。

太湖三江因三江口，即三江分流之名变成三条入海的江。《水经注》接受了庾仲初的太湖三江说。到唐代，太湖三江上升为《禹贡》的三江。张守节在《史记正义》中正式把吴淞江、娄江和东江定义为《禹贡》三江。① 清代学者胡渭著有《禹贡锥指》，其中考察了三江概念演变的原因，认为唐以后财赋东南出，太湖地区治水的地位提升，客观上也要求以权威经书巩固太湖地区治水的地位，将太湖"三江"附和《禹贡》"三江"。唐宋以后对太湖流域水利的治理，也成为上至帝王，下至百姓，以及各级地方政府和知识群体关注的重点，历代治水者为了吸引统治者的注意，也常借此夸大太湖流域三江的地位。所谓"元、明以来，浙西之财甲于天下，而松江之淤塞日甚，凡言吴中水利者，皆引《禹贡》以自重"②。通过概念的置换，以经典权威为现实治水实践提供了无可辩驳的必要性，太湖流域三江的概念由此得到进一步认同。

《禹贡》所言三江，因为自然环境变迁及国家经济重心的转移，经历了由《汉书·地理志》所言长江中下游之三江，到太湖流域娄江、吴淞江、东江的演变过程。三江概念的演变，使得我们可以深入了解苏州主要水系的变迁。

第四节 水旱灾害

太湖流域，雨热同期，降水丰富，地势低洼，芦荡密布，随着泥沙淤积，三江湮废，湖水入海渠道不畅，历代水旱灾害不断，水灾尤其严重，严重影响了百姓正常的生产生活。

《史记》记述大禹治水时曾提到"帝尧之时，鸿（洪）水滔天"③"三江既入，震泽致定"④。据同治《苏州府志》记载，苏州水灾记录最早始于三国时期吴太元元年（251）。《晋书》中载晋太和六年（371）六月，"京师大水，平地数尺，浸及太庙。朱雀大航缆断，三艘流入大江。丹阳、

---

① 王建革：《从三江口到三江：娄江与东江的附会及其影响》，《社会科学研究》2007年第5期，第162–168页。

② [清]胡渭著，邹逸麟整理：《禹贡锥指》，上海：上海古籍出版社，1996年版，1974年版，第162–163页。

③ [汉]司马迁撰：《史记》卷二《夏本纪第二》，北京：中华书局，1959年版，第67页。

④ [汉]司马迁撰：《史记》卷二《夏本纪第二》，北京：中华书局，1959年版，第9页。

晋陵、吴郡、吴兴、临海五郡又大水，稻稼荡没，黎庶饥馑"①。这是关于苏州较大水灾最早的记载。此后水旱灾情，在地方府志和县（州）志中均有较多记载，中华人民共和国成立后，随着气象、水文工作的普及，观测制度的健全和测验技术的提高，水旱灾害记载资料更趋翔实，为防涝抗旱提供了重要依据。

历史上太湖流域水旱灾害频仍，水涝灾害尤为严重。太湖流域地区的水旱灾害情况与长江三角洲大部分地区趋同或者重叠，根据长江中下游地区的历史资料分析，从汉高祖三年（前204）至清光绪十九年（1893），从正史及地方志中获取太湖流域的水旱情况，其中涝年为285个，旱年179个。而从宋建隆元年（960）至光绪十九年（1893），有涝年220个，旱年158个，这900多年中，灾害年占了40.47%，其中涝年占了23.55%。② 相比较之下，太湖流域地区水涝灾害发生频率更高。有学者统计，太湖流域地区从1001—1900年，自宋元以迄明清，共九百年，发生水灾203次，平均4.4年一次。这一阶段的变化趋势，与前一阶段正好相反，是从少到多，频率越来越高。宋代平均5.5年一次，元代平均5.3年一次，明清平均3.9年一次。③ 苏州地区水灾与流域情况基本同步，并导致衍生灾害，发生灾害链。④ 因此，治水形势更加严峻，治水活动更加频繁。从各种历史资料的统计数据来看，历史时期水涝灾害发生随着时代的演进越发严重。事实上，苏州地区水涝灾害的实际情况可能更为严重。

水旱灾害对正常社会生产秩序产生严重冲击，导致作物歉收甚至绝产，如嘉庆九年（1804），"吴县、吴江五月淫雨兼旬，陆地水深尺许，田禾尽淹；常熟、昭文春阴雨，自正月至四五月雨。积水，弥月，伤稼米贵；昆山、新阳少晴，五月初连雨七昼夜，十二日又雨至二十日止。二十二日至二十五日复昼夜雨，二十八夜猛雨，低田尽没，东南诸乡，悉成巨浸"⑤。道

---

① ［唐］房玄龄等撰：《晋书》卷二十七《志第十七》，北京：中华书局，1974年版，第816页。
② 张秉伦、方兆本主编：《淮河和长江中下游旱涝灾害年表与旱涝规律研究》，合肥：安徽教育出版社1998年版，第251-252页。
③ 汪家伦：《历史时期太湖地区水旱情况初步分析（四世纪—十九世纪）》，华南农业大学农业历史遗产研究室主编《农史研究》，第三辑，北京：农业出版社，1983年版，第84-97页。
④ 明代276年间发生水涝灾害79次，平均3.5年发生一次；清代268年间发生水灾73次，平均3.7年发生一次。流域内发生大涝、特大涝的次数超过33次，其中特大涝12次，平均5.5年一次。参见胡火金、孟明娟、李兵兵：《明清时期太湖流域水灾危害及灾害链：以江苏苏州为中心的考察》，《农业考古》2021年第4期，第113-119页。
⑤ 苏州市水利史志编纂委员会编：《苏州水利志》，上海：上海社会科学院出版社，1997年版，第63页。

光二十年（1840），"吴江县水。昆山、新阳，秋水涨淹禾，仅露芒穗。江阴县五月大水，岁大歉"①。水旱灾害也会导致作物不可播种，如雍正四年（1726），"苏州、太仓、常熟、昭文八月淫雨败谷；吴江秋冬雨，大水，低田积潦，不能割禾。豆麦无种"②。水旱灾害还会危害作物生长，如乾隆二十年（1755），"苏州、吴县、吴江、常熟、昭文，二月至四月雨，麦苗腐"③，乾隆三十三年（1768），"苏州、吴县、吴江自三月至八月不雨，东太湖涸。昆山、新阳两县大旱；江阴县，秋大旱，苗不实"④。可见水旱灾害对生产活动的影响之深。

涝灾往往由暴雨引起，集中的短时间高强度的暴雨、长时间的降雨及台风等引起建筑物的倒塌、人畜伤亡的财产损失，以至于出现僵尸满野、饿殍满路、积尸盈河乃至人相食的惨状。特别是大涝、大旱，都以生命财产的危害记载为主。如同治《苏州府志》载："（宋元丰四年），七月，太湖溢，自吴江至平望民居尽坏，死者万余人。……（宋嘉定十六年）五月，太湖水大溢，漂民庐舍，害田稼，圮城郭、堤防，溺死者无算。"⑤明《吴江水考》："旧水未消，春雨连注，至夏季四月，横涨滔天，水及树杪，陆沉连海，官塘市路，弥漫不辩（辨），舟筏交渡，吴江长桥之不没者尺余耳。浮尸积骸，塞途蔽川，凡船户悉流淮扬泰之间。吴江田有抛荒自此始。"⑥元大德五年（1301），民国《吴县志》载："七月朔，大雨，太湖水挟飓风涌入城中，路学庙堂崩，县治公署民居多卷入半空，死者十八九。"⑦水旱灾害之后，经常会物价飞涨，进一步加剧灾民生存之艰，嘉庆十九年（1814），"太仓大旱，斗米千钱，饿殍载道"⑧。道光二十九

---

① 苏州市水利史志编纂委员会编：《苏州水利志》，上海：上海社会科学院出版社，1997年版，第63页。

② 苏州市水利史志编纂委员会编：《苏州水利志》，上海：上海社会科学院出版社，1997年版，第63页。

③ 同治《苏州府志》卷一百四十三《祥异》，江苏省地方志编纂委员会办公室编：《江苏历代方志全书·苏州府部》，第27册，南京：凤凰出版社，2016年影印版，第173页。

④ 苏州市水利史志编纂委员会编：《苏州水利志》，上海：上海社会科学院出版社，1997年版，第63页。

⑤ 同治《苏州府志》卷一百四十三《祥异》，江苏省地方志编纂委员会办公室编：《江苏历代方志全书·苏州府部》，第27册，南京：凤凰出版社，2016年影印版，第169页。

⑥ ［明］沈启撰：《吴江水考》卷二《水年考》，《四库全书存目丛书》编纂委员会《四库全书存目丛书·史部》，第221册，山东：齐鲁书社，1996年版，第665页。

⑦ 民国《吴县志》卷五十五《祥异考》，江苏省地方志编纂委员会办公室编：《江苏历代方志全书·苏州府部》，第40册，南京：凤凰出版社，2016年影印版，第339页。

⑧ 苏州市水利史志编纂委员会编：《苏州水利志》，上海：上海社会科学院出版社，1997年版，第63页。

年（1849）大水，"高下田无收，米每石价高六千钱；吴江大水，视道光三年有加，饥民死者无算"①。足见水旱灾害影响之惨烈。

水旱灾害又常会引发疾疫、虫灾、海潮等衍生灾害。大灾之后往往有大疫，旱涝灾害与疫病有一定的相关性。如乾隆《吴江县志》载，明正德五年，"春雨连注至夏四月，湖水横涨，官塘市路弥漫……是岁复大疫，死者居半"②。旱灾会引起病虫灾，水涝与冻灾相伴。根据史料记载，水涝旱灾引起的病虫灾种类很多，有青虫、黑虫、油虫，有细菌、霉菌性的作物病害，其中蝗虫灾尤甚。光绪《常昭合志稿》：清康熙十八年（1679），"旱，飞蝗蔽天，赤地无苗。"③ 同治《苏州府志》："夏旱自五月至八月，飞蝗伤稼。"④ 光绪《昆新两县续修合志》载：清咸丰六年（1856），"夏，大旱，河港多涸，阳城傀儡诸河步行可通，农民戽水甚艰。八月，飞蝗蔽天，集天伤禾"⑤。"大旱遍及太湖26个县府，苏州六月旱；常熟、昭文，夏大旱，秋蝗螟生；昆山、新阳，夏大旱，河港多涸，阳城、傀儡等湖步行可通，八月飞蝗蔽天；吴县夏六月大旱，七月蝗蔽空，伤禾"⑥。洪涝灾害经常引起地质性灾害，还有"地生毛"等记载。光绪《武进阳湖县志》载：清嘉庆十九年（1814），"春正月癸亥朔，黑风昼晦，夏大旱，地生白毛，秋饥，米石四千"⑦。同治《苏州府志》："（嘉庆）十九年，旱，地生黑毛。"⑧ 光绪《常昭合志稿》："夏，大旱，地生黑毛。"⑨ 民国《吴县志》："旱，地生黑毛。"⑩ 另外，据历史资料，

---

① 苏州市水利史志编纂委员会编：《苏州水利志》，上海：上海社会科学院出版社，1997年版，第64页。
② 乾隆《吴江县志》卷四十《灾变》，江苏省地方志编纂委员会办公室编：《江苏历代方志全书·苏州府部》，第97册，南京：凤凰出版社，2016年影印版，第506页。
③ 光绪《常昭合志稿》卷四十七《祥异志》，清光绪三十年（1904）活字本。
④ 同治《苏州府志》卷一百四十三《祥异》，江苏省地方志编纂委员会办公室编：《江苏历代方志全书·苏州府部》，第27册，南京：凤凰出版社，2016年影印版，第172页。
⑤ 光绪《昆新两县续修合志》卷五十一《祥异》，江苏省地方志编纂委员会办公室编：《江苏历代方志全书·苏州府部》，第91册，南京：凤凰出版社，2016年影印版，第349页。
⑥ 苏州市水利史志编纂委员会编：《苏州水利志》，上海：上海社会科学院出版社，1997年版，第64页。
⑦ 光绪《武进阳湖县志》卷二十九《杂事·祥异》，江苏古籍出版社编：《中国地方志集成·江苏府县志辑》，第37册，南京：江苏古籍出版社，1991年影印本，第749页。
⑧ 同治《苏州府志》卷一百四十三《祥异》，江苏省地方志编纂委员会办公室编：《江苏历代方志全书·苏州府部》，第27册，南京：凤凰出版社，2016年影印版，第173页。
⑨ 光绪《常昭合志稿》卷四十七《祥异志》，清光绪三十年（1904）活字本。
⑩ 民国《吴县志》卷五十五《祥异考》，江苏省地方志编纂委员会办公室编：《江苏历代方志全书·苏州府部》，第40册，南京：凤凰出版社，2016年影印版，第358页。

水灾一般与寒冬有一定的相关性，因此，在遭受水涝灾害的同时，也要做好防冻的准备。这些衍生灾害，进一步加剧了水旱灾害的影响。

水旱灾害也引发苏州地区作物种植结构的变迁。从整个历史趋势来看，太湖流域水环境的变迁，导致太湖下游水道淤塞渐重，水网细化，旱地化趋势引发旱地作物种植面积增加，对原有作物种植结构产生冲击。如宋元之后，由于引进棉花种植，棉花种植面积扩大，很多高地开始植棉，到了明清时期，这种麦稻两熟或两收的情形很难再现。王在晋言："其刘家河海潮之入，由盐铁到湖川，而东北自七鸦港入者，亦从花浦、杨林及湖川而相会合，浑砂泥滓，酿成堙堰。高田无灌溉则枯，低田逢水潦则没。故茜泾一带几成坏莽，舟航既厄，桔槔多废。迩年郊原四望，遍地皆棉。种棉久则土膏竭，而腴田化为瘠壤，一逢水旱虫螟，尽仰藉于转籴。"① 旱地与旱地作物的搭配，使得人们对旱灾的抵抗能力加强，其种植结构也因而发生相应变化。

苏州地区水旱灾害频发，与其地貌特征及围湖造田等有密切关系。苏州西部为太湖，西南为天目山脉，东北环绕长弧形冈身地带，境内地势低洼，其地势基本特点是四周高仰，中部低洼，是一个典型的碟形洼地，汛期河湖水位通常高于苏州。一遇久雨或大雨，经常导致众水汇注，河湖并涨，弥漫无涯，从而造成区域大面积洪涝灾害。境内河湖密布，水网交错，泄水不畅，容易积涝成灾。西部太湖地区的地势过于低平，水流缓慢，而江海潮位又相对较高，潮差较小。流域内河网、湖泊水位易涨难消，易发生洪涝灾害。

此外，苏州降雨丰沛，雨量集中在5—9月。春夏之交，常出现连绵的梅雨天气。梅雨期长短不一，每年平均20天，一般入梅时间为6月中旬，出梅时间为7月上旬，入梅和出梅的时间早晚严重影响太湖流域的降水，并易诱发梅雨型水灾，其特点是雨量大、时间长、范围广；热带气旋和台风通常带来丰富的降水，其影响一般出现在7—9月，并容易导致洪涝灾害，其特点是强度大、历时短、范围不大，但可形成局部严重灾害。据记载，苏州曾有过大雨三日，降水达438.1毫米的记录，为年平均降水量的40%。② 可见，气候因素是造成苏州水灾频发的重要原因。

唐宋之后，人们常围湖造田，导致水道细化狭窄，流速减缓，泥沙淤

---

① [明]顾炎武撰，黄坤等校点：《天下郡国利病书》，上海：上海古籍出版社，2012年版，第546页。

② 中国科学院南京地理研究所湖泊室编著：《江苏湖泊志》，南京：江苏科技出版社，1982年版，第13页。

积，使得泄水不畅，水旱敏感度增强。《松江府志》载："自淀山湖筑捺围岸成田，水道狭窄，黄浦港以西，潮涨淤浅，水不能泄，每遇小雨，诸水所会，即成一壑，田禾淹没，所以华亭每罹水患，稍遇天旱，上海则有旱伤，是故灾伤无岁无之。"①《松江府志》载："吴中之田，近湖沿江，地皆卑下。平时积水已多，一遇久雨，众水毕集，常有水患。近山沿海，地皆高阜，不能引江湖之水，以资灌溉，常有旱灾。"② 一些湖堤、长桥的修建，虽便利了交通，但是形成河道束窄，容易生成落淤和湖田，对水流影响很大。北宋时期，单锷认为其加剧了吴淞江流域的水灾，他说："自庆历二年，欲便粮运，遂筑此堤，横截江流五六十里，遂致震泽之水，常溢而不泄，浸灌三州之田"，"自熙宁八年迄今十四载，其田即未有可耕之日，岁岁诉潦，民益憔悴。"③ 这些举措使得水网淤塞，水道的蓄水和疏导能力下降，常常是遇水则涝，缺水即旱，导致苏州地区对水旱的敏感度增加，水旱灾害频次增加。

根据历史记载，结合苏州实际和治水实践，对于水旱灾害进行总结分析，总体呈现以下特征。

首先，水旱灾害波及范围很广。由于地势平坦，芦荡密布，诸多湖沼洼地又较一般汛期河湖水位为低，因此，每遇水灾，泛滥甚广。按地面差，明代吴江分田为六级，每级田相差仅仅0.25米，所以水位每涨高0.25米，就要多淹一级田。大略估算，历史上太湖地区易受水害的农田有400~600万亩，近八百年来发生的17次特大水灾，每次波及的范围均占全区70%~80%的县份。④ 而遇到旱灾，则河湖皆涸，无处引水，其波及范围同样很广。

其次，水旱灾害持续时间较久。因太湖平原水域宽泛，每遇水灾，平地泄水迟缓，水位一旦抬高，则退落很慢，这就导致浸淫的时间很长，加重了灾害影响。而遇到旱灾，无处引水，也存在旱情持续这一问题，如景泰七年（1456），"吴江夏旱七十天"⑤ 康熙四十六年（1707），"江阴县秋大旱；苏州、吴县、常熟、昭文、昆山、新阳等县大旱，四月不雨至七

---

① 正德《松江府志》卷六《田赋上》，明正德七年（1512）刊本。
② 同治《苏州府志》卷十《水利二》，清光绪九年（1883）刊本。
③ ［明］张国维纂：《吴中水利全书》卷十三《奏状》，清文渊阁四库全书本。
④ 汪家伦：《古代太湖地区的洪涝特征及治理方略的探讨》，《农业考古》1985年第1期，第146-159页。
⑤ 苏州市水利史志编纂委员会编：《苏州水利志》，上海：上海社会科学院出版社，1997年版，第59页。

月；吴江县大旱，港底俱涸"①。雍正元年（1723），"苏州、太仓、吴县、吴江夏旱；昆山、新阳秋大旱，河水尽涸，江阴五月至七不雨，江潮不至"②。可见苏州水旱灾害具有持续时间较久的特点。

再次，水旱灾害容易造成重大损失。因为波及范围广，持续时间久，因此，苏州受水旱影响深切，损失亦常惨重，遍检史籍，苏州每遇水旱，伤禾败稼、毁屋荡田、夺人性命、疫疾并发等常至，甚至整个城镇被淹也多有记述，"大水侵城郭""舟行入市""城中街道泛舟"等屡见于文献。如万历三十六年（1608），"常熟四月下旬大雨至七月下旬始晴，城中积潦盈尺，城外一望无际，郡抵邑，邑抵各乡，皆不由故道，望浮树为志，从人家檐际扬帆，高低田尽成巨浸。太仓四五月连雨四十日，江海水溢，西南乡水高至丈余，居民逃徙。江阴县三月大雨至五月止。昆山四、五月连雨五十日，吴中大水，田皆淹没，城中街道积水，深可行舟。吴江三月至五月淫雨，水浮岸丈许。高低田皆淹没，吴县自三月二十九日至五月二十四日淫雨，伤稼，庐室漂荡"③。如此记述，史不绝载。

最后，经常出现旱涝急转现象。由于自然地理条件等影响，苏州地区降雨量一旦稍多，常会形成水灾，但降雨量一稍减，又多会发生旱情。随着对水旱敏感程度的增加，水旱灾害常常快速转换，如嘉靖二年（1523），"夏大旱，溪湖见底，妨稼。七月，湖海泛溢，漂溺民居"④。这种水旱灾害之间的快速转换，无疑深刻加重了灾害的破坏性。

---

① 苏州市水利史志编纂委员会编：《苏州水利志》，上海：上海社会科学院出版社，1997年版，第62页。

② 苏州市水利史志编纂委员会编：《苏州水利志》，上海：上海社会科学院出版社，1997年版，第63页。

③ 苏州市水利史志编纂委员会编：《苏州水利志》，上海：上海社会科学院出版社，1997年版，第61页。

④ 苏州市水利史志编纂委员会编：《苏州水利志》，上海：上海社会科学院出版社，1997年版，第60页。

第二章 古城水道

　　春秋时期，苏州建城时就设立了水陆城门，水门的设置连通了城内水道与城外水道，构成了内外相通的水网系统。隋唐时期，城内形成"三横四直"的主干大河；宋时大体形成5纵12横的河道网络；明代，河道逐渐整合，形成以"三横四直"为主干的水道网络。明清时期，城市用地不断扩张，城内水道渐趋淤塞，古城向城外扩展，通过水门的城外水道成为城市的重要交通通道，一些水门周边、主要水道沿岸不断繁荣发展。

第一节 水门

苏州古城水道是一个完整的体系，由外城河、主干河道和支河组成。春秋时期阖闾元年（前514），吴王阖闾问政于伍子胥，称吴国地势偏远，居于东南之地，且地多卑下，有江海湖泊水患之害，因而民田不耕，仓廪不实，国君无御，难与强国争霸。伍子胥云："凡欲安君治民，兴霸成王，从近制远者，必先立城郭，设守备，实仓廪，治兵库。"① 吴王采纳了伍子胥的建议，命伍子胥重筑都城，苏州古城的雏形由此奠定。伍子胥对建造大城进行了周密的规划，城内外河道相接可通航，而古城河道则与外河道相连，广通太湖与长江。设立水陆城门。"子胥乃使相土尝水，象天法地，造筑大城，周回四十七里。陆门八，以象天八风。水门八，以法地八聪。筑小城，周十里，陵门三。不开东面者，欲以绝越明也。立阊门者，以象天门，通阊阖风也。立蛇门者，以象地户也。阖闾欲西破楚，楚在西北，故立阊门以通天气，因复名之破楚门。欲东并大越，越在东南，故立蛇门，以制敌国。吴在辰，其位龙也，故小城南门上反羽为两鲵鱙以象龙角。越在巳地，其位蛇也，故南大门上有木蛇，北向首内，示越属于吴也。"② 这里记载了阊门与蛇门。同时，阖闾还曾为齐国女建齐门，"复谋伐齐，齐子使女为质于吴，吴王因为太子波聘齐女。女少思齐，日夜号泣，因乃为病。阖闾乃起北门，名曰望齐门，令女往游其上"③。而吴王夫差北上伐齐之时提到胥门："吴王果兴九郡之兵，将与齐战。道出胥门。"④ 综合《吴越春秋》记载，八门中涉及阊门、蛇门、齐门、胥门四门。

东汉《越绝书》曰："吴大城，周四十七里二百一十步二尺。陆门八，其二有楼。水门八。南面十里四十二步五尺，西面七里百一十二步三尺，

---

① ［汉］赵晔撰，［元］徐天祜音注，苗麓校点：《吴越春秋》卷四《阖闾内传》，南京：江苏古籍出版社，1999年版，第31页。

② ［汉］赵晔撰，［元］徐天祜音注，苗麓校点：《吴越春秋》卷四《阖闾内传》，南京：江苏古籍出版社，1999年版，第31页。

③ ［汉］赵晔撰，［元］徐天祜音注，苗麓校点：《吴越春秋》卷四《阖闾内传》，南京：江苏古籍出版社，1999年版，第55页。

④ ［汉］赵晔撰，［元］徐天祜音注，苗麓校点：《吴越春秋》卷五《夫差内传》，南京：江苏古籍出版社，1999年版，第69页。

北面八里二百二十六步三尺，东面十一里七十九步一尺。阖庐所造也。吴郭周六十八里六十步。吴小城，周十二里。其下广二丈七尺，高四丈七尺。门三，皆有楼，其二增水门二，其一有楼，一增柴路。……邑中径从阊门到娄门，九里七十二步，陆道广二十三步；平门到蛇门，十里七十五步，陆道广三十三步。水道广二十八步。吴古故陆道，出胥明（门），奏出土山，度灌邑，奏高颈，过犹山，奏太湖，随北顾以西，度阳下溪，过历山阳、龙尾西大决，通安湖。吴古故水道，出平门，上郭池，入渎，出巢湖，上历地，过梅亭，入杨湖，出渔浦，入大江，奏广陵。……巫门外罘罳者，春申君去吴，假君所思处也。……汉高帝封有功，刘贾为荆王，并有吴。贾筑吴市西城，名曰定错城，属小城，北到平门，丁将军筑治之。……匠门外信士里东广平地者，吴王濞时宗庙也。"①这记载较《吴越春秋》更为详细，由此可推知当时的八门分别为阊门、娄门、盘门、蛇门、胥门、巫门、平门、匠门。唐《吴地记》中载八门为"西阊、胥二门，南盘、蛇二门，东娄、匠二门，北齐、平二门"②。两相比较，仅存在巫门、盘门之差别。至宋《吴郡图经续记》，北门去平门，东门增葑门。葑门大抵为战国时期春申君黄歇所筑，晚于古城建造之时，应不在春秋建城时八门之中。因注重对称，筑城之初应为四方皆两门，以《吴地记》中的八门更为贴合。黄歇治吴，建造了楚门和葑门。《越绝书》称"楚门，春申君所造。楚人从之，故为楚门"③。在城东南设葑门，出于防洪考虑以助城内之水东泄，维持城内水流平衡。城内基本形成了四纵五横的水网格局。

伍子胥营建苏州古城，依托城外的河湖水系，引太湖之水入城，在城垣内外开凿环城河，设置水陆城门。春申君封闭胥门，以御胥江之水，防止太湖洪水正面冲击，使胥江之水绕道入城，太湖来水由西南入阊门和盘门，与城内河道分流交贯，经葑门、娄门、齐门出城而去，最后东注入江海。苏州城西南多山，临近太湖，太湖水涨则有灌城之虞。伍子胥在西面城墙的南部开置胥门水门承胥江来水，胥江来水直冲胥门入城，城区即有受淹的可能，必须关闭水门，下闸御洪。但闸门受水直冲，容易毁坏，最

---

① ［汉］袁康、［汉］吴平辑录，乐祖谋点校：《越绝书》卷二《越绝外传记吴地传第三》，上海：上海古籍出版社，1985年版，第9-10、18页。
② ［唐］陆广微撰，曹林娣校注：《吴地记》，南京：江苏古籍出版社，1999年版，第15页。
③ ［汉］袁康、［汉］吴平辑录，乐祖谋点校：《越绝书》卷二《越绝外传记吴地传第三》，上海：上海古籍出版社，1985年版，第17页。

好的办法就是堵塞胥门。据清同治《苏州府志》记载:"宋初唯阊、胥、娄、齐、盘、封六门,后胥门又废,迨元至正时又重立胥门,各门皆有水门,惟胥门无。"① 元代亦是五个水门,苏州城有两个进水口、三个出水口,隆庆《长洲县志》记载"城内河道,西南自盘门入,西北自阊门入,东南由葑门出,东北由娄门出,北由齐门出"②。胥门虽反复重建,但最后还是被关闭,由此规避了古城遭受水淹的可能性。

  水门是古城特有的城池构件,内外城河之间的水运通过水城门进出,古城水系的水流也是由水城门(图2-1)进行节制。水门设置对苏州古城具有重要意义。苏州城内长期不遭水患,其中水门建闸发挥了重要作用。我们可以通过几个水门设置,更加深入地了解其在水道沟通及防洪、泄洪中的重要作用。其一是盘门(图2-2)水门,古城水道由城内过盘门水门折向东南,与运河连通。水门由两重城门和其间的水瓮城构成。城门口设水闸,控制进出船只,门洞内可并行两条小船。水门水关除战争的功能外,还可以起到防洪与泄洪作用。其二是阊门水门,阊门外水道地处要

图2-1　葑门水城门③

图2-2　盘门④

---

① 同治《苏州府志》卷四《城池》,江苏省地方志编纂委员会办公室编:《江苏历代方志全书·苏州府部》,第21册,南京:凤凰出版社,2016年影印版,第34页。
② 隆庆《长洲县志》卷十《水部》,江苏省地方志编纂委员会办公室编:《江苏历代方志全书·苏州府部》,第47册,南京:凤凰出版社,2016年影印版,第459页。
③ 苏州市地方志编纂委员会办公室:《葑门水城门》,http://dfzb.suzhou.gov.cn/dfzb/cqyh/200812/e13342c31dba42159bdbbd0e7536f38f.shtml。
④ 苏州市地方志编纂委员会办公室:《盘门》,http://dfzb.suzhou.gov.cn/dfzb/cqyh/200812/a7aa39dq139a48c786a4886490a12eb1.shtml。

冲、运河、枫江、山塘河、平门河、内城横河五水交汇，是商贸往来的聚集之地。阊门一带，自古繁华，是老苏州的象征。明清时期，商贾云集、市店密布，为江南商业交易中心。曹雪芹在《红楼梦》开卷第一回称赞姑苏阊门"最是红尘中一二等富贵风流之地"①。其三是相门水门，唐代《吴地记》称："匠门，又名干将门，东南水陆二路，今陆路废，出海道，通大莱。"②南宋《吴郡志》云："匠门，又曰干将门。……此门本出海道，通大海，沿松江，下沪渎。今废。"③城内水流由此门通海。其四是齐门水门，这是苏州第三直河的出入口，与城外运河相接。

　　古城通过水门与城外诸多河流相联系贯通，将苏州水系与长江、太湖进行联通，使得城内水系实现"活水周流"。此外，水门与有对应的塘河相连，如阊门连接上塘，胥门连接胥口塘，盘门连接西塘，葑门连接葑门塘，娄门连接娄门塘，相门连接相门塘，平门连接平门塘，齐门连接元和塘，水门（图 2-3）对于城内外河道具有重要调节作用。

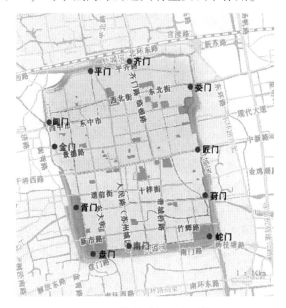

图 2-3　苏州城门示意图④

---

①　[清]曹雪芹著，（清）无名氏续：《红楼梦》，北京：人民文学出版社，2008 年版，第 7 页。
②　[唐]陆广微撰，曹林娣校注：《吴地记》，南京：江苏古籍出版社，1999 年版，第 25 页。
③　[宋]范成大撰，陆振岳校点：《吴郡志》卷三《城郭》，南京：江苏古籍出版社，1999 年版，第 23 页。
④　苏州市城建局官网，http://www.szjs.net/。

水门设置确立了苏州古城水道的基本格局。水门格局自秦汉起一直被沿袭,同治《苏州府志》称"自秦汉以来,皆仍其旧"①,其宏丽壮观,交通便利,甲于东南诸郡。水门与水道密切关联,《越绝书》中描绘了古城水道的情形:"邑中径从阊门到娄门,九里七十二步,陆道广二十三步。平门到蛇门,十里七十五步,陆道广三十三步。水道广二十八步"②。因此,至迟在汉代,城内已有比较规整的街衢和河道,其中陆上要道从西北出胥门,水道自北上出平门。三国时期,孙权曾拟定都苏州,左思《吴都赋》称"通门二八,水道陆衢"③,表明苏州城具有水陆双道系统。唐代之前就基本形成四纵五横的主要水道,即"大内北渎,四从五横"④。隋唐时期苏州城内河道街巷大量增加,唐《吴地记》载:"城中有大河,三横四直,苏州名标十望,地号六雄,七县八门,皆通水陆,郡郭三百余巷。"⑤ 白居易诗云:"远近高低(低)寺间出,东西南北桥相望。水道脉分棹鳞次,里闾棋布城册方。"⑥ 基本形成了水陆并行的双棋盘格局,沿水而居、分布密集的民居样态在唐朝基本定型。正如杜荀鹤诗云:"君到姑苏见,人家尽枕河。古官(宫)闲地少,水港小桥多。"⑦ 可见当时苏州临街傍河的独特城市风貌已经显现。

第二节 "三横四直"

苏州城内水道由唐宋至明进一步发展,形成了以"三横四直"为主干的具有上百条河道组成的水道体系。明代张国维针对苏州古城水道的繁复,勘校历代记述谬误,为疏通淤塞的水利实践提供参考。他梳理了河道的大体变迁和兴衰情况,认为"城内河流,三横四直之外,如经如纬者,尚以百计,皆自西趋东,自南趋北,历唐、宋、元不湮。入我明,屡经疏

---

① 同治《苏州府志》卷四《城池》,江苏省地方志编纂委员会办公室编:《江苏历代方志全书·苏州府部》,第21册,南京:凤凰出版社,2016年影印版,第34页。

② [汉]袁康、[汉]吴平辑录,乐祖谋点校:《越绝书》卷二《吴地传》,上海:上海古籍出版社,1985年版,第10页。

③ [南北朝]萧统:《六臣注文选》卷五《赋丙·京都下》,四部丛刊景宋本。

④ [汉]司马迁撰:《史记》卷七十八《春申君列传第十八》,北京:中华书局,1959年版,第2394页。

⑤ [唐]陆广微撰,曹林娣校注:《吴地记》,南京:江苏古籍出版社,1999年版,第111页。

⑥ [唐]白居易:《白氏长庆集》卷五十一,四部丛刊景日本翻宋大字本。

⑦ [唐]杜荀鹤:《杜荀鹤文集》卷一《杂诗》,宋刻本。

浚。嘉靖以前，仕宦煊赫，居民丰裕，盖吴壤以水据胜，水行则气运亨利，更随巷陌，舟楫通驶，凡载运薪粟，无担负之烦，殷殷富庶有以哉。隆万后，水政废弛，两厓植木甃石，渐多侵占，及投瓦砾秽积，河形大非其故。生齿庐舍，西属吴邑者，貌似繁华；东属长洲，萧条光景不堪名状。而水流关系盛衰，实有征验。翻阅郡邑各志，摹勒成图，水道大半挂漏舛错，盖城广地宽，方幅诚难布置，而笔法粗疏，则非楮狭之故矣。今先绘总图以全城区，画两邑辖界，次析四隅为四图，曲肖各河远近，表识桥梁疏密，即久壅淤旧迹按图可稽，则斯图之点拨位置，不綦难乎？"①其水道总体情况，见他在《吴中水利全书》中勾画的《苏州府水道总图》，如图 2-4 所示。

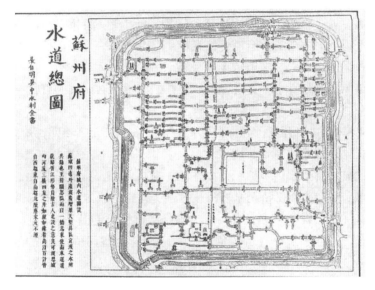

图 2-4　苏州府水道总图

经过实际考察，张国维对"三横四直"河道进行了详细记录，为我们了解当时苏州古城的主要河道，提供了基本资料。

第一横河："自阊门水关桥起至至德桥，长一百三十丈有奇，阔二丈五尺；至德桥至张广桥长三十丈有奇，阔二丈；张广桥至红桥长一百丈有奇，阔二丈；红桥永丰仓至崇真宫桥长一百丈有奇，阔二丈；崇真宫桥至南过军桥长四十丈有奇，阔二丈。又里水关桥转北西仓桥至尚义桥长一百丈有奇，阔三丈；尚义桥至宝成桥长一百三十丈有奇，阔三丈；宝成桥至

---

① ［明］张国维纂：《吴中水利全书》卷一《图》，清文渊阁四库全书本。

桃花桥长四十丈有奇，阔二丈；桃花桥至永仓桥长三十丈有奇，阔二丈；永仓桥至北过军桥长一百五十丈有奇，阔二丈有奇；北过军桥至报恩寺香花桥长一百三十丈有奇，阔三丈；香花桥至中路桥（即天妃宫桥）长一百三十丈有奇，阔三丈；中路桥至临顿桥长一百丈有奇，阔三丈；临顿桥至周通桥长八十丈有奇，阔三丈有奇；周通桥至华阳桥长七十丈有奇，阔三丈有奇；华阳桥至张香桥长一百五十丈有奇，阔三丈有奇；张香桥至娄门长八十丈有奇，阔四丈有奇。"①

第二横河："自吴县学前渡子桥至太平桥长一百六十丈有奇，阔二丈有奇；太平桥至芮桥长八十丈，阔二丈；荐行桥至市曹桥长八十丈有奇，阔二丈；市曹桥至乐桥长六十丈有奇，阔二丈；乐桥至乘鱼桥长六十丈有奇，阔二丈；乘鱼桥至阊桥长六十丈有奇，阔二丈；阊桥至草桥长七十丈有奇，阔二丈；草桥至箓桥长四十丈有奇，阔二丈；箓桥至马津桥长五十丈有奇，阔二丈；马津桥至甫桥长五十丈有奇，阔二丈；甫桥至白蚬桥长一百丈有奇，阔二丈；尽市桥至昇龙桥长一百二十丈有奇，阔三丈有奇；升龙桥至顾庭桥长五十丈有奇，阔三丈；顾庭桥至城河长一百丈有奇，阔四丈有奇。"②

第三横河："自孙老桥（即白老桥，俗呼石岩桥）至织里桥（俗呼吉利桥）长一百五十丈有奇，阔二丈有奇；织里桥至福民桥长四十丈有奇，阔二丈；福民桥至饮马桥长二百丈有奇，阔二丈；饮马桥至平桥长一百二十丈有奇，阔二丈；平桥至永安桥长六十丈有奇，阔二丈；永安桥过南仓桥至清道桥长一百五十丈有奇，阔二丈；清道桥至迎薰桥长一百丈有奇，阔三丈有奇；自迎薰桥（合望信桥水）东南行至望门桥（俗呼红桥）长二百丈奇，阔四丈有奇；望门桥至薰门水关长六十丈有奇，阔四丈有奇。"③

第一直河："自皋桥起南行至黄牛坊桥长二百五十丈有奇，阔二丈有奇；黄牛坊桥至西成桥长一百丈有奇，阔二丈；西成桥至昇平桥长八十丈有奇，阔三丈；昇平桥至明泽桥长二百丈有奇，阔三丈；明泽桥至来远桥长七十丈有奇，阔三丈有奇；来远桥南下稍东至盘门水关长五百丈有奇，阔五丈有奇。"④

第二直河："自单家桥起至都亭桥（南过军桥西南来横河在内）长一

---

① [明]张国维纂：《吴中水利全书》卷七《河形》，清文渊阁四库全书本。
② [明]张国维纂：《吴中水利全书》卷七《河形》，清文渊阁四库全书本。
③ [明]张国维纂：《吴中水利全书》卷七《河形》，清文渊阁四库全书本。
④ [明]张国维纂：《吴中水利全书》卷七《河形》，清文渊阁四库全书本。

百十丈有奇,阔二丈;都亭桥至德庆桥长六十丈有奇,阔一丈五尺;德庆桥至铤船桥长七十丈有奇,阔一丈五尺;铤船桥至普济桥长六十丈有奇,阔一丈五尺;普济桥至雍熙寺西桥长七十丈有奇,阔一丈五尺;雍熙寺西桥至旧吴县西桥长七十丈有奇,阔一丈五尺;旧吴县西桥至小市桥长七十丈有奇,阔一丈五尺;小市桥至榖市桥长八十丈有奇,阔二丈;榖市桥至白礄桥长五十丈有奇,阔二丈;白礄桥至马禅寺桥长五十丈有奇,阔二丈;马禅寺桥至西馆桥长一百五十丈,阔二丈;西馆桥稍东仍南行至杉板桥至李公桥长八十丈有奇,阔二丈;李公桥至查家桥长七十丈有奇,阔二丈有奇;查家桥西行至杉渎桥转南至葛家桥再西行至新桥长四百丈有奇,阔二丈有奇。"①

第三直河:"自齐门赌赛桥至北新桥长一百丈有奇,阔三丈;北新桥至跨塘桥长一百五十丈有奇,阔二丈(此北来直河稍东行入第一横河内仍南入任蒋桥);跨塘桥至任蒋桥长五十丈有奇,阔二丈;任蒋桥至仁寿桥长七十丈有奇,阔二丈;仁寿桥至东章家桥长八十丈有奇,阔二丈;东章家桥至花桥长四十丈有奇,阔二丈;花桥至曹胡徐桥长三十丈有奇,阔二丈;曹胡徐桥至旧长洲县东桥长一百丈有奇,阔二丈;旧长洲县东桥至徐鬼桥长四十丈有奇,阔二丈;徐鬼桥至醋坊桥长八十丈有奇,阔二丈;醋坊桥至青龙桥长九十丈有奇,阔二丈;青龙桥至大郎桥长二十丈有奇,阔二丈;大郎桥至顾家桥长四十丈有奇,阔二丈(自此稍西行合第二横河之水仍南行接竹橰桥);竹橰桥至金母桥长一百丈有奇,阔二丈;金母桥至夏侯桥长一百二十丈有奇,阔二丈;夏侯桥越第三横河至仓桥长四十丈有奇,阔二丈;仓桥南行迤东至帝师桥长六十丈有奇,阔二丈;帝师桥过岁有桥(俗讹福民桥)至乌鹊桥长一百丈,阔二丈;乌鹊桥至带城桥长二百丈有奇,阔二丈;带城桥至善教桥(俗呼新造桥)长一百五十丈有奇,阔二丈;善教桥至砖桥长一百五十丈,阔二丈有奇;砖桥至葑门水关(自西北来第二横河之水合流而出)长六十丈有奇,阔二丈,至龙船嘴倍阔。"②

第四直河:"自华阳桥起至石家角通济桥长五十丈有奇,阔二丈;通济桥至庆历桥长七十丈有奇,阔三丈;庆历桥至打急路桥长七十丈有奇,阔三丈;打急路桥至胡厢使桥长七十丈有奇,阔二丈;胡厢使桥至通利桥长六十丈有奇,阔二丈;通利桥至众安桥长四十丈有奇,阔二丈;众安桥至苏军桥长七十丈有奇,阔二丈;苏军桥至积庆桥长三十丈有奇,阔二

---

① [明]张国维纂:《吴中水利全书》卷七《河形》,清文渊阁四库全书本。
② [明]张国维纂:《吴中水利全书》卷七《河形》,清文渊阁四库全书本。

丈；积庆桥至雪糕桥长三十丈有奇，阔二丈；雪糕桥至寺后桥长六十丈有奇，阔二丈；寺后桥至寺东桥长三十丈，阔二丈；寺东桥至苑桥长四十丈有奇，阔二丈（自此稍西行越西来第二横河之水接尽市桥至官太尉桥）；苑桥至官太尉桥长六十丈有奇，阔二丈；官太尉桥至吴王桥长六十丈有奇，阔三丈；吴王桥至延寿桥（即营桥）长七十丈有奇，阔三丈；延寿桥至百狮子桥长五十丈有奇，阔三丈；百狮子桥至望信桥长三十丈有奇，阔三丈（自此稍东南行合第三横河之水入望门桥出葑门水关）。"①

这些记载涉及了河道的起止地、长度、宽度、桥梁等细节，对于我们考察苏州城市河道的演变和城市水环境具有重要价值。同时，张国维绘制的《苏州府水道总图》也记录了诸多江河、桥梁、川泽等自然状况和工程设施。

第三节　河道变迁

苏州城内水道自春秋起形成了一个大体格局。在此后2 000多年历史中，虽有盈缩，但古城水系的基本框架没有改变，主要由护城河、干道系统和支流系统组成。河道的环绕使得古城历久不变。"苏州城之古为全国第一，尚是春秋时物，……其所以历久而不变者，即以为河道所环故也。"②

秦汉三国时期，古城水系虽有变迁，但少见于记载。隋朝京杭大运河开浚后，与苏州古城内的水系相连，促进了古城水上交通的发展。唐朝修浚江南运河，增开了元和塘等重要塘浦，运河的拓浚与塘浦圩田系统构建等水利兴修促进了古城内外水道航运的便利，白居易称"水道脉分棹鳞次，里闾棋布城册方"③。这一时期，古城内水陆八门皆能通行，是古城水系发展繁荣的时期，古城水道四通八达，水陆双棋盘格局初步形成。宋初时，南面蛇门与东面的匠门湮塞，西面的胥门也逐渐废弃不用。至南宋时期，古城水道又新增了小型纵横的水道，主干道也有所增添。尤以阊门、胥门、娄门、葑门四门为点形成的矩形框内水道最为稠密，且星罗棋

---

① ［明］张国维纂：《吴中水利全书》卷七《河形》，清文渊阁四库全书本。
② 顾洪编：《顾颉刚学术文化随笔》，北京：中国青年出版社，1998年版，第464页。
③ ［唐］白居易：《白氏长庆集》卷五十一，四部丛刊景日本翻宋大字本。

布，纵横有矩，经纬有度。

南宋绍定二年（1229）《平江图》（图2-5）向我们展示了当时苏州古城的基本样貌。古城水道在隋唐的基础上，呈现了如《平江图》所示的河道格局，其双棋盘式河网为城内河道纵5条、横12条，相互垂直，基本上控制了全城建筑物分布的大势，呈现出"水陆相邻、河路平行""前街后河"的双棋盘城市格局。交通路线有水、陆两种，水路即城河，陆路即街道。② 亦有学者认为，图中所绘河道多笔直，一般为南北和东西的直线。城中较大的河道有6纵14横。总长度约82千米。出入城墙的地方有水门和闸，河道基本上控制了全

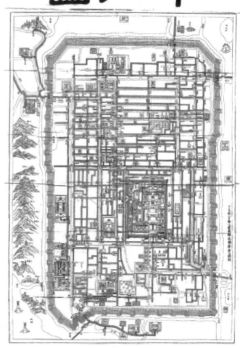

图 2-5　平江图①

城规划的大势。不仅如此，河道还发挥了饮用、运输、防洪、消防、排污等多种功能。河道又往往和道路平行，河道决定了道路格局，街巷也由此分布。平江图中刻有城内大街20条，巷子264条，里弄24条。这些街巷一般都与城河平行，纵向街道都在城河东岸，横向街道都在城河北岸。城内纵横河道、街道各自相交时为"十"字或"T"字型。街巷和河道组成相辅的交通网，在整个交通网中，桥梁把被城河断开的街道连在一起，形成一个整体。图上有名可考的桥梁有285座。加上城外桥梁共314座之众，而且式样繁多，分布疏密不均，多者一组5桥相连。③ 由此可见，宋代，苏州古城呈现出纵向河道5或6条，横向河道12或14条的基本状态。

---

　　① 张英霖主编：《苏州古城地图》，苏州：古吴轩出版社，2004年版。该书没页码，所选图片为其中的截图，下同。

　　② 汪前进：《〈平江图〉的地图学研究》，《自然科学史研究》1989年第4期，第378-383页。

　　③ 张勇坚：《〈平江图〉与古代苏州》，《档案与建设》1999年第12期，第33-35页。

明代府城水道以"三横四直"为主（图2-6），河道修浚次数较多，如弘治六年（1493），苏州府水利通判应能疏浚府城内河，并开浚外河水道虎丘山塘、枫塘，使古城水系"纵横四达，大小通利"②；万历三十四年（1606），巡抚佥都御史周孔教疏浚苏州府城内河；万历四十四年（1616），主事张铨修葺董公堤，即枫桥堤；万历四十五年（1617），巡抚都御史王应麟疏导苏州府城内河，畅通三横四直主干道，并疏浚府学前玉带河；崇祯三年（1630），吴县知县陈文瑞疏导县前河；崇祯十年（1637），都察院右佥都御史张国维疏浚至和塘，并畅通府城内河。

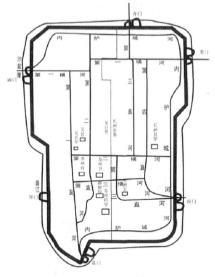

图2-6 明代苏州城"三横四直"河道①

对比《平江图》，《苏州府水道总图》显示明代增加河道8条，总长度多了4 000米，古城水道长度增加、密度增大，总长达到86千米，是苏州历史上城内河道最长时期，苏州也成为当时我国城内水道最长的城市。2006年出版的《沧浪区志》称明末河道长度90千米左右，清嘉庆以"三横四直"为主干的57千米。③ 2007年出版的《苏州河道志》以《吴中水利全书》中所载古城河明代官尺与今天的计量单位相折算，称明代比宋代水道长四千米有余④，而明代水道长65 717.43米⑤。

明后期至清，水患灾害增多，水道淤塞严重，古城水系受到冲击，除主干河道外，支河湮塞甚多。清代未见新增河道，多为疏浚淤塞。分别于康熙四十八年（1709）、康熙六十一年（1722）、雍正六年（1728）、乾隆四年（1739）、乾隆十一年（1746）、嘉庆元年（1796）、同治三年

---

① 何峰：《历史时期苏州城市水道研究》，《中国水利》2014年第3期，第57页。
② 民国《吴县志》卷四十三《舆地考》，江苏省地方志编纂委员会办公室编：《江苏历代方志全书·苏州府部》，第39册，南京：凤凰出版社，2016年影印版，第61页。
③ 《沧浪区志》编纂委员会编：《沧浪区志》，上海：上海社会科学院出版社，2006年版，第73页。
④ 《苏州河道志》编委会编著：《苏州河道志》，长春：吉林人民出版社，2006年版，第112页。
⑤ 《苏州河道志》编委会编著：《苏州河道志》，长春：吉林人民出版社，2006年版，第119页。

(1864)等年间，修浚疏导苏州府城内河诸渠。①《重浚苏州府城河记》详细记载了嘉庆元年（1796）疏浚河道的情况，称"自乾隆十一年，前苏州府知府傅椿集议开浚后，积久未修，壅阏渐甚。余于乙卯秋奉命抚吴，公余周览城市，见所谓四经三纬之水道，淤塞过半。其他小港断流，有遂成平陆者"②。江苏巡抚费淳见苏州古城河道湮塞，有心修浚，便与苏州布政使熊枚、苏州知府任兆炯联合劝捐，苏郡士绅多有捐资助工，未用官帑，"计縻白金二万有奇，塘工之费过之。以嘉庆元年八月肇工，次年五月工竣"③。经过多次疏导开浚，也仅保持"三横四直"的主干道泄水通畅。光绪十六年（1890），苏州巡抚刚毅招募兵士疏浚吴淞江，并浚城内河道。此时连"三横四直"主河道的通航也不能保证了。

清代苏州城区河网渐趋萎缩，至清嘉庆年间，主河道尚留"三横四直"，河道总长有所减少；至1949年年初，主河道仍存有"三横三直"，但长度更加减少，城区河道总长亦相应缩减。水门则大部分废圮，只有盘门一座硕果仅存。清代苏州古城水道因居民"叠屋营构，跨越侵逼。且烟火稠密，秽滞陈因"④，所以逐渐淤塞、污染乃至被填平，古城西北部尤为严重。自民国以来，交通走向现代化，古城水环境污染渐重，大规模城市更新逐渐开始，水道走向废弃甚至被填埋，总长度不断减少，密度不断降低，苏州古城水道水系受到一定程度的破坏。综观有清一代，共淤塞河道50条，总长度为27千米有余，其中比较著名的有锦帆路、王天井巷等都由河道变成了马路。清至民国时期，因城市人口的激增，商业的发展及市政管理的缺乏，古城河道状况日下。

苏州古城区河道的增减变化状况，在宋《平江图》、明《苏州府水道总图》、清《姑苏城图》《苏郡城三横四直图》《苏州巡警分区全图》、民国《吴县城厢图》（图2-7）等众多历史地图中得以展现，这对我们了解苏州古城水系的变迁，大有裨益（表2-1）。

---

① 据同治《苏州府志·水利》、民国《吴县志·水利》《清史稿·江浙海塘》《太湖备考》《吴门补乘》等文献梳理总结。

② 苏州市平江区地方志编纂委员会编：《平江区志》，上海：上海社会科学院出版社，2006年版，第1734页。

③ 苏州市平江区地方志编纂委员会编：《平江区志》，上海：上海社会科学院出版社，2006年版，第1734页。

④ 苏州市平江区地方志编纂委员会编：《平江区志》，上海：上海社会科学院出版社，2006年版，第1734页。

表 2-1　苏州河道概览①

年代（时期）	水网结构	河道总长/千米	河道密度/（千米/千米²）	河道数量	东西向河道数量	南北向河道数量	桥梁数量	桥梁密度（座/千米²）	与上一时期相比差值［长度（千米）/数量］
960—1279（宋代）	六纵十四横两环	82	5.77	113	75	38	314	22.1	
1271—1644（元—明）	三横四直两环	86	6.07	121	80	41	340	23.9	+4/8
1644—1911（清末）	三横四直两环	62	4.37	45	30	15	261	11.9	−24/76
1911—1949（民国）	三横四直两环	47	3.31	30	18	12	169	18.4	−15/15
1949—2006（中华人民共和国）	三纵三横一环	35	2.36	26	12	14	185	13.0	−12/4

通过对统计数据和古地图的分析可以发现，南宋时期，苏州古城规划充分利用了当地水网密布的地理条件，在隋唐苏州城水道的基础上，构成了"水陆相邻、河路并行"的双棋盘式城市格局。在《平江图》中，城内的河道与城外的河湖相连，构成便利的水上航线，城内的陆道都与河道平行，这些街道河流相互交叉连接成街巷、里弄、桥梁、店肆、民居、官署、楼阁等，皆临水而筑，形成了"小桥流水人家"式的典型江南水乡城市。

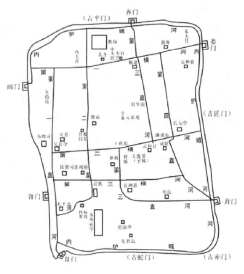

图 2-7　民国《吴县志》苏州"三横四直"河道②

苏州外城河既有重要的防御功能，又有重要的水上交通作用，还具有

---

① 张光玮：《古地图中的苏州古城河道变迁》，《建筑史》2012年第3期，第130-131页。
② 何峰：《历史时期苏州城市水道研究》，《中国水利》2014年第3期，第57页。

引水入城、防洪排涝等重要功能。在此后的历史发展过程中，因为管理不善、民间侵占等原因，湖河时有湮废。史籍常有记载，如《吴郡志》云："夏驾湖，在吴县西城下。……今城下但存外濠，即漕河也。河西悉为民田，不复有湖。……锦帆泾，即城里沿城濠也。相传吴王锦帆以游，今濠故在，亦通大舟。间为民间所侵，有不通处。"① 洪武《苏州府志》也云："市衢旧有运河，湮塞之后人皆聚闾而居，开凿为难。嘉定间，郡守赵彦橚自锦帆泾终始，衡从四出，凡开一千一百余丈，阛阓之地，楼宇下瞰，掩映可观。唐人诗有云：'夜市卖菱藕，春红（舡）载绮罗。'复其旧矣。"② 但此后又被壅塞。时至今日，苏州古城的外城河尚有多段留存至今，经多次疏浚，在生产生活中发挥着重要作用。

自中华人民共和国成立以来，古城水道又有多处湮塞。1952年，苏州市政府曾对城区21条主干河道进行了大规模疏浚。1981年对市区河道进行疏浚，疏通了11条内城河。然而，因环境整治、填河以建房设厂，以及街巷道路用地等市政建设，苏州城内填埋多条多段河道，水陆双棋盘格局遭到一定程度的破坏。20世纪80年代以来，对古城内河进行全面疏浚和治理，实施了城市防洪工程，疏浚河道，整治断头浜，实施河道清淤，特别是21世纪初，开展城内河道整治，加快污水处理步伐，实施活水自流工程，组织力量打捞河道漂浮物，恢复了古城水道的生机。

总之，苏州自建城之始，就注意到对周围地区水网密布、河道纵横、湖泊交错的适应，对外城河道、内城河道和各种支流进行细致规划，在此后的历史发展过程中，苏州古城水系不断发展，至明代达到顶峰。其水陆双棋盘的河道格局，既起到了防御的作用，又发挥了排水和运输功能，建筑沿水分布，形成独具特色的江南水乡样态。

---

① [宋]范成大撰，陆振岳校点：《吴郡志》卷十八《川》，南京：江苏古籍出版社，1999年版，第259-260页。
② 洪武《苏州府志》卷三《川》，江苏省地方志编纂委员会办公室编：《江苏历代方志全书·苏州府部》，第2册，南京：凤凰出版社，2016年影印版，第413页。

第三章 湖泊利用与开发

　　湖泊是水资源的重要组成部分。苏州境内湖泊众多,除太湖以外,还有淀山湖、阳澄湖、澄湖、昆承湖、金鸡湖、独墅湖等较大的湖泊,其为苏州提供了极其丰富的水资源。湖泊的利用和开发是苏州治水实践的重中之重,为历代政要和治水专家所重视。

第一节　早期水利

　　早期水利与水稻种植有关。位于苏州工业园区唯亭镇的草鞋山文化遗址，发现了距今六七千年前的水稻田灌溉系统。遗址文化层堆积丰富，最厚处可达10米以上，分为10个文化层，从马家浜文化、崧泽文化、良渚文化到东周时期（吴越文化）的地层叠压关系明确，建立了太湖平原古文化基本序列。在稻作区的选择上，考古挖掘第10层、第9层和第8层的三期水田，发现皆由小块水池状水田串连而成，呈西南东北走向的带状排列。在水田结构方面，主要是以水井、水塘为水源的灌溉系统，总体形成了由水塘、水口、水路、水井等组成的水田灌溉系统。①

　　苏州先民有开挖水井和饮用井水的悠久历史。吴地史前水井的发现，是史前水利的重要体现，也是认识区域早期文明的一个窗口。中国史前水井主要集中在黄河下游的海岱地区、黄河中游的中原地区和长江下游的太湖地区。其中，长江下游地区发现史前水井的遗址数量较多，年代较早，水井分布范围较广，不仅在居住区中有发现，而且在一些遗址的水田中亦有不少发现。苏州地区的草鞋山遗址、吴县澄湖遗址等发现了竖穴土井。草鞋山遗址发现的马家浜文化时期的水井，分布于东、西两片水田遗迹周围，南、北皆有分布，以水井进行农田灌溉，西片水井可能属于生活用井。吴县澄湖遗址发现了崧泽文化至良渚文化时期的古井群，显示了崧泽文化聚落中居住区与作业区的区分，水井在居住区和水田区中的分布，表明了其在日常生活和农业灌溉中的双重作用。

　　此外，昆山绰墩遗址发现崧泽文化时期的水井；吴江梅堰龙南遗址发现良渚文化时期的水井；苏州工业园区独墅湖（研究生城）发现新石器时代良渚文化时期的古井群②，独墅湖东部湖底发掘出的大量水井，时间跨度从5 500年前的崧泽文化时期直到宋代，在农业生产和居民生活中发挥着重要作用。苏州处在特定的自然地理和水环境状况中，水井体现了早期文明中生活用水和农业生产用水的一个侧面。

---

　　① 谷建祥、邹厚本、李民昌等：《对草鞋山遗址马家浜文化时期稻作农业的初步认识》，《东南文化》1998年第3期，第15-24页。

　　② 中国考古学会编：《中国考古学年鉴·2002》，北京：文物出版社，2003年版，第187-190页。

远古时期，"当帝尧之时，鸿水滔天，浩浩怀山襄陵，下民其忧"①，禹于吴地治水，通渠三江五湖，后稷庶子随禹治水，用疏浚之法，有功于太湖水患，遂后人以庙祀之，称水平王庙，《太湖备考》引宋代《毗陵志》称"水平王，后稷庶子，佐禹治水，至会稽，海人浚导，殁而祀之"②。《吴江水考增辑》中记载："水平王，或曰后稷庶子，佐禹治水，至会稽，教人浚导有功，封之。"③清代翁澍《具区志》亦载此事，云"殿前浮山在洞庭山东北，或云穹山。有水平王庙，山正当殿前故名。"④由此，便利了太湖地区先民的生息繁衍。至殷商后期，"太伯筑城在平门外"⑤，并开凿泰伯渎，又名百尺渎，在今无锡东南，连接相城区的漕湖，这是史载最早的太湖水利工程。新石器时代晚期，山洪灌注，太湖的泄水口壅塞，以致洪水泛滥成灾。《史记·河渠书》记载，大禹治水曾达太湖，并依据地形灾情实施"通渠三江五湖"的治水工程，"三江入海，则吴越始有可宅之土"⑥。

苏州境内有一系列传说，反映了原始水利工程及抗御洪涝灾害的一些线索。如尧治水的遗迹尧峰山；葛洪《抱朴子》所描述的大禹治水在洞庭西山石室留下的石匣里的文字；范成大在《吴郡志》中称有一座柯山，由大禹命令童男童女牵山填水，拉到鹤邑而留下的牵山、索山、鹤阜山等遗迹。清代张紫琳在《红兰逸乘》"古迹"类中称："盖胥者，舜臣名，佐禹治水有功，封于吴者也。"⑦同时，苏州的禹王庙、胥王庙及禹迹桥等，亦反映了早期治水传说的历史遗存。

第二节　湖泊利用

作为水乡泽国的苏州，自古以来就与湖泊发生着密切的关系。苏州经

---

① ［汉］司马迁撰：《史记》卷二《夏本纪第二》，北京：中华书局，1959年版，第50页。
② ［清］金友理撰，薛正兴校点：《太湖备考》卷六《祠庙》，南京：江苏古籍出版社，1998年版，第264页。
③ ［明］沈启撰，［清］黄象曦辑：《吴江水考增辑》卷一《水道考》，沈氏家藏本。
④ 康熙《具区志》卷二《七十二山》，清康熙二十八年（1689）刻本。
⑤ ［清］吴卓信：《汉书地理志补注》卷三十八《会稽郡》，清道光刻本。
⑥ ［清］胡渭著，邹逸麟整理：《禹贡锥指》卷六，上海：上海古籍出版社，2006年版，第157页。
⑦ ［清］张紫琳：《红兰逸乘》，王稼句编纂点校《苏州文献丛钞初编》上，苏州：古吴轩出版社，2004年版，第271页。

济社会发展的历史甚至可以说就是一部湖泊利用开发的历史。人们对湖泊的利用开发,形成了极为发达的水利系统,农业先期发展,水上交通便利,手工业、商业贸易、市镇经济获得发展的生机,由此奠定了苏州经济社会发展的基础。

一、湖泊的历史变迁

关于苏州湖泊,最早记载见于《尚书·禹贡》:"三江既入,震泽底定。"① 在旧石器时代晚期,当时还没有形成太湖,距今六七千年的马家浜文化时期,也即新石器时代,太湖逐渐成形,在距今三千多年前,太湖最终形成。先秦至两汉时期对苏州地区湖泊的专门记载很少,只零散存于史书或文化典籍之中。东汉《越绝书》专门记叙吴越的历史,其中卷二《吴地传》中记载吴国有湖泊十二,分别为太湖、无锡湖(射贵湖)、尸湖、小湖、耆湖、乘湖、犹湖、语昭湖、作湖、昆湖(隐湖)、湖王湖和丹湖②。春秋至两汉时期,吴地湖泊以太湖、无锡湖(射贵湖)、耆湖三者为主,共存知名者十二;另有湖王湖、丹湖两湖,具体不可考。

三国两晋南北朝时期,人们对五湖的看法各有不同。全新世晚期形成的太湖流域,只是今天太湖的一个雏形,面积较小。后经过山洪倾灌及大禹治水,逐渐以湖泊的形态稳定下来。而周边小型湖泊不断汇入太湖,最终于三国时期形成大湖。因此,三国以前的五湖是为具区内太湖平原中的五大分离的湖泊③,此后的五湖,则多可视为太湖中不同流域的湖泊别名,或当地人对其沿袭的称呼。至隋唐时期,太湖别名五湖与太湖周围有五大湖泊称为"五湖"这两种相互矛盾的概念却被时人全部接受,并为后人所沿袭吸收。隋开皇九年(589),南北统一,改吴州为苏州,下辖吴、常熟、嘉兴、乌程、长城(今浙江长兴)五县。唐武德四年(621),划出乌程、长城两县,武则天时期,大历十三年(778),敕升苏州为江南唯一雄州,吴县为望县。据陆广微《吴地记》记载,唐时吴地不仅包括今苏

---

① [清]胡渭著,邹逸麟整理:《禹贡锥指》卷六,上海:上海古籍出版社,2006年版,第157页。
② [汉]袁康、[汉]吴平辑录,乐祖谋点校:《越绝书》卷二《越绝外传记吴地传第三》,上海:上海古籍出版社,1985年版,第16页。
③ 王建革认为:"后人将具区、震泽、太湖混称,是一种认知混乱。在太湖没有形成以前,概念不混同,水体各不同。五湖是太湖平原的5个湖泊,范围在具区内。"参见王建革:《江南环境史研究》,北京:科学出版社,2016年版,第16页。

州一地，浙江嘉兴、华亭、海盐等地也属其内，有澹台湖、夏驾湖、女坟湖、太湖、小湖、柘湖和当湖（图3-1）。宋元时期，苏州地位擢升，多称"平江府"或"平江路"①。这一时期，苏州地位不断上升，从两汉时期的"江东一都会"②直至宋元的"东南雄藩"③。

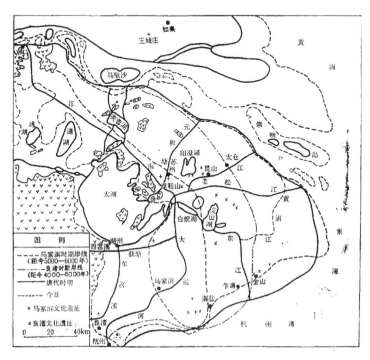

图 3-1　唐代江南三角洲水系、湖泊分布图（618—906）④

北宋朱长文《吴郡图经续记》在中卷《水》一门中记载了十节，其中湖泊仅太湖一节。书中称"太湖，在吴县南"⑤，又名震泽、具区、五

---

① "宋徽宗政和三年（1113），敕升苏州为平江府，从此苏州又有平江之称。元朝以苏州为平江路，属江淮行省。"参见王卫平、王建华：《苏州史纪：古代》，苏州：苏州大学出版社，1999年版，第64-65页。

② 《史记·货殖列传》载"夫吴自阖庐、春申、王濞三人招致天下之喜游子弟，东有海盐之饶，章山之铜，三江、五湖之利，亦江东一都会也"。参见（汉）司马迁撰：《史记》卷一百二十九《货殖列传第六十九》，北京：中华书局，1959年版，第3 267页。

③ ［元］郑元祐撰：《侨吴集》卷九《记》，清文渊阁四库全书本。

④ 林承坤：《古代长江中下游平原筑堤围垸与塘浦圩田对地理环境的影响》，《环境科学学报》1984年第2期，第102页。

⑤ ［宋］朱长文撰，金菊林校点：《吴郡图经续记》卷中，南京：江苏古籍出版社，1999年版，第46页。

湖。"所谓五湖者,盖所纳之湖有五也。"① 文中引用了多家"五湖"的说法。较前代志书,增引北宋罗处约《吴郡图经》之说,称五湖为"一曰贡湖,二曰游湖,三曰胥湖,四曰梅梁湖,五曰金鼎湖,又曰菱湖"②。南宋范仲淹考证吴地湖泊,在《吴郡志》中记载有"太湖,在吴县西,即古具区、震泽、五湖之处。……女坟湖,在吴县西北。……夏驾湖,在吴县西城下。……河西悉为民田,不复有湖"③。书中也仅记载湖泊有三,其中夏驾湖仅存其名。

宋元时期,围湖造田逐渐兴起并繁荣,形成了诸多小型湖泊,但并未有文献详细记载。明初洪武年间编《苏州府志》,苏州地区湖泊数量骤增至 31 个,不唯明一朝围田形成,推测大部分应成湖于宋元时期,分别是吴江县湖十一:上湖、庞山湖、莺脰湖、叶泽湖、黎湖、新湖、汾湖、契跨湖、蠡泽湖、笑面湖、长荡湖;长洲县湖三:阳城湖、沙湖、澹台湖;昆山县湖六:陈湖、淀山湖、云昆湖、巴城湖、雉城湖、鳗鲡湖;常熟县湖二:昆承湖、尚湖;吴县湖二:夏驾湖、女坟湖;其他湖七:太湖、游湖、金鼎湖、梅梁湖、菱湖、石湖、虞湖。④

明代正德年间,王鏊编修《姑苏志》,在卷十中对姑苏地区水利情况做了详细载录,记载了湖泊 35 个,包括太湖、石湖、庞山湖、澹台湖、陈湖、独墅湖、王墓湖、朝天湖、尹山湖、赭墩湖(一名蛟龙潭)、黎湖、菱湖、叶泽湖、新湖、九里湖(同湖)、契跨湖、笑面湖、汾湖(分湖)、莺脰湖、掘城湖、蠡泽湖、沈张湖、沙湖(金沙湖)、施泽湖、漕湖(蠡湖、孟湖)、尚湖(上湖)、昆承湖、阳城湖、包湖、巴城湖、鳗鲡湖、施泽湖、淀山湖、赵田湖、度城湖。嘉靖年间,杨循吉修撰《长洲县志》,对长洲诸湖进行了详细的记载,有地理位置、翔实可考者 20 湖,如淀山湖、澹台湖、阳城湖、陈湖、沙湖、昆城湖、施泽湖、渎墅湖、漕湖、尹山湖、相城湖、潭泾湖、耆泽湖、上泽湖、马泾湖、金泾湖等。明代崇祯年间,张国维的《吴中水利全书》卷五中单以《水名》为一章节,详尽地列出了苏州地区的湖水名称,仅以"湖"为结尾的有 72 个,包括湮废

---

① [宋] 朱长文撰,金菊林校点:《吴郡图经续记》卷中,南京:江苏古籍出版社,1999 年版,第 46 页。

② [宋] 朱长文撰,金菊林校点:《吴郡图经续记》卷中,南京:江苏古籍出版社,1999 年版,第 46 页。

③ [宋] 范成大撰,陆振岳校点:《吴郡志》卷十八《川》,南京:江苏古籍出版社,第 250、259 页。

④ 洪武《苏州府志》卷三,江苏省地方志编纂委员会办公室编:《江苏历代方志全书·苏州府部》,第 2 册,南京:凤凰出版社,2016 年影印版,第 393、399-404 页。

的虞湖和马泾湖，但太湖、阳澄湖未重复计算，可见明朝湖泊数量又有增长。

清朝，苏州地区的湖泊延续了明朝时期的多而杂的格局。康熙时期百废初新，康熙《吴县志》中对湖泊的记载少而精细，仅涉及太湖、游湖、石湖、澹台湖、庞山湖。其内容与崇祯《吴县志·卷五·水》所差无几。乾隆年间，社会经济繁荣，达到了又一顶峰，乾隆《苏州府志》中对湖泊的记载也更为丰富，共计36湖。自道光年间鸦片战争始，清朝进入了战乱频仍的时代。其后同治年间对苏州地区的湖泊又进行了细致的考量，同治《苏州府志·卷八·水》记载吴县、长洲县、元和县、昆山县、新阳县、常熟县、昭文县、吴江县、震泽县共计38湖。

中华人民共和国成立后，苏州地区对湖荡进行了系统规划和疏浚整治，据统计，目前苏州"大小湖荡323个，计421万亩（28.07万公顷）。其中，500亩以上的湖荡129个，千亩以上的湖荡87个"①。较大的湖泊有太湖、淀山湖、阳澄湖、澄湖、昆承湖等，皆有悠久的历史可考。

二、湖泊的利用

自古以来，对湖泊的利用不外乎蓄水防洪、灌溉养殖、航运交通及赏玩游乐。湖泊和河道的功能有很多类似的地方，《沙洲县志》称其"既可蓄水灌溉，又能发展渔业、种植等多种经营"②。《苏州郊区志》区分了湖泊与河道，称湖泊是"调节蓄水的天然水库"③，而河道则有灌溉农田、排水泄洪、航道运输等作用。

湖泊最基础的功能是蓄水。关于太湖蓄水，因其水源"上接宣、歙诸水（荆溪、宣、歙、芜湖、溧阳、溧水数郡县之水，皆太湖西北来源）。下注太湖，其地高踞西北，有高屋建瓴之势。又有西南天目诸山水争注之（天目、富阳、分水、杭州、湖州之水，皆太湖西南来源）"④，说明太湖蓄水功能强大。其他诸湖虽未有太湖之广阔，但蓄水功能类似。湖泊蓄水

---

① 苏州市地方志编纂委员会编：《苏州市志》，南京：江苏人民出版社，1995年版，第213页。

② 张家港市地方志编纂委员会办公室编：《沙洲县志》，南京：江苏人民出版社，1992年版，第101页。

③ 《苏州郊区志》编纂委员会编：《苏州地方志·苏州郊区志》，上海：上海社会科学院出版社，2003年版，第73页。

④ [清]钱思元、孙珮辑，王卫平主编，朱琴点校：《吴门补乘 苏州织造局志》，上海：上海古籍出版社，2015年版，第58页。

削弱了洪水暴发的可能性，如太湖之水，自松江口入海，"是以昔年未尝有水患，而震泽亦不为吴中害"①，"故自春秋至李唐，偶有水灾，为害尚浅"②；然一旦超过自身承受限度，则止不住洪水之势，单锷称"震泽受吴中数郡之水，乃遏以长堤。虽时有桥梁，而流势不快。又自松江至海浦诸港，复多沙泥涨塞，茭芦丛生，堤旁亦沙涨为田。是以三春霖雨，则苏、湖、常、秀，皆忧弥漫。虽增吴江一邑之赋，顾三州逋失者不赀"③。

湖泊大量蓄水，丰富的水资源便利了农业灌溉，同时，湖泊涵养了众多的水生动植物，生产出大量的水产品。湖泊蓄积大量水源，有利于人们引湖水进行农田灌溉，可以避免旱灾。战国时期无锡湖与长洲相连，"无锡湖者，春申君治以为陂，凿语昭渎以东到大田。田名胥卑。凿胥卑下以南注大湖，以写西野"④。"以写西野"意即"灌溉西郊的田地"。朱长文在《吴郡图经续记》中记载吴地的治田之法，涝则泄水，旱则引湖水以利灌溉，"遇淫潦可泄以去，逢旱岁可引以灌，故吴人遂其生焉"⑤。《吴郡志》称"苏州除太湖之外，江之南北别无水源，……三江常浚，而水田常熟。其堙阜之地，亦因江水稍高，得以甽引以灌溉"⑥。明代耿橘有鉴于无序灌溉的弊端，建议以太湖南部之水统一灌溉体系，"夫湖水清，灌田田肥，其来也无一息之停"⑦。

除农田灌溉外，湖泊的天然水生动植物及水产养殖也给人们提供了生存之需。早期吴地原始居民的生计，得益于水产品，所谓"渔猎先于农耕"⑧。《吴地记》载："周处《风土记》曰：'舜渔泽之所也'。"⑨ 可知太湖水产养殖的历史由来已久。《太平寰宇记》卷九十二引称"无锡湖通长洲，多鱼而甚清"⑩。正德《姑苏志》称"吴俗善渔，以其生长江湖，尽

---

① 正德《姑苏志》卷十一《水利上》，清文渊阁四库全书本。
② [清] 钱思元、孙珮辑，王卫平主编，朱琴点校：《吴门补乘 苏州织造局志》，上海：上海古籍出版社，2015年，第58页。
③ 正德《姑苏志》卷十一《水利上》，清文渊阁四库全书本。
④ [汉] 袁康、[汉] 吴平辑录，乐祖谋点校：《越绝书》卷二《越绝外传记吴地传第三》，上海：上海古籍出版社，1985年版，第15页。
⑤ [宋] 朱长文撰，金菊林校点：《(元丰)吴郡图经续记》卷下，南京：江苏古籍出版社，1999年版，第51页。
⑥ [宋] 范成大撰，陆振岳校点：《吴郡志》卷十九《水利上》，南京：江苏古籍出版社，1999年版，第269-270页。
⑦ [明] 耿橘：《常熟县水利全书》卷一，明刻本。
⑧ 陈俊才：《太湖开发与太湖地区的农业》，《古今农业》1997年第1期，第29页。
⑨ [唐] 陆广微撰，曹林娣校注：《吴地记》，南京：江苏古籍出版社，1999年版，第78页。
⑩ [宋] 乐史：《太平寰宇记》卷九十二《江南东道四》，清文渊阁四库全书补配古逸丛书景宋本。

得水族之性"①。嘉庆《同里志》称"蟹产庞山湖者色黄，其味更胜于产太湖、汾湖、烂溪者"②。乾隆《吴县志·卷二十二·物产》中明确记载，出于太湖中的水产鱼类就有鲈鱼、鳊鱼、银鱼、白鱼、鲙残，以及湖蟹、虾。此外，如吴江县莺脰湖银鱼、蟹；蠡泽湖银鱼，元和县南湖银鱼等，皆有名。水生蔬菜种植有史可考，湖中为盛。以菱和莼菜为例，范成大《吴郡志》中记载，夏驾湖湮塞成民田，浅湖中产菱角，"夏驾湖，……河西悉为民田，不复有湖。民犹于河之傍种菱，甚美，谓之夏驾湖菱云"③。嘉庆《黎里志·卷四·物产》载："菱所在皆有，黎里湖荡所产尤多。"④ 道光《震泽镇志》载："菱种类不一，曰佛耳，出蠡泽湖。"⑤ 道光《平望志》载："菱出莺脰湖者，小而角尖，味佳。"⑥ 莼菜种植在明朝时始兴盛，嘉庆《同里志》称"莼菜，产庞山湖滨燕浜内，甘滑肥美，比产太湖中者尤为风味"⑦。乾隆《苏州府志》引旧府志称"洞庭旧无莼，明蔡以宁、邹舜五始种之。太湖今最盛，两山家家食之"⑧。明清时期，石湖等地还盛产藕。至今，苏州地区水生蔬菜尤有"水八仙"之俗称。

湖泊是航运交通的重要通道。航运交通非一水所能承担，往往以自然形成的湖泊河流为基础，开凿疏浚，以至勾连接洽。三国孙吴时期，赤乌八年（245）八月，"使校尉陈勋作屯田，发屯兵三万，凿句容中道至云阳西城，以通吴、会船舰，号破冈渎"⑨，沟通了太湖与都城建邺之间的水道，便利了航运。"唐家湖，……西连盛墩湖及夹马湖，为太湖之委流，东注于运河，复溢而东出，播为诸荡漾，凡数十计。"⑩ 澹台湖过宝带桥，入运河，分流入黄天荡、陈湖、金泾淹，"金泾淹"即金鸡湖；陈湖自大姚港、界浦、渡头浦、朱里浦导入吴淞江；阳城湖上接吴淞江，东通巴城湖，北通施泽湖；沙湖西连上雉渎，再往西转接娄门通运河。乾隆《苏州

---

① 正德《姑苏志》卷十三《风俗》，清文渊阁四库全书本。
② 嘉庆《同里志》卷八《物产》，清嘉庆十七年（1812）刻本。
③ [宋]范成大撰，陆振岳校点：《吴郡志》卷十八《川》，南京：江苏古籍出版社，1999年版，第259页。
④ 嘉庆《黎里志》卷四《物产》，清嘉庆十年（1805）禊湖书院刻本。
⑤ 道光《震泽镇志》卷二《物产》，清道光二十四年（1844）刻本。
⑥ 道光《平望志》卷一《土产》，清光绪十二年（1886）重刊本。
⑦ 嘉庆《同里志》卷八《赋役志》，清嘉庆十七年（1812）刻本。
⑧ 乾隆《苏州府志》卷十二《物产》，乾隆十三年（1748）刻本。
⑨ [唐]许嵩撰，孟昭庚、孙述圻、伍贻业点校：《建康实录》卷二《吴中·太祖下》，上海：上海古籍出版社，1987年版，第39页。
⑩ 江苏省地方志编纂委员会办公室编：《江苏省通志稿·方域志 都水志 建置志》，南京：江苏古籍出版社，1993年版，第488页。

府志》载庞山湖汇集太湖鲇鱼口及长桥下东北之水，引水入吴淞江，"又东南为黎湖、菱湖、叶泽湖、新湖，叶泽湖东为九里湖、急水港、杓头潭、清水荡，杓头潭之西为契跨湖、笑面湖，皆与吴江县接境"①。诸如此类的记载俯拾皆是。湖泊便利了航运的四通八达。太湖水路纵横，是东南水利的重要航道。有水寇自吴淞江入太湖往来，"鲇鱼口在太湖之北，……贼若自郡城走吴江，必自五龙桥出鳖塘，或从太湖，或从古塘，而鲇鱼口乃必由之道也"②。水寇需要经太湖流窜，也从侧面说明了湖泊航运的作用。

顾炎武《肇域志》载石湖"沿楞伽山而南，为越来溪。东北流自胥塘，与木渎水合流，经横塘桥、永安桥，出胥门运河。一支北折，经彩云桥，出枫桥运河"③，即石湖接越来溪、胥门运河、枫桥运河等水，连通而成航运要道。康熙《吴县志》记载："自阊门至枫桥将十里，南北二岸，居民栉比，而南岸尤盛。凡四方难得之货，靡所不有，过者烂然夺目。枫桥尤为商舶渊薮，上江江北菽粟棉花大贸易咸聚焉，南北往来，停桡解维，俱在于此。"④所走即此航道。

湖泊以其独特的自然风光，兼具游乐赏玩的功能。最早在春秋战国时期，就形成了游玩的"苑囿"，如夏驾湖、消夏湖等。陆广微称："夏驾湖，寿梦盛夏乘驾纳凉之处。凿湖为池，置苑为囿。"⑤说明夏驾湖是吴王寿梦纳凉避暑之地。元朝诗人郑元祐称"吴王城西夏驾湖，……西施醉凭水窗睡，……不知拥扇喝人者，日夜窥吴不暂舍"⑥，暗指寿梦之后，吴王夫差与西施也利用了夏驾湖游乐的功能。至北宋时期，杨备称夏驾湖"湖面波光鉴影开，绿荷红芰绕楼台"⑦，景色依旧。消夏湖是太湖中一小湖，皮日休有诗称"太湖有曲处，其门为两崖。当中数十顷，别如一天

---

① 乾隆《苏州府志》卷五《水》，乾隆十三年（1748）刻本。
② [清]顾炎武撰，黄珅、顾宏义校点：《天下郡国利病书》，华东师范大学古籍研究所整理，黄珅、严佐之、刘永翔主编：《顾炎武全集》，上海：上海古籍出版社，2011年版，第462页。
③ [清]顾炎武撰，谭其骧、王文楚、朱惠荣等点校：《肇域志》第1册，上海：上海古籍出版社，2004年版，第258-259页。
④ 康熙《吴县志》卷二十六《兵防》，清康熙三十年（1691）刻本。
⑤ [唐]陆广微撰，曹林娣校注：《吴地记》，南京：江苏古籍出版社，1999年版，第42页。
⑥ [元]郑元祐撰：《侨吴集》卷二《七言古诗》，清文渊阁四库全书本。
⑦ 转引自魏嘉瓒：《苏州古典园林史》，上海：上海三联书店，2005年版，第41页。

池。号为销夏湾"①。《吴郡志》云:"销夏湾,在太湖洞庭西山之趾山,十余里绕之。旧传吴王避暑处。周回湖水一湾,水色澄澈,寒光逼人,真可销夏也。"② 春秋时期吴县西北处有地塌陷为女坟湖,湖中有流杯亭为赏玩之所:"流杯亭在女坟湖西二百步,阖闾三月三日泛舟游赏之处。"③ 归有光《吴山图记》称:"太湖汪洋三万六千顷,七十二峰沉浸其间,则海内之奇观矣。"④

三、湖泊开发

为了更好地开发利用湖泊,历代主政者都十分重视湖泊水利工程的兴修。这里以区域内主要湖泊太湖和淀山湖为例,阐述其利用开发的演变,以此观察苏州地区的湖泊开发利用。

其一,太湖的开发和利用。太湖初成时,与今时相比,其水浅而周回小。自形成后,一直处于动态伸缩的过程中。大禹时期,山洪水涝严重,太湖广纳周遭水源,不断向外扩展。春秋战国时期,太湖周围形成大大小小的湖泊,如昆承湖、芙蓉湖。先秦汉魏时期,太湖地区持续沉降的同时,湖周冈身地带不断加高,因而湖面拓宽,湖水愈深。在此过程中,湖水外溢,逐渐形成五个较大的湖湾,即县志中屡有争议的"五湖"。魏晋南北朝时期,今天太湖的水域形态基本形成。此后,太湖水域的变化除却地质因素以外,与人类活动的关系更为密切,基于开浚泄水和淤塞围田的变化,湖面积也随之有所涨落。唐宋时期,东江与娄江的泄水功能下降,直至阻塞湮废,太湖水仅从松江一口泄出,且松江也有不同程度的淤浅,由此造成太湖水面的扩大,约有2 000平方千米⑤,约相当于今天太湖面积的82%。元代对太湖进行大规模的治理,开浚湮塞的河道,疏通泄水的湖荡,促进太湖泄水的畅通,由此又拓宽太湖的面积,大约与今日湖面相当。明清时期的围湖造田一方面造成了湖泊面积的向内缩减,另一方面湖泊淤废导致水患灾害众多,湖水西塌东涨,向下延伸并向外拓宽,反而扩

---

① 转引自周振甫主编:《唐诗宋词元曲全集》第12册,合肥:黄山书社,1999年版,第4 571页。
② [宋]范成大撰,陆振岳校点:《吴郡志》卷十八《川》,南京:江苏古籍出版社,1999年版,第252—253页。
③ [唐]陆广微撰,曹林娣校注:《吴地记》,南京:江苏古籍出版社,1999年版,第77页。
④ [明]归有光:《震川集》卷十六《记》,四部丛刊景清康熙本。
⑤ 陈俊才:《太湖开发与太湖地区的农业》,《古今农业》1997年第1期,第29页。

大了水体的面积。太湖因其广阔的水体范围及强大的功能一直为历代统治者所重视。

春秋时期，吴王阖闾命伍子胥开凿胥溪，排洪泄水，灌溉航运皆有便利，自春秋至李唐，为利甚广。汉平帝元始二年（2），"吴人皋伯通筑塘，以障太湖"①。此后，太湖边堤塘水利工程屡见不鲜。南朝梁大同元年（535），绕无锡惠山凿梁溪以泄水入太湖，又增加了太湖接水之源。唐时对太湖的开发治理包括疏浚水道、修筑堤塘、开建堰闸和设置机构。天祐元年（904），吴越王钱镠"置都水庸田使，督撩浅夫疏导诸河。于太湖旁置夫四部，凡七八千人，专治浚河筑堤"②，朱长文也称"钱氏时，尝置都水营田使以主水事，募卒为都，号曰撩浅"③。建置之初，撩浅夫皆由官军担任，称"撩浅军"，分管治河筑堤事宜；都水庸田使，或称都水营田使，专门策划水利建设与营田规划，下辖撩浅夫四部。这是首次设立的专门治理太湖的官员和机构，表现了唐末五代时期吴越国对太湖水利开发的重视，后世历代或废或复置，存时日久。

太湖水系特征在不同的历史时期也是不同的，唐代之前太湖流域水流较为平衡。"唐末以前，太湖水系总的特征是它的上游水源比较丰富，下游的排水亦较通畅。"④ 这也是春秋至李唐久未有大型水旱灾害的重要原因。自唐中后期始，北方战乱频仍，随后历经五代纷争，中原一片狼藉。而江南等"蒙受战祸较少，发展也较多"⑤，北方的政区、人口、水利等方面的重心不断南移，太湖作为吴越地区举足轻重的湖泊，其开发治理为历代所重视，这一局面维持至南宋经济重心完成，并一直延续到封建王朝的末期，即清朝的结束。自隋代起，苏州等地"川泽沃衍，有海陆之饶"⑥；宋时范仲淹称"苏常湖秀，膏腴千里，国之仓庾也"⑦；朱长文称"吴中地

---

① ［清］金友理撰，薛正兴校点：《太湖备考》卷三《水治》，南京：江苏古籍出版社，1998年版，第109页。

② ［清］金友理撰，薛正兴校点：《太湖备考》卷三《水治》，南京：江苏古籍出版社，1998年版，第110页。

③ ［宋］朱长文撰，金菊林校点：《吴郡图经续记》卷下，南京：江苏古籍出版社，1999年版，第52页。

④ 褚绍唐：《历史时期太湖流域主要水系的变迁》，《复旦学报》（社会科学版）1980年增刊1，第44页。

⑤ 白寿彝主编：《中国通史纲要》，北京：中国友谊出版社，2012年版，第193页。

⑥ ［唐］魏徵：《隋书》卷三十一《志第二十六》，清乾隆武英殿刻本。

⑦ ［宋］范仲淹著，李勇先、王蓉贵校点：《范仲淹全集》，成都：四川大学出版社，2007年版，第266页。

沃而物夥"①。逐渐雄厚的财赋提升了苏州的经济地位，也加深了政府对太湖开发的重视。

宋代熙宁年间，郏亶上书言天下水利，认为苏州水田为天下水利之至美。但自唐末以来，治水与治田始终是一对矛盾。有人认为，"自来议者只知决水，不知治田。盖治田者，本也，本当在先。决水者末也，末当在后"②，提出先治田后决水的主张。治田要循古人遗迹，先修塘浦，再筑堤岸，最后疏浚水道。郏亶的建议得到王安石的推崇，随即付诸实践。《吴郡志》载："朝廷始得亶书，以为可行，遂真除司农寺丞，令提举兴修。亶至苏兴役，凡六郡、三十四县，比户调夫，同日举役。转运、提刑，皆受约束。民以为扰，多逃移。会吕惠卿被召，言其措置乖方。熙宁元年正月一日，有旨郏亶修圩，未得兴工。官吏所见不同，各具利害奏闻，人皆欢然。十三（五）日，庭下方张灯，吏民二百余人，交入驿庭，喧哄斥骂。灯悉踩践，驿门亦破。亶幞头堕地，一小儿在旁，亦为人所挈。前此，方尽遣诸县令，出郊标迁圩地。至是，诸令鸣铙散众，遂罢役。亶追司农寺丞，送吏部流内铨。"③

郏亶所议，有理有据，然其功效非一时可得，加之多方阻挠，朝廷在慎重考量之下，遂下旨停工，自兴修至停止，仅一年而已。在此之前，徐奭建议以兵治水、以堤浚潦之法，因耗时短而成行。"大中祥符五年，转运使徐奭奏置开江营兵，专修吴江塘路。……天圣元年，徐奭筑堤浚潦。"④范仲淹提出分流入江出海，疏浚之后，置闸以利水旱："今疏导者，不惟使东南入于松江，又使西北入于扬子之于海也，其利在此。……""新导之河，必设诸闸，常时扃之，御其潮来，沙不能塞也。每春理其闸外，工减数倍矣。旱岁亦扃之，驻水灌田，可救燠涸之灾。潦岁则启之，疏积水之患。"⑤范仲淹之水利措施也曾受到非议，但在实施之时，正值太湖水患，人民流离，范氏以工代赈，以游民饥民为役，与民以利，未引

---

① [宋]朱长文撰，金菊林校点：《吴郡图经续记》卷上，南京：江苏古籍出版社，1999年版，第9页。
② [宋]范成大撰，陆振岳校点：《吴郡志》卷十九《水利上》，南京：江苏古籍出版社，1999年版，第272页。
③ [宋]范成大撰，陆振岳校点：《吴郡志》卷十九《水利上》，南京：江苏古籍出版社，1999年版，第280页。
④ [清]金友理撰，薛正兴校点：《太湖备考》卷三《水治》，南京：江苏古籍出版社，1998年版，第110页。
⑤ [明]徐光启著，陈焕良、罗文华校注：《农政全书》卷十三《水利》，长沙：岳麓书社，2002年版，第196页。

起民变且受到支持,最终得以施行,建成后惠民甚多,所置福山闸为人敬称为"范公闸"。

宋以来水患灾害的增多及政府的重视,促进了太湖治理理论的衍生,历任苏州的官宦多有治理之法并尝试实施。徐奭重筑堤,范仲淹以浚河开闸为要,并称"三吴水利,修围、浚河、置闸,三者缺一不可"①,郏亶重治田先于决水。单锷综观太湖上中下游,著《吴中水利书》,提出泄水为主的思想,他认为三吴之水皆由太湖入松江以入海,但松江筑路建桥阻碍湖水导泻,需要减少上游来水量,中游利于宣泄,下游扩大排水出路。其言:"今欲泄震泽之水,莫若先开江尾茭芦之地,迁沙村之民,运其所涨之泥,然后以吴江岸凿其土,为木桥千所,以通粮运。……随桥拱开茭芦为港走水,仍于下流开白蚬、安亭二江,使太湖水由华亭青龙入海,则三州水患必大衰减。"② 单锷的治水思想,以排洪解涝为主。

宋代太湖治理措施可分为治田、治水和综合治理,元、明、清多因袭此三种理论。如元代任仁发主张综合治理,进一步阐发赵霖的主张,称"浚河港,必深阔;筑围岸,必高厚;置闸窦,必多广"③。清代沈德潜论治河五弊,提出"条列四事,酌而行之,一曰筑圩裹田,二曰开治港浦,三曰修筑塘岸,四曰除去壅塞"④。明初夏原吉承单锷治水的思想,改进元代周文英"导淞入浏"的思想,提出"掣淞入浏"的措施:"松江大黄浦,乃通吴淞江要道,今下流壅遏难流,傍有范家浜,至南跄浦口,可径通海,宜浚令深阔,上接大黄浦,以达泖湖之水。"⑤ 疏浚吴淞江两岸淤塞的河道,引太湖水经太仓的浏河、常熟的白茆河入江,开启了以黄浦江为主干的太湖排水新格局。

明中后期,林应训、吕光洵、林文沛、耿橘皆重视治田。林应训主张以治田为要,整治圩田水利,赞扬海瑞开上海江口通流灌田的措施,"此江一开,太湖直入于海,滨江诸渠得以引流灌田,青浦积荒之区俱可开垦

---

① [清]钱泳撰,孟裴校点:《履园丛话》卷四《水学》,上海:上海古籍出版社,2012年版,第66页。
② 转引自郑肇经主编:《太湖水利技术史》,北京:农业出版社,1987年版,第276页。
③ [明]姚文灏编辑,汪家伦校注:《浙西水利书校注》,北京:农业出版社,1984年版,第62页。
④ [清]沈德潜:《元和水利议》,[清]李祖陶辑《国朝文录续编·归愚文录》,清同治刻本。
⑤ [明]徐光启著,陈焕良、罗文华校注:《农政全书》卷十四《水利》,长沙:岳麓书社,2002年版,第211页。

成熟矣"①。由宋至清，太湖开发的思想大多因循，工程也大抵是小范围、非持续性的，因而并不能从根本上解决太湖的水患问题。清代凌介禧也提出太湖治水的重要地位，其文《杭湖苏松源流分派同归》称："若嘉兴之水由江、震入太湖者微，由松江入泖湖者众，是杭、嘉、湖、苏松源流之大势也。其南以浙江为界，北以扬子江为界，西南天目绵亘广宣诸山为界，东界大海，而太湖实潴其中。"②

其二，淀山湖的开发和利用。淀山湖旧称薛淀湖或淀湖，原为太湖东部的一大湖泊，明崇祯十三年（1640）胡开文撰《重修薛淀湖关帝祠置义田记碑》称"震泽以东，浸之大者曰薛淀湖"③。因湖淤淀而称其名。至宋时常称淀山湖，称湖中有山名"淀山"，因此以命湖名。旧时淀山湖为苏州府与松江府间之大湖，今接苏州昆山与上海青浦。淀山湖上承太湖之水，下排水至黄浦江，为太湖泄水通道之一。

淀山湖处《禹贡》九州的扬州，西周时属吴。迨至战国周敬王六年（前514），吴越争霸中，越国兼并吴国，于是淀山湖属越地。周元王三年（前473），淀山湖属新设置的长水县。明嘉靖年间，青浦立县，湖为昆山、青浦两县共辖，此后一直延续至今。因文献记载缺失，唐以前有关整浚淀山湖的资料较少。唐五代时期，钱镠以都水庸田司和撩浅军治理吴越水利，唐天祐元年（904），开浚淀山湖淤塞河道。宋时淀山湖属秀洲，"自芦沥浦入于海"④。民围田为利，拦截湖水，阻断堰岸，湮塞了诸多湖泊河流，尤以淀山湖为甚。至宋淳熙十三年（1186），提举浙西常平罗点称"今来顽民辄于山门溜之南，东取大石浦、西取道褐浦，并缘淀山湖北，筑成大岸，延跨数里，遏截湖水，不使北流，尽将山门溜中围占成田。……大、小石浦并斜路港口既被围断，其浦脚，一日二潮，则泥沙随潮而上；湖水又不下流，无缘荡涤通利，即今淤塞，反高于田。遇水则无处泄泻，遇旱则无从取水"⑤。于是罗点奏请开浚淀山湖，得邑民支持，先行携粮开凿。后湖水通畅，灌田有利。后刻碑石以禁止围田，短时内颇有成效。

---

① [清] 张廷玉等撰，王天有等校点：《明史》卷八十八《志第六十四》，长春：吉林人民出版社，1995年版，第1384页。

② 转引自郑肇经主编：《太湖水利技术史》，北京：农业出版社，1987年版，第287页。

③ [明] 胡开文：《重修薛淀湖关帝祠置义田记碑》，潘明权、柴志光编《上海道教碑刻资料集》，上海：复旦大学出版社，2014年版，第142页。

④ [元] 脱脱等撰，刘浦江等标点：《宋史》卷九十七《志第五十》，长春：吉林人民出版社，1995年版，第1539页。

⑤ [明] 姚文灏编辑，汪家伦校注：《浙西水利书校注》，北京：农业出版社，1984年版，第48页。

淳熙十七年（1190），提举浙西常平刘颖再次疏通淀山湖水道，引吴淞江水入海，并严禁居民围田堵塞，"二水并禁，民毋得侵筑，逼塞上流，农田利赖"①。但后来豪强势大，又复裹田。元时淀山湖连吴淞江以接太湖诸水，向东汇入海。因前朝围田，湖口淤塞益甚。至元年间，江淮行省参政燕仲楠、参知政事梁德珪、平章政事铁哥、参政暗都剌、潘应武等人皆曾上书请浚淀山湖。燕仲楠称："淀山湖者，豪家各占据为田，以致湖水涨漫，伤损田禾。"② 于是上命燕仲楠与左司郎中都哩默色共同疏浚淀山湖，"开淀山湖围占，以泄太湖之水"③。至元三十年（1293），参政暗都剌言及淀山湖围田为害，奏称"此湖在宋时委官差军守之，湖旁余地，不许侵占，常疏其壅塞，以泄水势。今既无人管领，遂为势豪绝水筑堤，绕湖为田，湖狭不足潴蓄，每遇霖潦，泛溢为害"④。潘应武也称淀山湖围田导致苏、湖等各地水患，"东南风，水回太湖，则长兴、宜兴、归安、乌程、德清等处泛溢；西北风，水下淀山湖㳍，则昆山、常熟、吴江、松江等处泛溢。皆因下流不决，积水往来为害"⑤。他建议疏浚淀山湖北部的道褐浦、石浦、千墩浦和小沥口四处，因其近于江口，一旦疏通，则泄水方便。当积水大体泄江入海，则于他处河港渐行开浚疏导。元世祖因命民夫二十万进行疏浚，三月有余即成。

至元三十一年（1294），平章政事铁哥奏请于江南设军以专治水利："太湖、淀山湖昨尝奏过先帝，差倩民夫二十万疏掘已毕。今诸河日受两潮，渐致沙涨，若不依旧宋例，令军屯守，必致坐隳成功。臣等议，常时工役拨军，枢府犹且吝惜，屯守河道用军八千，必辞不遣。淀山湖围田赋粮二万石，就以募民夫四千，调军士四千与同屯守。立都水防田使司，职掌收捕海贼，修治河渠围田。"⑥ 后交至枢密院讨论，范殿帅言："差夫四千，非动摇四十万户不可，若令五千军屯守，就委万户一员提调，事或可行。"⑦ 得行之。大德三年（1299），疏浚太湖，清淤淀山湖，于浙西、平江等地诸河渠设置闸堰共七十八座，以节制诸水。至治三年（1323），提

---

① ［明］张国维纂：《吴中水利全书》卷十《水治》，清文渊阁四库全书本。
② ［明］张国维纂：《吴中水利全书》卷十《水治》，清文渊阁四库全书本。
③ ［清］金友理撰，薛正兴校点：《太湖备考》卷三《水治》，南京：江苏古籍出版社，1998年版，第112-113页。
④ ［明］宋濂：《元史》卷六十五《志第十七上》，北京：中华书局，1976年版，第1638页。
⑤ ［明］姚文灏编辑，汪家伦校注：《浙西水利书校注》，北京：农业出版社，1984年版，第65页。
⑥ ［明］宋濂：《元史》卷六十五《志第十七上》，北京：中华书局，1976年版，第1638页。
⑦ ［明］宋濂：《元史》卷六十五《志第十七上》，北京：中华书局，1976年版，第1639页。

议令有田之户出粮以募民夫修浚淀山湖及各河渠湖港。次年（1324），再议淀山湖为豪强侵占围田之害，诏请前都水少监任仁发整浚淀山湖。及至元末，淀山湖仍存淤塞，围田之风难禁（图3-2）。

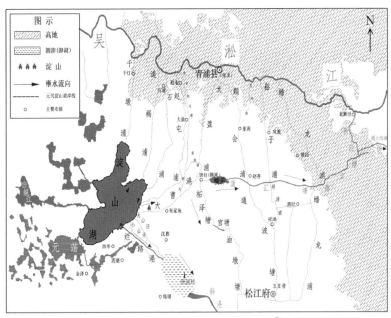

图 3-2　元代淀山湖水流示意图①

明代宗景泰二年（1451），松江知府叶冕为巩固湖岸以障湖水，修筑淀山湖堤万余丈。嘉靖二年（1523），工部郎中林文沛疏浚苏州府诸河港，疏浚吴淞江淤塞河道，开吴江县王家港、方家港、白浦港等自太湖入淀山湖达于海。崇祯五年（1632），都察院右佥都御史庄祖诲疏浚诸湖，并于淀湖边筑岸，长一千五百丈左右。明代的浚治也只是小范围的治理，淀山湖淤塞日重，清时更见加剧。道光年间，林则徐开浚苏州府、松江府、太仓直隶州等地水利，并于道光十六年（1836）上奏验收成果，称"自上年至今，各属续挑河道，除零星汉港不计外。……其在松江府属，……又青浦县泖湖切滩，与元和、娄县并界，共长二千九百六十五丈零"②。虽经多次疏浚，但淀山湖淤塞仍未得止，至清中叶，由周围两百余里缩减为

---

① 中国科学院南京地理研究所：《太湖流域区水系地形图》（比例尺1∶20万），北京：水利水电出版，1987年出版，敬淼春改绘。
② 《林则徐全集》编辑委员会编：《林则徐全集》，第2册，福州：海峡文艺出版社，2002年版，第725-726页。

七十余里。①

后经民国尤其是中华人民共和国成立以来的疏浚，淀山湖淤塞渐减，其与白莲湖、澄湖、汪洋荡等湖荡相连，西南接吴淞江、太湖来水，自东南入黄浦江入海，通航、灌溉、供水等功能日益重要。

第三节 太湖治理

中华人民共和国成立后，党中央、国务院高度重视太湖治理。经过几十年的规划建设，在防洪抗灾、综合治理等方面取得了诸多成就，为流域和区域经济社会发展奠定了良好基础。

1954年，太湖流域遭遇全流域特大洪涝灾害，灾情极为严重。1957年，水利部召开太湖流域规划会议。1958年，华东局在上海召集苏、浙、沪两省一市领导研究太湖规划的原则问题，并对长江水利委员会提出的《太湖流域综合利用初步意见书》进行讨论。会后又经协商，太浦河和望虞河第一期工程于当年11月开工。1959年，华东局再次召开会议，研究太湖流域规划及太浦河继续施工问题。同年，《江苏省太湖地区水利工程规划要点》经水电部批复，同意开挖太浦河、望虞河，建太湖控制线，拓浚沿江各河并建闸控制。②

在对太湖流域勘察分析的基础上，1985年，长江口及太湖流域综合治理领导小组召开第三次会议，会议审查并原则通过了《太湖流域综合治理骨干工程可行性研究报告》，并研究了急需实施的防洪除涝工程。1986年，长江口及太湖流域综合治理领导小组召开第四次会议，审查太湖流域治理骨干工程设计任务书及长江口南支河道第一期工程规划。会议基本同意该项工程设计任务书，并对"七五"期间工程实施计划进行了讨论。同年10月，水电部和长江口及太湖流域综合治理领导小组向国家计划委员会上报了"关于请审批太湖流域综合治理总体规划方案的报告"（该总体规划方案即太湖流域综合治理骨干工程设计任务书）。1987年，国家计划委员会批复同意太湖流域综合治理总体规划方案，并建议进一步研究协调

---

① 杨嘉祐：《淀山湖的变迁与元李升〈淀山送别图〉》，《上海博物馆集刊》，1981年，第121页。

② 水利部太湖流域管理局、《太湖志》编纂委员会编：《太湖志》，北京：中国水利水电出版社，2018年版，第659-661页。

各方意见,在协商一致的基础上编制单项工程设计任务书。①

1991年,太湖流域发生了大范围的集中暴雨,全流域最大30天、60天、90天雨量分别达到381毫米、628毫米和828毫米,最大30天和60天雨量均居历史首位。降雨主要集中在流域北部地区,苏州、无锡、常州三市市区受淹。② 同年9月,国务院召开治淮治太会议,11月国务院下发了《关于进一步治理淮河和太湖的决定》,要求按照《太湖流域综合治理总体规划方案》实施治理。太湖流域治理以防洪除涝为主,统筹考虑航运、供水、水资源保护和改善水环境等方面需求。防洪以1954年降雨洪水为设计标准,其全流域平均最大90天降雨量相当于50年一遇。安排太浦河、望虞河、杭嘉湖南排后续、环湖大堤、湖西引排、武澄锡引排、东西苕溪防洪、红旗塘、扩大拦路港疏浚泖河及斜塘、杭嘉湖北排等流域治理10项骨干工程。自1991年起,治太骨干工程相继开工建设。1997年5月国务院治淮治太第四次工作会议同意黄浦江上游干流防洪工程列入治太骨干工程,合计一期治太骨干工程共11项。③ 其中环湖大堤、太浦河、望虞河工程相继建设完成,有效抵御了太湖洪水的侵害,增强了苏州地区的防洪抗灾能力,为苏州经济社会发展、人民安居乐业提供了可靠的防洪保安作用。同时,充分利用望虞河工程,开展"引江济太"调试,从长江引水入太湖,补充流域用水,满足枯水年水资源供需平衡要求,在一定程度上也改善了太湖及受水区的水质和水环境。

1999年,太湖流域发生了历史上最大的暴雨洪水。全流域1天、3天、7天、15天、30天、45天、60天、90天各统计时段雨量全面超过历史纪录,均居1922年有记录以来的首位,流域最大90天降雨达1025毫米,超出1954年125毫米。流域南部杭嘉湖区和浙西区及太湖湖区,雨量特别集中。全流域最大30天降雨超过200年一遇。④ 太湖治理工程充分发挥作用,把灾害损失降到最低限度。经过多年努力,太湖流域已初步形成洪水北排长江、东出黄浦江、南排杭州湾的格局,充分利用太湖调蓄,"蓄泄兼筹、以泄为主"的流域防洪骨干工程体系的框架。治太骨干工程

---

① 水利部太湖流域管理局、《太湖志》编纂委员会编:《太湖志》,北京:中国水利水电出版社,2018年版,第668页。
② 水利部太湖流域管理局、《太湖志》编纂委员会编:《太湖志》,北京:中国水利水电出版社,2018年版,第670页。
③ 水利部太湖流域管理局、《太湖志》编纂委员会编:《太湖志》,北京:中国水利水电出版社,2018年版,第213-225页。
④ 水利部太湖流域管理局、《太湖志》编纂委员会编:《太湖志》,北京:中国水利水电出版社,2018年版,第676页。

建设，在太湖流域遭遇多次大洪水的情况下发挥了应有的减灾效益。

2001年，国务院办公厅批复《关于加强太湖流域2001—2010年防洪建设的若干意见》，进一步加强太湖流域的防洪建设。指出流域防洪建设要贯彻"全面规划、统筹兼顾、标本兼治、综合治理"的方针。结合太湖流域的实际情况，提出2001—2010年防洪建设的总体思路：蓄泄兼筹、完善提高，科学调度，综合考虑水资源利用、水环境保护、航运，以及城市供排水等方面效益，建成流域工程与非工程措施相结合的综合防洪体系，为流域经济社会可持续发展创造条件。2013年，国务院以《国务院关于太湖流域综合规划（2012—2030年）的批复》，同意规划安排流域综合治理重点工程，主要包括：环湖大堤后续工程、望虞河后续工程、新孟河延伸拓浚工程、太浦河后续工程、新沟河延伸拓浚工程、东太湖综合整治工程、吴淞江工程、扩大杭嘉湖南排工程、太嘉河工程、东西苕溪综合整治工程等。① 不断完善太湖治理工程，提高流域综合治理水平。

东太湖综合治理是苏州境内太湖治理的重要一环。东太湖位于太湖东南侧，面积约150平方千米，跨吴江西部和吴中南部，经济社会发展条件比较优越。实施东太湖综合整治，将切实提高太湖流域防洪能力和水环境质量，改善东太湖湖区水质和生态环境，保障相关地区饮用水安全，实现水资源、水环境、水文化、水安全四位一体和谐发展，满足流域供水、水资源保护和生态功能恢复的需要，促进区域经济社会可持续发展。2003年，水利部批复了《东太湖生态综合整治专项规划项目任务书》；2008年，水利部会同江苏省人民政府以《关于东太湖综合整治规划的批复》正式批准了规划。规划近期水平年为2012年，远期水平年为2020年。东太湖综合整治主要实施了几大工程：一是行洪供水通道工程，疏浚扩挖行洪供水通道33.3千米，其中疏挖主通道19.7千米，疏挖连接三船路闸、大浦口闸、饿港闸的三条支通道13.6千米；二是退垦还湖工程，东太湖围垦总面积50.6平方千米，其中，退垦还湖37.3平方千米；三是生态清淤工程，清淤面积23平方千米，清淤深度0.2~0.55米，土方量704.2万立方米；四是水生态修复工程，修复段岸线总长69.9千米，修复带宽200~500米，总面积约31.3平方千米。②

东太湖综合整治工程的完成，重现了太湖碧波美景，大大提高流域防

---

① 水利部太湖流域管理局、《太湖志》编纂委员会编：《太湖志》，北京：中国水利水电出版社，2018年版，第193-196页。

② 水利部太湖流域管理局、《太湖志》编纂委员会编：《太湖志》，北京：中国水利水电出版社，2018年版，第235页。

洪能力和水资源配置能力，有效增加东太湖蓄洪容积，减少东太湖内源污染，改善东太湖水生态环境，具有经济、环境和社会等综合效益，为建设现代化生态文明都市创造了条件。同时，为打造太湖滨湖新城，为未来苏州城市向南部发展提供了重要的空间腹地。东太湖生态治理成为苏州生态文明建设的亮点和范例。

第四章 水道开浚

苏州地区自古水道错杂，经纬纵横，或航运交通，或农田灌溉，或蓄水泄洪，对地区经济和社会发展至关重要，水道整治是水利工程建设的重点内容。有史以来，历代治水皆用力于水道开浚，不断疏浚淤塞河道、开凿泄洪沟渠，连接沟通江河水系，促进了纵横水网的形成；中唐以后逐渐形成了河、浦、溪、渎、浜、泾等交叉错杂而又纵横有序的水系网络格局。吴淞江、胥江等大型河流举足轻重，其治理通贯古今。唐宋及以前的水利工程多为官方主持，明清之际民间水利兴起，民办工程渐居主导。其时水利建设缺乏整体规划，常浚常淤。清末战乱频仍，水利监督开浚不力，以致淤浅泰半，且水网无序，通航灌溉能力大大下降。自中华人民共和国成立以来，以原有水网格局为基础，修浚整治，总体形成了通湖水道、通江水道、大运河等主要河道。

第一节　通湖水道

　　通湖水道历史最为悠久，可上溯至太湖形成之初。太湖初成时，因洪水滔天而成水患，以三江五湖泄水入海。春秋战国时期，以太湖为重要航道，苏州地区修浚了多条水道以便航运。如胥溪的开浚，沟通了太湖航道。三国时期，赤乌八年（245）孙吴开破岗渎，以通太湖与首都建邺水运；隋朝大业六年（610）重凿江南河，营建流经太湖流域的水路运输网；唐宋时期，苏州地区已经初步形成了以太湖流域为中心的水路网络；明清时期，在诸多水道湮塞的情况下，通湖水道仍占据重要地位。至今，和苏州市域紧密联系的通湖河道，主要有太浦河、望虞河、吴淞江、胥江。

　　春秋战国时期，通湖水道多有开浚，周敬王二十五年（前495）吴王夫差命人凿胥浦，利用太湖流域的排水通道，连接了吴地与东海的航道，沟通了海运。越王勾践修浚吴淞江，开凿渠道，"越自松江北开渠，至横山东北入吴"①。清人金友理考证，松江之北在今白洋湾，彼时所开之渠为越来溪②，即以吴人口吻称"越兵入吴时自此来"③。

　　秦汉时期，国家的大一统便利了全国性水道的兴修。然而苏州地区在当时尚处于"地广人稀"之地，政府偏重北方的经济发展，对东南水利的重视程度相对较低，因而有关吴淞江修浚的记录也很少见。六朝至唐代，塘浦圩田逐渐兴盛，太湖流域涌现众多农田水利工程，水道的开浚往往融于农田水利之中。

　　吴淞江为东南水利要道，与娄江、东江共泻太湖水而入海，吴淞江之治是直接关系苏州等地的民生大计。元和五年（810），"刺史王仲舒堤松江为路，时松陵镇南北西俱水乡，抵郡无陆路，至是始通"④。王仲舒在

---

　　① ［唐］陆广微撰，曹林娣校注：《吴地记》，南京：江苏古籍出版社，1999年版，第21页。

　　② "古时松江之北，即今之白洋湾。所开之渠，即今之越来溪。城在溪上，今之越城桥，以城得名。"（清）金友理撰，薛正兴校点：《太湖备考》卷四《记兵》，南京：江苏古籍出版社，1998年版，第178页。

　　③ ［宋］范成大撰，陆振岳校点：《吴郡志》卷十八《川》，南京：江苏古籍出版社，1999年版，第259页。

　　④ 同治《苏州府志》卷九《水利》，江苏省地方志编纂委员会办公室编：《江苏历代方志全书·苏州府部》，第21册，南京：凤凰出版社，2016年影印版，第132页。

吴淞江西侧筑堤，既阻挡了湖水的浸漫，又连接了苏州平望等地的陆上交通，"而且还为太湖东岸低洼地带的垦殖创造了条件，有利于太湖平原东部塘浦圩田系统的形成"①。民国《吴县志》记载，天祐元年（904），吴越王钱镠以都水营田使总理水利，"募卒撩浅，通南北河"②，疏导吴淞江与淀山湖，浚通吴淞江之淤塞。

宋代对吴淞江的治理力度增大，多次开挖渠浦，疏浚水道，促进航道的通畅。宝元年间（1038—1039），两浙转运使叶清臣开盘龙汇，将吴淞江下游弯曲折叠的河道疏浚取直；庆历二年（1042），"以松江风涛，漕运多败官舟，遂接续筑松江长堤，界于江、湖之间，堤东则江，堤西则湖"③。庆历八年（1048），县尉王廷坚建利往桥，横截松陵湖，吴淞江上游流水减缓，"无以涤荡泥沙，以致增积"④；嘉祐年间（1056—1063），两浙转运使李复圭、昆山知县韩正彦又在盘龙汇的上游白鹤汇另开水道，使江水直达于海，因此，松江又有新江、旧江之别。其后熙宁年间（1068—1077），两浙转运使郏亶复加以治理。崇宁元年（1102），在苏州地区设置专门的机构——提举淮浙澳闸司，任命昆山知县鲍朝懋为提举管干，次年（1103），以宗正丞徐确为提举浙西常平。这一年，徐确奏请开浚吴淞江。徐确考证三江之说，认为"太湖东注于海，松江正在下流，向来潮泥淤塞，水溢为患"⑤，于是挖深河道，开通河渠，起自封家渡古江，迄至大通浦彻海口共七十四里。崇宁四年（1104），又任命司封员外郎李传等巩固工程，再次疏导三江。崇宁间，郏亶重新修浚白鹤汇。大观元年（1107），从中书舍人许光凝请命循松江古迹疏导吴淞江，导积水入海，并相度圩岸。大观三年（1109），许光凝再次奏请开吴淞江，并置闸以泄湖水，"从两浙监司奏请开江，复置十二闸"⑥，许光凝奏称"苏州水患，莫若开江浚浦。盖太湖入海，然后水有所归。今境内积水，视去岁损二尺，前岁损四尺，良由开松江、浚八浦之力。吴人谓开一江有一江之利，浚一浦有一浦之利。愿委官详究利害"⑦。由此宋代又兴开江之议。

---

① 水文化丛书编委会编：《水利名贤》，南京：河海大学出版社，2018年版，第33页。
② 转引自缪启愉编著：《太湖塘浦圩田史研究》，北京：农业出版社，1985年版，第24页。
③ ［宋］范成大撰，陆振岳校点：《吴郡志》卷十九《水利下》，南京：江苏古籍出版社，1999年版，第286页。
④ 转引自郑肇经主编：《太湖水利技术史》，北京：农业出版社，1987年版，第276页。
⑤ ［明］张国维纂：《吴中水利全书》卷十《水治》，清文渊阁四库全书本。
⑥ ［明］张国维纂：《吴中水利全书》卷十《水治》，清文渊阁四库全书本。
⑦ ［明］姚文灏编辑，汪家伦校注：《浙西水利书校注》，北京：农业出版社，1984年版，第28页。

两浙提举常平赵霖于宣和二年（1120）至三年（1121）又浚吴淞江，招置开江兵士，循旧例设置四都，为四指挥使添置两千人，每指挥使下设五百兵士，为历年开江兵士人数的最高额，在庞大的人力支持之下，赵霖整浚白鹤汇，并修治吴淞江周围的港浦泾㳧，使吴淞江泄水通畅，航道便利，且蓄水灌田，为农甚利。范成大称"昆山田从昔号为下湿，数十年前，十种九涝。自赵霖凿吴松江（疏）积潦，三十年来岁无荐饥"①。此为宋代浚吴淞江之水利顶峰，后兵士营卒为花石纲所夺，后渐减少，甚至不复设置。隆兴二年（1164），浙西水患严重，昆山县民生饥馑且瘟疫横行。隆兴三年（1165），邑长李结募集民工整治吴淞江，开浚五浦三塘，包括新洋江、至和塘等。南宋乾道年间，转运判官陈弥作、平江守臣沈度有感于水利之重，"依旧招置缺额开江兵卒"②，然人数远不及前，仅常熟、昆山两县各招置一百人，共两百人以利开浚。时胡恪开修三江五汇，使吴淞江至大盈等浦泄水。淳熙二年（1175），平江府立庸田司，疏浚吴淞江壅塞的沙泥，疏导周围旧河渠道；淳熙十七年（1190），提举浙西常平刘颖疏吴淞江泄水道，禁止农民侵筑逼塞，"自此以后，境宇日蹙，勤水力穑之事，有司无复讲矣，故不得而详焉"③。

元代，吴淞江淤塞严重，频繁水患，疏浚吴淞江成为区域治水重点。元世祖开国之后，便重视农业的发展和农田水利的兴修。于苏州地区而言，至元三十年（1293），都省上奏苏州等地发生水患灾害，元世祖下诏平江等路修治湖泖河港，潘应武、张桂荣等人擅长水利治理，于是在浙东金院宣慰的命令下共修河渠，凿阔新港至三十丈，并整治了赵屯、大盈等浦。大德二年（1298），诏置都水庸田使司。都水庸田使麻合马针对吴淞江湮塞情况，集议整治之法，认为"今太湖之水不流于江，而北流入于至和塘，由太仓出刘家港入海；并淀山湖水东南流于大曹港、柘泽塘、东西横泖，由新泾、上海浦注江达海"④。任仁发上奏言"以转粟京师多资东南，居天下什六七，而松江填淤岁久，富民利之，当水出涂筑为围田，以

---

① ［明］姚文灝编辑，汪家伦校注：《浙西水利书校注》，北京：农业出版社，1984年版，第40页。
② ［元］脱脱等撰，刘浦江等标点：《宋史》卷九十七《志第五十》，长春：吉林人民出版社，1995年版，第1540页。
③ ［明］姚文灝编辑，汪家伦校注：《浙西水利书校注》，北京：农业出版社，1984年版，第54-55页。
④ ［明］姚文灝编辑，汪家伦校注：《浙西水利书校注》，北京：农业出版社，1984年版，第70页。

故弥漫浸灌，沮洳广远，民不可稻"①。他称吴淞江故道湮塞，震泽之水无法下泄至海，因而浸满成灾，危害浙西居民，尔来已二十年。大德八年（1304），任仁发上奏请立行都水监。同年，江浙行省平章政事燕只吉台彻里浚决吴淞江，筑石堤导吴淞江水入海。十年（1306），时任行都水少监的任仁发修水利工程三十七里有余，自上海县界疏浚赵屯、大盈、樊浦三浦，重浚白鹤汇，并于淞江庙泾西与盘龙东之间开挑出水口，疏通了吴淞江的泄水道，使民获利十余年。

然而，至治三年（1323）开始，淤塞又起，元英宗诏开吴淞江、淀山湖及诸河渠，在江浙行省的委任之下，嘉兴、湖州、常熟、昆山、嘉定、华亭、上海等路州县各出民工以服役。泰定元年（1324），任仁发上状言平江等路水利，"太湖纳湖州、宣州诸溪之水，而南北东江海之岸皆高，水积其中，势若盘盂。设遇雨涝，则环湖低田悉皆湮没。若欲导泄积水，在乎时时点简，太湖东北两岸通江河之道不致淤塞可也。盖环湖低田，利在泄潦，兼沿江傍海高田，亦仗湖流奔注，冲散潮沙，使江河通利，乃可引潮灌溉"②。认为吴淞江之弊病在于积潦成病，应导泄积水，并筑高岸，最后以闸导之。是年冬十二月，中书奏命江浙行省左丞多尔济巴勒整修水利，并令任仁发董督。江浙行省平江、松江、常州、湖州、嘉兴等地官员皆督促民夫开工，修浚吴淞江旧道，又浚乌泥泾、大盈浦，于次年正月完工。泰定元年（1324），任仁发为保持吴淞江水道深阔，于上海潘家浜和乌泥泾置石闸遏制泥沙浑潮。至正元年（1341），吴淞江南北岸泥沙又见增多，都水庸田使遵达纳实哩行捞漉之法浚河，并浚各府路的河塘渠堰。

宋元时期，吴淞江疏浚为水利工程的重点，政府统管整体布局，从大局出发，"仍令讲究久远不致淤塞良法"③，往往进行大型综合治理，以水利官员、开江兵士和服役民夫等各层级人员分别负责筹划统领或具体实施，并设有监督人员以提升水利兴修的速度和效率，其资费巨大，兵民众多，但阻挠者甚少，概因国民上下，皆言水利之利，"计利害之大而不恤其小也"④。

明清两朝吴淞江水患远胜于前朝，政府难耐大规模水利治理的周期之

---

① [元] 苏天爵辑撰，姚景安点校：《元朝名臣事略》卷四《平章武宁正宪王》，北京：中华书局，1996年版，第70页。
② [明] 张国维纂：《吴中水利全书》卷十三《奏状》，清文渊阁四库全书本。
③ [明] 姚文灏编辑，汪家伦校注：《浙西水利书校注》，北京：农业出版社，1984年版，第82页。
④ [明] 张国维纂：《吴中水利全书》卷十九《考》，清文渊阁四库全书本。

长，因而常常局部整治，以期即刻见效，于当时有利而无长远之计，由此造成水利常治而淤塞常患。明初夏原吉考察吴淞江流域，提出"掣淞入浏"的措施，其规划详尽，实施果决，且影响深远，非一般工程可比拟。永乐元年（1403），夏原吉上书浚治娄江、白茆港，疏文称："拯治之法，要在浚涤吴淞江诸浦，导其壅滞，以入于海。按吴淞江旧袤二百五十余里，广一百五十余丈，西接太湖，东通大海，前代屡浚屡塞，不能经久。自吴江长桥至夏驾浦约百二十余里，虽云通流，多有浅狭之处，自夏驾浦抵上海县南跄浦口可百三十余里，……已成平陆。欲即开浚，工费浩大，滟沙泥淤，浮泛动荡，尚难施工。臣因相视，得嘉定之刘家港，即古娄江，迳通大海；常熟之白茆港径入大江，皆系大川，水流迅急，宜浚吴淞南北两岸安亭等浦，引太湖诸水入刘家、白茆二港，使直注江海。又松江大黄浦乃通吴淞要道，今下流壅遏难疏，旁有范家浜至南跄浦口，可径达海，宜浚令深阔，上接大黄浦以达湖泖之水，此即《禹贡》三江入海之迹。每岁水涸之时，修筑围岸，以御暴流。如此则事功可成，于民为便。"①

永乐二年（1404），夏原吉、大理寺少卿袁复、给事中姚善等人于苏州治水。先开凿吴淞江两岸淤塞滩涂，疏通昆山、嘉定、安亭等地的浦港，以昆山夏驾浦、嘉定刘家港、常熟白茆港通泄太湖之水入海，后浚修范家浜接通黄浦江，使吴淞江水从黄浦江入海，由是无水害近三十年，成效非常明显。宣德七年（1432），因年久淤塞，且逢经久大雨，太湖又成水患，苏州知府况钟、应天府巡抚工部侍郎周忱等发民疏浚。正统六年（1441），周忱修浚吴淞江，立表于江心，督民挑修，疏导淤塞，将泥沙壅涂为民田，计亩收税。天顺初年，巡抚崔恭首次开浚吴淞江中游河道，天顺二年（1458）又组织开浚吴淞江下游自大盈浦至吴淞江巡司的新河道，天顺四年（1460）复浚吴淞江大盈浦，并沿昆山夏驾浦至嘉定庄家泾一带的旧道开浚，疏导旧江，便利泄水。

成化十四年（1478），时任右副都御史，巡抚苏州府、松江府的牟俸，上奏称太湖由娄江（刘家港）和吴淞江入海，可使各地水患少，且利于土地耕种。他指出："历代开浚具有成法。本朝亦常命官修治，不得其要。而滨湖豪家尽将淤滩栽莳为利。治水官不悉利害，率于泄处置石梁，壅土为道，或虑盗船往来，则钉木为栅。以致水道堙塞，公私交病。请择大臣

---

① ［明］张国维纂：《吴中水利全书》卷十四《章疏》，清文渊阁四库全书本。

深知水利者专理之,设提督水利分司一员随时修理,则水势疏通,东南厚利也。"① 于是明宪宗命巡抚都御史牟俸兼领苏松之地的水利事宜。

浙江金事伍性代理苏松水利期间,于明孝宗弘治元年(1488)疏浚吴淞江中段,通淤塞水道四十余里,又浚赵屯浦、新泾塘、杨林塘等,改善吴淞江水道环境,并曾商议开吴江长桥淤土以便排水。弘治四年(1491)、五年(1492)、七年(1494),苏州府连发大水,灾情严重。提督水利工部左侍郎徐贯、治水工部主事祝萃、巡抚都御史何鉴、知府史简等人寻访水道,将弘治元年(1488)的提议完善并付诸实践,开浚吴江长桥,清除江口蔓延疯长的芦苇荻竹,使太湖与吴淞江泄水通畅。

工部侍郎徐贯和巡抚都御史何鉴,于弘治七年(1494)征发民夫二十万,继续疏导吴江长桥丛生茭芦,拓宽水道,引太湖水入淀山、阳城(阳澄)、昆承等湖。同时,开吴淞江,复浚大石浦、赵屯浦,导淀山湖等湖泊水入吴淞江以入海,完成了九十年前永乐年间夏原吉疏导吴淞江"滟沙浮荡"的心愿。弘治八年(1495),徐贯"开浚苏州府河港,疏太湖之水由吴淞江入海,以长洲、吴、昆山、常熟、嘉定等县十万五千余人开浚白茆港,并斜堰七浦塘,共二万四千余丈"②。由此诸多水道泾浦由白茆港入海。

此后二十年,因河水泥沙聚集及豪族势家据水灌田,吴淞江及各浦逐渐淤塞。正德十六年(1521)巡抚李充嗣开浚从夏驾湖至吴淞江旧江的河段。嘉靖元年(1522),工部尚书李充嗣、水利郎中颜如环治苏松水利,下达文书命苏州知府徐赞、松江知府孔辅、苏州府同知冷宗元开浚吴淞江,疏通夏驾口至龙王庙的旧道,并拓宽至十八丈,浚深一丈二尺。又命苏州府通判孔贤开浚与吴淞江勾连的赵屯、大盈、道褐等浦,使水道上下通贯,河水上流下委,通泄入海。嘉靖二年(1523),林文沛与昆山、上海两县合浚吴淞江,疏导淤浅水道,开塘浦港泾,并浚黄浦江,使当湖、三泖、淀山湖等水入吴淞江。

据钱泳记载,胡体乾于嘉靖二十四年(1545)上治吴淞江六策:"曰开川,曰浚湖,曰杀上流之势,曰决下流之壑,曰排潮涨之沙,曰立治田

---

① 张廷玉等撰,王天有等校点:《明史》卷八十八《志第六四》,长春:吉林人民出版社,1995年版,第1 379页。

② 民国《吴县志》卷四十二《水利一》,江苏省地方志编纂委员会办公室编:《江苏历代方志全书·苏州府部》,第39册,南京:凤凰出版社,2016年版,第34页。

之规。"① 又有吕光洵上书五事："一曰广疏浚以备潴泄。……一曰修圩岸以固横流。……一曰复板闸以防淤淀。……一曰量缓急以处工费。一曰重委任以责成功。"② 总体沿袭前朝治河之策，浚河、修圩、置闸。但胡体乾强调浚河之法，浚河要综观河流上下全局，上游泄水之势要控制其量，下游排水之道要保持通畅，并防止泥沙淤积壅涨。胡体乾还提出立田规以保护河道。胡体乾重在立田规约束平民，吕光洵则建议重委任以督促官吏，要求官员统揽全局，分清水利工程的轻重缓急施以资费，并严于律己以促工程完工。水利之法可行而收效较差。

嘉靖三十六年（1557），巡抚都御史翁大立谈论东吴水利，指出："并水而居者杂葑菱芦，积泥成荡，民间又多自起圩岸。上流日微，水势日杀。黄浦、娄江之水又为舟师所居，下流亦淤。海潮无力，水利难兴，民田渐硗。"③ 隆庆二年（1568），官府工费紧张，由乡民及光禄寺署丞孟绍虞捐赀以疏浚吴淞江两岸诸浦。隆庆三年（1569），巡抚都御史海瑞借支军饷为例银，开浚吴淞江，江面阔至十五丈，水深一丈五尺六寸，与嘉靖元年（1522）相比，虽不及其宽，但深甚于前，且仅用两月完工，速急而功成。后又建石闸以节制潮沙。

林应训于万历五年（1577）开浚吴淞江长桥口南北滩涂，疏治吴淞江中段自昆山慢水港至嘉定徐公浦河段；万历六年（1578），巡按御史林应训奏请开吴淞江以导太湖之水入海，称"此江一开，太湖直入于海，滨江诸渠得以引流灌田"④，万历八年（1580），又奏请开浚吴淞江等河支流"苏、松诸郡干河支港凡数百，大则泄水入海，次则通湖达江，小则引流灌田。今吴淞江、白茆塘、秀州塘、浦汇塘、孟渎河、舜河、青阳港俱已告成，支河数十，宜尽开浚"⑤。此后，苏松等地水旱频繁，使民困饥馑。万历十六年（1588），吏部推荐谙熟水利、治理黄河有功的许应逵为苏松常镇水利副使，并发帑金十万两，以专门疏浚吴淞江。许应逵到任后，计

---

① ［清］张廷玉等撰，王天有等校点：《明史》卷八十八《志第六四》，长春：吉林人民出版社，1995年版，第1381页。
② ［清］张廷玉等撰，王天有等校点：《明史》卷八十八《志第六四》，长春：吉林人民出版社，1995年版，第1381-1382页。
③ ［清］张廷玉等撰，王天有等校点：《明史》卷八十八《志第六四》，长春：吉林人民出版社，1995年版，第1383页。
④ ［清］张廷玉等撰，王天有等校点：《明史》卷八十八《志第六四》，长春：吉林人民出版社，1995年版，第1384页。
⑤ ［清］张廷玉等撰，王天有等校点：《明史》卷八十八《志第六四》，长春：吉林人民出版社，1995年版，第1385页。

划分段治理吴淞江，会同苏州府同知傅良言、松江府通判郭承绪各行承办。当年八月兴工，于翌年四月止，非但未能疏通有利，反而渐增淤塞，以致民多积怨。崇祯十年（1637），浙江道御史李模请设置治水部臣，疏浚吴淞、白茆塘；崇祯十七年（1644），工部侍郎朱子循复请开浚吴淞江。此时吴淞江下游泄水口已淤塞难通航运。

　　清朝以吴淞江为海防咽喉之地，也重视吴淞江的修浚。顺治九年（1652），工科给事中胡之骏上奏请浚吴淞江，通江道至陈湖与淀山湖，疏通泄水航道。康熙十年（1671），巡抚都御使马祜为缓解水灾，奏请修浚吴淞江，称"臣看得苏属刘河，松属吴淞江，乃江南苏、松、常，浙江杭、嘉、湖六府积水合流，潴于太湖，由此二河分道入海，走泻湖水之咽喉也，修则六府同其利，塞则六府同其害"①。自明朝海瑞修浚，已百余年未得大修，潮泥淤涨，以致故道几近全淤。他指出，国朝未得修浚，大抵因工程耗资甚大，轻易不敢兴修。其不作为终至水患频发，积水拥聚，耕地尽溺而人户流荡。因此"宜酌量疏浚堤防。煌煌天语，敢不悉心讲求。随檄司道府县名官，延集士民，博采舆论，又于总督臣麻勒吉、浙抚臣范承谟咨商，疏浚刘河、吴淞故道，诚为今日第一急务"②。于是疏通淤道，拓宽河面，设置节制闸，以备蓄水救旱，泄水防涝，至康熙十二年（1673）工成，用漕银十四万两，由苏松等地平摊还付。雍正五年（1727），因江口淤塞，再次疏浚吴淞江，西自黄渡艾祁口，向东开通至虞姬墩，或称野鸡墩，后又于上海金家湾设置节制闸，启闭以通泄江水。

　　巡抚庄有恭于乾隆二十八年（1763），奏请开浚太湖下游的吴淞江等河道，"先疏桥港，次及河身。茭芦鱼荡之圈占者，除之，城市民居之不可毁者，别开月河以导之"③。此次修浚成效较低，原故道已经难以维系，需另开月河以泄水。嘉庆二十一年（1818），疏浚吴淞江。两年后重浚，拓宽江面，浚深河道。道光四年（1824），给事中朱为弼奏请疏浚吴淞江，以畅通太湖下游泄水口，两江总督孙玉庭上书称："三江水利，如青浦、娄县、吴江、震泽、华亭承太湖水，下注黄浦，各支河浅滞淤阻，亟应修砌。吴淞江为太湖下注干河，由上海出闸，与黄浦合流入海。因去路阻

---

①　上海市地方志办公室、上海市宝山区地方志办公室编：《上海府县旧志丛书·宝山县卷》，上海：上海古籍出版社，2012年版，第411页。
②　上海市地方志办公室、上海市嘉定区地方志办公室编：《上海府县旧志丛书·嘉定县卷》，上海：上海古籍出版社，2012年版，第512页。
③　赵尔巽等撰，许凯等校点：《清史稿》卷一百三十五《列传第一百十》，长春：吉林人民出版社，1995年版，第8439页。

塞，流行不畅，应于受淤最厚处大加挑浚。"① 遂命江苏按察使林则徐综办江浙地区水利，修浚吴淞江与太湖诸河。道光七年（1827），巡抚陶澍以十一州县征夫疏浚吴淞江。道光二十二年（1842），经过规划设计，吴江县募民夫疏浚吴淞江。

江苏巡抚张之万于同治十年（1871）重筑元和、吴江等县桥梁，并疏浚吴淞江下游至新闸间的水道。光绪十六年（1890），政府调集营兵与民夫共浚吴淞江，光绪十七年（1891）江苏巡抚刚毅称："吴淞江为农田水利所资，自道光六年浚治后，又经六十余年，淤垫日甚。前年秋雨连旬，河湖泛滥，积涝竟无消路。去年十月，派员开办，并调营勇协同民夫，分段合作，约三月内可告竣。"② 民国八年（1919）至二十四年（1935），曾多次疏浚淤塞并裁剪弯道。中华人民共和国成立后，进行多次勘察及整治，疏浚连接了江南北岸的多条支流，加强了排水和通航功能（图4-1）。

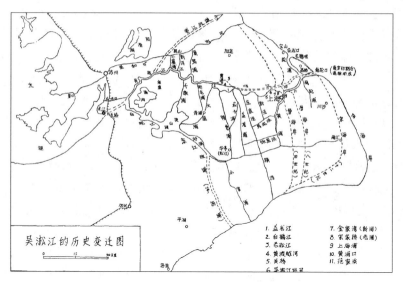

图4-1 吴淞江历史变迁示意图③

---

① 赵尔巽等撰，许凯等校点：《清史稿》卷一二九《志第一〇四》，长春：吉林人民出版社，1995年版，第2628页。

② 赵尔巽等撰，许凯等校点：《清史稿》卷一二九《志第一〇四》，长春：吉林人民出版社，1995年版，第2638页。

③ 褚绍唐：《吴淞江的历史变迁》，《华东师范大学学报》（自然科学版），1980年第2期，第104页。

第二节　通江水道

　　苏州境内的长江岸线，往南接余杭钱塘江，因而自古境内就有多条通江水道。如浏河，古称"娄江"，是苏州地区最早通江的水道之一，中间历经淤塞湮废，重浚治理，如今仍然是重要的水道。白茆塘、福山塘等自五代吴越时期就位列"常昆三十六浦"或"海虞二十四浦"，"溉两岸田数千顷，抑江海之蓄泄"①，吞吐江海，防旱备涝。七浦塘的塘北与白茆塘相通，塘南则连接今工业园区阳澄等湖，东南方经太仓诸河汇江入海。新中国经整治后，今苏州境内通江水道为8条，分别是浏河、白茆塘、福山塘、七浦塘、张家港、十一圩港、常浒河、杨林塘。张家港为晚清道咸年间开挖，十一圩港成河于清同治十一年（1872），历史较短。其中浏河为太湖泄水通江入海的三大主要水道之一，白茆塘历史悠久，七浦塘与杨林塘地位重要。

一、浏河水道的开浚

　　浏河，又称刘河、刘家港，原为古娄江下游水道，顾夷《吴地记》称："松江东北行七十里，得三江口，东北入海为娄江，东南入海为东江，并松江为三江。"② 此娄江即为太湖泄水的三江之一，为长江入海咽喉，"是以上流之水条分缕析，咸会聚于浏河之闸口，并归大海"③。春秋战国时期，娄江口因地理位置优越，聚居了一批船民，他们或以涉洋捕鱼为生，或转运太湖稻米、鱼虾等物资。吴国由此驻军设防，称为"太仓"。《越绝书》记载，伍子胥称此地船只种类繁多，有大翼、中翼、小翼、突冒、楼船和桥船，既可运送物资，又可载军作战。娄江遂成为经济与海防重地。

　　三国孙吴时期，东吴嘉禾元年（232），吴王孙权为结交辽东名士公孙

---

①　[清]王鸣盛：《重浚常熟县福山塘记》，谭其骧主编《清人文集地理类汇编》，第4册，杭州：浙江人民出版社，1987年版，第778页。
②　[清]王鸣盛撰，黄曙辉点校：《十七史商榷》卷五一《晋书九》，上海：上海古籍出版社，2013年版，第607页。
③　道光《刘河镇记略》卷二《水利》，中国地方志集成编辑工作委员会编：《中国地方志集成·乡镇志专辑》，第9册，南京：江苏古籍出版社，1992年，第318页。

渊，派遣使者泛舟往来于娄江口，"太常张弥、执金吾许晏、将军贺达将兵万人，金宝珍货，九锡备物，乘海授渊"①。其时太湖水阔，娄江口辽阔宽广，水势浩大，水道平直少曲，浪潮汹涌，甚至能及吴郡城。自秦汉魏晋以来，可见对太仓地区的记载，但于娄江水道，则可见者少。大抵当时娄江及诸河水道散漫纵横，没有固定归一，由此少有论述。隋唐时期，娄江水势依然辽阔，江潮迭起，甚至可比今天的钱塘江潮，也正因娄江水深岸阔，促进了当地的漕运频繁，娄江口也成为重要的"通海门户"，时人称为"澛漕口"，"公家运漕，私行商旅，舳舻相断"②。唐朝鼎盛时期，澛漕口为天下要津，东南转粟重地。但至唐中后期，娄江水势式微，淤涨的泥沙将娄江分为偏南的"娄塘"与偏北的"浏河"，直至唐末渐渐消失，娄江淤废。五代时，吴越国钱镠设置撩浅军，循故道疏浚，才使娄江再次通畅，但吴越国以都城杭州为中心，钱塘江为航运重心，娄江已经丧失了"通海门户"的地位。

自北宋以来，历代对娄江的修浚常见诸记载。至道二年（996），苏州知府陈省华建议在娄江下游筑昆山塘，与州县的官吏及邑人朱珏父子多次讨论，但因为水利工程浩大，所费甚多，最终不果。至和二年（1055），昆山县"主簿丘与权始陈五利，知县钱公纪复言之，于是兴役，始克成塘"③。至和年间对娄江的修建前后近六年，将原本贯穿昆山城的水道两岸修建了塘堤，将原本宽阔的水面向内收缩，后来以年号"至和"为塘名，又称"致和塘"。此次水道修浚西起娄门，东至昆山，开通50多条河港，疏通苏州、昆山、太仓的水利运输通道。景祐元年（1034），苏州知府范仲淹"又亲诣海滨，率兵民开茜泾等五大浦，疏浚澛漕塘以通娄江。派兵驻守，运粮济军"④，并设置了节制闸，缓解当地水患灾害，使乡民安于渔事耕织，渐臻富庶，使一个渔村逐渐发展成为市集，初见今日浏河镇的旧影。

由于三江淤塞，工部司封员外郎李传等人于崇宁四年（1105）再次开浚娄江⑤。宋高宗南渡以后，浏河初盛。南宋淳熙年间，娄江口泥沙淤塞严重，境内居民与隔江的崇明境内三沙岛民集资募工开浚娄江，由此畅通

---

① 吕思勉：《秦汉史》，北京：北京理工大学出版社，2018年版，第421—422页。
② ［唐］李吉甫撰：《元和郡县图志》卷六《河南道一》，清武英殿聚珍版丛书本。
③ 转引自昆山市政协学习和文史委员会编：《昆山文史》，第16辑，内部资料，2002年版，第207页。
④ 转引自汪放、郑闻：《太仓港史话》，苏州：古吴轩出版社，2008年版，第11页。
⑤ 崇祯《太仓州志》卷七《水利志第七》，明崇祯刻本。

了娄江的水路运输，并在下游形成巨大的贸易往来港口，为感念崇明岛民刘沙，遂将娄江下游称为"刘家河"。乾道二年（1166），邑长李结募民疏浚至和塘。淳熙六年（1179），因年久失修，娄江再度淤塞，"虽旧迹尚存，奈何修治之功不加，故狐鼠凭恃，乘其干涸，拦绝作坝。遇有负载，邀阻四出，憧憧往来，非复由行之旧"①。发运使魏峻主持疏导刘家河，"凿浅通窒，障狂植溃，潮入于真义、曹泾两浦则捍之，断港无壅"②。此次修浚工程浩大，是前面历次修浚所不能比拟的，但官府仅费两万余缗，其余皆由富民争相出资以助，工费无所计。自季春开始，孟夏而成，仅四旬就完成了工程。

两宋时期，随着经济重心的逐步南移，浏河作为江南地区重要的通江口，其修浚一直为政府所重视。历经两宋 300 多年，成为重要的转运要道。宋代鼓励海外贸易，刘家港也成为转运贸易货物的港口。元代刘家港地位逐渐上升，成为南粮北运的转运中心之一，又因是拓展海外贸易航线，被称为"天下第一港"。至元十九年（1282），元世祖忽必烈"命总管罗璧暨瑄等造平底船六十，运粮四万六千余石，八月发刘家河，次年三月抵直□（沽）"③，至元二十二年（1285），宋末降元的海道都漕运万户朱清、张瑄因旧贩私盐的经历而熟悉海道航运，为扩大漕运，俩人建议实行海运，将江淮间的米粮经由刘家港聚集转运至大都。至元二十四年（1287），宣慰司朱清奏请疏导娄江故道，引江水入海，使排水通畅，且拓宽水面至二三里，以致"潮汐汹涌，水势浩渺，可容万斛之舟"④。"漕运万艘，行商千舶，集如林木，高楼大宅，琳宫梵宇，列若鳞次"⑤，此后刘家港海运贸易勃兴，被誉为"六国码头"，太仓为"东南之富域"，"四方谓之天下第一码头"⑥。此后海潮涨跌西渐，使娄江不浚自深。后又二十余年，延祐元年（1314），参政高昉奏请迁昆山州治于太仓，同年疏浚刘家港。元至正二年（1342），元政府在太仓设立市舶提举司。此外，还有行泉府司、万户府等专门管理海运的机构。元中后期，上海港的贸易口岸转移至刘家港，是刘家港在元朝达到海运贸易顶峰的标志。

---

① ［明］张国维纂：《吴中水利全书》卷二十四《记》，清文渊阁四库全书本。
② ［明］张国维纂：《吴中水利全书》卷二十四《记》，清文渊阁四库全书本。
③ 崇祯《太仓州志》卷九《海运志第九》，明崇祯刻本。
④ 转引自中共太仓市委宣传部、太仓市哲学社会科学界联合会编：《古港浏河》，杭州：西泠印社出版社，2008 年版，第 39 页。
⑤ 嘉庆《直隶太仓州志》卷六十三《旧序一》，清嘉庆七年（1802）刻本。
⑥ 王家伦、谢勤国、陈建红：《苏州古石桥》，南京：东南大学出版社，2013 年版，第 175 页。

明初永乐年间，户部尚书夏原吉治苏地水患，践行了"掣淞入浏"的方案，引太湖诸水入刘家港和白茆港。其时刘家港口泥沙淤塞，浮漾动荡，干结时耙不能起成块，潮湿时双脚站不稳，箩筐盛不住，因此，在开浚时"命役夫用木排做垫脚，使吊盘取泥，百倍艰辛"①。但工程完工之后，恢复了刘家港在元朝时的盛况，且更为发展，声名远扬。功成后第二年，即永乐三年（1405），郑和开始第一次下西洋。这是世界航海史上的壮举，其七次下西洋，多从刘家港起锚远航。港内"九夷百番进贡方物，方舟大舶次第泊来"②，重振"天下第一码头"的雄风。夏原吉治水涉及浏河，其两处通引为：一处由昆山夏驾浦掣淞江水北上达浏河，另一处则挑浚嘉定县西顾浦，南引吴淞江水，北贯吴塘，也由浏河入海。由此，浏河水量充沛，江面宏阔，是江南著名的深水航道。明清时期，浏河不断疏治，大型治理工程亦有多次。如弘治四年（1491），徐贯开浚浏河，自太仓州城南至嘉定外冈；至清代，于顺治十四年（1657）太仓知州白登明再浚浏河，西起盐铁塘东至石家塘，长六十里。③康熙十年（1671），马祜和慕天颜主持治水，他们在前代太湖治理的基础上，制定出以浚治三江为主、兼治大浦的综合治理方案。此次兴修的当务之急就是治理吴淞江和浏河，引导太湖淤积的洪水入海。乾隆年间江苏巡抚庄有恭奏请治理三江计划，工程实施关联浏河；此外，林则徐水利治理工程的重点，放在疏浚浏河、白茆、七浦河等河道上，尤其是浏河工程，完成从吴家坟港口起至白家厂基东止的治理。④

1949年中华人民共和国成立后，针对浏河港河道弯曲、淤塞严重、行水不畅等状态，先后举办浏河二期拓浚工程，建成了浏河节制闸，对娄江段、外跨塘至唯亭市镇段、唯亭至昆山河段等多段河道进行拓浚，连续整治娄江，既提高了航道运输能力，又提高了排涝防洪能力。

二、白茆塘水道的开浚

白茆塘为"常昆三十六浦"或"海虞二十四浦"之一，又称白茆浦、

---

① 转引自中共太仓市委宣传部、太仓市哲学社会科学界联合会编：《古港浏河》，杭州：西泠印社出版社，2008年版，第39-40页。
② 转引自中共太仓市委宣传部、太仓市哲学社会科学界联合会编：《古港浏河》，杭州：西泠印社出版社，2008年版，第40页。
③ 朱巍：《明清时期江南太仓的水利建设》，《农业考古》2012年第1期，第168-169页。
④ 潘清：《清代太湖流域水利建设述论》，《学海》2003年第6期，第111-112页。

白茆港、白茆河等。白茆塘因其悠久的历史与绵长的河道，历来有很重要的地位，万历《常熟县私志》称"今三江已难考订，而白茆一港，吴中诸水由之入海，可当一江"①。白茆塘为通江入海的重要河道，但潮汐往来，淤塞时长，通畅时短。唐五代时期，吴越钱元璙以"撩浅军"疏浚。宋代以后，白茆塘的兴修和疏浚逐渐成为定例，自景祐二年（1035）范仲淹治苏导水后，"茆河之工是阅数十年或十数年一举，举辄款累万"②。景祐年间，范仲淹"亲至海浦，开浚五河，以疏导诸邑之水，使东南入于松江，东北入于扬子与海"③。因疏浚有道，民多感念，多以"范公"称之，至今苏州仍有范公祠或以"文正"为名的学校以纪念。直至政和年间，白茆塘仍深阔非常，为通江泄水要道。当时，提举官赵霖疏浚三十余浦，"言常熟二十四浦，除许浦、白茆浦、福山浦深阔不须开治"④。此后白茆塘渐至淤塞。

绍兴二十四年（1154），右奉议郎大理寺丞周环上奏请浚，称"临安、平江、湖、秀四郡低下之田多为太湖积水浸灌，缘溪山诸水接连，并归太湖，东南由松江入海，东北由诸浦入江。其沿江泄水，惟白茆浦最大，宜令有司开决"⑤。绍兴二十八年（1158），平江府水患严重，宋高宗下诏开浚白茆塘。两浙转运使赵子潚斟酌工事，为保工程质量，"复招补开江兵卒"⑥。乾道元年（1165），平江守臣沈度和两浙漕臣陈弥上疏称开浚白茆塘利在千秋，"今依旧招置缺额开江兵卒，次第开浚，不数月，诸浦可以渐（渐）次通彻。又用兵卒驾船，遇潮退，摇荡随之，常使沙泥随潮退落，不致停积，实为久利"⑦。上谕从之。淳熙二年（1175），两浙转运副使姜铣上奏请开白茆浦等四浦，以水军都统冯湛疏浚白茆浦。南宋末年，江南水利更为朝廷水利之重。咸淳元年（1265），平江知府沈度开决白茆浦，疏浚黄沙港至支塘桥的水道。此后战乱纷争，政府难以为继，水

---

① 万历《常熟县私志》卷二《叙水》，江苏省地方志编纂委员会办公室编：《江苏历代方志全书·苏州府部》，第55册，南京：凤凰出版社，2016年影印版，第107页。
② 中国人民政治协商会议江苏省常熟市委员会、文史资料研究委员会编：《常熟地方小掌故续编》，内部资料，1985年版，第27页。
③ [明]姚文灏编辑，汪家伦校注：《浙西水利书校注》，北京：农业出版社，1984年版，第35页。
④ [宋]孙应时：《（宝祐）重修琴川志》卷五《叙水》，清道光景元钞本。
⑤ [清]王维德等撰，候鹏点校：《林屋民风·外三种》，上海：上海古籍出版社，2018年版，第231页。
⑥ [明]张国维纂：《吴中水利全书》卷十《水治》，清文渊阁四库全书本。
⑦ [元]脱脱等撰，刘浦江等标点：《宋史》卷九十七《志第五十》，长春：吉林人民出版社，1995年版，第1540页。

利开浚也暂缓。

元朝时期，白茆塘的开浚和疏通不常有。大德八年（1304），都水少监任仁发疏浚吴淞江，并浚白茆塘。此后白茆塘渐至淤积，芦苇丛生，茅草遍地，元末时期已成芦茅之地。至正年间，张士诚于至正十三年（1353）和二十四年（1364）分别疏浚白茆塘。至正二十四年（1364），"张士诚命左丞吕珍督浚白茆塘。时塘为芦茅所塞，涓流不通。张士诚起兵民夫十万，以芝塘为行府，时驻节于山泾口，命吕珍督浚"①。其以十万民夫疏浚水利，功成后白茆塘绵延九十余里，最宽处有三十六丈，与刘家港分泄太湖之水，民众获利甚多，也为明朝重视白茆港水道打下了坚实的基础。

明代自夏原吉"掣淞入浏"，引太湖水经浏河与白茆塘入江，为维护新式排水格局，此后白茆塘的疏浚常与浏河或吴淞江同时进行。洪武九年（1376）夏，江南淫雨不断，导致江湖涨溢，而白茆塘、昆承湖、至和塘等泄水港道为民筑堰堆坝，水流难以通下，"曾差官开浚，被民随开随堰。本府遂差官会同相视淤塞港汊，丈量核实，即计工开浚"②。永乐二年（1404），为综合治理苏松水患，户部尚书夏原吉"掣淞入浏"，称"嘉定之刘家港，即古娄江，径通大海；常熟之白茆港径入大江。皆系大川，水流迅急，宜浚吴淞南北两岸安亭等浦，引太湖诸水入刘家、白茆二港，使直注江海"③。此举为民大利，此后三十年间，白茆塘皆能通泄。永乐十三年（1415），吴江县丞李升上书"苏、松水患，太湖为甚，急宜泄其下流。若常熟白茆诸港，昆山千墩等河，长洲十八都港汊，吴县、无锡近湖河道，皆宜循其故迹，浚而深之。仍修蔡泾等闸，候潮来往，以时启闭。则泛滥可免，而民获耕种之利"④。因而是年又浚深了白茆塘水道。宣德七年（1432），工部侍郎周忱与苏州知府况钟再浚白茆塘。

明朝中期，白茆塘的修浚最为频繁。正统七年（1442），周忱又行疏浚。景泰五年（1454）夏，江南又大水，农田淹没。知府汪浒与户部右侍郎李敏相议疏浚白茆塘、盐铁塘以泄水。汪浒亲视工程，开浚青墩浦、横沥塘连接白茆塘，并建三座堰以引水，疏浚入海口，共通淤塞千余亩。成化十四年（1478），巡抚都御史牟俸兼领水利，疏浚福山塘与白茆塘。为

---

① ［明］张国维纂：《吴中水利全书》卷十《水治》，清文渊阁四库全书本。
② ［明］张国维纂：《吴中水利全书》卷十八《志》，清文渊阁四库全书本。
③ ［明］张国维纂：《吴中水利全书》卷十四《章疏》，清文渊阁四库全书本。
④ ［清］张廷玉等撰，王天友等校点：《明史》卷八十八《志第六十四》，长春：吉林人民出版社，1995年版，第1373页。

防豪强占湖为田,于泄水处放置石梁,填土成道,同时以木为栅栏,禁盗船往来。后又专门设立水利分司管理水利,以便随时疏通淤塞,颇见成效。弘治年间,江南经年水患,因而治水工程也常举。弘治四年(1491),提督水利工部左侍郎徐贯以十万五千人疏浚白茆塘;弘治七年(1494),徐贯又上奏请开白茆港以引昆承湖水入江。此次工程浩大,浚河、设闸、筑堤岸,征夫二十余万,以赋税役银支持水利兴修。弘治九年(1496),提督水利工部主事姚文灏令苏州通判张旻征夫两万余人,循白茆河旧道疏浚淤塞,但工程实施两年即废,疏浚事宜不了了之。此后二十余年间,白茆塘未见开浚。都察院右佥都御史俞谏曾上奏力主疏浚,未获准议。正德十六年(1521),工部尚书李充嗣和分督水利的工部郎中林文沛商议开浚白茆塘。原定循白茆塘旧道疏浚一万三千八百二十余丈,后李充嗣查看地形,斟酌地势,采纳常熟主簿俞浪开凿新河的建议,开河三千五百五十余丈,并疏浚诸湖支流河道19处,使农民获稔。嘉靖二年(1523),林文沛继续疏浚苏州河港,开盐铁塘并疏通白茆塘的部分支流。嘉靖二十四年(1545),吕光洵上书"浚白茆、鲇鱼诸口,泄昆承之水以注于江"[1]。明世宗从其奏,委派巡抚欧阳必进专督此事。嘉靖二十六年(1547),又浚白茆、七浦等塘,并以巡按御史勘测收验。嘉靖三十六年(1557),巡抚都御史翁大立条陈钉栅筑堤的弊端,称其虽能御寇捍盗,但于江南河渠水道错综交杂之地,最易积泥聚沙,淤塞河道,使上游水势渐弱,下游水道涨淤,终至民田瘠薄,民生不兴。他建议在吴淞江、白茆塘、七浦塘等处设立石闸,按时启闭以兴水利。嘉靖四十二年(1563),给事中张宪臣直接奏请疏导白茆塘、七浦塘、杨林塘等壅淤的河渠,但因江南倭患扰民日久,明世宗仅令疏浚支流以减轻民生重担。隆庆三年(1569),巡抚都御史海瑞再请开浚白茆塘,循旧道疏导五千余丈。万历六年(1578)和八年(1580),巡按御史林应训多次奏请开浚吴淞江、白茆塘等。此次疏浚白茆塘四十五里,最宽处有十二丈。距元末张士诚所浚,已湮塞大半。

明后期,江南水利的兴修陷入低潮,白茆塘疏浚更为懈怠。万历三十四年(1604),常熟知县耿橘上疏浚治白茆塘未果。天启四年(1624),巡抚都御史周起元复请浚吴淞江、白茆塘,也未得行。直至崇祯十年(1637)浙江道御史李模请浚吴淞、白茆,并复设治水部臣。可见明朝后期,即使水利能臣有心,愿浚河以安民生,但因国力衰微,王朝渐颓,已

---

[1] [清]张廷玉等撰,王天友等校点:《明史》卷八十八《志第六四》,长春:吉林人民出版社,1995年版,第1382页。

无力承担兴修疏浚的重任。

清朝康乾盛世，江南经济得以复苏和发展，水利兴修也呈现出兴旺繁荣的状态，白茆塘多次疏浚并置闸，再次成为入江主要水道。康熙二十年（1681），苏州巡抚慕天颜疏浚白茆港和常州武进的孟渎河。康熙四十八年（1709），总督邵穆布、巡抚于准奏准开浚白茆、福山两港，修白茆旧闸，建福山新闸。雍正五年（1727），副都统李淑德与山东巡抚陈世倌、苏州巡抚陈时夏等大力开浚白茆塘，疏通淤塞，使民生得利。乾隆二十六年（1761），"苏抚陈宏谋言，常熟、昭文滨海地方，从太仓州境接筑土塘。嗣开白茆河、徐六泾二口，建闸启闭。本年潮涨，石墙倾圮，请改为滚坝。得旨允行"①。乾隆三十五年（1770），又开挑白茆河自支塘镇到滚水坝，并于塘岸筑堤捍水。乾隆后期，清朝经济逐渐落后，吏治败坏，江南地区的水利也仅倚仗前期的兴修勉强维持，没有大规模的修浚记载。道光十四年（1834），总督陶澍与巡抚林则徐游说官民捐资疏浚白茆河，又重修老闸，并建新闸。道光二十九年（1849），白茆河淤塞又增，且经年梅雨，积水难消。昭文县知县章惠组织官民用戽斗戽河底淤泥，以消积水，但功效有限。道光三十年（1850）正月，疏浚白茆河支塘至海口的淤塞。同治七年（1868），巡抚丁日昌上奏开浚白茆塘支流，疏浚了王家庄至土塘内段的淤塞河道。同治九年（1870），"浚白茆河道，改建近海石闸"②。同治十二年（1872），苏州府候补知府崔绳祖重筑白茆闸大堤。光绪元年（1875），昭文县疏浚了白茆河支流三十余条，未见深浚，仅得通水。光绪十五年（1889），为开拓入海口，疏浚支家湾至海口的淤塞河段，并修建新闸以蓄水排水。

中华人民共和国成立后，苏州政府既注重对白茆河河段的疏浚，也关注白茆河段节制闸的重建修复工作。1972年，常熟、吴县、昆山等三县联合建立了"白茆塘拓浚工程指挥部"，专司白茆塘的兴修疏浚。1975年政府又投资56万元，进行白茆闸加固配套工程，工程完成后，有效抵制了1991年的大水，使周围200余万亩的农田免受洪涝灾害。此后白茆塘与节制闸经常修浚，为民得利。

---

① 赵尔巽等撰，许凯等校点：《清史稿》卷一二八《志第一○三》，长春：吉林人民出版社，1995年版，第2 614页。

② 赵尔巽等撰，许凯等校点：《清史稿》卷一二九《志第一○四》，长春：吉林人民出版社，1995年版，第2 634页。

三、七浦塘水道的开浚

七浦塘横跨昆山、常熟、太仓三市，古属"常昆三十六浦"之一①，又称七浦、七鸦浦、戚浦塘、七丫河等。封建王朝前期对七浦塘发展和兴修的历史记载较少。现今可知唐五代时期，吴越钱元璙以撩浅军疏浚。北宋景祐二年（1035），范仲淹督理开浚七浦塘；绍圣年间，两江转运副使毛渐开浚七浦塘；淳熙元年（1174），提举浙西常平薛元鼎疏浚平江府运河，开浚了茜泾、七浦塘等塘浦。可见于记载较多的在明清两朝，清朝修浚的经费愈加增多。自近代以来，七浦塘作为重要的通江水道，其地位逐渐上升，多经疏浚。

明朝曾于七浦塘的斜堰建石闸。永乐年间，"尚书夏原吉奉命来治水，疏遏得宜，民获丰稔几百年，既而七浦人决去斜堰，水不得东北流，白茅淤塞"②。宣德二年（1427），中书舍人陆伯伦上奏指出七浦塘的重要地位，称"常熟七浦塘东西百里，灌常熟、昆山田，岁租二十余万石。乞听民自浚之"③。宣德三年（1428），常熟民众便募资自浚七浦塘。正统二年（1437），常熟知县郭南主持浚治七浦塘，正统十年（1445）又重浚④。景泰年间，江南水利兴修频繁，丹阳、永嘉、常州、常熟等常有疏浚。景泰三年（1452），浚常熟七浦塘。弘治年间，因常发洪涝灾害，于是政府立志兴修江南水利，"命工部侍郎徐贯，会同抚臣何鉴浚吴江水口及吴淞江、白茅港、斜堰、七浦塘、盐铁塘、尤泾，于时水大通利"⑤。与七浦塘相关的，主要有弘治四年（1491），提督水利工部左侍郎徐贯疏浚苏州府的塘浦，"又起长洲、吴、吴江、常熟四县夫十万五千人，挑浚白茆，并斜堰、七浦塘，长二万四千余丈"⑥。弘治七年（1494），"开斜堰、七铺（浦）、盐铁等塘，泄阳城湖水，由七丫港以达于海。下流疏通，不复壅

---

① 江洪、朱子南、叶万忠等主编：《苏州词典》，苏州：苏州大学出版社，1999年版，第14页。
② ［明］杨循吉撰，陈其弟点校：《吴邑志》卷十二《水》，《吴邑志 长洲县志》，扬州：广陵书社，2006年版，第93页。
③ ［清］张廷玉等撰，王天友等校点：《明史》卷八十八《志第六四》，长春：吉林人民出版社，1995年版，第1374页。
④ ［明］张国维纂：《吴中水利全书》卷十《水治》，清文渊阁四库全书本。
⑤ ［明］杨循吉撰，陈其弟点校：《长洲县志》卷二《水利》，《吴邑志 长洲县志》，扬州：广陵书社，2006年版，第17页。
⑥ ［明］张国维纂：《吴中水利全书》卷十《水治》，清文渊阁四库全书本。

塞。……是役也，修浚河、港、泾、渎、湖、塘、陡门、堤岸百三十五道，役夫二十余万，祝萃之功多焉"①。弘治年间的大水促成了江南水利的大修，此次兴修工程浩大，且收效显著，有利于民生社稷。此后近五十年间，没有大型的水利兴修工程，而民生安定。嘉靖二十四年（1545），吕光洵治理苏州，提出"开七浦、盐铁等塘，泄阳城之水以达于江。又导田间之水，悉入小浦，以纳大浦，使流者皆有所归，潴者皆有所泄。则下流之地治，而涝无所忧矣"②。翌年，都察院右都御史欧阳必进考察苏州水利，认为上流不决无以引泄水势，于是召集常熟、昆山两县的民工协力共济，开浚七浦塘，并建斜堰石闸。七浦塘的斜堰闸，防捍了北向而来海潮。

嘉靖四十二年（1563），给事中张宪臣有鉴于水患常有，于是请修苏松等五郡的河道。为减轻农民负担，仅斟酌疏浚了支流河道。隆庆元年（1567），巡盐御史蔚元康重浚七浦塘、杨林塘、盐铁塘等。次年（1568），巡抚林润又集资疏浚了七浦塘入海口。万历四年（1576），巡抚都御史宋仪望考察三吴地区的水利，认为嘉秀两地自东南而沿海向北皆自松江趋黄浦江而入海，常镇两地自西北向东皆趋江阴常熟等地河道，以太湖、阳城湖为要道。宜开浚七浦塘、白茆塘等塘浦引湖水入江于海，最终达到河湖相交，诸水联络，流动贯通。同年，皇帝敕谕监察御史林应训专职督管苏松常镇的水利，要求与各府县官员亲身视察，考究原委，浚河、修坝、筑堤各随情势。万历六年（1578），林应训听从巡抚都御史胡执礼的建议，先疏浚吴淞江长桥和黄浦江，同时言明白茆塘、七浦塘、杨林塘等需设法导水，陆续兴修。万历十六年（1588），苏松常镇水利副使许应逵疏浚吴淞江之际，为便利河道交流相通，又疏浚了七浦塘。万历十七年（1589），太仓州知州韩策为减轻大水大旱的危害，在赈济钱粮的同时，募集两万两白银，并以饥民为工，开浚七浦塘、盐铁塘、杨林塘等，以工代赈，又改善了七浦塘的水利环境。此后，万历三十二年（1604）、万历四十年（1612）、崇祯二年（1629）、崇祯十七年（1644），太仓州知州陈随、王万祺、刘彦和朱介秀分别疏浚七浦塘，但仅疏浚了支流，且因为王朝后期战乱频仍，疏浚效果也十分有限。

及至清朝，江南水利的兴修更为官府所重视。但终其一朝，兴修虽繁

---

① ［清］张廷玉等撰，王天友等校点：《明史》卷八十八《志第六四》，长春：吉林人民出版社，1995年版，第1379—1380页。

② ［清］张廷玉等撰，王天友等校点：《明史》卷八十八《志第六四》，长春：吉林人民出版社，1995年版，第1382页。

而成效实简。康雍乾盛世时期，多由太仓州知州负责疏浚七浦塘，一般只疏浚其中一段河道，没有实现对整体河道的开浚疏导。乾隆一朝正值清朝鼎盛时期，七浦塘屡经疏浚，如表4-1所示。

表4-1　清朝乾隆年间七浦塘疏浚情况[①]

时间	负责官员	工程状况
乾隆二年（1737）	太仓知州	疏浚七浦塘
乾隆六年（1741）	太仓知州傅椿、镇阳知县金鸿	浚直塘至闸口段长8 100丈
乾隆十一年（1746）	太仓知州蔡长云	浚皂英桥西至转河桥长7 500丈
乾隆十五年（1750）	太仓知州赵西	浚蔡家湾至浮桥东长6 500丈
乾隆二十年（1755）	太仓知州德安	浚皂英至七浦闸段长6 700丈
乾隆二十四年（1759）	太仓知州邰丰候	浚杨泾桥至陆家镇段长6 400丈
乾隆二十八年（1763）	太仓知州贯中孚	浚陆家镇至姚家湾段长6 100丈
乾隆三十二年（1767）	太仓知州陈炎	浚凌家桥至沈明其宅段长6 300丈
乾隆三十八年（1773）	太仓知州李龙湛	浚磨子桥至庄长观段长6 800丈
乾隆四十三年（1778）	太仓知州西琳	浚沙溪镇至老闸段长1 700余丈
乾隆五十四年（1789）	太仓知州	浚霍家竹园至花婆口段长6 700丈

中华人民共和国成立后，七浦塘疏浚卓有成效。实施了束水段整浚工程，拓浚浅窄河道，修建节制闸，增加配套设施。其后，苏州市委、市政府又实施了七浦塘综合治理工程，全线建闸控制，建成阳澄湖枢纽和江边枢纽，引入长江清水，改善阳澄湖水质，提高了防洪排涝能力。

四、杨林塘水道的开浚

杨林塘是阳澄区重要通江河道，原位列太湖下游"三十六浦"，又名杨林河、杨林浦等。杨林塘与七浦塘类似，虽历代皆有疏浚，但北宋以前的兴修记载都比较少。崇宁元年（1102），"提举淮浙澳闸司管干鲍朝懋浚杨林河，自杨林桥至陶家港"[②]；政和六年（1116），诏令户曹赵霖疏浚平江府的诸路港浦，包括杨林塘；宝祐四年（1256），平江府沈度开浚杨

---

① 根据有关资料整理。参见《苏州河道志》编委会编著：《苏州河道志》，长春：吉林人民出版社，2007年版，第235—236页。

② ［明］张国维纂：《吴中水利全书》卷十《水治》，清文渊阁四库全书本。

林塘，自杨林桥开至陶家港。

明朝正统六年（1441），昆山县境内的诸塘浦同时并开，杨林塘、黄昌泾等河道被疏浚。明孝宗弘治年间，为改善江南的水利环境，减轻农民的灌溉负担，并降低水涝灾害的影响，政府多次疏浚杨林塘。如弘治元年（1488），浙江佥事伍性代理苏松水利，疏浚杨林塘。嘉靖二年（1523），工部郎中林文沛着力疏浚苏州府的塘港河浦，"檄太仓州、昆山县开杨林河，泄阳城湖水入于海"①，疏浚了杨林河道。嘉靖三十六年（1557），"苏松兵备兼水利佥事熊桴修浚杨林、瓦浦、虬江等渠"②。但不久又见淤塞。嘉靖四十二年（1563），给事中张宪臣上书称苏松等五郡水患严重，且频繁发生，白茆、七浦、杨林等塘浦河渠皆被壅淤沮洳，急需拓宽疏浚。

巡盐御史蔚元康于隆庆元年（1567）疏浚杨林塘、七浦塘等常熟、太仓、嘉定三州县的河浦。万历六年（1578），巡抚都御史胡执礼、巡按御史林应训等皆上书奏请疏浚苏松水利。太仓州有水利揭称，古人开三十六浦，因阳澄湖、昆承湖、尚湖等诸湖之水势巨大，非一浦一道所能承泄。而如今，为分泄诸湖之水的三十六浦多有湮塞，积水难以疏导，"为今之计，将常熟之二十四浦，如白茆、福山、三丈、奚浦、计浦之外，太仓之十二浦，七浦、湖川、杨林经河之外，盐铁、横沥……等浦纬河之外，或为市镇之通渠，或为民运之要道，必宜开浚，以利往来。余如张泾、洋子泾、东杨林、茜泾、双鸣、鹿鸣、浪港、大钱等泾，俱著民力开浚之后，各于两头或作土坝，或建闸斗，以潴清水，以节浑潮，不论大小潮汛，使民田均得以资灌溉，而于七浦、湖川、杨林等大塘，亦无诸浦杂引潮沙，以致填淤也"③。因而，提出了疏浚主要河道、开浚支流、建筑堤坝闸站等兴修水利的措施。万历十六年（1588），许应逵借疏浚吴淞江之机开导杨林塘。万历十七年（1589），太仓州知州韩策再浚杨林塘。万历四十六年（1618），太仓州知州赵赞化开浚杨林塘。崇祯六年（1633），太仓州知州刘士斗在疏浚淤塞的基础上，深挖河道，使民获利。

清朝年间，杨林塘的疏浚工程多由太仓州知州管理筹备。雍正四年（1726），崇明县境内的杨林塘淤塞严重，甚而有人围水建田。雍正十二年（1734），总督高其倬疏通了蔡家湾至杨林塘入海口河道，颇有成效。乾隆

---

① ［清］赵宏恩监修：乾隆《江南通志》卷六十五《河渠志·水利治绩三》，清文渊阁四库全书本。

② ［明］张国维纂：《吴中水利全书》卷十《水治》，清文渊阁四库全书本。

③ ［明］张国维纂：《吴中水利全书》卷十六《公移》，清文渊阁四库全书本。

五十四年（1789），太仓知州西琳自叶泾口疏浚至古塘泾，拓宽了河道；道光十五年（1835）和十六年（1836），太仓知州李正鼎疏杨林塘，河道得到较大规模的疏浚。其后多年几乎未见修浚，杨林塘潮沙堆积，湮塞严重。咸丰七年（1857）太仓知州王如林重浚杨林塘。同治十年（1871）及光绪十七年（1891），太仓知州吴承璐和程其皆疏导了杨林塘的部分支流部分，两次工程量不大，未能改善河道整体淤塞的严峻情势。民国二十三年（1934），太仓县长汪宝立意改变杨林塘河道环境，疏浚河道，向下挖深，便利航船运输。

中华人民共和国成立后，针对杨林塘年久失修、淤塞严重的情况，设计规划了杨林塘兴修工程。昆山境内将各零散分布的河道挖通勾连，形成了一条承接阳澄湖和杨林塘的新水道。按照其地理位置，将太仓境内的杨林塘故道称为东杨林塘，昆山境内的新水道成为西杨林塘。东西杨林塘的兴修工程被列为"岁修"正常项目中，后加设节制闸，逐渐完善了配套设施，在减轻洪涝、抗御干旱、行船通航等方面都发挥了重要作用。

第三节　运河

关于大运河第一段人工河道，一般都认为是周敬王三十四年（前486）所凿的邗沟。有学者根据《史记》《吴越春秋》《越绝书》等记载，认为苏州护城河的开凿（前515—前488）应是运河的首段，吴古通江水道亦早于邗沟。①

苏州地区的运河开凿及运河水道利用的历史非常久远。商末泰伯奔吴以后，为备民之旱涝，即注意兴修水利，相传开浚了一条运河，即泰伯渎，为江南最古老的人工运河之一，成为沟通苏、锡两地间的一条重要水道。《梅里志》载："泰伯渎，西枕运河，东连蠡湖，而梅里当其中，长八十七里，广二十丈，起自无锡县东南五里许，历景云、泰伯、梅李、垂庆、延祥五乡，入长洲界，相传泰伯所开。盖农田灌溉之通渠，亦苏、锡往来之迳道也。"②

春秋时期，吴国崛起，基于军事和经济的需要，有意向外扩张，水路

---

① 戈春源：《运河始段在今苏州考》，《苏州科技学院学报》（社会科学版），2010年第4期，第85—86页。

② 无锡市太湖文史编纂中心编著：《梅里志·泰伯梅里志》，北京：中国文史出版社，2005年版，第71—72页。

运输仍是重要途径。吴地利用发达的水网系统,在原来自然河道的基础上,不断开挖、疏浚、整理一些河道,以"通渠三江五湖",满足灌溉、水运之需,实现与外界的广泛沟通。这个时期的河渠主要有胥浦、邗沟、胥溪、吴古故水道、吴塘、百尺渎、山阴故水道等,这些河道为运河网络及苏州水系奠定了重要基础。

秦汉魏晋时期,统治者继续对吴地的运河古水道进行修治。秦统一全国后,从今嘉兴起,"治陵水道到钱唐、越地,通浙江"①。西汉武帝时,为了便于征调闽越贡赋,从太湖东部的沼泽地带,开挖了贯通今苏州和嘉兴之间百余里的河道,与陵水道相接,沟通了浙闽至苏州、镇江,连接长江北上的运道。

通过春秋及秦汉阶段对自然河道的改造和管理,苏州地区的水上交通干线不断增多,与周边地区的水路运输贯通起来,奠定了江南运河(图4-2)的雏形,不少水段后来成为今江南运河的一部分。孙吴时期,建业至吴郡、会稽间的破冈渎运河的开凿,更是便利了吴地的米粮运输,而且活跃了运河沿岸的商业贸易。

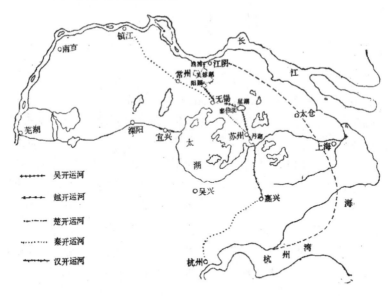

图 4-2　江南运河形成示意图②

---

① [汉]袁康、[汉]吴平辑录,乐祖谋点校:《越绝书》卷二《越绝外传记吴地传第三》,上海:上海古籍出版社,1985年版,第18页。
② 郑肇经主编:《太湖水利技术史》,北京:农业出版社,1987年版,第167页。

隋炀帝即位后，公元610年，利用旧有渠道和自然河道，开通了自杭州经洛阳到北京的大运河，连接了海河、黄河、淮河、长江、钱塘江五大水系，全长2 500多千米。在江南地区，主要是利用原有水道，以拓浚为主，如邗沟、胥溪等。唐时苏州至平望间还是一片泽国，《江南通志》卷六十三称"时吴江境南北西俱水乡，抵郡无陆路"①，史鉴《运河志》也称"吴江当其（太湖）下流，茫然泽国，古无陆路，非舟不通"②。元和五年（810），为了更好发挥水道和水资源的综合效益，苏州刺史王仲舒启动筑吴江塘路工程，即沿着松江修筑苏州至平望间的塘路，并在太湖水口架建木桥，此即宝带桥的滥觞。北宋庆历二年（1042），又筑太湖水口的吴江长堤，庆历八年（1048）建吴江垂虹桥。通过此举，大运河与太湖分开，解决了挽纤不便、驿递不通、行道不通的问题。至此，苏州南至平望间的运河面貌基本定型。

大运河开通以后，沿岸地区城镇的工商业发展迅猛，包括苏州在内的江南地区迅速成为全国最重要的经济中心，人口不断增加，成为财富重镇。距苏州城五六里的枫桥成为大运河的重要枢纽，"自古有名，南北客经由，未有不憩此桥而题咏者"④。明清时期，苏州成为全国的经济、文化中心，大运河（图4-3）起到了很大作用。苏州古城从阊门到胥门，运河码头接连不断，"各省都会客货聚集，无物不有，自古称为天下第一码头"⑤。

图4-3 大运河苏州段③

从历史时期来看，无锡望亭至苏州平望段运河，地夷而流缓，靠太湖

---

① ［清］赵宏恩监修：乾隆《江南通志》卷六十三《河渠志·水利治绩一》，清文渊阁四库全书本。

② ［明］文震孟等撰，陈其弟点校，苏州市地方志办公室编：《吴中小志续编》，扬州：广陵书社，2013年版，第281页。

③ 胡火金摄于苏州大运河遗产展示馆。

④ ［宋］范成大撰，陆振岳校点：《吴郡志》卷十七《桥梁》，南京：江苏古籍出版社，1999年版，第246页。

⑤ 转引自姚汉源：《京杭运河史》，北京：中国水利水电出版社，1997年版，第26页。

水调节水量，通航问题不大。正如南宋时有人所描述，"平江阊门至常州，有枫桥、许（浒）墅、乌角溪、新安溪、将军堰，亦各通太湖。如遇西风，湖水由港而入，皆不必浚"①。经营管理苏州运河的一项重要内容是置闸立堰。唐代，苏州地区堰门很多，白居易有诗云："半酣凭槛起四顾，七堰八门六十坊。"② 这些闸堰除具有放水截流的功能外，还有分级蓄水、调节水位、通过船只、维持航运的作用，兼备航行与水利双重用途。

自宋代起，大运河苏州段经历了数次疏浚整治，主要有1080年北宋诏令疏浚苏州至杭州运河；1287年宣慰使朱清开导富户疏浚娄江古道，引水至刘家港入海，并通行海运；1329—1330年，吴江知州孙伯恭以巨石大修吴江塘路，并查看地势，开凿水窦以泄水；1346年达鲁花赤那海和吴江知州孙嗣远在宋代石塘的基础上，用巨石大规模整修自南津口至甘泉桥运河堤岸，后人称为"至正石塘"或"九里石塘"；1493年苏州府水利通判应能主持浚治府城内河，又浚枫塘、虎丘山塘；1543年董子策修筑浒关至枫桥运河堤；1596年董汉儒重筑浒关至枫桥运河堤，人称"董公堤"；1617年巡抚王应麟主持治理苏州城内河流，疏浚了"三横四直"主干河道和玉带河；1637年修长洲枫桥至浒墅关运河塘岸；1877年苏州官府组织疏浚环城河；如此等等，运河基本保持畅通，对于苏州水利及水系发挥了重要作用。今天的苏州段运河，北起苏州与无锡交界的望亭沙墩港，穿过苏州市区，南至江苏与浙江交界的鸭子坝，穿滨湖、淀泖和浦南三区域，长约82千米。大运河苏州古城段水道，历史上由北向南，通过山塘河、上塘河、胥江与环城河相连，经城东南灭渡桥南下，通向浙江。

大运河改道后，山塘河、上塘河、胥江成为运河故道，与运河水系相通，运河水进入苏州环城河和城内水网，成为苏州城内河道重要水源。山塘河为白居易发起开凿。东起阊门外城河，西至白洋湾，河长约7里，故有"七里山塘到虎丘"之说。河上架有山塘桥、普济桥、青山桥、绿水桥等多座桥梁。河岸桃红柳绿，一派风光。山塘河是大运河苏州古城段的主干航道。多个河段节点水路货运繁忙，商贸繁荣，居民密集，街衢成市。至宋代，山塘街空前发展，明清时期，山塘街商业高度繁荣，成为苏州经济文化中心。清代孙嘉淦《南游记》载："阊门内外，居货山积，行人水流，列肆招牌，灿若云锦，语其繁华，都门不逮。"③ 上塘河为水路进城

---

① [元] 脱脱等撰，刘浦江等标点：《宋史》卷九十七《志第五〇》，长春：吉林人民出版社，1995年版，第1534页。

② [唐] 白居易著，喻岳衡点校：《白居易集》，长沙：岳麓书社，1992年版，第773页。

③ [清] 孙嘉淦：《南游记》，清嘉庆十年（1805）刻本。

提供了便利。四方客船通过上塘河可以抵达枫桥寒山寺，张继《枫桥夜泊》云："月落乌啼霜满天，江枫渔火对愁眠。姑苏城外寒山寺，夜半钟声到客船。"① 胥江即胥溪，其自苏州胥门外城河起，经横塘、木渎，出胥口、越太湖，在安徽芜湖入长江。胥江位于苏州古城西南方向，自太湖出水口出水后，到横塘与江南运河汇合，然后水分两路：一路随江南运河折向东南；另一路直通胥门外城河，绕城北过齐门，到娄门，往东流出（图4-4）。

图 4-4　江南运河②

2014年，中国大运河申遗成功，苏州成为运河沿线唯一以"古城"概念申遗的城市。苏州人民根据水乡特点，开凿运河，发展水上交通网络，为区域经济发展做出了极大贡献。在运河的维护和管理方面，主要采用拓浚河身、设堰制水、蓄水济运、疏浚支河等综合治理措施。

第四节　水上运输

苏州地区的水道开浚为水上运输提供了便利。在不同的历史时期，苏州通过开挖疏浚水道而构成的水运体系，使水上运输发达；大运河全线贯通后，苏州作为重要节点城市，水路四通八达，水运极其繁荣。与此同时，四方商贾往来贸易促进了苏州商业经济与社会文化的发展。

漕运一般是由国家经营，中央政权直接控制的。通过漕运，把征收的

---

① ［宋］陈岩肖：《庚溪诗话》卷上，宋百川学海本。
② 苏州市地方志编纂委员会办公室：《江南运河》，左图来源于 http://dfzb.suzhou.gov.cn/dfzb/gjms/200810/850146dd26c54b22bb33f7e35fd08d0f.shtml、右图来源于 http://dfzb.suzbou.gov.cn/dfzb/gjcs/200901/b660634fff5a43428d3190b88b64dadb.shtml。

税收及上供物资，输往京师、实储、运抵边疆军镇，满足需要，以借此维护统治。先秦时期，水道治理、农业、交通工具等发展为漕运做好了准备，水上运输已经开始，但尚未居于左右国家经济和政治的主导地位。春秋战国时期，吴国开凿了多条河道，尤其是邗沟的开凿，沟通了黄河、淮水和长江等各大水系，为吴国与其他地区的水上交通提供了便利，亦为后期运河开浚和全国性的水路交通网络及水上运输奠定了基础。"吴、越地区还有三江（淞江、钱塘江和浦阳江）、五湖（即今太湖的俗称），掘渠相通，外可达海，内可通邗沟；与齐地则有淄水、济水相通。"① 当时，吴国的水上运输已经相当发达。

漕运开始于秦汉，兴盛于唐宋。清代学者黄汝成所言："漕运始于秦、汉，而转输之法则始于魏、隋，而盛于唐、宋。"② 大体符合事实。东汉时期，为避免漕舟入射阳湖后遭风涛之险，陈敏将邗沟另改新道，由江都经樊梁湖改道津湖，经津湖直接由末口入淮，保证了漕运的顺利进行。魏晋南北朝时期，漕运并无大的发展，基本上在各自区域沿袭前代的漕运，无法形成全国性的漕运。此期，孙权开凿了破岗渎，"凿句容中道至云阳西城，以通吴会船舰，号破岗渎，上下一十四埭，通会市，作邸阁"③。"这条运河是沟通今南京以东的水运网，在六朝时期，一直是吴、会一带漕粮的重要水道。"④ 吴国漕运另有诸多水系尤其是长江可供使用，十分便利。吴国后期特别是一度迁都武昌期间，统治者奢侈无度，导致漕粮不足，漕运十分困难。

隋朝大运河的开凿为漕运带来空前发展。隋唐时期，漕运发展极其迅速，无论是在规模还是在组织管理，以及对国家经济生活影响等方面，都达到了前所未有的水平。大运河全线贯通，成为南北交通的大动脉，带动了南北的经济发展与文化交流，其"足以决定唐宋国运的盛衰隆替，其关系的密切简直有如真正的动脉之于身体那样"⑤。因此，漕运的兴盛伴随着大运河的兴衰，同时甚至与封建帝国的兴衰相一致。

大运河开通后，运河苏州段的漕运任务极其繁重。唐宋以降，经济重

---

① 彭云鹤：《明清漕运史》，北京：首都师范大学出版社，1995年版，第4页。
② [清] 顾炎武著，[清] 黄汝成集释，栾保群、吕宗力校点：《日知录集释》卷十，石家庄：花山文艺出版社，1990年版，第476页。
③ [唐] 许嵩撰，孟昭庚、孙述圻、伍贻业点校：《建康实录》卷二《吴中·太祖下》，上海：上海古籍出版社，1987年版，第39页。
④ 潘镛：《隋唐时期的运河和漕运》，西安：三秦出版社，1987年版，第13页。
⑤ 全汉升：《唐宋帝国与运河》，北京：商务印书馆，1946年版，第1页。

心南移，江南地区成为王朝赋税重地，形成了由东南而西北的漕运制度。苏州地区作为王朝重要的粮食产区，在漕粮运输中具有重要地位。在征集粮食及漕粮运输中，苏州税赋加重，百姓负担加重。南宋时期，苏州粮食产量居全国之首。明代弘治十五年（1502），苏州田地为 9 478 500 亩，实征米麦 2 091 987 石①，平均亩税 0.221 石。当时，全国平均亩税为 0.043 石，江南为 0.13 石，苏州平均亩税为全国的 5 倍多，为江南的 1.7 倍。另外，由于输送漕粮及白粮至京，其中的加耗、抑勒之数往往数倍于正额，百姓负担更重。成化八年（1472），苏州府漕粮正额粮数为 697 000 石，占各省每年运送京师的漕粮总额 4 000 000 石的 17.4%，苏州府运送交纳的漕粮已经大大超过了除其本身所在的南直隶以外的任何一个布政司。② 可见苏州漕粮之重。

由于漕粮任务重，各级政府对漕运极其重视，北宋庆历年间，苏州通判刘禹卿筑吴江长堤，其横截水口，造成水流缓慢，便利了漕运，却使得水流环境发生变化，河道淤积加重。

元代重视海运，形成了"河海共济、海运为主"的漕运格局。元代，漕运先后形成了三条路线，太仓刘家港是重要的发运地，该地也成为各地商贾的聚集地。元末周文英曾言："刘家港南有一大港，名曰南石桥港，近年天然阔深，直通刘家港，见有船户杨千户、范千户等三五千料海船于此湾泊。"③ 可见其海运规模之大。各类运输船只经过吴淞江、青龙江，到达苏州葑门，形成了水运船舶集散地。"至元十四年间，海舟巨舰，每自吴淞江、青龙江取道，直抵平江城东葑门湾泊，商贩、海运船户黄千户等，于葑门墅里泾，置立修造海船场坞，往来无阻。"④ 由此可见苏州地区当时漕运、商贩的繁荣景象。漕运的兴盛大大促进了苏州地区水路商贸的发展。北宋朱长文《吴郡图经续记》中描绘："舟航往来，北自京国，南达海徼，衣冠之所萃聚，食货之所丛集，乃江外之一都会也。"⑤

明代，漕运十分发达，虽漕粮数量起伏较大，但总体上维持在 400 万石左右⑥，从全国的漕粮情况来看，苏州仍居全国之首。全国漕粮 400 万

---

① 石：古代重量单位，一石相当于 120 斤。
② 范金民：《明清江南重赋问题述论》，《中国经济史研究》1996 年第 3 期，第 108-123 页。
③ ［明］归有光撰：《三吴水利录》卷三，清咸丰涉闻梓旧本。
④ ［明］归有光撰：《三吴水利录》卷三，清咸丰涉闻梓旧本。
⑤ ［宋］朱长文撰，金菊林校点：《吴郡图经续记》卷上，南京：江苏古籍出版社，1999 年版，第 10 页。
⑥ 据［美］黄仁宇：《明代的漕运》，张皓、张升，译，北京：九州出版社，2011 年版，第 63 页。

石，由 6 省（南直隶、浙江、江西、湖广、河南、山东）承担，其中南直隶承担 1 791 430 石（占全国总数的 44.78%）；而苏州一府就承担了 697 000 石（约占全国总数的 17.4%），其次是松江府，承担数量也较大（232 950 石，约占全国总数的 5.8%）。这两府的承担份额，超过了在所有几个边远省份征收的土地税的总和。在明代 159 个府州中，这两府地位独一无二。①

清代，苏州地区在漕运中仍然具有重要地位。清朝漕运发达，体制完善，涉及漕粮名目繁多，规定细密，对漕运路线也进行了明确规定。如江南苏松粮道属粮船，亦由各州县水陆码头开行，出运河，自吴江县西北塘河西行，至苏州府城阊门；松江府、太仓州粮船，由娄江来会，经浒墅关，北行会常州、镇江二府粮船，至京口闸渡江，北入瓜州运口。苏松粮道负责苏松地区的粮运，量大、集中。清中叶前，全国漕船达一万多艘，其中苏浙两省提供的漕粮最多，漕船也最多，居八省漕船总数的一半左右；漕粮运输数量可观，苏、浙占了漕粮运输总数的一半以上，而苏、浙两省的漕粮又主要出在苏、松、常、镇、太仓、湖州、嘉兴和杭州等七府一州。不仅如此，苏州府常、昭二县还承担白粮收购，于长洲县的枫桥镇兑运。杨锡绂在《漕运则例纂》中有说："嘉定县应办白粮，每年于十月初旬赴道库领银，照应办白粮之额，遵照时值，赴浙省之湖州府、苏属之常、昭二县购买白粳好米，运赴长洲县属之枫桥镇，租赁民房，春熟兑运。次年二月开征后，照额征解，归还道库。宝山县同。"② 总体而言，苏州地区承担着江南漕粮北运的重要任务。

苏州浒墅关的钞关设置促进了苏州地区水运及商贸发展。清代延续了明代的钞关制度，设立了浒墅关、临清关、北新关、淮安关、扬州关等钞关。乾隆年间，浒墅关以米谷为大宗，乾隆朝朱批奏折"乾隆三年十二月初七日"言其"税额资于谷麦米粮者，什之六七，资于布帛杂项货者什之三四"③。乾隆二十四年（1759）、二十五年（1760）过浒墅关的米麦豆粮船分别为 58 948 只、54 722 只，杂货船 65 090 只、66 741 只④，其税收份

---

① 据［美］黄仁宇：《明代的漕运》，张皓、张升，译，北京：九州出版社，2011 年版，第 65 页。
② ［清］杨锡绂：《漕运则例纂》卷三《白粮事例》，清乾隆刻本。
③ 中国第一历史档案馆：《宫中档朱批奏折·财政类·关税》，《苏州织造海保奏报浒墅关米船免税课日绌情形折》，乾隆三年十二月初三日，文档号：0310-010。
④ 据［日］松浦章：《清代内河水运史研究》，董科，译，南京：江苏人民出版社，2010 年版，第 147 页。

额在一些年份也很高，略少于北京崇文门，是淮安的两倍。

运河沿线运输（图4-5）繁忙，苏州地区更是如此。嘉靖《吴邑志》中有详细描述："运河，一名漕河，在西城下。其水自吴江来，北流入无锡界。……隋炀帝大业六年敕开江南河，自京口至余杭郡，八百余里，面阔十余丈，拟通龙舟，巡会稽，即此河。自阊门北码头抵胥门馆驿，长五六里，东西两岸，居民栉比，而西岸尤盛。……凡此河中，荆襄川蜀大船多于东泊，盐艘商贾则于西泊，官舣钲鼓，昼夜不绝，绮罗箫管，游泛无禁。盖西阊之盛，自唐以来为然，刺史白公之诗言之详矣。至冬尤多白鸥，群飞水面，雪意阴风，江乡妙境也。自此过钓桥，水北流由南濠至枫桥，将十里，人烟相续，而枫桥为盛，凡上江、江北所到菽、麦、棉花大贸易咸聚焉，此皆属吴县界也。凡水皆自太湖流出，自盘门至枫桥，大小凡十一处。"①苏州在运河漕运中地位突出，清代纳兰常安《宦游笔记》卷十八记载："为水陆冲要之区，凡南北舟车，外洋商贩，莫不毕集于

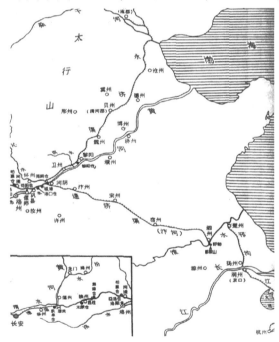

图4-5　隋唐运河和大型粮仓分布示意图②

---

① ［明］杨循吉撰，陈其弟点校：《吴邑志》卷十二《水》，《吴邑志　长洲县志》，扬州：广陵书社，2006年版，第89页。
② 邹逸麟：《从含嘉仓的发掘谈隋唐时期的漕运和粮仓》，《邹逸麟椿庐史地论稿》，天津：天津古籍出版社，2005年版，第120页。

此。……即如嘉、湖产丝,而绸缎纱绮,于苏大备,价颇不昂。若赴所出之地购之,价反增重,货且不美。"① 明清时期,由苏州出发的商路有12条(图4-6)② 之多,在航运及商业贸易中地位凸显。由于运河的畅通,商贸发达,外来流动人口甚多。雍正元年(1723),苏州织造胡凤翚在奏折中称苏州为五方杂处之地"阊门南濠一带,客商辐辏,大半福建人民,几及万有余人"③,各地人口大量聚集,促进了苏州的商贸发展。

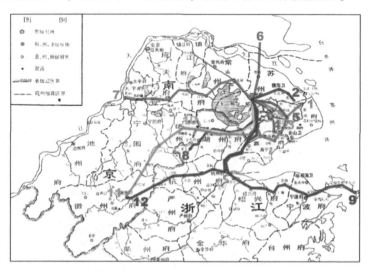

图4-6 明清时期苏州商路④

漕运带动了大运河沿线城市的发展,苏州城市及沿线市镇获得迅速发展,其生产型市镇、流通型市镇都极其依赖当地发达的水上运输。⑤ 唐代以后,漕运频繁,带动了其沿线城市如天津、临清、徐州、扬州、镇江、苏州、嘉兴、杭州等的迅速发展。苏州水运在整个江南地区处于突出位置。清朝,苏州是江苏省水运的中心,是全国经济活动的重心。苏州地区许多市镇的兴起与发展得益于运河。如吴江地区的市镇,主要分布于便于

---

① 转引自谢国桢著,谢小彬、杨璐主编:《谢国桢全集》,第4册,北京:北京出版社,2013年版,第609页。

② 乌再荣:《基于"文化基因"视角的苏州古代城市空间研究》,南京大学博士学位论文,2009年,第107页。

③ 转引自范金民:《国计民生——明清社会经济研究》,福州:福建人民出版社,2008年版,第539页。

④ 乌再荣:《基于"文化基因"视角的苏州古代城市空间研究》,南京大学博士学位论文,2009年,第107页。

⑤ 范金民:《明清时期苏州市镇的发展特点》,《南京大学学报》(哲学·人文·社会科学)1990年第4期,第89—95,150页。

水运之处，八斥、平望、黄溪、盛泽等市镇位于运河沿线。另外，在阊门西约十里处的枫桥镇，是重要的米粮转输中心。

枫桥镇的繁荣得益于漕运及粮食贸易。枫桥是苏州城市的门户要塞，每晚城门关闭后，运河即封航，船舶在此停泊。宋元时期，枫桥市肆已远近闻名，明清时期，枫桥成为著名市镇，十分繁华，所谓"金阊门外枫桥路，万家灯火迷烟雾"①。枫桥作为重要的漕运集散地，在康熙年间形成了专门的稻米市场。沿长江东下的粮食，在镇江中转，经运河抵达枫桥米市，湖广稻米集聚枫桥，枫桥之米则由上海、乍浦运往福建。外地在枫桥地区售卖的稻米，每年至少有数百万石。

苏州阊门、枫桥一带水上运输极其发达，四方船舶往来频繁，商贾辏集，商贸繁荣，所谓"洪川交流于城下，万舍环抱乎外郭，埠堞高崇，货物衍积，护以群岭，限以重湖，信江南之奥壤也"②。与城内相比，阊门、枫桥一带更为繁华。"城内之地虽大，间有旷隙，而自胥及阊，迤逦而西，庐舍栉比鳞次，殆等城内，此亦客户居多之故也。"③ 各地商人云集，会馆集聚。运河沿线，以阊门为中心，由阊门—枫桥、阊门—虎丘、阊门—胥门三线展开，聚集商业会馆20余处，如岭南会馆、嘉应会馆、宝安会馆、潮州会馆、两广会馆、三山会馆、中州会馆、陕西会馆、全晋会馆、东齐会馆、湖南会馆、安徽会馆、江西会馆等，苏州城西的阊门、枫桥、虎丘、胥门一带会馆集中，促进了城镇聚落和街巷的形成，山塘街成为著名的"会馆弄"④。

总之，苏州自古水上运输发达，在漕运的促动下，尤其是大运河的贯通后，苏州地区实现了工商业的全面发展，也因此带来了文化的繁荣。徐扬绘制的《姑苏繁华图》（图4-7），描绘了清前期的苏州工商业繁荣。苏州是少数几个云集全国乃至外洋货物的商品中心，全国著名的丝绸生产、加工和销售中心，全国最大和最为集中的棉布加工和批销中心，江南地区最大的粮食消费和转输中心，全国少见的金融流通中心、刻书印书中心，颇为发达的金银首饰、铜铁器及玉器漆器加工中心，开风气之先和领导潮

---

① 转引自苏州市政协文史委员会编：《运河名城：苏州》，苏州：古吴轩出版社，2012年版，第118页。
② [明]杨循吉撰，陈其弟点校：《吴邑志》卷一《建置总论》，《吴邑志 长洲县志》，扬州：广陵书社，2006年版，第15页。
③ [明]杨循吉撰，陈其弟点校：《吴邑志》卷一《建置总论》，《吴邑志 长洲县志》，扬州：广陵书社，2006年版，第9页。
④ 王茹芹、李德楠：《运河粮路》，《时代经贸》2018年第19期，第79页。

流的服饰鞋帽中心,独步全国的美味美食中心,设施齐备、服务周到的生活中心,交通便利的运输中心①。《姑苏繁华图》还展示了代表苏州文化的科举教育、戏曲丝竹、婚礼习俗、园林艺术等丰富内容。② 苏州发达的水上运输对经济文化发展产生了重要影响。

图 4-7　《姑苏繁华图》局部③

---

① 范金民:《清代苏州城市工商繁荣的写照:〈姑苏繁华图〉》,《史林》2003 年第 5 期,第 115 页。
② 范金民:《〈姑苏繁华图〉:清代苏州城市文化繁荣的写照》,《江海学刊》2003 年第 5 期,第 158 页。
③ [清] 徐扬绘,苏州市城建档案馆、辽宁省博物馆编:《姑苏繁华图》,北京:文物出版社,1999 年版,第 24 页。

第五章 农田水利

先秦至秦汉时期，苏州地区常见的农田形式是军事管理下的军屯，交织以一般民众的民屯，但已经初步显露出圩田的条件和特征。魏晋时期延续屯田措施，加强了农田水利的兴修。及至隋唐，塘浦圩田初具规模。唐五代吴越时期，形成了塘浦圩田体系，并不断发展，吴越国以官府士兵之力，规划了纵浦横塘的大型圩田系统，为农美利。两宋时期延续了圩田的发展，但圩区失修，渐现水利矛盾，于是由州郡大圩向府县村镇的小圩，甚至是豪强侵占下的私围发展，埋下了水利兴修失当的隐患。至元明清时期，豪强私围、民间圈围屡禁不止，愈演愈烈，而水利工程愈修愈频繁，水利系统愈修愈紊乱，终致塘浦系统崩坏，直到中华人民共和国成立后才得以抢修完善。

第一节　农田种类

农田以水利为基础，不同的农田，水利环境也不同。元代马端临在《文献通考》中说："水利之说，三代无有也。盖井田之行，方井之地，广四尺，谓之沟；十里之成，广八尺，谓之洫；百里之同，广二寻，谓之浍。夫自四尺之沟，积而至于二寻之浍，则夫一同之间，而捐膏腴之地以为沟洫之制，捐赋税之入以治沟洫之利，盖不少矣，是以能时其蓄泄，以备水旱。"① 其中阐述了井田时代水利的状况。水源蓄积为农田必备。随着时代的发展，各种农田应运而生。在古代农田田块种类中，有不同名称、不同作用及不同的种植用途，就苏州地区而言，主要有圩田、葑田、沙田、滩涂田、湖田和坝田等。

圩田是江南水环境下的特有农田形态。范仲淹在《答手诏条陈十事》中言："江南旧有圩田，每一圩方数十里，如大城，中有河渠，外有门闸，旱则开闸引江水之利，潦则闭闸拒江水之害，旱涝不及，为农美利。"② 郏亶在《治田利害七论》中指出："是古者既为纵浦以通于江，又为横塘以分其势。使水行于外，田成于内，有圩田之象焉。故水虽大，而不能为田之害，必归于江海而后已。"③ 南宋杨万里在《诚斋集》中的《圩丁词十解》注文说："江东水乡，堤（堤）河两涯而田其中，谓之圩。农家云，圩者，围也。内以围田，外以围水，盖河高而田反在水下，沿堤通斗门，每门疏港以溉田，故有丰年而无水患。"④ 他认为圩田是熟田，而围田种熟后也称为圩田，围田为筑土作围以绕田，是圩田的基础。

所谓葑田，因为湖面及河流岸边常有葑菱、茭蒲、蔓菁、芜菁之类水生植物积聚，其根茎残留甚密，浮于水面，年久腐化与泥土混杂，水涸成田。苏州湖河密布，沼泽地带较多，菰草类草本植物丰富，久而久之形成葑田。《宋史》载："（轼）以余力复完六井，又取葑田积湖中，南北径三

---

① ［元］马端临：《文献通考》卷六《田赋考六》，济南：山东画报出版社，2004年版，第119—120页。
② ［元］任仁发：《水利集》卷六，明钞本。
③ ［明］归有光：《三吴水利录》卷一，清咸丰涉闻梓旧本。
④ ［宋］杨万里：《诚斋集》卷三十二《诗》，四部丛刊景宋写本。

十里，为长堤以通行者。"① "临安西湖周回三十里，源出于武林泉。钱氏有国，始置撩湖兵士千人，专一开浚。至宋以来，稍废不治，水涸草生，渐成葑田。"② 苏轼曾在奏折《杭州乞度牒开西湖状》中写道："（西湖）自国初以来，稍废不治，水涸草生，渐成葑田。"③ 苏颂《本草图经》载："菰根，旧不着所出州土，今江湖陂泽中皆有之。即江南人呼为茭草者。生水中，叶如蒲、苇辈，刈以秣马甚肥。春亦生笋，甜美堪啖，即菰菜也。又谓之茭白。……二浙下泽处，菰草最多，其根相结而生，久则并土浮于水上，彼人谓之菰葑。刈去其叶，便可耕莳。"④

葑田又称架田。陈旉《农书》载："若深水薮泽，则有葑田，以木缚为田丘，浮系水面，以葑泥附木架上而种艺之。其木架田丘，随水高下浮泛，自不湮溺。"⑤《蔡宽夫诗话》中言："吴中陂湖间，茭蒲所积，岁久根为水所冲荡，不复与土相着，遂浮水面，动辄数十丈，厚亦数尺，遂可施种植耕凿，人据其上，如木筏然，可撑以往来，所谓葑田是也。"⑥《杨文公谈苑》云："两浙有葑田，盖湖上有茭葑所相缪结，积久，厚至尺余，润沃可殖蔬种稻，或割而卖与人。有任浙中官，方视事，民诉失蔬圃，读其状甚骇，乃葑园为人所窃，以小舟撑引而去。"⑦

沙田处于江滨河滩之处。《鹤林玉露》中说："孝宗时，近习梁俊彦请税两淮沙田，以助军饷。上大喜，付外施行。叶子昂为相，奏曰：'沙田者，乃江滨出没之地，水激于东，则沙涨于西；水激于西，则沙复涨于东。百姓随沙涨之东西而田焉，是未可以为常也。且辛巳兵兴，两淮之田租并复。至今未征，况沙田乎？'上大悟，即诏罢之。子昂退至中书，令人逮俊彦至。叱责之曰：'汝言利求进，万一淮民怨咨，为国生事，虽斩汝万段，岂足塞责！'俊彦皇汗免冠谢，久乃释之。子昂此举，颇有申屠嘉困辱邓通，韩魏公以头子勾任守忠之遗意。大率近习畏宰相，则为盛

---

① [元] 脱脱等撰，刘浦江等标点：《宋史》卷三百三十八《列传第九十七》，长春：吉林人民出版社，1995年版，第7 624页。

② [元] 脱脱等撰，刘浦江等标点：《宋史》卷九十七《志第五十》，长春：吉林人民出版社，1995年版，第1 529页。

③ [宋] 苏轼：《苏文忠公全集》东坡奏议卷七，明成化本。

④ [宋] 唐慎微：《证类本草》卷十一，四部丛刊景金泰和晦明轩本。

⑤ [宋] 陈旉：《农书》卷上，知不足斋丛书本。

⑥ [清] 陶元藻辑，蒋寅点校：《全浙诗话：外一种》，杭州：浙江古籍出版社，2017年版，第222页。

⑦ [宋] 吴曾：《能改斋漫录》卷十四《记文类对》，清文渊阁四库全书本。

世，宰相畏近习，则为衰世。"① 正德《姑苏志》说是"民自经理江湖沙涨地为田"②。王桢《农书·沙田》篇中说："南方江淮间沙淤之田也。或滨大江，或峙中洲，四围芦苇骈密，以护堤岸。其地常润泽，可保丰熟。普为睦埂，可种稻秫；间为聚落，可艺桑麻。或中贯潮沟，旱则频溉；或旁绕大港，涝则泄水；所以无水旱之忧，故胜他田也。"③ 沙田所处位置不定，但根据田块的自然地理情况，可以种植不同的农作物，可采取便利的灌溉措施，避免农田遭受水旱侵扰，保证作物的生长和收获。

塘涂田，又称滩涂田、塘田、涂田。王桢《农书·涂田》指出："凡潢污洄互，壅积泥滓，水退皆成淤滩。"④ 并说："大抵水种，皆须涂泥。然濒海之地，复有此等田法：其潮水所泛沙泥，积于岛屿，或垫溺盘曲，其顷亩多少不等；上有咸草丛生，候有潮来，渐惹涂泥。初种水稗，斥卤既尽，可为稼田。"⑤ 这是指沿海滩涂田。《宝祐琴川志》记载了常熟县有塘涂田362亩、塘涂地457亩。⑥ 清代黄六鸿《福惠全书》也说："临山濒水，涨荡淤滩，不无开垦耕种，隐漏税粮。"⑦ 可见塘涂田的开垦十分普遍。

湖田是依赖湖水的涨落在洼地筑堤挡水围造而成的田块。王桢《农书·围田》云："筑土作围，以绕田也。盖江淮之间，地多薮泽，或濒水，不时淹没，妨于耕种。其有力之家，度视地形，筑土作堤，环而不断，内容顷亩千百，皆为稼地。"⑧ 在湖边周围，围筑堤岸造田就是湖田。但因围占江湖淤滩，与水争地，壅塞水道，常造成水害，因而有时候会遭到禁止。马端临在《文献通考·田赋六》中言："（淳熙）三年，监察御史傅

---

① [宋] 罗大经撰，刘友智校注：《鹤林玉露》，济南：齐鲁书社，2017年版，第208-209页。
② 正德《姑苏志》卷十五《田赋》，清文渊阁四库全书本。
③ [元] 王桢撰，缪启愉、缪桂龙译注：《农书译注》，济南：齐鲁书社，2009年版，第416页。
④ [元] 王桢撰，缪启愉、缪桂龙译注：《农书译注》，济南：齐鲁书社，2009年版，第414页。
⑤ [元] 王桢撰，缪启愉、缪桂龙译注：《农书译注》，济南：齐鲁书社，2009年版，第413-414页。
⑥ [宋] 孙应时纂修，[宋] 鲍廉增补，[元] 卢镇续修：《宝祐琴川志》卷六《叙赋》，江苏省地方志编纂委员会办公室编《江苏历代方志全书·苏州府部》，第51册，南京：凤凰出版社，2016年影印版，第500-501页。
⑦ [清] 黄六鸿：《福惠全书》卷十《清丈部》，清康熙三十八年（1699）金陵濂溪书屋刊本。
⑧ [元] 王桢撰，缪启愉、缪桂龙译注：《农书译注》，济南：齐鲁书社，2009年版，第406页。

淇奏:'近臣僚奏陈围田湮塞水道之害,陛下复令监司守臣禁止围裹。'"① 对于湖田、圩田,马端临在《文献通考》中将"圩田水利"和"湖田围田"分别列目,对圩田与湖田进行了区别。其中言:"大都今之田,昔之湖,徒知湖中之水可涸以垦田,而不知湖外之田将胥而为水也。"② 以"湖中之水"和"湖外之田"区别了圩田与湖田。他认为圩田是指将已耕熟田筑以堤围或圩岸的水利田,而围田则主要是指一种新拓耕地,这种新拓耕地在耕熟后也被称为圩田。章炳麟对于苏州圩田亦有观察,其在《訄书·定版籍》中言:"余尝闻苏州围田(吴越沃野,多称'圩田',本由围田,音误作'圩';围田多雍遏沼泽为之,今则遍以称水田),皆在世族,大者连阡陌。"③ 这应当是指较大面积的塘浦圩田。

坝田是靠近水源的高岗地的田块。马端临在《文献通考·田赋六》中言:"近年濒湖之地,多为军下侵据,累土增高,长堤弥望,名曰'坝田'。"④《食货》载:"右谏议大夫史才言:'浙西诸郡水陆平夷,民田最广,平时无甚水甚旱之忧者,太湖之利也。数年以来,濒湖之地多为军下兵卒侵据为田,擅利妨农,其害甚大。盖队伍既易于施工,土益增高,长堤弥望,名曰坝田。'"⑤

第二节 魏晋及以前的军屯与围田

苏州地区农田水利工程可追溯于殷商末期。殷末泰伯、仲雍奔吴,率民众在今苏州、无锡间开浚泰伯渎,又称百尺渎或伯渎,这是史载最早的一条人工河,民居其间耕种而得殷富。

苏州地区在春秋时期就开始了兴修圩田(围田)⑥。高淳县固城湖为

---

① [元]马端临:《文献通考》卷六《田赋考六》,济南:山东画报出版社,2004年版,第124页。
② [元]马端临:《文献通考》卷六《田赋考六》,济南:山东画报出版社,2004年版,第126页。
③ 章炳麟:《訄书》,清光绪三十年(1904)重订本。
④ [元]马端临:《文献通考》卷六《田赋考六》,济南:山东画报出版社,2004年版,第126页。
⑤ [清]徐松辑,刘琳、刁忠民、舒大刚等校点:《宋会要辑稿·食货六一》,上海:上海古籍出版社,2014年版,第7521页。
⑥ 圩田多指成系统的农田水利方式,而围田是自发形成的无序的,因而这里应是围田。参见缪启愉:《太湖地区塘浦圩田的形成和发展》,《中国农史》1982年第1期,第12-32页。

吴国伐楚的战地，其时太湖下游淤塞成陆，可于洼地或浅滩处围田垦耕发展农业生产。《越绝书》载："地门外塘波洋中世子塘者，故曰王世子造以为田。塘去县二十五里。"①张宗祥《越绝书校注》解释"塘"为"内以围田，外以围水"的围田。曹允儒《东南水利议》中称"自范蠡围田，东江渐塞"②。《越绝书》中还记载了一些围田迹象的农田，《吴地传》载："吴北野禺栎东所舍大疁者，吴王田也，去县八十里。吴西野鹿陂者，吴王田也。今分为耦渎。胥卑虚，去县二十里。吴北野胥主疁者，吴王女胥主田也，去县八十里。"③"疁"意为焚烧草木然后耕种。当时流行的耕种方法是火耕水耨，"言风草下种，苗生大而草生小，以水灌之，则草死而苗无损也。耨，除草也"④。欲以水灌之使草死，则需在田周筑堤以固水，因而疁田也即中间低洼的田，有围田之意。地形四面高、中央低的地方叫"虚"或"丘"。对于"疁"，宋代朱长文在《吴郡图经续记》中有"秦谓之疁，汉谓之娄"⑤，《说文》有："娄，空也。"中空为"疁"，说明"疁"也是四面高、中间低的。"陂"是筑堤降水的地块，而鹿陂即围田陂塘之名。由此可知，当时苏州西面与北面郊外有大片农田围垦迹象。"虚""疁""陂"都属于围田之类的田块。

战国时期，彭城以东的东海、吴、广陵等地通称为东楚。楚考烈王十五年（前248），春申君黄歇请封于江东，以吴地为都邑。黄歇治吴时期，也兴建了一些农田水利工程。《越绝书》记载"无锡历山，春申君时盛祠以牛，立无锡塘。去吴百二十里。无锡湖者，春申君治以为陂，凿语昭渎以东到大田。田名胥卑。凿胥卑下以南注大湖，以写西野。去县三十五里。无锡西龙尾陵道者，春申君初封吴所造也。属于无锡县。以奏吴北野胥主疁"⑥。其中无锡塘即在无锡湖中筑堤成塘；胥卑陂与胥主疁即类似上文鹿陂与胥主疁，是围田形式的农田。陵道是无锡惠山至吴常熟之间的大堤，使堤岸南北水流高下分开，便利了无锡湖中的水利围田。考烈王十

---

① ［汉］袁康、［汉］吴平辑录，乐祖谋点校：《越绝书》卷二《吴地传》，上海：上海古籍出版社，1985年版，第12页。
② ［明］张国维纂：《吴中水利全书》卷二十二《议》，清文渊阁四库全书本。
③ ［汉］袁康、［汉］吴平辑录，乐祖谋点校：《越绝书》卷二《吴地传》，上海：上海古籍出版社，1985年版，第12—13页。
④ 霍松林、赵望秦主编：《宋本史记注译》，第10册，西安：三秦出版社，2011年版，第3264页。
⑤ ［宋］朱长文撰，金菊林校点：《吴郡图经续记》卷上，南京：江苏古籍出版社，1999年版，第12页。
⑥ ［汉］袁康、［汉］吴平辑录，乐祖谋点校：《越绝书》卷二《吴地传》，上海：上海古籍出版社，1985年版，第15页。

五年（前248），黄歇开凿黄浦引松江水入海，兼以灌溉农田。他横向立塘，纵向开浦，郊野置陂，形成围田，这都是圩田的先声。①

公元前223年，秦王政灭楚，为便利交通，"秦始皇造道陵南，可通陵道，到由拳塞，同起马塘，湛以为陂，治陵水道到钱唐（塘），越地，通浙江。秦始皇发会稽适戍卒，治通陵高以南陵道，县相属"②。当时会稽郡以吴县为中心，陆路通陵大道与春申君时期的陵道相连，至会稽郡南的由拳，即今浙江嘉兴。水路也开凿了通钱塘江以达浙江的水道，构建了水陆皆通的交通路线。陵水道为后来杭嘉运河的修浚打下了基础。

汉代，塘堤的修筑是农田水利工程的重点。早在春秋战国时期，伍子胥筑胥塘，范蠡筑蠡塘，"凡名塘，皆以水左右通陆路也"③。即于湖或河两岸筑塘堤为路，可灌溉农田，时久亦会淤浅。据《吴兴山墟名》记载，"皋塘，高士皋伯通筑，以障太湖之水。……荆塘，汉荆王贾所筑。方塘、盘塘皆以形言"④。荆塘为汉高祖时期汉荆王刘贾所筑，在长兴县；皋塘为汉平帝元始二年（2）皋伯通所筑，在吴兴县。此塘与秦时的"陵水道"类似，皆穿河而过，既可供以交通，又能障湖水之涨潮，为围田提供了有利的条件。但太湖东岸苏州等地关于塘堤的记载较少。循之旧例，早在春秋中期，楚国已经建成期思陂、芍陂等陂塘水利工程。后来又修水门以完善工程，"陂有五门，吐纳川流"⑤。这时已经建立起"灌溉、防洪、航运相结合的综合性工程"⑥。

东汉三国时期，水利建设以政府主导的军事屯田为主。战国时春申君所开黄浦，东汉司隶校尉黄向筑坂修浚，以浦水灌田。《吴兴记》载："春申君黄歇于吴墟西南立菰城县，起青楼，延十里。后汉司隶校尉黄向于此筑陂溉田。"⑦ 三国时期孙吴将军事屯田与民间屯田相结合，共同促进农业生产的发展。一方面，在熟田内加强精耕细作以提高产量；另一方面，在太湖地区以兵民屯田，增加耕地数量。吴于无锡置"典农校尉"，

---

① 据戈春源、叶文宪：《吴国史：商末－春秋》，北京：人民出版社，2001年版，第185页。
② ［汉］袁康、［汉］吴平辑录，乐祖谋点校：《越绝书》卷二《吴地传》，上海：上海古籍出版社，1985年版，第18页。
③ ［南朝］山谦之：《吴兴记》，清光绪十七年（1891）刻本。
④ ［晋］张玄之撰，［清］缪荃孙辑：《吴兴山墟名》，清光绪十七年（1891）刻本。
⑤ ［北魏］郦道元注，杨守敬、熊会贞疏，段熙仲点校、陈桥驿复校：《水经注疏》卷三十，南京：江苏古籍出版社，1989年版，第2679页。
⑥ 梁家勉主编：《中国农业科学技术史稿》，北京：农业出版社，1989年版，第107页。
⑦ ［宋］谈钥著，湖州市地方志编纂委员会办公室整理：《嘉泰吴兴志》，杭州：浙江古籍出版社，2018年版，第72页。

赤乌年间，诏令郡县出部伍屯田。当时的士兵战时作战，闲时农耕，为农田水利的发展奉献颇具。所谓"屯营栉比，廨署棋布，横塘查下，邑屋隆夸"①，"其四野则畛畷无数，膏腴兼倍。……国税再熟之稻，乡贡八蚕之绵"②。不仅说明屯田促进了农业经济的发展与民生的富饶，鳞次栉比与星罗棋布的屯田格局也从另一方面反映了当时屯田的计划性和整齐性。这与民间无序的围田开发是有区别的，并为后来的魏晋南北朝所吸收，最终在唐五代时为吴越国所发扬而形成系统。

魏晋时期，进一步推行屯田体制，兴修了一些水利设施。东晋时期，为便利屯田，在嘉兴设置屯田校尉。这一时期，最重要的水利工程便是荻塘的修建。东晋永和年间，吴兴太守殷康修筑荻塘，"筑堤岸，障西来诸水之横流，导往来之通道，旁溉田千顷。因沿塘丛生芦荻，故名荻塘"③。其时荻塘穿城而过，由城东旧馆河流，向东至苏州震泽、平望等地，全长125里，城内塘称为"横塘"，城外称为"荻塘"，苏州境内的塘长接近总长的四分之一。后吴兴太守沈嘉重开荻塘，疏导淤塞，"南望官河，北入松江"④，围田灌溉倍于前，时人称"吴兴塘"。太和年间，吴兴太守谢安开官河通苕溪以泄洪，分担了荻塘泄洪的压力。

南梁时期，常熟县低乡区围田已初成体系。大同六年（540），南梁改海虞县为成熟县，《常昭合志稿》称"吾邑于梁大同六年更名常熟，初未著其所由名。或曰，高乡濒江有二十四浦通潮汐，资灌溉，而旱无忧；低乡田皆筑圩，足以御水，而涝亦不为患。以故岁常熟，而县以名焉"⑤。常熟低乡立塘筑圩挡水，高乡开浦通江灌溉，高低皆有所得，旱涝得以保收，二十四浦开凿，使塘浦圩田获大利。常熟县名的修改，不仅说明当地农业经岁常熟，也说明南朝时期已经形成了较大面积的塘浦圩田。

第三节　隋唐两宋的塘浦圩田

塘浦圩田滥觞于春秋战国时期的围田，如前所述，先秦至汉已基本形

---

① ［南北朝］萧统编：《文选》卷五（京都下），胡刻本。
② ［明］钱谷：《吴都文粹续集》卷一《都邑》，清文渊阁四库全书补配清文津阁四库全书本。
③ 李宗新、闫彦编著：《中华水文化文集》，北京：中国水利水电出版社，2012年版，第324页。
④ 项文惠、钱国莲编著：《杭州全书运河河道丛书·杭州运河治理》，杭州：杭州出版社，2013年版，第12页。
⑤ 光绪《常昭合志稿》卷九《水利志》，清光绪三十年（1904）活字本。

成了一定的圩田形式。隋唐以来，官兵营田屯田继续发展。唐朝时设置营田使、营田副使等官职以督责。唐广德年间，上谕各地"人所不耕者为之屯"①，在浙西观察训官、苏州刺史李栖筠的设置之下，太湖地区苏州、嘉兴等地屯田发展迅速，规模扩大，"浙西观察兼吴郡赞皇公，谨择厥官以对明命，浙西有三屯，嘉禾为之大。二十七屯，广轮曲折千余里。乃以大理评事朱自勉主之。元年冬，收若干斛，数与浙西六州租税埒。颂曰：夫伍棋布，沟封绮错；旱则溉之，水则泄焉，日雨日霁，以沟为天"②。当时苏州也为重要屯田区，沟渠星罗棋布，规划齐整，旱则有水资溉，涝则引水分泻。唐朝中期以后，"安史之乱"使国祚式微，经济中心开始逐渐往江南地区转移，江南地区的屯田也获得较大发展。唐贞元十二年（796），浙西观察巡官崔翰掌苏州军屯，"凿浍沟，斩荄茅，为陆田千二百顷，水田五百顷，连岁大穰，军食以饶"③。这一时期，各地塘浦也获修浚。元和二年（807），"苏州刺史李素、长洲县令李暎摄、常熟县吴县主簿李仲方开常熟塘"④。同年，湖州刺史范传正于湖州苏州的交界处开浚平望官河，使苏州与湖州淤塞的水道复通。太和年间，疏浚了常熟县盐铁塘，使该塘沟通了常熟、太仓等地的水利运输渠道，并最终泄水入吴淞江，常熟塘"将澄、锡、虞平原和阳澄低区分隔开来……将东北碟缘高地和腹里洼地分隔开来"⑤，分隔了高低乡的不同田区，便于田间灌溉、泄水，促进了塘浦圩田系统的构建与完善。

唐朝中后期，已经从分散无序的自主围田向较为系统的塘浦圩田发展。唐末五代时期，钱氏王朝以江南吴越为中心，偏安一隅，更注重农田水利的发展，并从国家综合治理的高度，逐渐形成了系统的塘浦圩田格局，为后代所称誉（图5-1）。钱元璙治苏时，专置开江营以通常熟诸浦淤塞。乾祐二年（949），"置营田卒数千人，以淞江辟土而耕"⑥，体现了军队在兴修水利中的重要作用。范仲淹《范文正公集政府奏议》卷上《答手诏条陈十事》："且如五代群雄争霸之时，本国岁饥，则乞籴于邻国，故各兴农利，自至丰足。江南应有圩田，每一圩方数十里，如大城，

---

① ［清］董诰等编：《全唐文》卷四三，清嘉庆内府刻本。
② ［宋］王应麟：《玉海》卷一七七《屯田》，清光绪九年（1883）刻本。
③ ［唐］韩愈：《崔评事墓铭》，［唐］韩愈著，马其昶校注，马茂元整理《韩昌黎文集校注》，上海：上海古籍出版社，2014年版，第391页。
④ ［明］张国维纂：《吴中水利全书》卷十《水治》，清文渊阁四库全书本。
⑤ 汪家伦、张芳编著：《中国农田水利史》，北京：农业出版社，1990年版，第253页。
⑥ ［清］吴任臣撰：《十国春秋》卷八十一《忠懿王世家上》，清文渊阁四库全书本。

中有河渠,外有门闸,旱则开闸引江水之利,涝则闭闸拒江水之害,旱涝不及,为农美利。"① 至郏亶时期,进一步概括当时的圩田格局,称"或五里、七里而为一纵浦,又七里或十里而为一横塘,因塘浦之土以为堤岸,使塘浦阔深,而堤岸高厚。塘浦阔深,则水通流而不能为田之害也。堤岸高厚,则田自固而水可拥,而必趋于江也"②。以南北向开通的支流为纵浦,以连接纵浦的东西向河流为横塘,纵浦、横塘井然有序,排泄灌溉自成格局,"沿塘以置泾,由泾以通港,使塘以行水,泾以均水,塍以御水,脉络贯通,纵横分布,旱涝有备,仿佛井田遗象"③。

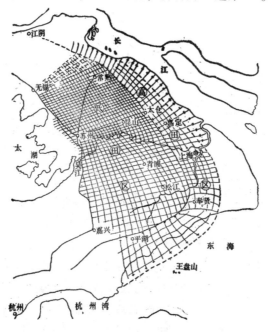

图 5-1 五代吴越时期塘浦圩田示意图④

此期,围绕太湖流域形成了自苏州至秀洲等吴越国各州郡并行共存的大范围巨圩,尤以常熟二十四浦、三十六浦下的圩区最早形成,并向外辐射。"位位相接",构成了横塘纵浦之间圩圩棋布的塘浦圩田系统。郏侨的

---

① 转引自姚汉源:《中国水利发展史》,上海:上海人民出版社,2005 年版,第 239 页。
② [宋] 范成大撰,陆振岳校点:《吴郡志》卷十九《水利上》,南京:江苏古籍出版社,1999 年版,第 268 页。
③ [清] 钱文瀚:《捍海塘志》,"棠爱留芳""撩浅溉田"条,[清] 丁申《武林掌故丛编》,钱塘丁氏嘉惠堂刊本。
④ 郑肇经主编:《太湖水利技术史》,北京:农业出版社,1987 年版,第 85 页。

《水利书》称"一河一浦,皆有堰闸"①,形成了挡水系统,利于排涝挡洪。这些塘浦岗门几乎平均分布于水田区和旱田区,形成有组织有规划的系统,奠定了唐代苏州作为唯一雄州的经济地位,也为宋代"苏湖熟,天下足"的经济形势奠定了基础。

北宋时期,太湖流域跃升为经济重心,有"国之仓庾"②之称,塘浦圩田系统也有一定的修复和发展。但总体而言,吴越时期国家主持的塘浦圩田系统渐趋淤塞,高田区灌溉失利,低田区泄水困难,各州郡共同开发形成的大型圩田渐至无法接续,以致解体形成以小型泾、浜支流为界的小圩。北宋初期,水利建设以漕运为先,"端拱中,转运使乔维岳不究堤岸、堰闸之制,与夫沟洫畎浍之利。姑务便于转漕舟楫,一切毁之"③,使原本圩田旧道被坏,水害频繁。后又视营田官为冗官闲职,一并撤销,以漕运转运使代之。乾兴、天禧年间,朝廷派人兴修苏州等地水利,但所为官者不通水利,又不愿无功空还,于是在局部小范围修浚,短期即可见利,但于长远无益。上无具体规划,下即可随心而行。于是苏州各地农人为获己利,于塘浦纵横之处,自筑堤岸,私垦低田,解大圩成小田。民间小泾小浜的开凿及水田的私垦,使得原有的一至两万亩左右的大圩逐渐被分割成几千几百亩甚至更小更零星的小圩。景祐二年(1035),为改善苏州地区农田塘浦水利条件,范仲淹治苏,开浚茜泾、下张、七丫、白茆和浒浦五条大河及诸条水道,疏导积水自东南方入吴淞江,并于河边筑高堤岸,于河中设置节制闸障潮,三者并行,疏通了苏州东北水利,使多年未有水患,并为后世治水专家所借鉴遵奉。

宝元二年(1039),两浙转运副使叶清臣修浚吴淞江,将四十里盘龙汇裁弯通直,功成后成仅为十里长的直河,畅通圩田的排水;至和二年(1055),昆山主簿丘与权疏浚昆山塘,后改称至和塘。但嘉祐年间,政府浚河之余,有感于塘浦瘫废,修浚实难,又见小民立圩,增加了田亩数量,以利于解决人口增多而产生的粮食问题,便支持民间圈圩,如嘉祐五年(1060),"转运使王纯臣建议,请令苏、湖、常、秀修作田塍,位位相接,以御风涛;令县教诱殖利之户,自作塍岸,定邑吏劝课为殿最。当

---

① [宋]范成大撰,陆振岳校点:《吴郡志》卷十九《水利下》,南京:江苏古籍出版社,1999年版,第284页。

② [宋]范仲淹著,李勇先、王蓉贵校点:《范仲淹全集》上,成都:四川大学出版社,2007年版,第266页。

③ [宋]范成大撰,陆振岳校点:《吴郡志》卷十九《水利下》,南京:江苏古籍出版社,1999年版,第281页。

时推行焉。"① 政和元年（1111），下诏修浚苏、湖、秀三州水利，但因国库空虚，只以越州鉴湖地区的租赋为工费，并鼓励农民围田垦耕湖荡。政和六年（1116），"立管干圩岸、围岸官法，在官三年，无隳损堙塞者赏之"②。由此，集中经营的大圩方式在政府推动劝导及民众自发行动之下，逐渐被分散经营的小圩替代。在一定时间内，小圩以疏通的泾、浜为界，缓解了塘浦湮塞下农田失利的状况，并对农业生产有相对的促进作用。但小圩林立，又加深了淤塞的可能。赵霖曾言及围田之害，称："今所以有水旱之患者，其弊在于围田，由此水不得停蓄，旱不得流注，民间遂有无穷之害。"③ 单锷在《吴中水利书》中也已经预见到这一情况："窃观诸县高原陆野皆有塘圩，或三、五百亩。盖古之人蓄水以灌田。以今视之，其塘之外皆水，塘之中未尝蓄水，又未尝植苗，徒牧养牛羊畜放凫雁而已。塘之所创，有何益耶？……昔日置塘蓄水以防旱岁，今自三州之水久溢而不泄，则置而为无用之地。"④ 他指出"吴江县由是岁增旧赋不少。虽然，增一邑之赋，反损三州之赋，不知几百倍也"⑤，并提出若想治水兴田，应疏浚河道，导水以泄积潦。

南宋南渡之后，因都城迁至临安，且经济、政治皆偏重江南，苏州等地的农田水利有所进益，着重体现在对太湖下游的疏浚。如绍兴四年（1134），湖州知州疏浚太湖溇港，以疏通淤塞，蓄水灌田；又分别于绍兴二十八年（1158）、乾道元年（1165）、乾道五年（1169）招补开江兵卒、置开江兵士和撩湖军兵以修水利。"增置撩湖军兵，专一管辖，不许人户佃种茭菱，因而包围堤岸。"⑥ 但纵观南宋一朝，围田毁坏仍重于前，不仅民以私围，豪族强占圩区以自利，更为大害。《宋史·河渠志》载，绍兴年间"豪民于湖塘浅岸渐次包占，种植菱荷，

---

① [明]姚文灏编辑，汪家伦校注：《浙西水利书校注》，北京：农业出版社，1984年版，第22页。
② [元]脱脱等撰，刘浦江等标点：《宋史》卷一百七十三《食货志第一百二十六》，长春：吉林人民出版社，1995年版，第2 603页。
③ [宋]龚明之撰，孙菊园校点：《中吴纪闻》卷一《赵霖水利》，上海：上海古籍出版社，1986年版，第16页。
④ [明]姚文灏编辑，汪家伦校注：《浙西水利书校注》，北京：农业出版社，1984年版，第13页。
⑤ [明]姚文灏编辑，汪家伦校注：《浙西水利书校注》，北京：农业出版社，1984年版，第11页。
⑥ [明]张国维纂：《吴中水利全书》卷十《水治》，清文渊阁四库全书本。

障塞湖水"①。

绍兴二十三年（1153），谏议大夫史才上奏称"近年濒湖之地，多为兵卒侵据，累土增高，长堤弥望，名曰'坝田'。旱则据之以溉，而民田不沾其利，涝则远近泛滥，不得入湖，而民田尽没"②。参知政事卫泾在与提举郑霖讨论水利围田时，也指出："自晓事以来，每见陂湖之利为豪强所擅，农人被害。"③绍兴末年，还出现了兵卒侵占湖荡创置坝田的现象。乾道二年（1166）吏部侍郎陈之茂言："比年以来，泄水之道既多堙塞，重以豪户有力之家以平时潴水之处坚筑塍岸，包广田亩，弥望绵亘，不可数计，中下田畴易成泛溢，岁岁为害，民力重困。"④这一情况在南宋后期愈演愈烈，淳熙十年（1183）大理寺丞张抑称"近者浙西豪宗，每遇旱岁，占湖为田，筑为长堤，中植榆柳，外捍茭芦，于是旧为田者，始隔水之出入。苏、湖、常、秀昔有水患，今多旱灾，盖出于此"⑤。豪族霸占水利、裹湖围田的行为不仅使水利设施渐趋湮废，还破坏了一般农户的泄水和灌溉，并导致州郡大面积的水旱灾害，最终造成严重后果。其间，政府也曾多次下令禁止豪族占水围田，如绍兴五年（1135）因浙西、浙东围田严重，下诏废围田，并特地指出苏州、秀洲的围田由监司守令以废。淳熙十年（1183），还条列具体措施以惩戒，称"乞责县令毋给据，尉警捕，监司觉察。有围裹者，以违制论；给据与失察者，并坐之"⑥。随后漕臣钱冲之立碑以记，令各郡遵守。但往往禁令严而实施弛，"其后议者虽称合废，竟仍其旧"⑦。因围田者众，豪强势大，地方官员疲于与之尖锐抗衡。又因禁围兴围政策朝令夕改，难以适从，遂听之任之，以致围田势猛，一发难治。淳熙十七年（1190）浙西提举常平刘颖疏疏浚淀山

---

① [元]脱脱等撰，刘浦江等标点：《宋史》卷九十七《志第五〇》，长春：吉林人民出版社，1995年版，第1532页。
② [清]徐松辑，刘琳、刁忠民、舒大刚等校点：《宋会要辑稿·食货六一》，上海：上海古籍出版社，2014年版，第7521页。
③ [明]姚文灏编辑，汪家伦校注：《浙西水利书校注》，北京：农业出版社，1984年版，第50页。
④ [清]徐松辑，刘琳、刁忠民、舒大刚等校点：《宋会要辑稿·食货六一》，上海：上海古籍出版社，2014年版，第7527页。
⑤ [元]脱脱等撰，刘浦江等标点：《宋史》卷一百七十三《食货志第一百二十六》，长春：吉林人民出版社，1995年版，第2615页。
⑥ [元]脱脱等撰，刘浦江等标点：《宋史》卷一百七十三《食货志第一百二十六》，长春：吉林人民出版社，1995年版，第2615页。
⑦ [元]脱脱等撰，刘浦江等标点：《宋史》卷一百七十三《食货志第一百二十六》，长春：吉林人民出版社，1995年版，第2612页。

湖，导水进吴淞江以泄，并禁止民众筑堤围田以塞上流之水，使农田灌溉获利；嘉定五年（1212），吴江知县李桃修浚石塘，以泄积水；绍定五年（1232），平江知府吴渊令吴江知县李椿年重修石塘，并于塘上建桥梁以通行，而自塘岸种植蒲苇杨柳等物以捍水潮。总体而言，南宋末年苏州已经出现"四郊无旷土，随高下悉为田"①的景象。元人周文英对此给予高度评价，其言："苏、湖、常、秀四路，田土高下不等，田之得粮，十分为率，低田七分，高田三分，故谓天下之利，莫大于水田，水田之美，无过于浙右。"②

塘浦圩田是区域人们在特定水环境中从事农田开发的产物。它是苏州人民在历史长河中探索出的一种治水与治田相结合的方式，是中国传统农业精耕细作的典型代表。

第四节　元明清的农田水利

元代重视农田水利，但往往一方面缓解了一些水利问题，一方面又有塘浦淤塞情况发生。元代周文英在《论三吴水利》中论述："至元十四年（1277）间，海舟巨舰，每自吴淞江、青龙江取道，抵平江城东葑门湾泊，……往来无阻，此时江水通流，滔滔入海。"③这表明当时吴淞江已全线贯通，连巨舟都可以直达苏州葑门。元代重视吴淞江的开挖与周围诸江各浦的疏导，于大德八年（1304）、大德十年（1306）、至治三年（1323）、泰定二年（1325）、至正元年（1341）等年份，分别诏令浙省平章政事扬珠济达彻尔、行都水少监任仁发、江浙行省诸路府、都水庸田使等人，浚决吴淞江，加强水利治理。塘浦的湮塞问题，经过元代的疏浚，缓解了水旱灾害的侵袭，尤以旱灾较少，稍稀于两宋。④

元代延续小圩的发展，过度围垦现象仍旧存在，豪强于淀山湖口、吴淞江边等肆意侵占圈围田。清代柯劭忞在《新元史》中称吴淞江易淤塞，

---

①　[宋]范成大撰，陆振岳校点：《吴郡志》卷二《风俗》，南京：江苏古籍出版社，1999年版，第13页。
②　[明]归有光撰：《三吴水利录》卷三，清咸丰涉闻梓旧本。
③　[明]归有光撰：《三吴水利录》卷三，清咸丰涉闻梓旧本。
④　据缪启愉编著：《太湖塘浦圩田史研究》，北京：农业出版社，1985年版，第36页。

至元三十年（1293），"两经疏浚，稍获丰稔。比年又复壅塞，势家租占愈多"①。世祖末年，时任参政的暗都剌言淀山湖因无人治理，围田严峻，"今既无人管领，遂为势豪绝水筑堤，绕湖为田。湖狭不足潴蓄，每遇霖潦，泛溢为害"②。泰定元年（1324），江浙行省又奏称"淀山湖等处，比年壅塞，官豪势户，侵占水面，插茆芦苇，复为荡田，以致水不通流，旱潦相仍，官民失利"③。各处官吏请以开浚。此外，吴江石塘原通湖州，今因"障遏东流之势，是致下流潮沙日涨，半为平地"④，也为人所围占。元政权为防范农民起义，于重要河港塘浦中立栅钉塞，将吴江长桥"筑塞五十余丈。沿塘三十六座桥洞，……多被钉断，亦有筑实为坝者，所以不流、不活、不疾、不驶，不能涤去淤塞，以致淀山湖东小曹、大沥等处，潮沙壅积数十里之广"⑤。综元一世，既诏令疏浚河道，使民享水利之利，少水旱灾害；又设栅堰，固塘路之防，却阻泄水之道，又使淤塞更重，围田更甚，以致民获小利而害无穷，塘浦圩田淤塞问题十分尖锐。

明清两代，塘浦系统愈渐崩坏，水旱灾害频繁，农田水利兴修愈加频繁。这一时期，政府虽多次兴修水利，但水利工程已由官办为主向民间下移，因水利势大而所费甚巨，朝廷难以独立支持，常以官督民办、民间自主筹办等形式实施。虽工程甚多，然缺乏唐五代时期举国之力、兵士为主力等强有力的支持，因而农田水利工程大抵规模较小，常表现为对历代原有水利设施的维修和完善，少有独自鼎力开浚的新工程。而这一时期，治田与治水，灌溉与航运等历代水利设施的矛盾都集中于此，其责任甚巨，因而虽频繁修浚，却越修越乱，形势更为严峻。如对太湖下游吴淞江的治理，夏原吉"掣淞入浏"，修浚范家浜以接黄浦江，吴淞江自浏河泄水于黄浦江入海。此后明清两代，浏河、范家浜、黄浦江皆为重要泄水口。但黄浦江不能排遣太湖、吴淞江之巨浸，因而泄洪问题仍然存在，由此造成吴淞江常淤而塘浦常浚。洪武九年（1376），疏浚苏州府长洲县白茆塘、昆承湖及其南部诸泾，以及至和塘北部港汊；永乐二年（1404），夏原吉

---

① 柯劭忞：《新元史》卷五十四《志第二十一》，北京：中国书店出版社，1988年版，第276页。

② [明] 宋濂：《元史》卷六十五《志第十七上》，北京：中华书局，1976年版，第1638页。

③ [明] 张国维纂：《吴中水利全书》卷十《水治》，清文渊阁四库全书本。

④ [明] 姚文灏编辑，汪家伦校注：《浙西水利书校注》，北京：农业出版社，1984年版，第72页。

⑤ [明] 姚文灏编辑，汪家伦校注：《浙西水利书校注》，北京：农业出版社，1984年版，第67页。

开凿吴淞江南北滩涂的同时，开浚常熟白茆塘、福山塘、耿泾、昆承湖、阳城湖等诸泾浦；宣德九年（1434），常熟又浚盐铁塘，由知县郭南主持浚治；三年后，又修浚七浦塘，正统十年（1445）再浚；正统五年（1440），工部右侍郎周忱开修昆山顾浦及常熟奚浦，开通淤塞，引泄积水；后两年又着力治理疏浚苏州府、松江府沿海湮塞之河，如刘家港、白茆塘；天顺四年（1460），苏松巡抚崔恭浚吴淞江及其支流的汇浦塘泾，开凿曹家沟，疏浚莺脰湖、乌泥泾等诸水，疏导各水自黄浦入海。

弘治元年（1488），浙江佥事伍性疏浚江浦，主要包括赵屯浦、都台浦、蒲汇塘、新泾塘、杨林塘等；次年（1489）苏州通判张旻开浚盐铁塘；弘治六年（1493），苏州府水利通判应能开凿府城内河，并浚枫塘、长洲县虎丘山塘、常熟县耿泾、至和塘及昆山县与嘉定县的泾浦；嘉靖二年（1523），工部郎中林文沛又疏浚苏州府的塘港河浦，开浚了诸多塘、浦、港，主要包括吴县的光福塘、胥口塘，吴江县的王家田港、东庄港、王家港、方家港、白浦港、夏姚河、盛市港、南卢港；太仓州的杨林河，昆山县南大虞浦，常熟县的市河、梅李塘、福山港、盐铁河，嘉定县盐铁河、西练祁塘等，水利工程几乎囊括苏州府下各州县。两年后，苏松水利佥事蔡干再浚塘浦河港；万历十七年（1589），因患水灾，太仓州知州韩荣疏导七浦塘、盐铁塘和杨林塘；崇祯八年（1635）和崇祯十年（1637），都察院右佥都御史张国维同苏松巡按监察御史王一鹗、路振飞等分别开浚吴江县石塘及至和塘。①

大圩化成小圩，塘路淤塞，给农田水利带来不利影响。明代万历年间，常熟知县耿橘发现这一问题，认为小圩不能抵御大旱大涝，需要对小圩进行改造，建设大圩，强调因地制宜建设自然圩（图5-2）。他曾对金家大圩进行规划。金家大圩位于常熟原莫城镇与辛庄镇之间，地势低洼，素称常熟第一水区，为十年九涝之地，当时将金家大圩周边的潭塘、南圩、金家、东施家、西施家等十多个小圩并成大圩。但因塘浦、河沟总体不够通畅，并不能从根本上解决农田水利问题。

迨至清朝，其水利修筑的频率不亚于明。顺治九年（1652），工科给事中胡之骏疏浚浏河及吴淞江；康熙十一年（1672），巡抚都御使马祜再次疏浚浏河淤塞的水道，并开浚吴淞江；康熙二十年（1681），苏州巡抚慕天颜疏浚白茆港；康熙四十七年（1708），吴江知县张寿岗疏浚吴江长

---

① 据《吴中水利全书》卷十《水治》，《明史·河渠志》、洪武《苏州府志》、嘉靖《太仓直隶州志》等文献总结。

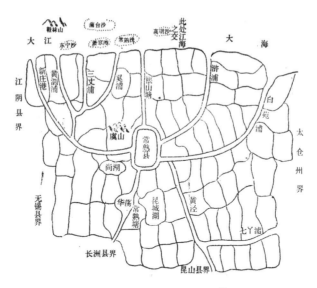

图 5-2　明代圩田示意图①

桥南北河，修浚时将长桥护桥的旧钉杪枋掘起，以致桥无支撑而折断，又重新打桩修复；康熙四十八年（1709），总督邵穆布、巡抚于准又奏请开白茆港与福山港；雍正五年（1727），诏令副都统李淑德等开浚昭文县的白茆港、梅李塘，常熟县的福山塘和太仓州的浏河，疏通州县之间淤塞的水道；雍正八年（1730），湖州修浚太湖流域的诸多溇港；雍正十二年（1734）与雍正十三年（1735），吴县知县江之瀚与吴江知县赵轩临分别开浚紫藤坞河与万顷港，便利县民引水灌田。震泽知县李鏻于乾隆元年（1736）裁弯打穿直港；乾隆四年（1739），疏浚震泽县荻塘；乾隆二十八年（1763），苏州巡抚庄有恭请开浚太湖分散浅淤的诸多溇渎；乾隆五十七年（1792），巡抚长麟修浚沙湖石塘及石堤，于原堤边又造副堤加固以抵御风涛；嘉庆十二年（1807），因年大旱，邑人吴峻基出资修浚常熟县南门一带的城河；嘉庆二十五年（1820），又募民劝捐修筑至和塘；道光元年（1821）及道光二年（1822），重浚常熟、昭文二县的城河；道光六年（1826），常熟县令张敦道、昭文县令李廷锡疏浚福山塘，初因募捐少而稍停，后因邑人黄泰出资终至功成；同治四年（1865），由邑人庞钟琳等请修常熟三丈浦，又浚昭文许浦塘；同治十二年（1873），由苏州府劝捐雇役，开浚苏城河道；光绪十五年（1889），元和知县李超琼疏通葑门外官塘，又筑金鸡湖长堤，同时疏导章练塘镇外各港及周庄镇、陈墓镇

---

① 郑肇经主编：《太湖水利技术史》，北京：农业出版社，1987年版，第118页。

的河港以资灌溉，并通航道。期间，分别于康熙四十八年（1709）、康熙六十一年（1722）、雍正六年（1728）、乾隆四年（1739）、乾隆十一年（1746）、嘉庆元年（1796）、同治三年（1864）等年间，修浚疏导苏州府城内河诸渠。① 综观明清时期的水利修浚，多以疏浚水道、贯通航运、引水灌溉为主，一些支流港浦得到局部整治，农田水利格局发生了较大改变。

　　自明清以来愈加严重的塘浦失修、圩田崩坏的情形一直延续至民国，并在中华人民共和国成立后仍有严重影响，使苏州地区灾害频发，成为民生大患。后经过政府的勘测规划与人民的不懈努力，自20世纪七八十年代以来，河网系统逐渐恢复，治水与治田相结合，灌溉与航运两不误，如今已经形成较为规范、整齐的治理方式和水利形态，今后仍将继续改进、完善。

---

　　① 据同治《苏州府志·水利》、民国《吴县志·水利》《清史稿·江浙海塘》《太湖备考》《吴门补乘》等文献总结。

第六章 桥塘堤闸工程

河道疏浚是水利工程的基础,在此基础上,涉及造桥、建塘、筑堤、设闸等重要设施,由此构成治水工程的完整体系。苏州地区桥梁主要因水而建,沟通了河流之上的陆路交通。塘是围水而成,亦包括沿水堤岸,在塘浦圩田形成发展过程中,涌现出诸多筑坝围田的水塘。堤是滞水建筑物,沿河湖江海的水流侧面建成,具有防御洪水、积蓄来水、控制水流方向等功用;与堤相应的工程是坝,坝一般在水流正面修建,用以拦截水流、蓄积水体和控制水量,堤、坝一般合称"堤坝"。闸主要节制水流,以闸门启闭进行水流的蓄积和排泄。

第一节　桥梁

苏州城内河流纵横，建桥通路成为人们行走和交通的必要途径。桥梁顺应河道水网布局选址，与苏州地区的水陆交通有着紧密的依存关系。苏州河道与街道横向、纵向交错，河道交汇处多以"十"字、"丁"字、"井"字三种类型为主，桥梁多选址于这些河道交汇处。

苏州桥梁造型优美、形态各异。最初的古桥以木构为主，木梁木栏，涂上朱红油漆，或施以彩绘，防腐增色，称为"红栏""画桥""画桥三百映江城"，描写的就是唐代苏州的独特景致。唐代苏州刺史王仲舒捐建的宝带桥最初也是木桥。随着时代的发展，苏州的木桥后来逐渐被石桥替代。据明卢熊《苏州府志》记载，"绍定五年（1232）郡守邹应博，始易以石"[1]。石桥的材质有武康石、青石、金山石等，桥的形式也有了平桥、拱桥、廊桥等变化。平桥有梁式平桥，如道前街的志成桥、金狮桥和古镇甪直的香花桥；石级平桥，如盘门外的水关桥、忠信桥等。苏州的石拱桥，大型的如觅渡桥，中型的如上津桥和下津桥等，小型的如寿星桥、来远桥等，还有微型的如网师园内的引静桥。廊桥一般为沿河民居间的跨河桥，桥上有屋顶，两旁有桥栏，如饮马桥东仍可看到。就拱桥来说，有单孔的，如盘门古城门口耸立的吴门桥；有三孔的，如山塘河上的普济桥，常熟虞山镇外元和塘上的永济桥；五孔的，如澹台湖畔的五龙桥；七孔的，如石湖的行春桥；九孔的，如昆山锦溪古镇的十眼桥；还有五十三孔的宝带桥、七十二孔的吴江垂虹桥（现仅存遗址）等。[2]

苏州数量最多的桥梁是拱桥和梁桥。拱桥，其每座桥的构成也不尽相同，石拱桥一般由栏杆、望柱、桥额石、抱鼓石、桥台、长系石、桥联石、桥踏步、金刚墙和拱券石等几部分组成，不同的石拱桥某些构件会相应地增加或减少。石拱桥可分为单孔石拱桥（图6-1）和多孔石拱桥（图6-2）。

---

[1] 洪武《苏州府志》卷六《桥梁》，江苏省地方志编纂委员会办公室编：《江苏历代方志全书·苏州府部》，第2册，南京：凤凰出版社，2016年影印版，第526页。

[2] 邬才生：《苏州古桥知多少》，《江苏地方志》2014年第3期，第33-35页。

图 6-1　单孔石拱桥（吴门桥）①

图 6-2　三孔石拱桥（横塘彩云桥）②

梁桥可分为单跨梁桥和多跨梁桥。单跨梁桥以吴江黎里古镇的梯云桥为例，该桥由柱头、望柱、栏板、石块、踏步、桥台等组成；多跨梁桥以东庙桥为例，该桥位于吴江七都镇东庙桥村，始建于南宋绍定年间，是吴江区尚存的三座南宋时期的古桥之一，也是吴江区最古老的桥梁。该桥东西走向，为三孔多跨梁桥，由桥额石、望柱、长系石、排柱石、桥台、栏杆等部分组成，桥上架设六根石梁，石梁下有四个半圆形的孔。

历代以来，苏州桥梁增建甚多。这里仅叙述宝带桥（图 6-3）、垂虹桥、吴门桥，以观苏州桥梁工程的历史变迁。

---

① 苏州市地方志编纂委员会办公室：《古迹名胜》，http：//dfzb.suzhou.gov.cn/dfzb/gjms/200808/f81f91279a8d4fa38e226c9acece.shtml。

② 苏州市地方志编纂委员会办公室：《石桥流水》，http：//dfzb.suzhou.gov.cn/dfzb/sqls/200812/7d4f68469f534533ad2fb0f57o8a06fd.shtml。

图 6-3　宝带桥①

其一，宝带桥的修建。宝带桥在苏州府城东葑门外，跨越澹台湖。唐元和年间，苏州刺史王仲舒修长堤以障湖水，又于支流修建桥梁。"然河之支流，断堤而入吴淞江，以达于海者，堤不可遏，桥所为建也。"② 元和十一年（816），王仲舒修长桥以替长堤，为弥补工程经费的欠缺，王仲舒捐宝带以助资，因此，该桥命名为"宝带桥"，有人称因桥身甚长，如宝带卧于河上，遂名。桥建成后，直接连接了吴越之间的陆路交通，也阻挡了太湖的巨浪风涛，而堤桥有利于往来拉纤，使舟楫得以往来通行，还保证了太湖排水的通畅。此后多有重建完善，南宋绍定五年（1232），郡守邹应博重筑宝带桥。元代修葺不善，以致长桥倾圮，只在原址上架横木以通过往行旅，但甚危险，常有落水溺亡之患。至明朝正统年间，巡抚侍郎周忱与知府朱胜谋划重修。为节省开支以筑桥，自正统七年（1442）起，周忱逐渐削减在官浮费，因工程浩繁，又与长洲知县张旻、吴县知县叶锡共商谋定。正统十一年（1446）秋天开始动工，"为长桥千三百二十尺，洞其下凡五十有三，高其中之三，可通钜舰。石二万二千六百丈，木

---

① 苏州市地方志编纂委员会办公室：《古迹名胜》，http://dfzb.suzhou.gov.cn/dfzb/index.shtml。

② ［明］陈循：《重建宝带桥记》，王稼句选辑《吴中文存》上，南京：凤凰出版社，2014 年版，第 317 页。

四万二千五百株，灰二十四万三千六百斤，铁一万四百斤，米二千六百石"①。当年冬十一月工成，"始成现今形制及规模"②。此后至嘉靖三十七年（1558），石桥以一己之身挡太湖巨浸之风涛，百余年来不断进行维修。

万历四十一年（1613），湖水涨溢，宝带桥坍圮二十五丈有余，后桥下可通巨舰的三洞逐渐开裂，恰逢上游太湖泄水，以致桥石坠落愈甚，以长洲、吴县、吴江三县共通修筑。长洲知县叶成章立刻捐资修筑，使宝带桥得以稳固。清康熙九年（1670），苏州等地大水浸境，冲毁了宝带桥，此后三年间，巡抚马祜，布政使慕天颜、知府宁云鹏等募工重筑，又复其功能。康熙三十四年（1695），"桥迤逦五十三洞，长以尺计者八百七十有五"③，桥长虽仅剩正统年间的三分之二，但仍具有联系江浙交通、通利舟楫的作用。道光十一年（1831），江苏巡抚林则徐又行修筑，用银六千六百余两，加固了桥身。咸丰、同治年间，战火纷飞，宝带桥再次倒塌。同治五年（1866）和同治十一年（1872），水利工程局重建桥身，还于桥北堍建亭刻碑。民国二十六年（1937），桥南又为日军炸毁。自中华人民共和国成立以来，分别于1956年和1982年重修。

其二，垂虹桥的修建。垂虹桥在吴江境东门外，又称利往桥、吴江长桥，宋庆历八年（1048），吴江县尉王廷坚所建。当时筹资以县官兴学，后未成行，于是以资筑桥。"东西千余尺，用木万计。萦以修栏，甃以净甓，前临具区，横截松陵，湖光海气，荡漾一色，乃三吴之绝景也。"④并建垂虹亭，因以亭名为桥名，称"垂虹桥"。桥成后障太湖之水，使舟楫免受风波倾覆，便利行旅晨往暮归，为民有利，又称"利往桥"。又因桥身甚长，遂结合地名称之为"吴江长桥"。苏轼诗云："长桥跨空古未有，大亭压浪势亦豪。"⑤治平三年（1066），吴江知县孙觉进行重修，仍用木材。熙宁三年（1070）被焚毁之后，一直未曾修复，绍兴四年（1134）才得重筑。绍兴三十二年（1162），"虏亮犯淮，中外戒严，或献

---

① ［明］陈仁锡：《重修宝带桥记》，王稼句选辑《吴中文存》上，南京：凤凰出版社，2014年版，第317页。
② 王仁宇、姚勤德主编：《吴中古迹》，南京：凤凰出版社，2015年版，第228页。
③ 道光《苏州府志》卷一三六《集文六》，清道光四年（1824）刻本。
④ ［宋］朱长文撰，金菊林校点：《吴郡图经续记》卷上，南京：江苏古籍出版社，1999年版，第26页。
⑤ ［宋］朱长文撰，金菊林校点：《吴郡图经续记》卷中，南京：江苏古籍出版社，1999年版，第26页。

计枢庭，乞行下平江焚长桥"①。当时县民先知这一消息，相聚至桥下痛哭。于是郡守洪遵否决了这一建议。南宋中兴时期，桥上人旅往来，桥下舟楫密聚，吴江长桥的重要性得到充分体现。

宋末德祐元年（1275），垂虹桥毁于战火。当年元朝进行修建，"增开八十五洞"②。大德八年（1304），又添十四根木翁，总计九十九根。泰定元年（1324）冬，苏州判官张显祖计划以武康石代木，重建吴江长桥，自泰定二年（1325）闰正月至泰定三年（1326）二月，"长一千三百尺有奇，挭以巨石，下达层渊，积石既高，环若半月，为梁六十有二，酾以剽悍，广中三梁，为尺三百，以通巨舟，层栏狻猊，危石赑屃，甃以文甓，过者如席"③。此次修建，第一次以石头为主要建筑材料，桥为拱形，有六十二孔相连，中间桥孔高大宽阔，可通巨型舟舰，桥两头分建两亭，名汇泽、底定，以寓意太湖。桥成后有利于苏杭驿道的通航，使商贾往来辐辏，促进了经济繁荣。桥下多孔泄水，无阻塞之碍，被称为"江南第一长桥"。

明初，洪武元年（1368）知州孔克忠重筑桥身，加固桥体。永乐二年（1404），吴江知县蒋奎"改砌砖面，翼以层栏"④。正统五年（1440），苏州巡抚周忱又对长桥进行完善。此后，明代对垂虹桥的重修多以青砖、青石为主要材料，使桥身更为稳固。成化七年（1471），知县王迪重修，"易以青石，危栏穹洞，涣然可观。长一千三百尺有奇，为木翁六十有二仍其旧也，二亭废已久，垂虹亭巍然独存，复于亭之后，筑基垒石并刃屋数楹，为宾旅歇息之所"⑤。沈周《太湖竹枝歌二首》称"吴江长桥如长虹，西来太湖桥下通。我家落日水如镜，照见人影在波中"⑥。

成化十六年（1480），桥身坍圮近一半。邑人屠母赵氏捐赠白银千两有余，以助重建。重建后桥仍长千尺，桥下开置七十二个洞口。嘉靖年间

---

① ［宋］范成大撰，陆振岳校点：《吴郡志》卷十七《桥梁》，南京：江苏古籍出版社，1999年版，第248页。
② ［清］徐崧，［清］张大纯纂辑，薛正兴校点：《百城烟水》卷四《吴江县》，南京：江苏古籍出版社，1999年版，第347页。
③ 正德《姑苏志》卷二十《桥梁下》，清文渊阁四库全书本。
④ ［清］徐崧，［清］张大纯纂辑，薛正兴校点：《百城烟水》卷四《吴江》，清康熙二十九年刻本。
⑤ 刘延华：《吴江垂虹桥历史探渊与保护修缮》，江苏省文物局编《2007江苏省文博论文集》，南京：南京出版社，2008年版，第127页。
⑥ 孙旭升译注：《竹枝词名篇译注：孙旭升名篇译注系列四》，上海：上海书店出版社，2015年版，第75页。

曾进行修缮。到清朝康熙五年（1666），吴江知县刘定国重修吴江长桥，于桥两边增置石栏以防范风险。康熙四十七年（1708），因浚河掘起桥底所钉梅枋以致桥坍塌；康熙五十九年（1720），桥又坍塌过半，遂行重建。嘉庆四年（1799）又进行修缮。此后因湖荡失修，茭菱芦苇丛生，渐渐淤塞河孔，只容小舟通行。民国三年（1914），情况更为严峻，桥孔已经淤塞近半，当地居民筹资重修。自中华人民共和国成立以来，经多次维修及环境整治，目前东、西两端遗存约21孔，显露在外的为17孔，全长约83米。

其三，吴门桥的修建。吴门桥，位于苏州古城西南的盘门外，为北宋初建清代重修的单孔石桥，跨古运河（护城河），为出入盘门的必经通道。吴门桥的前身是"新桥"。据朱长文《吴郡图经续记》记载："新桥，在盘门外。自郡南出，徒行趋诸乡至木渎者，每过运河，须舟以济。又当两派交流之间，颇为深广，故自昔未有为梁者。今太守朝议章公下车，有石氏建请出钱造桥者，公立限督之，即日而裁，逾时而毕，横绝漫流，分而三桥，往来便之。"① 从平江城向南出行到木渎，原来依靠运河乘船，现在有了三座桥，便利了城内外的交流往来。

范成大《吴郡志》云："新桥，在盘门分为三桥者，制度甚宏。"② 据《吴县志》记载，吴门桥旧称新桥，又名三条桥，宋元丰七年（1084）郡人石氏出资兴建。绍定中重建，明正统间苏州知府况钟再建，弘治十一年（1498）水利郎中傅潮修，清顺治三年（1646）再修，雍正十二年（1734）重修，同治十一年（1872）江苏省水利工程总局重建。③ 重建后的吴门桥由原来的三孔石拱桥，已变成现在的一孔石拱桥。

中华人民共和国成立后，又多次修缮。南北两坡各铺设石踏步，北端左右金刚墙砌有纤道，以金山花岗岩构筑为主，杂有少量宋代旧桥所遗武康石。吴门桥被认为是苏州地区最高最大的单孔石拱古桥，与瑞光塔、古水陆盘门组成"盘门三景"，成为重要的旅游地，见证了苏州水陆城门的变迁。

---

① ［宋］朱长文撰，金菊林校点：《吴郡图经续记》卷中，南京：江苏古籍出版社，1999年版，第25页。
② ［宋］范成大撰，陆振岳校点：《吴郡志》卷十七《桥梁》，南京：江苏古籍出版社，1999年版，第245页。
③ 民国《吴县志》卷二十五《桥梁》，江苏省地方志编纂委员会办公室编：《江苏历代方志全书·苏州府部》，第36册，南京：凤凰出版社，2016年影印版，第180页。

第二节　塘路

春秋战国时期，胥塘、蠡塘、世子塘、无锡塘等塘的修浚为后世塘的先声。秦汉三国时期，军事屯田下也多有塘的开浚。塘浦圩田系统形成发展的过程中，塘浦的数量各有增长。

东晋永和年间，吴兴太守殷康修筑荻塘，后吴兴太守沈嘉重浚，为民行灌溉之利，时人称"吴兴塘"。唐开元十一年（723），荻塘仍通吴江，但河道湮塞，仅余90余里，且乌程诸水自荻塘下泄，于是乌程县令严谋达重浚荻塘。广德年间，湖州刺史卢幼平又进行了一次增修。贞元八年（792）苏州刺史于頔募民完善荻塘堤防，修筑自吴江平望至南浔53里的塘堤，并"又凿畎浍，列树以表道，决水以溉田"①，增强荻塘的各项功能，民获大利。因感怀其德，便以其名称塘，改荻塘为頔塘。元和五年（810）苏州刺史王仲舒在吴淞江修堤，筑吴江塘路，此时荻塘自平望县至秀水县王江泾。元和时期，湖州刺史薛戎曾小规模疏浚荻塘，工程范围在百里左右；后刺史孙储在此基础上又进行修浚。苏州通判李禹卿于北宋庆历二年（1042）修浚苏州境内的荻塘，筑长堤八十余里，以分洪灌田，便利转运。

北宋治平三年（1066），吴江县令孙觉有鉴于荻塘水潮患民，于是浚河疏塘，并首次"垒石为岸，壅土为塘"②，使湖岸较前更为完固，也利交通。宣和年间，专管水利的开江营维系紊乱，荻塘也日趋衰落。元朝又进行了整修。元天历二年（1329），知州孙伯恭相度湖滨塘堤渐坏，石块老旧窄小，容易被水冲塌陷落，筹资修筑塘堤护坡，由此葺修了荻塘、古塘、土塘等诸多塘堤。至顺元年（1330），"又葺荻塘"③。越明朝，常置水利官以专管水利，其间多次浚修太湖地区溇港水利。明万历十六年（1588），乌程县令杨应聘整修荻塘，历时两年。二十年后，湖州知府陈幼学加固堤岸，以坚硬平整的青石筑堤，后又称"石塘"。崇祯八年（1635），"巡抚都御史张国维同巡按御史王一鹗檄知县章日炌，勘核石塘

---

① ［明］张国维纂：《吴中水利全书》卷十《水治》，清文渊阁四库全书本。
② ［清］金友理撰，薛正兴校点：《太湖备考》卷三《水治》，南京：江苏古籍出版社，1998年版，第111页。
③ 震泽镇、吴江市档案局编：《震泽镇志续稿》卷末《刊讹》，扬州：广陵书社，2009年版，第381页。

平望西诸家铺水缺，筑内外塘七百六十丈"①。此后，因战火兵燹，塘又渐淤，水道渐狭。入清，又进行了多次修浚。

清顺治十二年（1655），诏令修浚颐塘。乾隆三年（1738），巡检孙泰来奏请修筑堤防，在沿边加巨石增修。雍正六年（1728），湖州知府唐绍祖重修颐塘。时李卫总督江浙海塘修浚，借府库藏银，集民众备土修筑颐塘塘堤，自震泽平望至浙江东门，仅70余里，塘道又见缩减。又因其处于县东，又称之为"东塘"。清中期修筑少见于记载，直至清末道光十二年（1832），杨绍霆为乌程县令募义捐以修河堤，治水患，"奉檄劝修圩岸，爰及东塘迤西三十里。……旧系土堤，改筑块石塘。……经始于三月甲子，工成于五月乙亥，资费万金"②。功成之后，有利于农田灌溉、航道运输及驿递传递，有利民生。及至民国三十六年（1947），又进行了一次大规模的修筑。自中华人民共和国成立以来，进行分段治理疏浚，并加固水泥石岸，新建跨河大桥，使塘岸面貌大为改观，功能更趋完善。

为便利常熟县水利灌溉，也促进苏州府与常熟县之间的交流与联系，唐宪宗元和二年（806），浙西观察使韩皋命苏州刺史李素开常熟塘，自苏州城齐门始，往北开塘至常熟县，塘长九十里，以年号命名为"元和塘"，既疏通了淤塞的河道，促进了航道交通，舟楫往来，带动农商经济的发展，也使泄水灌溉，旱涝得保，为民之大利。北宋徽宗政和六年（1116），赵霖称元和塘因风浪侵袭，塘堤毁坏，积水甚高，使往来舟楫常有倾覆之险，于是奏请由民置闸筑防，禁民围田以挡御风涛，"今若开浦置闸之后，先自南乡，大筑圩岸，围裹低田，使位位相接，以御风涛，以狭水源，治之上也；修作至和、常熟二塘之岸，以限绝东西往来之水，治之次也。凡积水之田，尽令修筑圩岸，使水无所容，治之终也"③。是年九月，即诏赵霖为两浙提举常平以修水利。

常熟知县惠畴于南宋宁宗嘉定七年（1214）重浚元和塘，疏浚淤塞，挖深塘道，并于塘边以石块铺路，长达于苏州府城，加固了塘岸，也便利了府县之间的陆路交通。明神宗万历三十七年（1609），常熟知县杨涟于元和塘边垒石筑堤，自县南门外，穿过苏州府城，绵延至长洲县界，长近

---

① 吴江市平望镇人民政府、吴江市档案局编：《平望志》上，扬州：广陵书社，2011年版，第35页。

② [清]张鉴：《南浔重修东塘碑记》，闫彦、王生云、金迪主编《浙江河道记及图说》，北京：中国水利水电出版社，2014年版，第104页。

③ [宋]范成大撰，陆振岳校点：《吴郡志》卷十九《水利下》，南京：江苏古籍出版社，1999年版，第289页。

四十里，工程颇大，禁遏横流，农田得到浇灌，因而又被人称为"杨公塘"。此后，元和塘久未兴修，渐至淤塞。至清朝乾隆二年（1737），江苏巡抚邵基奏请修筑，委任通判王延熙监督治理，"长洲县自府城北齐门起至常熟县交界止，长五十里，用帑银二万四千六百九十九两四钱零"①。乾隆二十九年（1764），将元和塘分为二十段进行修筑，一至四段在长洲县境内，自长洲县府城至顾泾桥，由长洲县承办，余下十六段多在常熟县、昭文县境内，由二县兼办，此次工程用银九千一百七十五两，所费向朝廷府库借用，由三县分年平摊还款。道光十四年（1834）与同治十年（1871），分别修浚了元和南塘宝带桥及元和桥窦，以利通航。后于光绪二十八年（1902）小修，疏浚齐门外河道仅一里余。至民国十四年（1925），又行开浚，但工程量小，效果有限。中华人民共和国成立后，也曾对元和塘相城区内及苏州城区齐门一带进行修浚。后交通运输部出台全面规划措施，还待继续完善。

因塘浦圩田的发展与崩坏，历朝兴修了或规划整齐，或局部调整的河塘，除上述荻塘与元和塘外，另有诸多著名塘，如汉初吴王刘濞于昆山东北娄县及嘉定一带所开盐铁塘；唐宋之间于太湖东岸修浚的吴江塘；唐五代吴越钱元璙于常熟县、昆山县间疏浚的梅李塘、白茆塘、杨林塘等；北宋景祐二年（1035）范仲淹督理开浚的七浦塘；北宋至和二年（1055）昆山主簿丘与权开筑昆山塘，又称"至和塘"或"致和塘"；吴县昆山塘（至和塘）；清光绪年间于吴江县浚成的牛长泾塘等，有的为历代沿用修浚，有的曾淤塞废弃，但在其开塘时期，都曾或多或少有利于农田灌溉及水道航运。

第三节　堤坝

唐五代时期，吴越国规划塘浦圩田系统，天祐元年（904），设置都水营田使和撩浅夫浚河筑堤，"营田军四都，共七八千人，专为田事，导河筑堤，以减水患"②。高堤能阻挡风涛，使田免受洪涝。唐元和五年（810），江南运河航道畅通，尤其是苏州府城至吴江平望之间，水面更为

---

① 民国《吴县志》卷四十三《水利二》，江苏省地方志编纂委员会办公室编：《江苏历代方志全书·苏州府部》，第39册，南京：凤凰出版社，2016年版，第75页。
② [宋]范仲淹著，李勇先、王蓉贵校点：《范仲淹全集》中，成都：四川大学出版社，2007年版，第534页。

辽阔，以致巨浪风涛汹涌，舟楫常受侵袭倾覆。苏州刺史王仲舒在运河外侧筑长堤以固风浪，也有利巨舰轻舟挽纤通行。

自唐代疏浚为堤路之后，吴江塘路南与荻塘相连，扩大了太湖东南沿岸的湖堤工程，阻挡了太湖风浪，促进了低田区的发展。宋大中祥符五年（1012），为了整修吴越之间的陆路交通，两浙转运使徐奭奏请重置开江营兵，抽调兵力1200人，专门修建吴江塘路，加固塘路南至嘉兴间一百余里。庆历二年（1042），苏州通判李禹卿重修长堤，"界于松江太湖之间，横截五六十里"①，庆历八年（1048），吴江县尉王廷坚在江面设桥通陆路，即吴江长桥。此后长堤、长桥历经完善，便利了水陆交通。也由此开始，激发了水利与航运之间的矛盾，"长堤和长桥几乎成为宋人论太湖水利的众矢之的，到后代也还有余锋未尽，每加非难"②。

天圣元年（1023），徐奭见苏州水道淤塞积潦，又与江淮发运使赵贺筑堤建桥，"自市泾以北，赤门以南，筑石堤九十里，起桥十有八，浚积潦。自吴江东赴海，复良田数千顷"③。至和二年（1055），有鉴于昆山县至娄门七十里间只有积潦水路，为打通陆路交通，故修建至和长堤。"嘉祐中人有献计，就水中以蕟菰刍藁为墙，栽两行，相去三尺，去墙六丈又为一墙，亦如此，漉水中淤泥实蕟菰中，候干则以水车汱（畎）去两墙之间旧水，墙间六丈皆土，留其半以为堤脚，掘其半为渠，取土以为堤，每三四里则为一桥以通南北之水。不日堤成，至今为利。"④ 北宋年间，塘浦圩田系统已经初见崩坏，郏亶认识到居民往往为求自身小利，毁坏堤防以筑私围，"及夫堤防既坏，水乱行于田间，而有所潴蓄。……为民者，因利其浦之阔，攘其旁以为田。又利其行舟、安舟之便，决其堤以为泾。今昆山诸浦之间，有半里、或一里、二里而为小泾，命之为某家泾、某家浜者，皆破古潴而为之也。浦日以攘（坏），故水道陿而流迟。泾日以多，故田堤坏而不固。日隳月坏，遂荡然而为陂湖矣"⑤。因此，他希望能回复五代吴越时期的圩田之法，使"田各成圩，圩必有长。每一年或二年，

---

① 同治《苏州府志》卷九《水利一》，江苏省地方志编纂委员会办公室编：《江苏历代方志全书·苏州府部》，第21册，南京：凤凰出版社，2016年影印版，第134页。
② 缪启愉编著：《太湖塘浦圩田史研究》，北京：农业出版社，1985年版，第30页。
③ [明]张国维纂：《吴中水利全书》卷十《水治》，清文渊阁四库全书本。
④ [宋]沈括著，施适校点：《梦溪笔谈》卷十三《权智》，上海：上海古籍出版社，2015年版，第94页。
⑤ [宋]范成大撰，陆振岳校点：《吴郡志》卷十九《水利上》，南京：江苏古籍出版社，1999年版，第267页。

率逐圩之人，修筑堤防，浚治浦港。故低田之堤防常固，旱田之浦港常通也"①。但最终并未成功。其子郏侨进一步论述说，时人以治水关键在开浚吴淞江，但仅以开浚不筑堤塘，则依然有水涝之患，也建议仿前人之举筑堤障水，"倘效汉唐以来堤塘之法，修筑吴松（淞）江岸，则去水之患，已十九矣"②。

元朝多称吴江长堤为民之大害。元朝潘应武言："吴江长桥，通长数十里。旧系木桥立柱，通彻湖水入江，由江入海。曩时非不能运石筑堤，盖因地之险，故作此数十里之桥，以泄湖水，冲激三江之潮淤也。今则垒石成堤，虽为坚固，而桥门窄狭不能通彻湖水。前都水监于石堤下作小洞门一百五处出水，然水势既分，不能通泄，又被横塘占种菱荷障碍，难以冲激，随潮沙上，于是淤塞三江，致令水势转于东北，迤逦流入昆山塘等处，由太仓刘家港一二处入海。此吴中所以多水患也。"③ 其中论述了吴江长桥与长堤之患的原因。

明时，苏州城东沙湖水域辽阔，风浪巨大，太仓、昆山、嘉定等居民以舟楫通行，常有险患。且湖中有盗薮，出没其间，以打劫客船或商船为生，一旦风波浪起，则受劫者无数。乡人想筑堤捍水，但因湖宽水阔，土石依附艰难，久未成行。弘治九年（1496），提督水利工部主事姚文灏奉旨监察水利，于湖中筑夹堤横截，称"沙湖堤"。嘉靖年间，巡抚都御史翁大立于河港中筑堤钉栅，防范倭寇。万历三十七年（1609），常熟知县杨涟于元和塘边垒筑石堤，巩固塘岸。清朝水患加剧，灾害频发，因而筑堤又多。清初虎丘旁有方公祠，即纪念苏松常道国栋"律己甚严，事亲至孝，赈荒筑堤，育婴待士，多惠政"④。乾隆三十五年（1770），疏浚白茆塘，并于塘岸筑堤。自民国以来，多次修建江堤与江浙海塘；中华人民共和国成立后，全面开展复堤修塘工作，同时规划太湖沿岸的湖堤工程，有一般堤、穿湖堤、包湖堤等多种形式，对堤身断面的要求也更为严格。

---

① ［宋］范成大撰，陆振岳校点：《吴郡志》卷十九《水利上》，南京：江苏古籍出版社，1999年版，第270页。
② ［宋］范成大撰，陆振岳校点：《吴郡志》卷十九《水利下》，南京：江苏古籍出版社，1999年版，第285页。
③ ［清］金友理撰，薛正兴校点：《太湖备考》卷十二《集文一》，南京：江苏古籍出版社，1998年版，第476-477页。
④ ［清］顾禄撰，王稼句点校：《桐桥倚棹录》卷四《祠宇》，北京：中华书局，2008年版，第290页。

第四节　闸站

水闸的设置成为江南民众应对水旱灾害的重要设施。春秋战国时期，已经有了置闸的做法。《越绝书》载："吴古故祠江汉于棠浦东。江南为方墙，以利朝夕水。"① 缪启愉认为其中"方墙"即为板闸，启闭以利水。②

自汉唐以来，沿江近海地区也常设闸启闭以泄水，唐以前苏州地区的闸站多处于太仓州、常熟县等沿江近海之地。塘浦圩田发展巩固之后，其水利设施中也常置闸，范仲淹称"江南旧有圩田，每一圩田方数十里，如大城，中有河渠，外有门闸，旱则开闸引江水之利，潦则闭闸拒江水之害，旱涝不及，为农美利"③。这种大闸可以控制长江或吴淞江对内河的水流影响，控制潮水，就是塘浦之闸。④

唐五代吴越时期，太湖地区水源充足，通过大闸与圩岸的结合，可以抬高水位，便于灌溉高地和岗身，同时避免外水的进入。郑侨言："钱氏循汉唐法，自吴江县松江而东至于海。又沿海而北至于扬子江，又沿江而西至于常州江阴界。一河一浦，皆有堰闸。所以贼水不入，久无患害。"⑤ 吴越国的塘浦圩田系统井然有序，河浦堰闸蓄水灌溉，泄水通航，且营田司与撩浅军各司其职，官方军事管理有度，于是经年无水患灾害。至北宋时期，各地闸站迭起。

北宋景祐元年（1034），苏州知府范仲淹为修浚太仓州茜泾浦，"亲至海滨，因设镇屯兵，专治浦闸"⑥。至和二年（1055），昆山主簿丘与权疏浚昆山塘，"得古闸于唯亭之侧，是古者水不乱行之验也"⑦。塘建成之

---

① ［汉］袁康、［汉］吴平辑录，乐祖谋点校：《越绝书》卷二《吴地传》上海：上海古籍出版社，1985年版，第16页。
② 据缪启愉编著：《太湖塘浦圩田史研究》，北京：农业出版社，1985年版，第12页。
③ ［元］任仁发：《水利集》卷六，明钞本。
④ 王建革：《吴淞江流域的坝堰生态与乡村社会（10—16世纪）》，《社会科学》2009年第9期，第124-135、191页。
⑤ ［宋］范成大撰，陆振岳校点：《吴郡志》卷十九《水利下》，南京：江苏古籍出版社，1999年版，第284页。
⑥ 江苏省地方志编纂委员会办公室编：《江苏省通志稿》卷十《水利治绩下》，南京：江苏古籍出版社，1993年版，第563页。
⑦ ［清］沈藻采编撰，唯亭镇志编纂委员会整理，徐维新点校：《元和唯亭志》卷四《津梁》，北京：方志出版社，2001年版，第51页。

后,"设闸者以限淞江之潮势耳"①。大观三年(1109),从中书舍人许光凝开浚吴淞江,于江中设置十二座水闸。两浙提举常平赵霖也主张置闸,称"一曰开治港浦,二曰置闸启闭,三曰筑圩裹田"②。又言新疏导的河浦,必须设闸,以防止淤积沙泥。政和四年(1114),松江知府郑闻、华亭知县侍其铨修浚港浦,在吴淞江下游青龙江段置闸,又开浚月河以泄江水。乾道六年(1170),两浙运副使刘敏士、浙西提举芮辉在常熟县新泾塘设置闸堰捍潮通舰,"仍差闸官一人,兵级十五人,以时启闭挑撩"③。这一时期,吴淞江下游设闸与筑堰的问题较为尖锐,设闸利于排泄江水,筑堰则有助挡障湖潮,"乾道二年至七年,……由华亭向青龙江的置闸一度改成坝堰"④。

元朝,塘浦系统内河道淤塞,水旱灾害严重。置闸作为水利技术极其普遍。而且需要大闸进行水流泄放。如"江南水利,最为易晓,虽三尺之童皆知其然,但浚河港必深阔,筑圩岸必高厚,置闸窦必多广"⑤。至元三十年(1293),下诏平江、松江等路府疏浚河道,缓解水患。"张桂荣、潘应武相视合修湖泖河港,应置桥梁闸坝九十六处,用夫匠一十三万有奇,凡三阅月而成。"⑥ 大德二年(1298)十一月,开浚太湖及淀山湖淤塞处,"置浙西、平江河渠闸堰,凡七十八所"⑦,以减轻涨塞。大德八年(1304)和大德十年(1306),行都水少监任仁发疏浚吴淞江,建议在支河也置闸。于是工成后先于上海县界复置闸窦,按时启闭蓄水泄洪;又于新泾安置两座木闸。泰定元年(1324),右丞相旭迈杰奏请疏浚吴淞江并置闸,称"江浙省言,吴松(淞)江等处河道壅塞,宜为疏涤,仍立闸以节水势。计用四万余人,今岁十二月为始,至正月终,六十日可毕,用

---

① [清]沈藻采编撰,唯亭镇志编纂委员会整理,徐维新点校:《元和唯亭志》卷四《津梁》,北京:方志出版社,2001年版,第51页。
② [宋]范成大撰,陆振岳校点:《吴郡志》卷十九《水利下》,南京:江苏古籍出版社,1986年版,第286页。
③ [元]脱脱等撰,刘浦江等标点:《宋史》卷九十七《志第五十》,长春:吉林人民出版社,1995版,第1536页。
④ 王建革:《水乡生态与江南社会(9—20世纪)》,北京:北京大学出版社,2013年版,第96页。
⑤ [元]任仁发:《水利集》卷五,明钞本。
⑥ [明]张国维纂:《吴中水利全书》卷十《水治》,清文渊阁四库全书本。
⑦ [清]毕沅撰:《续资治通鉴》卷第一百九十三《元纪十一》,长沙:岳麓社,2008年版,第407页。

二万余人，二年可毕。……臣等议，此事官民两便，宜从其请"①。于是专门委派左丞朵儿只班，以及前都水少监任仁发主持，泰定二年（1325）完工。

明代主要闸站设于沿江主干河道，"先后在青阳港的白塔头、夏驾河的奤子口、七浦塘的斜堰、千灯浦和夏驾河的南口建石闸"②。明洪武二十五年（1392），江潮风涛浪大，舟楫通行有倾覆之危，为疏通苏松七府的运粮航道，"浚胥溪，建闸，通苏、松、常、镇、杭、嘉、湖七府运道。……建石闸启闭"③。嘉靖二十五年（1546），"建七浦塘斜堰闸，防北来海潮"④。后白茆塘淤塞，使得七浦塘西北向无来水。隆庆三年（1569），巡抚都御史海瑞锐意开浚白茆塘，未久功成，于其上建闸以节制潮沙。第二年（1570），言"吴淞役垂竣，唯东西二坝未开。父老皆言昆山夏驾口、吴江长桥、长洲宝带桥、吴县胥口及凡可通流下吴淞者，逐一挑毕，方可开坝"⑤。于是在疏浚完成之后，于夏驾口等地也设置石闸，便利泄水冲淤。

崇祯年间，大闸衰退，小闸兴盛。耿橘对此进行了阐述："惟白茆港口、福山港口、七浦之斜堰，仅有闸迹，其他更不多见，何也？盖有闸必有守闸者。寇盗豪强，不利于大闸者十九，而江海口，地多旷廓，守之为难，况波涛冲蚀，水道又有迁徙之患，势必难存者。此等闸，工费动逾千金，销毁不逾数月，置而不论可也。至于围田之上流，泾浜之要口，小闸小堰，外抵横流，内泄涨溢，关系旱涝不小，且工费亦不多，如之何其不为之。所用工费，验田均派，如某区某图，应建闸若干座，合用物料银若干两，得利某圩某字号田若干亩。验法：每亩该银五厘以下者，民力自为之。一分者，官助二厘。坝堰法同此。"⑥这指出了大闸的衰落和小闸小堰的优越性。

---

① ［明］宋濂：《元史》卷六十五《志第十七上》，北京：中华书局，1976年版，第1637页。

② 王道伟主编，江苏省昆山县志编纂委员会编：《昆山县志》，上海：上海人民出版社，1990年版，第244页。

③ ［清］金友理撰，薛正兴校点：《太湖备考》卷三《水治》，南京：江苏古籍出版社，1998年版，第113页。

④ 徐惠中主编，昆山市土地志编纂委员会编：《昆山市土地志》，上海：上海科学技术文献出版社，1998年版，第164页。

⑤ ［清］张廷玉等撰，王天有等校点：《明史》卷八十八《志第六四》，长春：吉林人民出版社，1995年版，第1383页。

⑥ ［明］徐光启著，陈焕良、罗文华校注：《农政全书》，长沙：岳麓书社，2002年版，第238页。

清代水闸仍集中于沿江沿海地区。康熙十年（1671），太仓州浏河镇天妃宫对面设置浏河水闸。雍正十年（1732）重建时，将闸站西移。乾隆二十六年（1761），苏州巡抚陈宏谋相度常熟、昭文、太仓等地滨海，请开"白茆河、徐六泾二口，建闸启闭"①。道光十四年（1834），浏河水闸又经重修。中华人民共和国成立以来，经过整体统筹规划，各地又建诸多石闸、涵闸，其规模更大，设施更为完备，如浏河节制闸、太浦河节制闸、木渎船闸等，皆为浏河、太浦河、胥江的重要水利枢纽工程，在排水减涝、水利交通、航运等方面发挥了重要作用。

第五节　江堤海塘

苏州东面临海，北面靠江，因受到长江和海水涨潮的影响，江海之害时有发生。自古以来，江海之害已为人们所认识，且时而有之，很多次造成了十分严重的危害。② 因此，在水利工程建设方面，江堤海塘修建就是维护苏州水环境安全的重要举措。苏州境内的长江岸线，西起张家港市的长山脚下鸡婆湾，经常熟、太仓，东至上海宝山的闵家河，总长158千米，其中张家港77千米、常熟45千米、太仓36千米；福山港以上138千米称江堤，福山港以下69千米，按历史习惯称为苏南海塘。

苏州江堤海塘有着悠久的历史。六七千年前，苏州的东北部临近于海，后长江大量泥沙于长江两岸堆积成陆，使长江河口不断东伸，变临海为临江。在距今五六千年前，由于风浪的作用，在长江口的南岸形成与强风浪垂直分析的沙堤。从常熟的福山，经过太仓、嘉定的方泰、上海的马桥、奉贤的新寺，直到金山的漕泾，有几条并列的沙堤。③ 这是自然形成的最早的土堤古海塘（土塘），也是元代潘应武、清代顾祖禹等学者提到的常熟福山以下的岗身，或者是岗身的基础。

早期的沙堤历经历史演变，不断变化，不同的路线也产生了一些新

---

① 赵尔巽等撰，许凯等标点：《清史稿》卷一二八《志第一○四》，长春：吉林人民出版社，1995年版，第2614页。

② 同治《苏州府志》载："（雍正）十年七月庚子大风雨，海溢，平地水丈余，漂没田庐，溺死人畜无算。"又，同治《苏州府志》载：雍正二年（1724）"八月己丑江苏苏州府发生潮灾"，等等。参见同治《苏州府志》卷一百四十三《祥异》，江苏省地方志编纂委员会办公室编：《江苏历代方志全书·苏州府部》，第27册，南京：凤凰出版社，2016年影印版，第172-173页。

③ 中国科学院《中国自然地理》编辑委员会编：《中国自然地理·历史自然地理》，北京：科学出版社，1982版，第236页。

的沙带。清代雍正以后京口（镇江）、丹徒、江阴等地已有修建江堤的记载。民国时期，较大规模整修长江中下游干支堤防。至中华人民共和国成立前堤顶高程镇扬段7.0米左右，澄通、河口段（江阴以下）6~6.5米。中华人民共和国成立前，江堤矮小单薄，南岸又因国民党军队挖掘战壕受损，1949年长江大水，又遭遇台风袭击，武进县江堤缺口135处，江阴以下南、北岸决口达163处。1949年汛后开展了大规模江堤修复工程，苏州地区复堤标准为，高于1931年最高水位0.5米，顶宽3米，内外坡比分别为1∶2和1∶3。①

苏南海塘位于苏州市常熟、太仓，两县位于长江尾闾，江海交汇，不称江堤而称海塘，意在着重防御海潮。

唐代以前，海塘已经具有相当规模，但实际情况是在自然状况下古海塘基础上的不断修筑。苏州外围所处海塘是浙西海塘，唐代所修"捍海塘"已有相当规模，对稳定苏州地区海岸线具有重要作用。《新唐书·地理志》载："有捍海塘堤，长百二十四里，开元元年重筑。"② 浙西海塘在唐开元时自杭州盐官起到吴淞口的海塘连成一线。自宋代起，海塘由南向西北逐段推进，形成苏南海塘。

宋代海塘亦有一定规模，如南宋绍熙《云间志》载："旧瀚海塘，西南抵海盐界，东北抵松江，长一百五十里。"③ 这里的"旧瀚海塘"不是唐代始建，是宋代民间分散陆续构筑的海塘④，应该不属于古海塘。北宋苏州人朱长文在《吴郡图经续记》"海道"载："吴郡，东至于海，北至于江，傍青龙、福山，皆海道也。"⑤ 明确指出苏州的海道，其位置大体与古海塘的部分区段相合。而明代曹印儒的《海塘考》⑥ 将开元海塘（古

---

① 水利部太湖流域管理局、《太湖志》编纂委员会编：《太湖志》，北京：中国水利水电出版社，2018年版，第276页。

② [宋] 欧阳修，[宋] 宋祁撰：《新唐书》卷四十一《志第三十一》，北京：中华书局，1975年版，第1059页。

③ [宋] 杨潜：《(绍熙)云间志》卷中，清嘉庆十九年（1814）古倪园刊本。

④ 陈积鸿：《试探"旧瀚海塘"始建年代及其位置》，《上海水利志》1986年第2期，第34—40页。

⑤ [宋] 朱长文撰，金菊林校点：《吴郡图经续记》卷上，南京：江苏古籍出版社，1999年版，第17页。

⑥ 曹印儒《海塘考》言：海塘之制，本为捍御咸潮，以便耕稼。唐开元初名曰捍塘，起杭之盐官迄吴淞江，长一百五十里。宋干道中至正初皆修焉，起嘉定之老鹳觜以南，抵海宁之澉浦以西，高于城垣，内外皆有塘沟相夹，国初信国公汤和经略海防，倚以为固，至成化中颓废，巡抚毕享益增其旧及里护塘，兵农两济。参见 [清] 赵弘恩监修：乾隆《江南通志》卷五十七《河渠志》，清文渊阁四库全书本。

海塘）与宋代海塘混淆了，即宋乾道中、元至正初修过，明成化中又在原地加固的那条长一百五十里的海塘，与《云志间》所载的旧瀚海塘一致，乃宋代所修。① 苏南海塘最早见诸文字的是民国《重修常昭合志》所载宋乾道六年（1170）："立许浦水军寨，移明州之定海军屯戍浒浦镇……去镇三里，占民田三千五百亩，偿以公田，筑堤捍海，为屋万间。"②

太仓境内最早的塘工，可追溯到至正四年（1344）都水庸田使修筑捍海塘，洪武、永乐、成化年间各有修筑记录。太仓海塘在明代基本贯通。清代，太仓及镇洋海塘工程经历了十多年的筹划准备，计划在乾隆十八年（1753）正月二十六日祀土兴工。劳力来源广泛，除本地民夫外，从邻县赶来的不在少数，夯碛人员主要从宝山招募而来，总共不下两三千人，导致地方米价上涨，太仓动用常平仓平粜。常熟海塘是清乾隆十九年（1754），由当时的御史陈作梅奏请而建，东接太仓州界铛脚塘（今称锵脚塘），西至耿泾港止。

乾隆二十四年至三十一年（1759—1766），多次修筑苏南海塘。光绪元年至十八年（1875—1892），修建太仓、常熟海塘，增建太仓茜泾口外护滩桩坝。民国年间，太仓、常熟海塘多次修筑。据统计，太仓海塘自明洪武二十三年（1390）至民国二十四年（1935）的545年中，大小修建46次；常熟海塘自清乾隆十九年（1754）至民国二十四年（1935）的181年间，大小修建14次。③

中华人民共和国成立后，1949年冬至1950年春及1974年冬至1975年春两次较大规模修复和整修加固海塘。1949年12月苏南行政公署决定修塘标准为：塘外无滩险要地段，按民国二十年即1931年洪水位超高2米设防，塘顶高程常熟段7.5米，太仓段7.8米，塘外有滩地段，就原状整修，顶宽5~7米，内坡1∶1.5，外坡1∶2~1∶4。工程于1950年年初开工，同年5月完工。1974年8月，遭遇13号台风和高潮，潮位创历史新高，浏河闸下6.27米，江阴6.75米，局部海塘受损。1974年冬再次提高海塘标准，要求塘顶高程达1974年最高潮位以上2.5米，即高程8.8米，顶宽6米，内坡1∶2，外坡1∶3。工程于1974年冬开工，1975年春

---

① 陈积鸿：《试探"旧瀚海塘"始建年代及其位置》，《上海水利志》1986年第2期，第34-40页。
② 常熟市地方志编纂委员会办公室标校：《重修常昭合志》卷十《兵防志》，上海：上海社会科学院出版社，2002年版，第362页。
③ 水利部太湖流域管理局、《太湖志》编纂委员会编：《太湖志》，北京：中国水利水电出版社，2018年版，第277页。

完工。至1987年，苏南江堤海塘堤身或塘身结构一般为土堤，外有护坡。海塘的护塘工程采用的形式有桩石工程、浆砌和灌砌块石、混凝土挡墙和干砌块石和抛石护塘，以浆砌和灌砌块石最多。此外，在历史险工段白茆口西侧还建有丁坝。①

由于天文大潮及台风影响，1996年7月及1997年8月长江潮位连续两年创历史新高。1996年江阴萧山潮位达7.18米，超1874年历史最高潮位0.43米，1997年达7.22米，又比1996年高出0.04米。1997年12月江苏省提出加强江海堤防达标建设，要求江堤建设按国务院批准的"长江流域综合利用规划"确定的标准实施，达到50年一遇的防洪标准。常熟福山塘以上超高2米，福山塘以下，即海塘部分超高2.5米。设计断面要求主江堤顶宽不小于6米，背水坡坡比1∶2.5，迎水坡坡比1∶3，港堤和洲堤顶宽不小于5~6米，边坡参照主江堤。②

---

① 水利部太湖流域管理局、《太湖志》编纂委员会编：《太湖志》，北京：中国水利水电出版社，2018年版，第277页。

② 水利部太湖流域管理局、《太湖志》编纂委员会编：《太湖志》，北京：中国水利水电出版社，2018年版，第277-278页。

第七章 治水思想与水利技术

苏州地区在长期治水实践中,历朝历代产生了诸多的治水思想,并在水利技术方面不断创新和进步,保证了治水实践的顺利进行,为区域经济社会发展提供了基本保证。

第一节 治水思想

苏州治水主要围绕太湖展开，其治水思想是太湖流域治水思想体系的重要组成部分。苏州地区的治水思想主要可分为萌芽期、成熟期、整合期，在将水患变成水利的长期实践过程中，治水的思想体系逐渐完善与成熟。

一、治水思想的萌芽期

商周之际，中原文化开始进入太湖地区，农耕渐趋成熟，太湖地区的水利活动开始兴起。春秋战国时期，为了军事运输和发展农业的需要，先后开凿了胥溪、邗沟等河道，这个时期是太湖治水的萌芽期，治水思想还未形成成熟的体系。秦汉及南北朝的主要水利工程是开通江南运河，这些工程在强化王朝军政管理的同时，还起到"杀水势，渐泄归海"[①]的作用，制约了水害对太湖流域的侵害，这一时期是治水的初步发展阶段，人类改造自然的活动不断深化。

在苏州地区治水的萌芽与初步发展时期，具有代表性的治水人物主要有伍子胥和黄歇，这一时期的治水思想未成体系，治水实践更多体现的是人类活动对自然的改造，从严格意义上讲，尚不能称为治水思想。但是，伍子胥与黄歇等人在治水实践中的主张又是追溯苏州地区治水思想的源头。春秋末期，因楚平王杀其父兄，伍子胥流亡至吴，助阖闾刺杀吴王僚，夺取王位，全面参与吴国国政，为吴国的兴盛做出重大贡献，其中包括水利建设。他兴建的阖闾大城，除有八个陆门外，还有八个水门，使城外开浚的运河与城内的河道相通，沟通了城内外的水上交通，解决了居民饮水、城池防洪等一系列问题，四周的城濠也为固定城址起了重要作用。他又开浚了胥溪、胥浦、邗江等运河，为吴国御越入楚、北上称霸创造了条件。黄歇在苏州水利史上也有突出的贡献，据《吴中水利全书》记载，"楚春申君黄歇城故吴墟内，北渎四纵五横，治水松江，导流入海（后人因其姓黄，曰黄浦，亦曰春申浦），开港溉田（今曰黄田港），开浦置上

---

① [清] 嵇曾筠撰：雍正《浙江通志》卷二六七《艺文》，清文渊阁四库全书本。

下屯（今曰申浦）"①。除重视大型水利工程外，他还从事农田水利建设，《越绝书》记道："无锡湖者，春申君治以为陂，凿语昭渎以东到大田，田名胥卑。凿胥卑下以南注太湖，以写西野，去县三十五里。"② 今苏州城北有黄埭镇，相传即因黄歇筑堤而得名。

苏州地区治水的成熟时期当在唐代以后，出现这种现象的原因主要有二，一是前代治水实践活动丰富了治水经验，二是随着人类生产的深度开发，人与以水为主的自然环境间的矛盾日渐激化。故以下所述的治水思想较侧重唐代以后的发展，将治水思想系于治水人物，分时而论，分派阐述。

二、治水思想的成熟期

唐末五代时期，太湖地区的水利事业初步形成体系，开始将治洪、排水、灌溉、水运等有效地结合起来，发挥综合效益，这一时期是治水高潮期，众多治水实践活动兴起，治水经验不断积累。当时，不仅拓浚了江南运河，还兴建了堰闸，防止洪水侵袭两岸农田，初步建成吴淞江以南的江浙海塘，形成太湖平原东南部的沿海屏障。在此期间，兴筑与建成了吴江塘路，把太湖约束在一定范围之内，为太湖湖界的形成和湖东沼泽地的垦殖创造了条件。论太湖流域之治水，始于北宋，唐宋时期的治水者已经具备较多的治水经验与一定的治理水平，但是直至北宋时期，经验才得到总结，具有代表性的治水思想和理论才逐渐发展起来。自北宋以来，太湖地区生产生活活动日益频繁，人口、耕地不断增加，自然情况逐渐变化，农田水利与水运的矛盾，治田与治水的矛盾，蓄水与排水的矛盾，围垦与禁垦的矛盾等逐渐激化，引起了人们对水利问题的关注。

水利形势的变化是治水思想形成的源头。宋初的水利问题主要集中反映在以塘浦为界的大圩古制的解体，以及适应从"均田制"向"庄园制"过渡的小圩体系建立，它客观上适应了小农生产的需要。南宋以后，随着太湖下游排水出路的日趋恶化，以及吴淞江的屡浚屡淤、日趋萎缩，围绕东北和东南通江港浦排泄太湖洪水问题成为治水关注的领域。就东北港浦而言，其主流意见是东北港浦的主要作用是引潮水灌溉沿江高田，兼泄地

---

① ［明］张国维纂：《吴中水利全书》卷十《水治》，清文渊阁四库全书本。
② ［汉］袁康、［汉］吴平辑录，乐祖谋点校：《越绝书》卷二《越绝外传记吴地传第三》，上海：上海古籍出版社，1985年版，第15页。

区涝水。太湖之水若经东北港浦排入江海，是"导湖水经由腹内之田，弥漫盈溢，然后入海。……当潦岁积水，而上源不绝，弥漫不可治也"①。这时已经有了洪涝不分、无法根治水患的认识，成为现代圩区治理方法中"高低分开、洪涝分治"思想的先驱。对于太湖地区向东南方向的排水通道，在东江湮塞之后已由很多港浦分担，就入海口就有金山浦、小官浦、芦沥浦、澉浦等，也有"柘湖十八港""华亭沿海三十六浦"之说，足见当时东南沿海的港浦很多。由于受到当时水利技术水平的限制，随着东南海岸线的不断内缩，在填筑海塘过程中逐步封闭了东南海口，加上黄浦江的不断发展，东南地区大面积的排水逐渐被迫改由黄浦江出海。正是宋代这种复杂的水环境与水利形势，其治水思想才得以在反复的实践与认知的摸索中走向成熟。

（一）范仲淹与修圩、浚河、置闸

范仲淹为宋代苏州治水实践的集大成者。元代任仁发在其《水利集》中赞称："范文正公，宋之名臣，尽心于水利，尝谓修围、浚河、置闸三者如鼎足，缺一不可，三者备矣，水旱岂足忧哉。"② 范仲淹所倡导的"修圩、浚河、置闸"治水方略，是后人治理苏州水网圩区的重要理论根据。范仲淹于天禧五年（1021）调任泰州西溪（今盐城东台）盐仓监期间，发现旧海堤年久失修，上书江淮漕运副使张纶，请求修筑海堤。《宋史》记载："范仲淹为泰州西溪盐官，日风潮泛溢，淹没田产，毁坏亭灶，有请于朝，调四万余夫修渠，三旬毕工。遂使海濒沮洳泻卤之地，化为良田，民得奠居，至今赖之。"③ 杨阜作《画像赞》曰："青衫下僚，名世高节。捍患御灾，岂不在余。"又言"我思范公，水远堤长"④。后人为了纪念范仲淹，将此称为"范公堤"。

范仲淹于景祐元年（1034）至二年（1035）十月任苏州知州，曾上书吕夷简，提出要根治苏州水患，必须疏浚太湖东北方向的港浦，不但使之下泄松江，还应该使之从东北进入长江。他主持疏浚了常熟、太仓沿江的白茆、福山、浒浦、七丫、茜泾等港浦，施工时首创以工代赈，为后人所效法。庆历三年（1043），他任参知政事时，又向朝廷上《答手诏条陈十事》，其中特别谈到水利，"江南旧有圩田，每一圩田方数十里，如大

---

① ［明］沈启撰，［清］黄象曦辑：《吴江水考增辑》卷三《水议考上》，沈氏家藏本。
② ［明］张国维纂：《吴中水利全书》卷二二《议》，清文渊阁四库全书本。
③ ［元］脱脱等撰，刘浦江等标点：《宋史》卷九十七《志第五〇》，长春：吉林人民出版社，1995版，第1 526页。
④ ［宋］祝穆撰：《方舆胜览》卷四十五，清文渊阁四库全书本。

城，中有河渠，外有门闸，旱则开闸引江水之利，涝则闭闸拒江水之害，旱涝不及，为农美利"①。范仲淹认为应当浚河、修圩、置闸三者并重，这一意见很为后人所重。

范仲淹《上吕相公书》及《条陈江南、浙西水利》，是议论太湖治水的早期著述。该述虽未形成严密的系统，但是涉及的问题比较广泛，大部分是针对当时水利上的时弊而发，是太湖流域治水有较大影响的文献之一。文中称苏湖常秀一带，原有较好的圩田、河塘等水利工程设施，苏州并有常设管理专业队伍从事维修养护，粮食产量高，出赋多，称得上"膏腴千里，国之仓庾"②。但自北宋建立以后，朝廷轻视农政，水利失修，圩田、河塘大半隳废，失去大利。尤以姑苏四郊平洼，受太湖纳数郡之水过境，湖河泛滥，水灾更重于其他州郡。因此，他积极倡议兴修水利，以拯救民困国虚之急。他主张疏浚入江入海各水道，把苏州之积水分两路排泄，即"不惟使东南入于松江，又使东北入于扬子江与海"③。景祐二年（1035）他亲至江浒，督浚白茆、福山、黄泗、浒浦、奚浦、茜泾、下张、七丫等港浦，导诸邑之水，为重兴苏州水利打开了僵局。他主张新导之河（指通江达海港浦），一定要设挡潮闸，以便旱时蓄水，涝时开闸排水。范仲淹在《上吕相公并呈中丞咨目》中指出："新导之河，必设诸闸，常时扃之，以御来潮，沙不能塞也。每春理其闸外，工减数倍。旱岁亦扃之，驻水溉田，可救熯涸之灾，涝岁则启之，疏积水之患。"④新开的河道，要设置一些水闸，平时放下水闸防备潮水的侵袭，沙子不可能淤积在里边。范仲淹"又于福山置闸，依山麓为固。旧址今尚存，人名曰'范公闸'"⑤。

范仲淹的治水思想，体现了治水与治田的结合，妥善地解决了蓄水与泄水、挡潮与排涝、治水与治田的矛盾，不失为当时治理太湖的一种好方法。范仲淹的这一治理主张，不仅对后人治理太湖具有一定的影响，而且对后世治理水网圩区亦有一定的借鉴意义。事实上，其后历代圩区的水利建设，大多采用范仲淹之法，即便是今日太湖流域综合治理十大工程，也只是在范氏的治水主张上，新增了机泵翻水这一现代技术。

---

① ［元］任仁发：《水利集》卷六，明钞本。
② ［明］张内蕴、［明］周大韶：《三吴水考》卷八《水议考》，清文渊阁四库全书本。
③ 转引自郑肇经主编：《太湖水利技术史》，北京：农业出版社，1987年版，第264页。
④ 转引自郑肇经主编：《太湖水利技术史》，北京：农业出版社，1987年版，第264页。
⑤ 周鸿度等编著：《范仲淹史料新编》，沈阳：沈阳出版社，1989版，第150页。

(二) 郏亶与治田、治水

郏亶对前人治水的深刻批判也可称为重要的治水思想。他的治水主张主要可以概括为：水旱并重，高低兼顾，以治田为主，以决水为后，恢复塘浦圩田制度，制水以归海。他的治水思想集中体现在《苏州治水六失六得》和《治田利害七论》两篇文论中[1]，其中表达了他对前人治理苏州水利的评议和他对苏州治水的意见，因此得到宰相王安石的赞许。熙宁五年（1072）他被任命为司农寺丞，提举兴修两浙水利，但施工仅一年工程就中辍，他罢官回乡。郏亶赞同唐代的治水思想及"塘浦圩田"的治水方法，他提举兴修两浙水利的理论与实践，主要是力图恢复已经废弛的塘浦圩田古制。他指出苏州治水有六失，也主要认为没有重视维护塘浦圩田工程。由于北宋的农业生产经营体制已与唐代不同，在多种因素的影响下，郏亶治理苏州水利的计划未能实现。他的论述也有为强调自己观点而贬低前人治水成就之处，然而，他提出的水旱并重、高低分治、治田为本、蓄泄兼施等论点，将农田水利工程放在治水的首要位置，优先完成直接为农田生产服务的、见效快、受益广的筑圩浚通工程，并加强对圩岸塘浦的管理养护，然后做排水、引水等工程去巩固提高农田水利工程的效益。这是郏亶对工程轻重缓急的见解，也是针对时弊而言。在郏亶以后的元、明、清议论吴中治水者，仍多有重决泄、轻治田，重大轻小，重工程、轻管理的倾向。郏亶治水，讲究实效，反对华而不实、舍本求末的治水观点，明确可取，为后人称道。但是他泥古守旧，不从时代的发展形势去分析治水存在的问题，专重堰闸，欲通过恢复大圩古制的纯治水观点，应当作为后人汲取的教训。

(三) 单锷与治洪

单锷的治水思想主要在于治洪。他常常乘小舟往来于苏州、常州和湖州，亲身考察水利形势，提出上、中、下游整合治理水患的措施，强调排泄积水、修筑围岸的主张。其所著《吴中水利书》，翰林学士苏轼代奏于朝，但未得实施。他指出水为害苏、常、湖三州时间很长，农业收成税赋大体减半。前人虽探求治水之策，但皆不得要领，找不出水害根源，因循失治。由此，他总结了水害的原因是"积而不泄"："震泽之水积而不泄，是犹有人焉，桎其手，缚其足，塞其众窍，以水沃其口，沃而不已，腹满而气绝，视者恬然，犹不谓之已死。"[2] 他认为三州水患的主要原因，其

---

[1] 郑肇经主编：《太湖水利技术史》，北京：农业出版社，1987年版，第265-274页。
[2] ［宋］单锷：《吴中水利书》，清嘉庆墨海金壶本。

一是唐末废去东坝五堰，致使宣、歙、金陵、水阳江之水东灌苏、常、湖；其二是庆历二年（1042）欲便运粮，筑吴江长堤，横截江流，太湖水溢而得不到排泄，壅灌三州之田；其三是宜兴百渎湮塞，荆溪之水不能畅入太湖而为患，其中尤以吴江长堤阻水，是三州水患最根本的原因。单锷对处理太湖洪水的论点和措施，具体可以概括为：上治五堰，使西水不入荆溪；中治宜兴百渎之故道，使西部之水归入太湖；下治吴江长堤为木桥千所，开白蚬、安亭江，使太湖之水东注于海。① 总之，不论上、中、下游，凡是泄水的河、港、浦、渎，单锷认为都要次第疏导。

太湖地区的治水，需要通畅水路，原无可非议，但单锷其"排"重于一切的治水方针，及凿通吴江长堤就可以解决三州水害的治水观点存在片面性。他还反对郏亶"治田为先，决水为后"②的论点，认为应该先决水后治田，"水既泄矣，方诱民以筑田围"③，说郏亶欲使民就深水之中叠筑围岸是不智之举。单锷将水利上的很多问题，都归咎于吴江岸的阻水，但他只言开浦泄水，不提倡筑闸防淤，认为古人开浦曲折婉转，浑潮倒灌，有所回激，泥沙不能入，也是导致水网淤积的原因。

（四）郏侨与分区治水

郏侨系郏亶之子，他继承父志，研究太湖水利，取舍前人之说，参以已见，著成《水利书》。郏侨综合范仲淹、郏亶、单锷之学说，扬长避短，取三人之精华，舍其不当之处，基本上可以代表北宋时期太湖地区治水之策。郏侨对太湖地区的治水进行了全面、系统的论述，还提出了以吴淞江为宣泄太湖洪水专道的新设想。他在治洪决水问题上基本承袭了单锷的观点，主张决水阳江之水由芜湖、当涂入长江，决常州、镇江一带之水向北入长江，决杭州山源之水入钱塘江，不使水壅入太湖为害。他主张辟吴江塘路多置桥梁，通畅湖水出路，浚青龙江、吴淞江决太湖水入海。他反对导太湖之水由东北诸港浦排入江海，以免洪水先害民田，然后出海，故而提出筑吴淞江两岸堤塘，不使洪水北入苏州和南入于秀洲，减少洪水对二州之田的危害，将积水导由吴淞江迳趋于海，即以吴淞江为排太湖洪水的专道。太湖洪水经专道入海，不需要抬高塘浦水位，就可以导洪水入吴淞江而后入海，这不仅对低田有利，而且排水迅捷，江口也不易淤积。除此之外，郏侨对涝水地区主张分片处理，他认为"欲决常州、润州之水，则

---

① ［明］张内蕴、［明］周大韶撰：《三吴水考》卷八《水议考》，清文渊阁四库全书本。
② ［明］归有光撰：《三吴水利录》卷一，清咸丰涉闻梓旧本。
③ ［明］归有光撰：《三吴水利录》卷二，清咸丰涉闻梓旧本。

莫若决无锡县之五卸堰，使水趋于扬子江"①，"欲决苏州、湖州之水，莫若先开昆山之茜泾浦，使水东入于大海，开昆山之新安浦、顾浦，使水南入于松江，开常熟之许浦、梅李浦，使水北入于扬子江"②，于秀洲治华亭、海盐诸港浦，疏导积潦。郏侨对治田与决水问题，不同意其父与单锷各执一偏之争论，他认为两者不可偏废，他认为"若止于导江开浦，则必无近效；若止于浚泾作岸，则难以御暴流。要当合二者之说，相为首尾，乃尽其善"③。他的大中小结合方针，发展了太湖地区治水的理论。

综上，范仲淹论水利，虽不全面，但所论问题皆实际中肯。郏亶只言苏州治水，没有研究上、下游配合共利的问题，但是其高低分治，洪旱兼顾，以及重视治田、重视管理养护的治水观点，是切合实际的。单锷论苏、常、湖三州治水，实际上是以常州为重，各有一偏，但对太湖洪水处理进行上杀、中分、下导的指导思想，则颇有可取之处。除上述治水思想外，有宋一代，议论太湖流域治水的还有很多人，主要论述内容是围垦与治水的矛盾，但其立论，基本上逃不出范仲淹、郏亶、郏侨、单锷诸人的学说。比较知名的有：苏轼的治水奏状乃是推荐单锷的治水方案；赵霖的《治水三说》倡导开治港浦、置闸启闭、筑塘裹田乃是对范仲淹、郏亶若干论点的补充和发挥；南宋李结的《治田三议》敦本、协力、因时，讲的是浚浦筑圩；黄震的"驾水归海"，就是郏亶抬高水位强水归海的办法。其他如王安石、沈括、范成大、邱与权、许光凝、向子諲、史才、周环、赵子渊、陈正同、陈弥作、薛元鼎、毛渐、章冲、王彻、罗占、张叔献、徐谊、李珏、沈度、任吉、卫泽等人，关于治水的论述少有创新，缺乏新意。

三、治水思想的整合期

宋以降，治水专家纷纷著书立说，有关太湖水利的著作就有上百种，这在全国的地区性水利著作中实属罕见，如单锷的《吴中水利书》，姚文灏的《浙西水利书》，归有光的《三吴水利录》，张内蕴、周大韶的《三吴水考》，张国维的《吴中水利全书》等，都是中国水利史上的传世名著。这些治水名著名篇大多集录了历代治水名贤的主要学说，于了解苏州

---

① ［明］归有光撰：《三吴水利录》卷一，清咸丰涉闻梓旧本。
② ［明］归有光撰：《三吴水利录》卷一，清咸丰涉闻梓旧本。
③ ［明］归有光撰：《三吴水利录》卷一，清咸丰涉闻梓旧本。

地区水文化的治水思想具有重要意义。以下主要介绍几个具有代表性的人物的治水思想和学说。

(一) 以整治太湖泄水为中心

元代论太湖水利之人，主推任仁发和周文英两人。任仁发著有《水利集》，其中核心部分《水利议答》体现其治理太湖的水利思想。他认为治理太湖水利的重点是治理吴淞江，疏浚吴淞江治理太湖水灾思想也是元代治理太湖的主流。任仁发沿袭宋代治理太湖的"修围、浚河、置闸"一套理论和方法，主张开江河以泄水，筑堤岸以障水，置插窦以限水，认为三者并举方可治理太湖地区水灾。周文英根据自然变化的新情况，对下游排水出路，提出了新的见解。周文英的《论三吴水利》一文，认为吴淞江海口段严重淤塞，是自然环境变化的规律性现象，在这样的新形势下，利用挡潮闸冲淤已经不能产生效果，他主张不如放弃吴淞江海口段的涂涨之地，顺从水流之势从而进行疏导，引导吴淞江从刘家港一两处港浦入海。元代之时，太湖地区的排水处于极度困难的境地，一向被称为"百川之宗"的吴淞江海口段因为淤积日渐严重，地势逐渐呈高平之态。虽然东南港浦尚有几处通流，但是远远不能胜任太湖地区的积水排泄，太湖水不得不迂回逆行，由东北港浦入海。在当时的情况下，周文英的治水主张确属权宜救急之计。

直至明代，太湖地区的排水问题仍然是该区水利问题的重中之重。苏州位于太湖流域的核心区域，东濒大海，北临长江，地势低洼。苏州除有太湖外，还有石湖、独墅湖、黄天荡、金鸡湖、阳澄湖等较大湖泊，运河、胥江、娄江、吴淞江、刘河、白茆河等河流交错，水资源极其丰富。水源丰足对于该区域来说并非绝对是一件好事，如果不能加以改造、利用，往往会泛滥成灾。苏州地区水利问题的要害是太湖泄水畅通与否的问题，太湖流域四周高而中部低，呈现出以太湖为中心的洼地地形，苏州处于太湖东北部，属于最为"沮洳"的低洼之地，湖水流缓，加之受到江海潮汐的顶托，向外排泄不畅，水位一旦涨高，退落很慢，正是"震泽之水，积而不泄，是犹人焉，桎其手，缚其足，塞其众窍，以水沃其口，沃而不已，腹满而气绝，欲不死，得乎？"① 明朝永乐初年，以户部尚书夏元吉治理苏松水患。《明史·夏原吉传》记道："原吉请循禹三江入海故迹，浚吴淞下流，上接太湖，而度地为闸，以时蓄泄。从之。役十余万人。原吉布衣徒步，日夜经画，盛暑不张盖，曰：'民劳，吾何忍独适。'

---

① [明] 沈启撰，[清] 黄象曦辑：《吴江水考增辑》卷三，沈氏家藏本。

事竣，还京师，言水虽由故道入海，而支流未尽疏泄，非经久计。明年正月，原吉复行，浚白茆塘、刘家河、大黄浦。"①

从治水思想的传承看，夏原吉的太湖治水方法主要继承了周文英的主张，即将吴淞江下游改道至浏河出海，同时开凿范家浜接通大黄浦，向东开辟一条排水河道，导水以归海。他提出的改浚夏驾浦和顾浦，导吴淞江水改经浏河出长江的主张，并加以实施，即太湖治水史上有名的"掣淞入浏"方略。他的另一重要治水贡献，就是放弃疏浚壅塞的吴淞江支流黄浦下游段上海浦，而开阔了由南跄浦出海的范家浜，上接黄浦，以排泄淀、泖之水。夏元吉治水后，水道较通畅，苏松水患有所减轻。故正德五年（1510）谢琛在水利奏中说，夏元吉开浚刘家港、白茆港，"自后七八十年朝廷之贡赋不亏，百姓赖以安堵"②。当时取得了短暂效益，但是促使太湖水系发生了很大的变化，即导致吴淞江更为淤塞，黄浦夺溜逐渐变大，成为太湖的主要排洪干道，这一变化也引起不少争议。吴淞江的疏浚，在明代二百七十六年间，大的疏浚有十一年，平均二十多年治理一次，但随浚随淤，周期缩短，淤积越来越严重。造成这种困扰的原因，主要在于夏元吉治水思想的单一、片面，治水的整体思维不够。夏元吉之后，更有周忱、林应训等人主持治理太湖水利，皆将吴淞江下游视作太湖水利的症结，这些大的水利活动，花费帑银常达几十万两，人工投入也很可观。频繁治理反映了治水本身的难度，也折射出治水思想的多元。

（二）以整治圩田水利为中心

塘浦圩田对苏州农业经济的发展发挥了重大作用。塘浦圩田发展到明代，其技术比前代有较大进步，明人逐步围绕圩田水利开展治水活动，治水思想逐渐偏重整治圩田水利，其中以耿橘为代表。耿橘为明代河间人，万历二十三年（1595）任常熟知县，他生于北方，不熟悉南方的塘浦圩田水利，但是他亲自下乡考察，对常熟全县的水利情况了如指掌，他整理了万历二十三年（1595）、三十四年（1606）兴修水利的有关材料，编撰了《常熟县水利全书》。该书共分十章，另有附录二章，是太湖地区规划和治理一县水利的专书，详细记载了兴修水利时规划、报审、施工和验收的全过程，还总结了工程缓急、劳动力组织、水利经费来源和开支、荒田开垦等经验。明代之前，虽有人论及圩田水利，但是无专门之论著。耿橘所撰

---

① ［清］张廷玉等撰，王天有等校点：《明史》卷一百四十九《列传第三十七》，长春：吉林人民出版社，1995年版，第2824页。

② ［明］沈启撰：《吴江水考》卷四《水议考中》，《四库全书存目丛书》编纂委员会编《四库全书存目丛书·史部》，第221册，济南：齐鲁书社，1996年版，第717页。

写的《常熟县水利全书》，虽为一县一方的水利专书，但是影响甚广，尤其是他倡导的"开河法""筑岸法"，将圩区的浚河筑圩技术记述得细腻合理，备受后人推崇，影响到了明清时期的治水走向。

(三) 治水思想的整合与补充

明代以来议论太湖治水者不少，比较著名的有姚文灏的《浙西水利书》、王同祖的《治水要略》、周凤鸣的《奏治水六事》、伍余福的《三吴水利论》、吕光洵的《奏治水五事》、金藻的《三江水学》、林应训的《论苏松水利》等，但是所言不过是前人治水主张之复述或注解，缺乏系统性主张。唯归有光、张国维的治水主张自成一说，见解独特，对当时治水实践和后期治水方略发挥了重要作用，产生了重大影响。

明后期的归有光，著有《水利论前》《水利论后》。他对吴中治水的基本主张是"治吴之水，宜专力于松江，松江既治，则太湖之水东下，而余水不劳余力矣"①。他秉承"治松江，则吴中必无白水之患，而从其旁钩引以溉田，无不治之田矣"②的论点，认为吴淞江淤塞的原因在于"与水争尺寸之利，所以松江日隘"③，因而批判了单锷欲修五堰是违背自然之法。他主张将吴江岸彻底扒光，在《水利论后》中进一步强调开挖吴淞江要有大禹治水那种"山陵当路者毁之"④的气概，赞扬单锷"迁沙村之民运去涨土，凿堤岸千桥走水"⑤和苏轼"欲松江不塞，必尽徙吴江一县之民"⑥的言论。

归有光对前代治水名家进行了评判。他赞许郏亶塘浦深阔、堤防高厚的治田治水之法，赞许金藻"纲领之论，实为卓越"⑦，但又说金藻寻求东江故道，是不明嫡庶之举，还批评周文英放弃吴淞江下游不开，导吴淞江入浏河是不足辩的荒诞之论。归有光的治水主张从"复禹迹"的观点出发，在"以浦代淞"已成为不可逆转的形势下，还主张大开吴淞江，其语论中多有偏激且脱离实际之处。但是其"水为民之害，亦为民之利"的论点表明他的治水思想已经上升到一种人文关怀的高度，不再局限于为治水而谋治水。他在《上兵道熊桴水利书》中恳求当权者把大开吴淞江看作与

---

① [明] 归有光撰:《震川集》卷三《论议说》,四部丛刊景清康熙本。
② [明] 归有光撰:《震川集》卷三《论议说》,四部丛刊景清康熙本。
③ [明] 归有光撰:《震川集》卷三《论议说》,四部丛刊景清康熙本。
④ [明] 归有光撰:《三吴水利录》卷四,清咸丰涉闻梓旧本。
⑤ [明] 陈子龙辑:《明经世文编》卷二九四,明崇祯平露堂刻本。
⑥ [明] 陈子龙辑:《明经世文编》卷二九四,明崇祯平露堂刻本。
⑦ [明] 陈子龙辑:《明经世文编》卷二九五,明崇祯平露堂刻本。

屯兵百万于海上防倭同等重要大事。在归有光的水利论述中，还对太湖水的处理做过评论，不同意拆除吴江塘路排泄太湖水的主张，提出"夫水为民之害，亦为民之利，就使太湖干枯，于民岂为利哉！"① 从战略高度提出有关水资源利用的问题，为引申后人治理太湖向引、蓄、排、泄全面考虑有启迪。

张国维在崇祯八年（1635）任巡抚都御史，与巡抚御史王一鹗主持修筑吴江石塘，并修建了长桥、三江桥、翁泾桥。崇祯九年（1636），他上书请求开浚吴江垂虹桥两侧的泄水通道，"太湖翕聚众水，吴江仰承委灌，分注吴淞、娄江以入海，其长桥七十二鏬，与九里石塘一带诸水窦，皆宣泄之所必由，今桥鏬旁架浮阁，淤遏水势，渐致闭塞，则拆卸不容缓，石塘诸窦，年久亦多壅淤成陆，并宜一体开浚，以免农田之患"②。《明史·张国维传》称其"建苏州九里石塘及平望内外塘、长洲至和等塘，修松江捍海堤，浚镇江及江阴漕渠，并有成绩"③。崇祯十二年（1639），他积数十年治水经验，编撰并刊印《吴中水利全书》二十八卷："是书先列东南七府水利总图，凡五十二幅，次标水源、水脉、水名等目。又辑诏敕、章奏，下逮论议、序记、歌谣，所记虽止明代事，然指陈详切，颇为有用之言。"④ 为我国古代最重要的东南水利著作。

纵览清代，治水者居多，议论开浚河道的奏疏和文章也特别多，如顺治时期的江宁巡抚戴国宝，康熙时期的江苏布政使慕天颜，雍正时期的张震，雍正、乾隆年间的叶凤毛，乾隆年间的江苏巡抚庄有恭，但是很少有纵论太湖水利全局的著述，在某些方面仍然沿袭前人所论。尽管在治水思想方面未有建树，但是涌现出的治水名贤，将历代积累的治水主张用于治水实践，起到了造福一方百姓的作用。

清朝中后期，林则徐在苏州地区治水最具代表性。道光四年（1824），他任江苏布政使，道光十二年（1832）又任江苏巡抚。他在任期间对太湖水利十分重视，先后主持疏浚了浏河、白茆河，并于各河道近海处修闸建坝，节制水流，取得成效。即以浏河为例，他在《验收刘河挑工并出力人员请奖折》中说："经臣林则徐临工覆验，河身倍见深通，堤岸一律平整，

---

① ［明］张国维：《吴中水利全书》卷二十一《论》，清文渊阁四库全书本。
② ［明］张国维：《吴中水利全书》卷十四《章疏》，清文渊阁四库全书本。
③ ［清］张廷玉等撰，王天有等校点：《明史》卷二百七十六《列传第一百六十四》，长春：吉林人民出版社，1995年版，第4 656页。
④ ［清］永瑢、［清］纪昀主编：《四库全书总目》卷六十九《史部二十五》，清乾隆武英殿刻本。

闸座俱臻坚固，涵洞最便蓄宣，均无草率偷减情弊。……此次工竣之后，适七月二十三、四、五等日，苏、松一带大雨倾盆，太湖附近诸山陡发蛟水，处处盛涨，拍岸盈堤。当即飞饬太仓、镇洋二州、县，将该坝涵洞全行启放。据禀滔滔东注，两日之内，消水二尺有余，而秋汛大潮，仍无倒灌。是浏河之容纳，与涵洞之宣泄，实已著有成效。"① 此外，他还在宝山、华亭等县主持大修海塘，在其外坡叠加桩石，固若金汤，故沿海之地得数十年之利。林则徐虽然未在治水方面专成一体，但是他以历代积累的治水经验为鉴，将治水融于为政之中，丰富了他的施政思想，此举也可谓治水思想的另一种表现形式。

民国以后，近代水利科学知识的输入，丰富了我国的治水学说体系，治水从偏重一域逐渐走向整体兼顾。金松岑持有整体治水思想，他指出太湖流域水利建设要全面规划，协同治理，不主张以省界为限。他曾任江苏省议会议员，于民国六年（1917）任江苏水利协会筹备处筹备员，同年9月成立江苏水利协会，任常驻研究员，民国八年（1919）成立江浙水利联合会，其为特别会员，民国十六年（1927）任太湖流域水利工程处总务科长。他在《江苏水利协会什志》发表多篇文章，如《江南水道述》《筹兴江南水利应从测量入手案》《铁道与水利之关系》《江南水利之商榷》《致省长公署水利主任陈君书》《江浙水患补救策》《湖史甄微》等，从不同角度阐述了水利建设。

综上，治水思想是历代治水实践活动积累的宝贵经验。从时间上看，唐宋以后是苏州地区治水思想成熟的主要时期，治水人物层出不穷，传世的治水著作也大多自这一时期面世。宋代的治水思想，可以概括为以整治"塘浦圩田"为中心的治水策略，这一时期的治水思想强调将治水与治田相结合，辅之以置闸、疏浚等其他策略。元明以后，随着自然环境与社会经济环境的变化，水利情势突变，太湖流域因排水问题而成"牵一发而动全身"之势，针对吴淞江下游泄水口的治理成为治水思想的主要内容。清朝以后，太湖流域的治理仍沿袭前人之法，但是清代是历代治水经验的集大成阶段，更有近代以来治水学说更新，新的治水思想适用于旧的水利问题，治水进入全新时期。

---

① [清] 陶澍撰，陈蒲清主编：《陶澍全集》第5册，长沙：岳麓书社，2017年版，第288-289页。

第二节　水文观测与水利技术

水文观测是水利科学的重要内容。在古代，水利科学具体体现在水资源开发利用、水环境保护、水灾防治、水利管理、水文观测及水利工程建设等方面；在水利技术方面，苏州地区主要涉及开河技术、塘浦圩田技术、水中筑堤技术及河道治理技术等，其中尤以农田水利中的塘浦圩田技术最为成熟，以塘浦圩田技术为代表的农田水利技术可谓苏州水利技术之核心。

一、水文观测

中国古代有简单的水文观测，水则碑就是一例。水则碑是刻在石碑上的标尺（古代称呼刻道为"则"）竖置水涯，用以观测水位的高低涨落。众多水则碑中以《吴江水则碑》（图 7-1）最为著名，该碑设置于北宋宣和二年（1120），地处吴江县长桥垂虹亭北侧岸边水涯。《吴江水考增辑》载："宋徽宗宣和二年（1120），立浙西诸水则石碑，凡各陂湖泾浜河渠，自来蓄水灌田通舟，官为核量丈尺、地名、四至，并镌之石云云。则长桥二碑之立，正在此时。想他处立石尚多，惟兹独存耳。"[①] 该水则碑分左、右两边，碑上刻有7—12月的句线，以记水位。明清之间被损毁，清乾隆十二年（1747），吴江县知县陈其镶仿照原碑重建，改称"横道水则碑"。《吴江水则碑》的影响是跨越时空范围的，它的科学性一直为后人借鉴，清光绪二年（1876）七月，江苏巡抚吴元炳仿照《吴江水则碑》，另立碑于苏州胥门外万年桥旁，以验水位之消长，而悉农情。

关于设置水则碑的目的及其运用，《吴江水考增辑》中记载道："横道水则石碑，碑长七尺有奇，树垂虹亭北之左，建置无考。左石一碑面横七道，道为一则，以下一则为平水之衡，水在一则，则高低田俱无恙，过二则，极低田淹，过三则，稍低田淹，过四则，下中田淹，过五则，上中田淹，过六则，稍高田淹，过七则，极高田俱淹。"[②] 若某年水至某则为灾，就在本则刻记某年洪水水痕至此，水痕达到某则产生水灾，就把这次水痕发生的时间，依上法刻于左碑。水则碑有专人负责观测，每十天把涨

[①] ［明］沈启撰，［清］黄象曦辑：《吴江水考增辑》卷二《水则考》，沈氏家藏本。
[②] ［明］沈启撰，［清］黄象曦辑：《吴江水考增辑》卷二《水则考》，沈氏家藏本。

落到某则的水情报告当地官府。故水则碑设置的原意，是把洪水水痕刻上石碑，根据洪水水迹所处的则数，作为洪水大小的标准，从而推断免税、减税或征税的等级。这是传统社会人们认识环境、适应环境的重要举措，方法虽然简陋，但也反映出复杂水环境下人们的科学认知与科学应对。

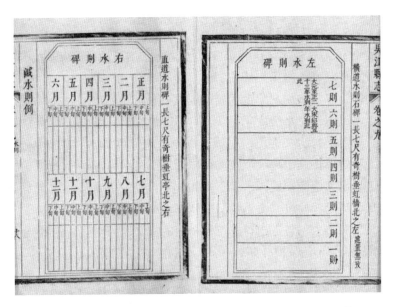

图7-1 吴江水则碑（乾隆《吴江县志》卷九《水则考》）①

十九世纪中期，随着西方先进的生产方式与近代科学的传入，水利建设事业也因之有了新的变化和发展，现代技术逐渐融入水文观测等工作中。清光绪二十六年（1900）苏州海关在觅渡桥设置水尺，成立吴县水标（位）站，这是苏州地区（市）最早的水标（位）站。民国五年（1914）该站始有降水量资料，民国九年（1920）10月，吴县水标（位）站由督办苏浙太湖水利工程局接办。

民国年间苏州地区普遍设立水位观测站，主要包括民国十年（1921）增设西山、吴江2个雨量站，民国十一年（1922）增设平望、浒河、七浦、望亭、瓜泾口、八坼、木渎7个水位站和常熟、震泽2个雨量站，全区（市）水位站达12处。从设置水位站的区域可以看出，所设区域皆苏州水环境较复杂区域，也是历史时期农田水利实践活动的多发区域，设立水位站遵从了科学设置的原则。各区域的水位站负责观测和记录数据，起

---

① ［明］沈启：《吴江水考》卷二《水则考》，《四库全书存目丛书》编纂委员会编《四库全书存目丛书·史部》，第221册，山东：齐鲁书社，1997年版，第660—661页。

初,各水位观测站扮演着洪涝灾害预警通报的角色,所观测与记录的数据未得到科学研究,直到民国十六年(1927)5月,水文测站隶属太湖流域水利工程处领导,这些数据由专门的水利科学团队进行整理研究,为科学判断水旱灾害起到了重要作用。至民国十九年(1930)全区(市)水文站网达22处(其中水文站5处、雨量站4处)。民国二十六至三十四年(1937—1945)全面抗日战争期间,停止观测,直到抗战胜利后,水位观测方恢复正常,民国三十五年(1946),扬子江水利委员会设立吴县水文站,负责管理苏南各级水文测站。①

水则碑、水文站的观测数据属于定位观测,因苏州地处太湖下游,河网密布、水流串通,水情变化复杂,单靠定位观测,难以获得面上水文变化规律,还需进行水文巡测。民国十六至十七年(1927—1928),太湖流域水利工程处即根据治理吴淞江的初步计划,组织力量对环太湖下游各泄水港口进行水文巡测。民国十九年(1930)汛期,因水势增加,太湖流域水利委员会决定将原设水文测量队和精密水准测量队暂行停止工作,抽调内业人员,对环太湖各进出口进行较全面的水文巡回测量。这些观测的成果直接服务于环境保护、防汛抗旱、城市规划等研究,具有重要科学价值。

二、塘浦圩田技术

横为塘,纵为浦,而塘又是有水的堤岸。圩田与围田、湖田,属于同类型的水利田,大抵因地区不同而有不同的称呼。圩即围,内以围田,外以围水,故圩田即围田。圩田四周有圩岸,即堤埠,故称圩田。塘浦圩田,是位位相承、棋盘式的圩田系统,是河港与低洼田的结合体。它是由初级形式分散零星的筑堤围田,逐步发展到高级形式的有规格的成片塘浦圩田。塘浦圩田将治水与治田有机结合起来,开挖塘浦,以利宣泄,外挡洪水里筑圩田,以利种植,是低洼地区围圩布局比较理想的形式。

(一)塘浦圩田技术的发展历程

太湖地区农业的开发可追溯到近三千年前,圩田②的兴起,孕育于一

---

① 苏州市水利史志编纂委员会编:《苏州水利志》,上海:上海社会科学院出版社,1997年版,第378页。

② 圩田原指江河两旁低地,临水筑堤防泛滥,又加以维护;围田是把湖泊的浅处围筑成田。湖旁之"圩"与"围"不易区别。太湖平洼属水网地区,绝大部分围田是围滩而成,又是四周傍河或临湖筑堤障水,故本文把圩田与围田通用。

定的社会经济基础之上。苏州的农田水利建设，史前就有了雏形，在古稻种植中发挥了作用，经历春秋战国及秦汉时期的发展，已经初具规模。东晋南渡以后，江南地区为其主要经济基地，鼓励农业开发成为政府国策，开河、挖渠、筑堰、围田等农田水利工程逐渐铺开。隋唐五代是太湖水利兴盛时期，兴建了不少大中型水利骨干工程，苏州的农田水利亦相应得到较大发展。尤以在吴淞江、元和塘两岸建造了百余万亩塘浦圩田，使苏州的农业生产和社会经济迅速上升到全国重要地位。韩愈在《送陆歙州诗序》言"当今赋出于天下，江南居十九"①。丘濬则说"苏、松、常、嘉、湖五郡又居两浙十九也"②。进入宋代，虽因北宋初期偏重漕运，"慢于农政"一度使"江南圩田、浙西河塘，大半隳废"③，塘浦圩田渐趋解体，但经范仲淹担任苏州知州期间的治水实践，王安石颁布《农田水利法》，郏亶倡导"治田为本"，有识之士曾力主恢复"圩田古制"，并组织实施复圩工程等一系列实践，渐渐扭转局面，掀起江南农田水利建设高潮，但终究无法恢复古制。南宋及元、明、清诸代，江、海岸线及太湖下游排水出路变化较大，国家经费用于治江、治河已经不足，农田水利逐渐由官办转为民办，又因豪门大族诱惑于追逐"水田利大"，强占江湖，盲目围垦，长江边的新涨沙滩亦在此阶段随涨随围，于是港浦旋浚旋淤，水系越围越乱，利及广大劳动人民的农田水利，只能在多方利益博弈下较为艰难地维持。民国时期，由于战乱和政治经济不振等原因，农田水利的发展受到很大限制，除在部分乡村试办一些机电灌排工程外，一般只在灾年之后修修补补。以塘浦圩田为代表的农田水利技术虽已成为历史，但是它的水利技术为今人所接受，现代水利的联圩并圩和整治圩外水系，正是在古人塘浦圩田技术的启迪下发展起来的。

苏州圩田起始于春秋时期，经历汉唐的发展，至五代时，塘浦圩田体系已经相当完备。塘浦圩田是今人对历史时期以塘浦为界构成圩田系统工程的简称。郑肇经认为："太湖下游塘浦圩田系统是在初级形式的围田基础上逐步发展起来的，它大约形成于中唐以后，至五代吴越进一步臻于完整和巩固。"④ 今人对塘浦圩田工程的认识，主要来自郏亶所著《苏州治水六失六得》《治田利害七论》两篇文章中的阐述。郏亶称塘浦圩田为大圩古制，是古人治低田之法。古代太湖虽早有三江通流入海，但环湖尚有

---

① [唐] 韩愈：《昌黎先生文集》卷第十九《书序》，宋蜀本。
② [明] 丘濬：《大学衍义补》卷二十四《制国用》，清文渊阁四库全书本。
③ [明] 张国维纂：《吴中水利全书》卷二十六《策对》，清文渊阁四库全书本。
④ 郑肇经主编：《太湖水利技术史》，北京：农业出版社，1987年版，第77页。

两百余里低于吴淞江水面的卑下之地,与江湖连成一片,不能耕植,古人对这卑下之地的治理办法是"井之而为田"①,即沿吴淞江两岸广辟南北为纵浦、东西为横塘相互交织的河网,用塘浦出土,以筑堤岸,这样便形成横盘式的一方方圩田。他认为,纵浦间距为五里、七里,横塘间距为七里、十里,"其塘浦阔者三十余丈,狭者不下二十余丈,深者二三丈,浅者不下一丈。且苏州除太湖之外,江之南北别无水源,而古人使塘浦深阔若此者,盖欲取土以为堤岸,高厚足以御其湍悍之流,故塘浦因而阔深,水亦因之而流耳,非专为阔其塘浦以决积水也。故古者堤岸高者须及二丈,低者亦不下一丈"②。宋代一丈合三点零七米。按此规模,每一方塘浦圩田面积相当于1万~2万亩,主要集中在吴淞江和元和塘两岸。由此,郑肇对塘浦圩田工程的由来、布局、规格、标准及管理维修等方面进行了阐释。

塘浦圩田堤高河深,有很好的防洪泄水条件,向来为历代治水者所推崇。杨万里《圩丁词十解》诗序言:"江东水乡,堤河两涯,而田其中,谓之圩。农家云,圩者,围也。内以围田,外以围水,盖河高而田反在水下,沿堤通斗门,每门疏港以溉田,故有丰年而无水患。"③ 低地则高筑圩堤,高地则深浚塘埔,渐渐形成较为完善的农田水利灌溉系统。沈括言:"江南大都皆山也,可耕之土皆下湿厌水,濒江规其地以堤,而艺其中,谓之圩。"④ 唐宋时期,苏州建设了多条外御洪涝、排灌通航的塘路。针对太湖水时常不能通畅下泄的情况,北宋范仲淹坚持"开浚五河",并且对"新导之河必设诸闸",平时关闸以阻潮沙,岁旱则以驻水溉田,而潦时则开闸以疏积水。⑤ 同时,他认为:"修围浚河置闸,三者如鼎足,缺一不可。"⑥ 范仲淹的治水三要素——修围、浚河、置闸,成为以后太湖流域的治水纲要。范仲淹称:"且如五代群雄争霸之时,本国岁饥,则乞籴于邻国,故各兴农利,自至丰足。江南旧有圩田,每一圩方数十里,如大城。中有河渠,外有门闸,旱则开闸引江水之利,涝则闭闸拒江水之害,旱涝不及,为农美利。……自皇朝一统,江南不稔,则取之浙右;浙

---

① [元] 任仁发:《水利集》卷六,明钞本。
② [明] 归有光撰:《三吴水利录》卷一,清咸丰涉闻梓旧本。
③ [宋] 杨万里:《诚斋集》卷三十二《诗》,四部丛刊景宋写本。
④ [宋] 沈括:《长兴集》卷二十一《万春圩图记》,四部丛刊三编景明翻宋刻本。
⑤ [宋] 范仲淹著,李勇先、王蓉贵校点:《范仲淹全集》,成都:四川大学出版社,2007年版,第265页。
⑥ [明] 徐光启著,陈焕良、罗文华校注:《农政全书》,长沙:岳麓书社,2002年版,第238页。

右不稔，则取之淮南。故慢于农政，不复修举，江南圩田、浙西河塘大半隳废，失东南之大利。"① 至钱氏吴越国时，又进一步治理内河水利与筑捍海塘，并大力修建圩田，圩田水利建设对于旱涝保收至为重要，政府对农田水利日趋重视。

元代，圩区治理的特色是对圩堤的高度、宽度和坡度提出了规定，元至大元年（1308），江浙行省派员督治田围时，明确提出按照所订五等围岸体式执行。张国维《吴中水利全书》载："以水面平为第一等，高七尺五寸，底阔一丈，面阔五尺；田高于水一尺为二等，高六尺五寸，底阔九尺，面阔四尺五寸；田高二尺为第三等，高五尺五寸，底阔八尺，面阔四尺；田高三尺为第四等，高四尺五寸，底阔七尺，面阔三尺五寸；田高四尺为第五等，止添备水高三尺，底阔六尺，面阔三尺。"② 这个规定，按照不同地形高程设计堤身断面的高度和顶宽、底宽，使圩堤有统一御水高度，亦即开始推行统一防洪标准。所谓"以水为平"，是指农隙施工期即冬春枯水位。

明代，政府对圩区水利较为重视，发布命令多，修治次数多，治理技术亦有发展。据张国维《吴中水利全书·诏命卷》载，在洪武二十六年至三十一年（1393—1398），七年中连续发布过五次有关修筑围田堤防沟渠闸坝等农田水利的诏命，并提出农田水利建设要秉承民办官助的政策。以后于永乐、宣德、正统、成化、弘治、正德、嘉靖、隆庆、万历、崇祯等年间，都有类似诏命或派员督治东南水害的敕书。明代圩区治理技术在总结前代实践基础上，对圩形布局发表了不少议论，对圩堤标准、施工质量、防护抢险等方面都有显著改进和提高，并针对圩内治涝方面创造了高低分开、分区排水、圩内调蓄等办法，把圩区治理从前代的单一修堤防洪演进到防洪与治涝并举。

清代圩区治理基本沿用明代办法，苏州邻地青浦县孙峻著有《筑圩图说》。孙峻于嘉庆十六年（1811）在他的家乡孙家圩（青浦县城东北二十里）进行圩田治涝工程试点。孙家圩这种工程布局，实际上就是明代"分级控制，高低分区排水"工程的具体运用。据称青浦县曾推行全县，均获显著效果，并说可推及上海、嘉兴、昆山、吴江、震泽等地低薄之田。民国时期，苏州圩区治理仅是一般性岁修，没有大的行动和改进。据从《江

---

① [宋]范仲淹著，李勇先、王蓉贵校点：《范仲淹全集》中册，成都：四川大学出版社，2007年版，第533-534页。

② [明]张国维纂：《吴中水利全书》卷二十《说》，清文渊阁四库全书本。

苏建设月刊》《江南水利》和各县水利志收集的资料统计,宣统三年至民国三十七年(1911—1948)38年中计有15年次提到堤岸整修工程。其中规模较广的有4次:第一次是在宣统三年遭受大水后,于民国元年至三年(1912—1914)根据江苏省议会决议,借支上年忙漕正税,修筑常熟、昆山、吴江等县圩岸;第二次是民国十年(1921)大水后,江苏省省长通令修筑圩岸,常熟、昆山、吴江等县均有行动记载;第三次是民国二十四至二十六年(1935—1937),江苏省原建设厅筹办各县劳动服务,昆山、吴江等县均有将水利劳务用于修筑圩岸工程;第四次是抗日战争胜利后,民国三十五至三十七年(1946—1948),吴江、常熟等县,对年久失修圩堤进行了较多整修。

(二)塘浦圩田技术

苏州最早在吴淞江、至和塘、元和塘沿线一带形成了塘浦圩田。它是一种四周以塘浦为界的圩田,是我国古代最完善的圩田系统。在塘浦圩田技术方面,从北宋郏亶的阐述到明代一些治水专著,发生了较大变化,大圩也逐渐变成了小圩。由此,在塘浦圩田的治理方面也出现新的变化和要求,一些治理技术逐渐被固定下来。塘浦圩田发展到明代,其技术比前代有较大进步。以耿橘为代表,他编撰的《常熟县水利全书》详细记载了水利规划、报审、施工和验收的全过程,还记载了工程缓急、劳动力组织、水利经费来源和开支、荒田开垦等经验,尤其是他倡导的"开河法""筑岸法",将圩区浚河筑圩技术记述得十分清晰,备受后人推崇。总体而言,塘浦圩田涉及以下技术要点。

在圩形布局方面,明代显示了较高的水准,对圩堤标准、施工质量、防护抢险等都有显著改进和提高,对圩内治涝创造了高低分开、分区排水、圩内调蓄等办法,把圩区治理从单一修堤防洪演进到防洪与治涝并举。当时主要采取以下方法。一是分级控制、高低分排。明代,圩田形制随地形而不同,分为四面高中心低的仰盂形、中心高四面低的覆盆形、半高半下的倾斜形、高下宛转的不等形。方法是"于围内细加区分,某高某低,某稍高某稍低,某太高某太低。随其形势截断,另筑小岸以防之"①。小岸,或者戗岸,随地势高低修筑的分区控制堤岸线,在堤田外边开沟取土,内边筑岸,内岸既成,外沟亦就,从而形成高低分排格局。清代圩区治理基本沿用明代办法,孙峻的《筑圩图说》体现了明代"分级控制,

---

① [明]徐光启著,陈焕良、罗文华校注:《农政全书》,长沙:岳麓书社,2002年版,第234页。

高低分区排水"工程的具体运用。二是开挖沟渠、脉络贯通。圩岸筑成，内外分开，可御外水，起到防洪作用。内河建造堰闸，来水汇集闸口，自排与戽排结合，发挥预降滞涝作用；旱时开闸引水，通过沟渠灌溉全圩；平时由于水面积较大，可蓄水防旱。河网相连，便于作物运输和积肥，利用水面种菱养鱼，充分利用好水资源。三是因地制宜、设置涵闸。通过建造闸站，遇涝启而泄之，遇旱闭以蓄之，内外水位一致时，自然开放，利于活水周流，便于农船通航。针对较长的冈身，一般需要外以围水，内以围田，使得水行于外、田成于内。通过设置冈门、堰门、斗门来控制水流。如《三吴水利录》载："昆山之东，……冈身之东有塘，西彻松江，北通常熟，谓之横沥。又有小塘，或二里三里，贯横沥而东西流者，多谓之门。若所谓钱门、张冈门、沙堰门、吴冈、顾庙冈、下冈、李冈门及斗门之类是也。"① 通过堰门启闭，保证高田储水，防止低田受淹。

  宋明以后，圩田形制总体倾向小圩，以便于排灌和管理。如明宣德七年（1432），巡抚周忱上奏建议将苏州府七县内尚有六七千亩、三四千亩的圩子，分作小圩各以五百亩为率。② 弘治年间，姚文灏《筑圩事宜》提出分小圩，一圩三百至五百亩，他作修圩歌曰："教尔分小圩，圩小水易除，废田苦不多，救得千家禾。"③ 嘉靖年间，张铎亦提倡分大圩为小圩，他说小圩岸易修，民工易集，有水淹时，则"车戽之功可以朝夕计也"④。王同祖《论治田法》更明确提出分筑小圩为治田三策之一，主张一圩以二三百亩为限，认为大圩之田遇灾不救者十居八九。明代万历年间，常熟知县耿橘虽然提倡并在金家大圩和任阳等地试办过联圩防洪，但为时很短，亦未推开。

  在圩堤断面方面，实施标准不断细化。弘治七年（1494），姚文灏《申饬水利事宜条约》规定"五等圩岸"的断面尺寸为：田低于水者底阔一丈五尺，田与水平者底阔一丈四尺，田高于水一尺者底阔一丈二尺，田高于水二尺者底阔一丈，田高于水三尺者底阔九尺，面阔比底各减半，高亦以水为准，外面各离水八尺。⑤ 这种堤顶高程，与万历年间耿橘所提要

---

 ① ［明］归有光撰：《三吴水利录》卷一，清咸丰涉闻梓旧本。
 ② 据范金民、夏维中：《苏州地区社会经济史：明清卷》，南京：南京大学出版社，1993年版，第30页。
 ③ ［明］张国维纂：《吴中水利全书》卷二十八《诗歌》，清文渊阁四库全书本。
 ④ ［明］张内蕴、［明］周大韶撰：《三吴水考》卷十四《水田考》，清文渊阁四库全书本。
 ⑤ ［明］张国维纂：《吴中水利全书》卷二十《说》，清文渊阁四库全书本。

求大体一致，其言："能比往昔大潦之水［即历史最高水位，如宋置吴江水则碑高限水位（4.48 米）］高出一尺。"① 古代圩堤一般都是边坡不足，徐光启评价为："墙也，非岸也。"② 因此，耿橘在"筑岸法"中又提出要在内坡增筑子岸（又称"副岸"），以增加圩岸的稳定性并延长渗径。徐光启认为："盖虑外围水浸易坏，故内作此以固其防。"③

在取土技术方面，讲究取土丰富。圩岸施工中最紧要的在于取土，在太湖低乡修筑圩岸常困于少土，耿橘提出五种取土方法。一是开浚圩外塘浦取土。南宋人李结《治田三议》载："古人治塘浦阔深者，盖欲取土以为堤岸，非专为决积水。……农隙作堰车水，开浚塘浦，取土修筑两边田岸。"④ 二是结合开挖圩内河沟取土，其主要方法是"将围内沟洫车干取土"⑤，或者结合"十字、丁字、一字、月样、弓样等河渠"⑥。三是开挖荒田草滩取土。四是于圩岸里面（内坡脚）两丈之外开挖取土，所取土之沟，谕令佃人匀摊田面之土，兼罱外河之泥，于一年内填平；五是鱼鳞取土法，即在田面上四散挑土，俗呼抽田筋，其法为方一尺取一锹，四散掘之，与鱼鳞相似。

在土质方面，需要有针对性地选择筑堤之土。太湖圩区多黏土、壤土，其中亦有不宜筑圩之土。耿橘言："又查本县低乡，土脉有三色不堪用者：有乌山土，有灰萝土，有竖门土。乌山土，性坚硬而质胂，种禾茂且多实，但凑理疏而透水，以之筑岸易高，以之障水不密。灰萝土，即乌山之根，入田一二尺，其色如灰，握之不成团，浸之则漫溃。无论障水不能，即杵之亦不必坚矣。竖门土，其性不横而直，其脉自于水底贯穿，围岸虽固，水却从田底溢出，欲围而救之无益也。此三者筑法，必从岸脚，先掘成沟，深三尺，或用潮泥，或取别境白土实之，然后以本土筑岸其上，方为有用。"⑦ 常熟低乡的乌山土、灰罗土和竖门土三种土不能用之筑岸，遇到这三种土，须从岸脚先掘成深三尺的沟，用潮泥或取别境白土

---

① ［明］张国维纂：《吴中水利全书》卷十六《公移》，清文渊阁四库全书本。
② ［明］徐光启著，陈焕良、罗文华校注：《农政全书》，长沙：岳麓书社，2002 年版，第 217 页。
③ ［明］徐光启著，陈焕良、罗文华校注：《农政全书》，长沙：岳麓书社，2002 年版，第 233 页。
④ ［明］张国维纂：《吴中水利全书》卷十三《奏状》，清文渊阁四库全书本。
⑤ ［明］姚文灏著，汪家伦校注：《浙西水利书校注》北京：农业出版社，1984 年版，第 98 页。
⑥ ［明］张国维纂：《吴中水利全书》卷十六《公移》，清文渊阁四库全书本。
⑦ ［明］耿橘：《常熟县水利全书》卷一，明刻本。

实之，然后以本土筑岸其上。

在筑堤夯实方面，不断提高质量标准。耿橘对筑堤提出具体规定，其曰："凡筑岸，先实其底，下脚不实，则上身不坚，务要十倍功夫，坚筑下脚，渐次累高。加土一层，又筑一层，杵捣其面，棍鞭其旁。"① 达到"必锥之不入"，才算符合工程规范。即每做一层，均要"杵捣其面，棍鞭其旁，必锥之不入，然后为实筑也"②。具体方法为："如岸高一丈，其下五尺分作十次加土，每加五寸筑一次；上五尺乃作五次加土，每加一尺，筑一次。"③ 如果遇到大量填筑的施工难段，明末陈瑚在《筑围说》中举例说明其做法："蔡泾一带难段，难于一次完工，须先筑一次，完后即筑南边易段。易段完后，再加筑难段一次，庶为坚牢。"④ 在当时工程技术条件下，这种间歇性分段施工的加筑方法是比较科学的。

在圩堤防护方面，采用多种方法并重。风浪对水网圩田威胁很大，有"吴民畏风甚于畏雨"之说。明代对圩堤防浪护坡有一套行之有效的办法，主要有植物护坡防浪、浮墩防浪等。其一，植物护坡防浪，如弘治年间姚文灏对堤坡种草防浪的好处作歌曰："修圩莫修外，留得草根在，草积土自坚，不怕风浪喧。"⑤ 沈启认为："岸其内有丈许深者，于大岸稍低处植以桑苎，谓之抵水；环圩植以茭芦，谓之护岸；其遇边湖边荡甃以石块，谓之挡浪；又于圩外一二丈许，列栅作梗，植茭树杨，谓之外护，……此周文襄公（周忱，于明代正统年间在苏松一带治水）定制。"⑥ 该书又引史鉴（弘治年间吴江知县）言：正岸堤面通人行，子岸面宽可种庄稼，但只许种兰而不许种豆，"盖种兰必增土，久而日高，种豆则土随根去，久而日低。"岸边坡一律禁种庄稼，以免刨松坡面，土随水落。⑦ 其二，浮墩防浪，太湖流域有许多由茭草、野藤和沉淀的泥沙年久积成的草墩，面积大约一两亩，小的约一两分。浮墩质地松软，取以防浪护坡时，可用特制长刀，将浮墩切割成小块，每块长六七米，宽约两米。用船拖至需要防浪的地段，在浮墩上打洞，再用竹桩穿入洞中，签钉在临水坡外约三米的水面上，使之随浪起伏，破浪护堤。另外，还有土戗防浪护岸、种柳固堤

---

① ［明］耿橘：《常熟县水利全书》卷一，明刻本。
② ［明］耿橘：《常熟县水利全书》卷一，明刻本。
③ ［明］耿橘：《常熟县水利全书》卷一，明刻本。
④ ［清］陈瑚：《筑围说》，清娄东杂著本。
⑤ ［明］张国维纂：《吴中水利全书》卷二十八《诗歌》，清文渊阁四库全书本。
⑥ ［明］沈启撰，［清］黄象曦辑：《吴江水考增辑》卷二《堤水岸式考》，沈氏家藏本。
⑦ ［明］沈启撰，［清］黄象曦辑：《吴江水考增辑》卷四《水议考中》，沈氏家藏本。

等方法，根据具体情况实施采用。

在圩内分级方面，根据圩田所处地势及地形情况，进行分类分级管理。有些圩子因为高低起伏，雨后地表径流向地势低洼处汇集，从而形成低田积涝、高田缺水的局面，古人为解决这一问题，采用了圩内分级，高低分排这一分级控制的办法。弘治年间何宜的《水利塘圩说》提出了修筑"径塍"分区防御的办法："凡围内有径塍者，遇涝易于车戽，是以常年有收。其无径塍者，遇涝难于车戽，是以常年无收。宜谕令田户，凡大围有田三四百亩者，须筑径塍一条。五六百亩者须筑径塍二条，七八百亩以上者，皆如数增筑可也。"① 因为圩形随地形而不同，有周高中低的仰盂形，有中高周低的覆盆形，有半高半下的倾斜形，还有高下宛转的不等形。耿橘《筑岸法》提出筑戗岸方法更为具体，戗岸即圩内随地势高低修筑的分区控制堤线，其办法主要为："于低田外边开沟取土，内边筑岸，内岸既成，外沟亦就，外沟以受高田之水，使不内侵。"② 戗外开沟，沟在高地，戗岸底宽顶宽均三尺，高低随地势而定，既能拦排高地径流，又可截高地暗渗，使高低分排的办法又向前发展了一步，但是对圩区的中心部分，特别是像仰盂形的中心洼地，如何实现排出积涝则未有详细的分析。清人孙峻认为仰盂圩排水效果不畅的原因并非圩岸无效，其原因在于内部高水下压，没有分级控制、高低分排的设施，因此，高低田相互牵连，终使全圩受害。他在《筑圩图说》中针对仰盂圩提出了筑"围""戗"，分级控制，高低分派的具体办法，主要可以总结为三点：其一，按地形高低筑戗岸；其二，抵御外水的圩岸（上塘岸）及圩岸、戗岸，均要注意工程质量；其三，分级分区排水。③ 虽然孙峻所倡之法主要适用于较小的圩区，但是对于情况更为复杂的较大圩区亦有借鉴参考作用。

在圩内调蓄水面方面。圩岸筑成，内外分开，可抵御外水，但是不能解决圩内的旱涝，何宜主张圩内按十分之一水面比开挖沟塘蓄水，以解决圩内蓄涝与抗旱之需。耿橘进一步提倡系统整治圩内河网，提出根据圩内地形特点，因地制宜。"开十字河，或丁字、乙字、月样、弓样等河，小者一道，大者数道，于河口要处建闸一座或数座，不但为旱涝之用，而柴粪草饼，水通船便，无难搬运矣。"④ 这种开挖沟渠使得圩内外水网相通，

---

① ［明］姚文灏编辑，汪家伦校注：《浙西水利书校注》，北京：农业出版社，1984年版，第98页。
② ［明］沈启撰，［清］黄象曦辑：《吴江水考增辑》卷二《堤水岸式考》，沈氏家藏本。
③ 参见郑肇经主编：《太湖水利技术史》，北京：农业出版社，1987年版，第123-127页。
④ ［明］沈启撰，［清］黄象曦辑：《吴江水考增辑》卷二《堤水岸式考》，沈氏家藏本。

圩内干河与支河之间组成内河网，可以起到抗涝防旱之效，也便于积肥和作物运输，还可利用水面种植水生植物与养殖鱼类。

三、筑堤及河道治理技术

筑堤及河道治理技术是水利工程中最重要的技术之一。下面我们主要分析筑堤的水中取土和河道治理技术。

其一，筑堤及水中取土技术。自宋代以来，政府重视大型堤岸整修。属于官办（大部分为塘路）或官方资助财物兴办或官方命令兴办的整修堤岸工程共计97年次。分别为：宋代22年次（修筑吴江塘岸、至和塘岸和元和塘岸13年次，太湖堤岸1次，圩堤8次）；元代6年次（吴江塘路及圩堤工程各3次）；明代42年次（吴江塘路、至和塘岸和元和塘岸16次，太湖堤2次，圩堤24次）；清代27年次（吴江塘路、至和塘和元和塘11次，太湖堤4次，圩堤12次）。①

苏州多沼泽洼地，在积水之处多进行筑堤、修圩等水利工程，在水中取土成为工程施工的难题之一。早在唐朝以前，这项技术已为古人所掌握，但是直至北宋时期才有比较完整的技术。北宋嘉祐六年（1061），苏州至和塘堤岸全部完成，工程需水中取土筑堤。昆山主簿邱与权立石作《至和塘记》评述工程修筑经过，其文曰："吴城东闉，距昆山县七十里，俗谓之昆山塘。北纳阳城湖，南吐松江。由堤防之不立，故风波相凭以驰突，废民田以潴鱼鳖。其民病赋入之侵蟊，相从以逋徙。奸人缘之，以邀劫行旅，通盐杠以自利，吏莫能禁。父老相传，自唐至今三百余年，欲有营作而弗克也。有宋自至道二年，陈令公之守苏，尝与中贵人按行之。邑人朱珏父子相继论其事，为州县者亦继经度之。皆以横绝巨浸，费用十数万缗，中议而沮。皇祐中，发运使许公建言：苏之田膏腴而地下尝苦水患，乞置官司，以畎泄之。请令舒州通判、殿中丞王安石先相视焉。朝廷从之。王君既至，从县吏拿荒梗浮倾沮，讯其乡人，尽得其利害。度长绳短，顺其故道，施之图绘。疏曰：请议如许公，朝廷未之行也。至和初，今太守吕公既下车，问民所疾苦，盖有意于疏导矣。明年，与权为昆山主簿，始陈五利：一曰便舟楫，二曰辟田畴，三曰复租赋，四曰止盗贼，五曰禁奸商。其余所济，非可以胜拟。愿约古制，役民以兴作，经费寡而售

---

① 据苏州市水利史志编纂委员会编：《苏州水利志》，上海：上海社会科学院出版社，1997年版，第8-13页。

效速。若其不成，请以身塞责。既而，令钱君复言之，太守尝念所以兴利之计，喜其谋之协从，于是列而上闻，其副以决于监司。乃诫庸力，经远迩，兴屯舍，宿糇薪。既成，以授有司，郡相元君实总之。粤十月甲午治役，先设外防，以遏其上流，立横埭以限之，乃自下流浚而决焉。畚锸所至，皆于平陆。其始戒也，狷风号霾，迅雷骤雨，乃用牲于神。至癸巳，夜半雨息，逮明休霁，以卒其役，人皆以为有相之者。始计月余，盖旬有九日而成。深五尺，广六十尺，用民力才一十五万六千工，费民财□□□贯，米才四千六百八十石。为桥梁五十二，莳榆柳五万七千八百。其贰河植茭蒲、芙蕖称是。计其入，以为修完。料民之余，治小虞，自严村至于鳗鲤瀺；治新洋江，自朱沥至于清港；治山塘，自山南至于东；浚诸泾六十四、浦四十四、塘六，于是阳城诸湖若瀺皆道而及江。田无洿潴，民不病涉矣。初，治河至唯亭，得古闸，用柏合抱以为楗，盖古渠况，今深数尺，设闸者以限松江之潮势耳。耆旧莫能详之。乃知昔无水患，由堤防之废则有之。呜呼，为民牧者因循而至此乎！是役也，自城东走二十里曰任浦，昆山治其东，长州治其西。以俗名非便，于是谕请更之曰至和，识年号也。建亭曰乙未，纪岁功也。太守嘉其有成，谓与权实区区于其间，其言必详，命之为记。嘉祐六年十二月，立于乙未亭。"①

至和塘原两岸无堤，风浪很大，经常溢水毁坏农田，民众多受困于此。由于无处取土修堤，从水中取土筑堤又较为艰难，从唐至宋的三百年间，一直未能得到很好修筑。宋仁宗至和年间，昆山主簿邱与权力请修治昆山塘，在他的主持下，至和塘开挖成功，塘深五尺，广六十尺，用民力十五万六千工，米四千六百八十石，建桥梁五十二座，种柳树五万七千八百株。这项工程是在水中取土完成的，河、堤、路、桥，一气呵成，很是有名。沈括在《梦溪笔谈》中评述道："苏州至昆山县凡六十里，皆浅水无陆途，民颇病涉。久欲为长堤，但苏州皆泽国，无处求土。嘉祐中，人有献计，就水中以蘧蒢刍藁为墙，栽两行，相去三尺，去墙六丈又为一墙，亦如此。漉水中淤泥实蘧蒢中，候干，则以水车汱去两墙之间旧水。墙间六丈皆土，留其半以为堤脚，掘其半为渠，取土以为堤，每三四里则为一桥，以通南北之水。不日堤成，至今为利。"② 水中取土筑堤，做到了因地制宜，就地取材，很是实用，是太湖流域治水技术的智慧结晶，反

---

① [宋] 范成大撰，陆振岳校点：《吴郡志》卷十九《水利》，南京：江苏古籍出版社，1999年版，第262-264页。

② [宋] 沈括：《梦溪笔谈》卷十三《权智》，上海：上海书店出版社，2003年版，第119页。

映出苏州人民在水中取土筑堤的奇思妙想。

其二，河道治理技术。河道的高低分片技术，实现了旱涝兼治，有效地解决了高田旱、低田涝的问题。这里以盐铁塘为例阐述。盐铁塘西起张家港杨舍镇北，向东横贯常熟市，经太仓至嘉定，由黄渡入吴淞口。相传西汉吴王刘濞（前215—前154）为运盐铁所开而得名。实际上此河的作用远非如此，它还是一项调节江湖吐纳，有利于高低分治的水利工程，堪称我国历史上最早的高低分片治理河道。

盐铁塘沿地形高低界线而开凿。塘东是太湖冲积平原的古沙嘴区，地势较高；塘西为古潟湖湖相沉积区，地势沮洳。高差明显，土质亦截然不同，塘东为沙性土，塘西为黏性土，盐铁塘开挖后，既可"堰水于冈身之东，灌溉高田"，又可遏冈身之水，减免湖东洼地数百里流注之势①，使两岸农田旱涝无虞。《常昭合志稿》称："高乡濒江有二十四浦通潮汐，资灌溉，而旱无忧。低乡田皆筑圩，足以御水，而涝亦不为患。以致岁常熟，而县以名焉。"② 海虞县改常熟县，是在南朝梁大同六年（540），由此说明，早在梁时，盐铁塘已发挥出一定的工程效益，唐大和中（827—835），盐铁塘得到了进一步的治理，其高低分片治理作用愈来愈为人们所认识。即在干河两岸分别开挖塘浦，广置堰门，里筑圩田，使低田常无水患，高田常无旱灾，高低分开，旱涝兼治，这是一项重要的近代水利治理技术。而在两千多年前，限于当时科学技术条件，古人尚未认识到这点，仅为运输盐铁而开。但历史毕竟是最好的见证，盐铁塘成河后，发挥了高低分片治理作用，改变了这一地区的水利面貌和农业生产条件。水利技术的革新，奠定了区域经济社会发展的重要基础。

第三节　水利科技与经济社会发展

苏州从卑湿之地到富庶之地，经历了历代劳动人民的水利实践活动，由此形成了一整套的水利思想理论和技术，水利科技的进步保证了水利建设的顺利进行，促进了农业经济、商贸及市镇经济的发展。

---

① ［明］张国维纂：《吴中水利全书》卷二十一《论》，清文渊阁四库全书本。
② 转引自缪启愉编著：《太湖塘浦圩田史研究》，北京：农业出版社，1985年版，第15页。

一、水利科技与农业

传统时代以农业为经济核心,经济结构的变迁以农业结构的转变为前提,农业生产结构的转变又是农业生态环境变迁的结果。水利科技是直接作用于农业生产生态环境的外力,水利科技与经济互相作用的结果,即引起农业生态环境的改变,从而导致农业生产结构的转变及经济结构的变迁。

随着水利科技的进步,农业得到深度开发。太湖地区的原始农业主要是种植与渔猎、采集相结合。春秋战国时期,吴国水稻发达。水稻田及围田的出现象征着水稻种植的规模化和水资源的有效利用。秦汉至南朝时期,随着生产力与科技的进步,太湖地区的围田垦殖逐步进入开拓阶段。两汉时期朝廷下诏劝农,倡导兴修水利,强调保护农民利益,鼓励开河围垦。三国时期,孙权认为"君非民不立,民非谷不生"[1],他还注重依靠北方移民和山越族的劳动生产力,大力兴修水利和推广农业生产技术,大力发展屯田以调动农民的生产积极性。大规模的屯田,必须立足于灌溉、排水、航运等水利条件,所谓:"田良水少,不足以尽地利,宜开河渠,可以引水浇溉,大积军粮,又通运漕之道。"[2] 西晋时期,北方人口大量南迁,为开发太湖地区带来了大量劳动力和农业生产技术,加快了土地开垦和农业生产的发展。东晋南朝之时,苏州地区的农业得到迅速发展,刘宋之时苏州粮食"一郡丰收,可供数郡食用"[3],太湖下游平洼沼泽地的农田水利建设促进了农业经济的发展。梁大同年间,海虞(今常熟县)因高乡滨江有二十四浦通潮汐,供给灌溉,旱灾少发,低乡的田皆筑圩以抵挡水害,涝灾也少发,以致岁岁常熟,乃改称常熟县。沼泽洼地淤积的土层较厚,肥力充足,经过围垦以后,就能满足水稻一类的高产农作物生长,在当时的历史条件下,比旱地生产有保证,经济效益大,同时还可以在一定年限内免除租税赋役。晋人傅玄曾评价道:"陆田者,命悬于天也,人力虽修,水旱不时,则一年功弃矣。田制之由人,人力苟修,则地利可

---

① [晋]陈寿撰,陈乃乾校点:《三国志》卷四十七《吴书二》,北京:中华书局,1959年版,第1144页。

② [晋]陈寿撰,陈乃乾校点:《三国志》卷二十八《魏书二十八》,北京:中华书局,1959年版,第775页。

③ 转引自沈之瑜著,陈秋辉编:《沈之瑜文博论集》,上海:上海古籍出版社,2003年版,第339页。

尽。天时不如地利,地利不如人事。"① 在这样的形势下,官吏与地主阶层都争相围垦滩涂。

唐中叶起,北方人口又一次大量南迁,对农业生产和水利建设形成强烈需求。苏州地区一直是我国农业经济最为发达的地区,以丰富的粮食产量闻名全国。同时,太湖地区也是南粮北调最重要的地区,大量粮食从太湖地区外运到北方、两浙、福建等地,唐开元年间,裴耀卿主持漕运,三年内从太湖地区运漕米到长安、洛阳等地共计700万石。此后韦坚主持漕运,一年就运米400万石。② 当时,苏州之粮不仅供应京师关中,还可转运东都洛阳,军用民需皆仰仗于苏州之供给,宋人王炎在诗集《双溪类稿》中记载道:"若夫两浙之地,苏、湖、秀三州号为产米去处,丰年大抵舟车四出。"③ 可见在唐代太湖地区是全国产粮的中心地区。农业种植推行稻麦两熟的耕作制度,以及占城稻引进等,都对水利灌溉提出了新的要求。

宋代,苏州水利格局也逐渐发生变化,不仅为太湖南岸的低洼平原提供了良好的水流环境,而且为后期此区的农业开发提供了基础条件。至元代时,太湖地区仍然是全国农业最发达的地区,是京师税粮的主要来源地,"国朝岁漕,东南之米数百万由海道以达京师。米之所出,多仰吴郡"④。据《元史·食货志》记载江浙行省每岁输税粮4 494 783石⑤,其中太湖地区的圩田是主要产粮区,如平江地区南宋岁办粮28万余石,而元代则增至88万余石。后来仅昆山"岁半秋粮八十余万石",常熟县每岁"秋粮四十万石"⑥。棉花在苏州逐渐推广,又对水利条件提出了不同要求。

明清时期,蚕桑业在这片低洼平原之中独胜起来,菱湖、双林等以蚕丝业闻名的市镇皆在此区内兴起,这些都是唐宋时期水利格局影响下所形成的优越的水环境所致。明代,苏州更是成了国家仓库的供给地,丘濬在其《大学衍义补》说道,苏、松、常、嘉、湖五府所出赋税占据了浙西的绝大部分,"以苏州一府计之以准其余,苏州一府七县,……而出二百八

---

① [宋]李昉撰:《太平御览》卷第八百二十一《资产部一》,四部丛刊三编景宋本。
② 马湘泳:《江浙海塘与太湖地区经济发展》,《中国农史》1987年第3期,第43页。
③ [宋]王炎撰:《双溪类稿》卷二十一《书》,清文渊阁四库全书本。
④ [元]陈高撰,郑立于点校:《不系舟渔集》卷十一《赠送序》,上海:上海古籍出版社,2005年版,第120页。
⑤ [明]宋濂:《元史》卷九十三《志第四十二》,北京:中华书局,1976年版,第2 360页。
⑥ [明]朱元璋:《大诰三编·臣民倚法为奸第一》,明洪武内府刻本。

十万九千石税粮,于天下二千九百四十余万石岁额之内,其科征之重、民力之竭可知也已。"①《明史》有云:"苏、松、常、镇、嘉、湖、杭七府,供输甲天下。"②明朝朝廷重臣叶绅在《请设水利重臣疏》中说道:"臣惟直隶之苏、松、常,浙江之杭、嘉、湖,约其土地,虽无一省之多,计其赋税,实当天下之半。"③一直到嘉庆二十五年(1820),苏、松、常、镇、杭、嘉、湖七府的额征田赋,计地丁银 3 115 477.82 两,占全国地丁银 30 228 896 两的 10.31%;米麦计 3 002 581.49 石,占全国米麦 8 821 182.81 石的 34.04%。④ 不过至明中后期特别是入清以后,太湖地区种植结构开始发生变化,粮食作物(以水稻为主)种植面积不断减少,经济作物种植面积不断扩大,丝织业兴盛起来。苏州作为曾经的产粮大区出现了缺粮状况,需要外省粮食补给才能实现供养,"苏湖熟,天下足"逐渐被"湖广熟,天下足"取代。人地矛盾也日渐成为苏州的难题,人均耕地面积下降,粮食的产量不能满足人口增长的需求,造成"缺粮"现象。到了清代,苏州地区成为粮食输入地,如康乾时期臣下奏折常记载,苏州、崇明等江浙地区,米粟仰赖上江(今安徽)、湖广等地,"浙江及江南苏松等府,地窄人稠,即丰收之年,亦皆仰食于湖广、江西等处"⑤。"大江以南,皆系财赋重地,独至米谷,则江浙等省每赖湖广接济。"⑥乾隆五十二年(1787),上谕称江苏、浙江等省份有赖四川米粮接济。在人均耕地面积不足,而传统农业发展到一定的高度,很难再一步精进时,农业结构转型、棉桑等经济作物扩种成为新的出路。

二、水利科技与手工业、商贸业

随着水利技术的进步,水利实践活动逐渐改变了苏州地区的农业生产环境,太湖地区蚕桑、棉花的种植面积不断扩大,更促进了这一地区丝织品和棉织品贸易的兴盛。

当时苏、杭、宁并列为我国丝绸三大出产中心,作为江南地区绸缎业

---

① [明] 丘濬:《大学衍义补》卷二十四《制国用》,清文渊阁四库全书本。

② [清] 张廷玉等撰,王天有等校点:《明史》卷七十八《志第五十四》,长春:吉林人民出版社,1995年版,第1 220页。

③ [明] 张国维纂:《吴中水利全书》卷十四《章疏》,清文渊阁四库全书本。

④ 转引自石琪主编:《吴文化与苏州》,上海:同济大学出版社,1992年版,第181页。

⑤ [清] 爱新觉罗·胤禛:《雍正上谕内阁》卷十二《雍正元年十月上谕十八道》,清文渊阁四库全书本。

⑥ [清] 王先谦撰:《东华录·雍正十》,清光绪十年(1884)长沙王氏刻本。

生产和加工的重要集散地之一，苏州号称一日可出万缎绸，衣被天下，遍地皆是蚕桑，满目布满锦绣，以至苏州有"绣市"之称。明人张翰在其《松窗梦语》中记载道："余尝总览市利，大都东南之利，莫大于罗绮绢纻，而三吴为最。"① 作为四大名绣之一的苏绣更是以其精美、细致、高洁之特征称绝于世。苏绣凭借其物美质优颇为世人所喜爱，畅销国内外市场，明清两代的苏州人更是以此业谋生，苏绣业逐步兴盛起来，产品也日益商品化，据记载，嘉靖年间，"绫锦纻丝，纱罗绸绢，皆出郡城机房，产兼两邑，而东城为盛，比屋皆工织作，转贸四方，吴之大资也"②。随着商品化程度日益加深，当时太湖地区出现了雇工经营。苏州丝织业的雇工情况，可谓"工匠各有专能，匠有常主，计日受值"③。那些没有"常主"的雇工，则只能临时待雇。有清一代，苏垣东半城几全为丝织业所聚居，万户机杼，彻夜不辍，产量之丰，无与伦比，四方客商，麇集于此，骎乎居全国丝织业之重心，而地方经济之荣枯，亦几视丝织业之兴衰以为断④。据不完全统计，乾隆年间苏州织造局拥有织机600余架，机匠近2 000人，丝织作坊大多处东北城区，故有"东北半城，万户机声"⑤ 之说法，产品织工精细，色泽艳丽，不仅风靡全国，而且远销海外。

据万历《嘉定县志》记载，苏州的棉布"商贾贩鬻近自杭、歙、清、济，远至蓟、辽、山、陕，其用至广，而利亦至饶"⑥。当时作为织布原料的棉花产地多在北方，为了解决原料缺乏的问题，棉桑等原料作物的种植面积在苏州等地逐渐扩大，直至清代中期时，苏州地区棉桑的种植面积渐趋扩大，甚至一度出现"桑争稻田"的局面，形成新的农作物布局，棉田主要种植于太仓州、镇洋县、嘉定县、宝山县、昆山县与新阳县的东部各区、常熟县与昭文县的东高乡；桑田主要种植于吴江县、震泽县、长洲县、吴县洞庭东西山与光福镇等地区。据范金民推测，太仓州棉田约达56万亩，崇明县棉田约50万亩，常熟、昆山等偏种一地，棉田约10万亩。⑦因而，棉田面积的扩大多集中在太仓州、镇洋县等沿江沿海的高地区。

---

① ［明］张瀚撰：《松窗梦语》卷四《商贾纪》，清钞本。
② ［明］杨循吉撰，陈其弟点校：《吴邑志》卷十四《土产》，《吴邑志 长洲县志》，扬州：广陵书社，第105页。
③ 朱启钤：《丝绣笔记》卷上《纪闻一锦绫》，民国美术丛书本。
④ 转引自石琪主编：《吴文化与苏州》，上海：同济大学出版社，1992年版，第182页。
⑤ 苏州市科学技术史学会编：《苏州科技史话》，北京：中国科学技术出版社，2013年版，第39页。
⑥ 万历《嘉定县志》卷六《田赋考中》，明万历刻本。
⑦ 据范金民：《明清江南商业的发展》，南京：南京大学出版社，1998年版，第11—13页。

总体而言，清代中期棉田面积呈增长趋势。经过清代中期的发展，苏州地区因地制宜，根据作物的生长习性与水土环境的变迁，大概形成了三大种植区：以嘉定、宝山、崇明、太仓州为主的东部沿海沿江高田地带的棉稻区；以震泽、吴江、吴县、长洲为主的南部低田桑稻区；以昆山、新阳、常熟、昭文为主的中北部低田稻区。区域化不仅体现了棉桑种植的集约化，也反映了粮食作物种植的集约化，尤其表现为水稻集约程度的提高。① 清代粮食作物的区域化、集约化和商品化的生产为棉桑等经济作物发展提供了条件。在整个社会区域化生产的趋势下，苏州地区棉桑的区域化程度进一步加深。但在三大产区内，因水土条件的差异性，区域化的程度也不一，同时还存在小面积密集型的其他作物，如常熟、昭文等主要稻区，其东乡沿海沿江地带多种棉；昆山东部因田土贫瘠也多棉作；分属吴江、震泽的平望镇地处蚕乡，"饲蚕者少，服田者多"②；而分属吴江、昆山的周庄镇"妇女则皆以木棉为纺织，间作刺绣，未有娴蚕桑者矣"③。棉桑作为主要的经济作物，已经出现"桑争稻田""棉争粮田"的问题。

经过长期开发，在唐宋时期经济重心南移以后，苏州地区成为江南社会经济发展的重地，其水利事务也变得更加繁重。水利科技的发展与该地区社会经济的发展和开发密切相关。水利实践活动及技术进步逐步改变了苏州地区的农业生产环境，促进了农业生产及种植结构的转型，这主要体现在以稻作为主的粮食作物逐渐转变为以棉桑为主的经济作物。同时，农业生产实践及商贸兴盛带来的经济大发展，为水利技术进一步发展奠定了重要基础。

三、社会技术进步与水利技术

社会技术的整体进步促进了水利技术的发展。草鞋山遗址反映了原始的灌溉工程，以水沟、蓄水井、蓄水坑及其沟洫组成的原始灌溉技术，说明草鞋山一带居民已经掌握了稻作生产排灌、降渍的生产技术。冶炼技术的出现，能够简单制造铁器农具，对开沟筑渠提供了重要的农器具。《吴

---

① 李伯重：《"桑争稻田"与明清江南农业生产集约程度的提高：明清江南农业经济发展特点探讨之二》，《中国农史》1985年第1期，第1—11页。
② 光绪《平望续志》卷一《风俗》，清光绪十三年（1887）刻本。
③ 光绪《周庄镇志》卷四《风俗》，清光绪八年（1882）元和刻本。

郡志》载:"吴农器甚备,以其平地夷尽为田也。"① 唐陆龟蒙有《耒耜经》,介绍了许多犁耕的器具,包括辕犁等,其可以深耕,调节浅耕。

农田灌溉是江南农业生产的重要环节。唐代开始使用龙骨水车灌溉农田水稻。对于不能自然流动的水,需要人工解决,早期用戽斗等提水工具,效率很低,费力气。苏州地区使用水车车水防涝、提水灌溉。所谓"到处车声转水劳,东乡人事独逍遥。一堤潋潋元非雨,总是吴江淡水潮"②。水车(龙骨车)采用了较为复杂的机械原理,给苏州农田水利等带来了极大的方便,不仅节约了人力,还大大提高了效率。龙骨车有很多类型。其中脚踏龙骨车比较省力,可以单人、双人、三人和多人脚踏。据地方志等史料记载:松江"凡一车用三人至六人,日灌田二十亩"③。苏州"坐而踏之""一班可坐五六人,拨动机栝牌自搅"④。这明显是脚踏龙骨车。宋人居简阐明了龙骨车的结构和功能。"方槽而横轴,板盈尺之半,纳诸槽侧而贯之,钩锁连环与槽称,参差钉木于轴曰猿首,蹙以运其机,涧溪沼沚,无往不利,独不分功于榫、梭,一人之力,龙骨则一人至数人。车则任力于湍,随崇卑之宜。虽灌溉之功,丰约不齐,其得罪于凿坠抱瓮则钧也。"⑤ 熙宁八年(1075),吴越大旱,运河干涸,就运用龙骨车车水抗旱。宋代单锷在《吴中水利书》中载:"是岁大旱,运河皆旱涸,不通舟楫。……遂率民车四十二管,车梁溪之水以灌运河。五日河水通流,舟楫往来。"⑥ 这里的车就是"水车",应该是大型龙骨车,五天灌通运河,可见那种龙骨车之大,抽水效率之高。龙骨水车的制作非常复杂,零部件多,涉及轴轮、转齿、木工细活、机械原理等多方面。据《常熟水利志》记载,龙骨水车主要由车筒、鹤膝、斗板和车轴四个部分组成。鹤膝上的斗板,将水刮入车筒,水沿车筒提升到高处,流入田间。斗板尺寸有多种,车筒的长度视扬程不同而不一,车长者斗板数亦多。

近代的龙骨车有人力车、牛车和风车,统称为"三车"。民国时出现了少量的戽水机船灌溉。而灌溉渠道历史上以土渠为主,人工开挖或填筑而成,形成了大水漫灌现象,水资源浪费严重。渠道分为支渠和斗渠,而

---

① [宋]范成大撰,陆振岳校点:《吴郡志》卷二《风俗》,南京:江苏古籍出版社,1999年版,第10页。
② [宋]陈起编:《江湖小集》卷十二,清文渊阁四库全书补配清文津阁四库全书本。
③ [清]刘岳云:《格物中法》卷二《水部》,清同治刘氏家刻本。
④ 转引自周昕:《中国农具发展史》,济南:山东科学技术出版社,2005年版,第889页。
⑤ [宋]居简:《北磵文集》,上海:复旦大学出版社,2014年版,第281页。
⑥ [宋]单锷:《吴中水利书》卷十《水治》,清嘉庆墨海金壶本。

主渠渠底高于支渠和斗渠，这样渠道水可以顺势流动。斗门在中间起到关闭作用，有利于控制渠道灌溉水量的需要。随着生产力水平提高，为提高土地使用率，灌溉渠道又分为暗渠和明渠，明渠占有土地利用空间，在一定程度上造成了浪费，而暗渠一般上铺设或开挖在地面之下，可以减少浪费。民国四年（1915）开始用国产柴油机带动龙骨水车提水。民国十四年（1925）苏州电厂供电，开始用流动机船在吴县灌溉田亩，达到两万亩之多。20世纪70年代开始，推广衬砌明渠，减少渗漏，提高农业灌溉水资源利用率。暗渠也由灰渠改为混凝土管渠，有利于输水灌溉。到1987年，苏州地区建设圩区610个、耕地229万亩，全部普及了机电排灌。联圩内机电排灌基本上达到一圩一站，有的大圩增加了机电排灌站设施能级，做到排灌两用，有排有灌，后来实行了分片灌排，或分片灌溉、统一排涝，提高效益。20世纪末开始，按照高标准农田工程要求，逐渐推广滴灌、喷灌和微灌，农田灌溉技术明显提高。

第八章 水利管理

　　水利管理是水利工程建设、水利设施正常运行的基本保障。其不仅涉及水利机构和水利职官，还涉及民间水利组织、水利经费及劳力安排，这是一个系统工程，需要官方和民间的通力合作，否则就会偏废。

第一节　水利机构与水利职官

中国水利职官之设可上溯至原始社会末期。一般认为，中国古代水官之始，为舜时命大禹为司空负责治水。但限于资料，中唐以前苏州地区的水利机构与水利职官的具体运作，难窥全貌。

春秋战国时期，各诸侯国水利工程兴建及管理属司空职权。但在吴地，虽然有吴王夫差、伍子胥、黄歇等兴修水利的记载，但他们并非专门的水利官，由此可见其时吴地恐怕并无明确的水利职官负责水利事业。秦汉一统后，在中央设都水长、丞，掌理国家水政，在地方，各郡县长官同时具有治水和兴修水利工程的职责。郡的长官为郡守，掌管一郡之事，其长官有丞、长史、都尉等，此外，还有众多属吏，负责管理水利的有水曹和都水。县中以县令为长官，有县丞、县尉和诸多水官，县内也有水曹。因此，这一时期，苏州地区的水利职责当由会稽郡守、吴郡郡守及其下属的县官承担。魏晋以后，尚书体制中水政管理机构为水部。隋唐以后，中央机构实行三省六部制度。水政皆隶属于工部，下设都水台，后改台为监，又改监为令，统管舟楫、河渠两署令。唐代以后，除在工部下设置都水监外，还在工部之下设水部郎中、员外郎。

至中唐，中央水官（隶属于工部）和地方水官（隶属于地方政府）条块清晰的水利管理体系形成。唐中央政府制定了综合性水利法《水部式》，这是现存最早的全国综合性水利法规。其内容包括农田水利管理、水碾、水磨设置及用水的规定，运河船闸的管理和维修，内河航运船只及水手的管理、海运管理、渔业管理及城市水道管理等。[①] 与此同时，中央政府给予了地方官设定地方水利管理规则的权利，江南地区设立了不少地方管理法规。如白居易担任杭州刺史期间，就为西湖的水利管理制定了一套管理制度，可归纳为以下几条："第一，专人管理，定时定量；第二，规定制度，及时灌溉；第三，管理函笕，计划用水；第四，汛期预防，安全溢洪。"[②] 苏州地区虽然未留下类似明确的详细管理规则，但苏、杭同

[①] 饶明奇：《中国水利法制史研究》，北京：法律出版社，2013年版，第16页。
[②] 《太湖水利史稿》编写组编：《太湖水利史稿》，南京：河海大学出版社，1993年版，第106页。

属江南，在水利管理方法、制度上必然相互借鉴，大致不会相差太大。有唐一代，史书中有不少关于苏州刺史主持地方水利兴修的记载，如唐贞元八年（792），苏州刺史于顿重修荻塘；唐宪宗元和二年（807），苏州刺史李素主持开挖自齐门至常熟的元和塘；唐宪宗元和五年（810），苏州刺史王仲舒主持修筑自王江泾至长洲的塘路。

五代吴越时期，太湖地区的水利管理制度开始走向成熟。吴越钱镠立国以后，在水利方面创立了一套比较完善的管理养护制度。其在管理范围内的苏、松、常、镇、杭、嘉、湖七府，设"都水营田司"，统一管理农业和水利。创置撩浅军，建立分区的养护制度。撩浅军为军伍编制的专业队伍，归属朝廷直接管辖，专职负责疏浚塘浦、罱泥肥田、修堤防堰闸、种树修桥、养护航路等多种工作。当时在都水营田使统领之下，总计达万余人次，共分四路（也有记载说成两路）。一路称为"开江营"，分布在无锡、常熟、昆山地区，主要担任东北36条河道的疏浚和浦闸的护理工作，塘浦的深阔治理也由撩浅军负责；一路分布在吴淞江地区，着重于吴淞江及其南北支流的罱泥撩浅工作；一路分布在苏州东南急水港、淀泖、小官浦地区，着重于开浚东南水系入海通河；又一路分布在杭州西湖和运河地区，着重于清淤、除草、浚泉及运河航道的维护等事务。这种创制在吴越时得以长期执行并巩固下来，为后世所称道。

宋代的水政管理机构经历了复杂的演变过程。在中央层面，北宋初由三司河渠案掌管，后来又由都水监、水部掌管。另外，司农寺、河渠司、沟河司也负责部分水利事宜。在地方层面，由转运司、提刑司及知州、知县兼管水利。北宋时期，政府下达了一系列诏令，推进江南地区的水利建设。庆历三年（1043），宋仁宗给两浙等路下诏，将兴修水利纳入地方官春作前的安排。熙宁二年（1069），王安石颁行《农田水利约束》，主要规定有三条：（1）水利工程较多的县，县官不能胜任的要调离，如果确系头绪太多忙不过来的，可添设助手；（2）私人兴办农田水利工程，经费无力负担者，可向官府贷款；（3）兴修水利有成绩的官员给予升赏。这一农田水利法充分调动了地方官府和民间水利建设的积极性，太湖流域迎来水利建设高潮。①

北宋时期，江南地区出现了各种专职水利管理机构，一些地方水利管理部门脱离地方行政部门管辖的趋势逐渐显现。如景祐三年（1036），北宋政府在江南设置农田水利使，"以专其事，所以浚河渠、固防岸、通畎

---

① 饶明奇、王国永：《水与制度文化》，北京：中国水利水电出版社，2015年版，第24页。

浍，事在司存，可以按见其迹"①，专管湖塘河渠。崇宁元年（1102）江南设提举淮浙澳闸司官，主管江南一带水利设施，专掌杭州至扬州的澳闸，江南运河秀洲、常州、润州（今江苏镇江）的新旧水闸皆归其管理。但这种治水专业机构、专业队伍还不能作为常设机构，时举时废。

元代的水政管理机构在中央设有都水监，在地方则设有都水监、行都水监和河渠司。大德八年（1304）五月，元政府为了开挑和疏浚吴淞江，在苏州一度设立了行都水监。设官四员，于平江路置司直隶中书省。但其存在仅四年，至大元年（1308）正月，"从江浙行省请，罢行都水监，以其事隶有司"②。除了设立行都水监负责水利外，元政府还在江南地区设立了都水庸田使司。元大德二年（1298），设"浙西都水庸田司"，于平江路置司，掌管太湖地区水利，"专一修筑田围，疏浚河道。淀山等湖已有官定界畔，诸人不得似前侵占，复为民害，违者听庸田司追断"③；各处农事正官结衔"知渠堰事""听受使司节制"④。但浙西都水庸田司存在时间亦不是很长，大德七年（1303）二月就被罢。元泰定元年（1324）夏，复立都水庸田司于松江。翌年（1325）又罢都水庸田司，由州、县官领之，兼知渠堰事。六月复立都水庸田司于平江，以掌管河渠水利。纵观元代江南地区都水庸田司及行都水监的兴废，其设立目的主要是疏浚吴淞江，随着治水任务结束，其作为水管理机构也随之消亡。

明代中央权分六部，在水利管理机构方面，由工部所属水部（都水清吏司）进行管理。其责任主要是督导，"凡诸水要会，遣京朝官专理，以督有司"⑤。明代除黄河、运河的防洪外，其他水利事务均归地方，由地方官管理。但对于江南水利，明政府格外重视，每有重大工程，必派朝廷专员督责，在地方也设立一系列水利职官。如明英宗正统五年（1440）巡抚周忱治水设水利办事官二十员，宪宗成化八年（1472）改设水利佥事，宪宗成化九年（1473）添设苏、淞、常、嘉、湖五府劝农通判，各县设水利县丞一员主管水利。弘治八年（1495），设立主事或郎中一员专管浙西七府水利。正德九年（1514），设郎中一员，专管苏松等府水利。正德十

---

① [宋] 朱长文撰，金菊林校点：《吴郡图经续记》卷下《治水》，南京：江苏古籍出版社，1999年版，第54页。

② [明] 宋濂：《元史》卷二十二《本纪第二十二》，北京：中华书局，1976年版，第494页。

③ [明] 姚文灏编辑，汪家伦校注：《浙西水利书校注》，北京：农业出版社，1984年版，第77页。

④ 正德《姑苏志》卷十二《水利下》，清文渊阁四库全书本。

⑤ [清] 张廷玉等撰，王天有等校点：《明史》卷七十二《志第四十八》，长春：吉林人民出版社，1995年版，第1127页。

二年（1517），朝廷派遣都御史一员，专管苏松等七府水利。正德十六年（1521），朝廷遣工部尚书巡抚应天等府，兴修苏松等七府水利。嘉靖十三年（1534），朝廷令各处按察司、屯田官监管水利。嘉靖四十五年（1566），准许东南水利不必专设御史，令两浙巡盐御史监管。万历三年（1575），令巡江御史督理江南水利。万历四年（1576）按三吴水势，专设水利佥事。万历十六年（1588）特设苏松水利副使。

清承明制，在中央，工部下设都水清吏司，掌管水利事务。在地方，与明代类似，各知府、知县兼管水利，设有水利通判、同知、州同、县丞、主簿等职；同时水利佥事、水利道、水利副使等专业职官亦存在；在江防、海塘方面设有守备、千总、把总、外委等职。此外，还设立了河道总督衙门，江苏河道的疏浚及堤防修建由江南河道总督负责。苏州水利建设关联太湖水利问题，涉及区域广泛，治水活动频繁，一些大型水利工程建设往往由总河、知府、督抚组织实施，有些大规模的治水活动甚至由皇帝统一指挥协调。至于小规模的治水则以知府协调，各县知县通力合作为主。清代苏州地区水利行政管理职能时有重叠，除了各级行政官、水利兼职外，还有临时委派的水利"专员"作为某项治水活动的组织者和管理者。有清一代，为了加强太湖治水的管理，设立了专门的水利管理机构。雍正八年（1730），苏州府设太湖水利同知署于吴江同里镇，乾隆元年（1736），移驻苏州洞庭东山，直至乾隆三十二年（1767）该机构上升为地方行政机构"太湖厅"以前，其都是作为太湖区域的水利机构，负责环太湖区域的治水活动。同治十年（1871），江苏巡抚张之万奏请设"水利局"，以负责主持太湖地区的水利工作，局设于苏州，称为苏垣水利局，由藩司应宝时任总办。

民国以后，水利治理事务分归内务、农商两部管理。民国三年（1914），全国水利局成立，直隶于国务院，"掌理全国水利并沿岸垦辟事务。……各地方分设水利分局，得设局长分理之"①。基于江南水利失修的局面，北洋政府为筹划、整治江南水利，设立了专门治理太湖水系的江南水利局。民国三年（1914）9月，江南水利局正式成立，吴县人徐筹兹出任总办；同年12月，江南水利局总办一职由沈佺接任，办公地点设在吴县。江南水利局主要负责管理江宁、句容、溧水、高淳、丹徒、丹阳、金坛、深阳、上海、松江、南汇、青清、奉贤、金山、川沙、太仓、嘉定、宝山、吴县、常熟、昆山、吴江、武进、无锡、宜兴等县的水利治理

---

① 钱端升等：《民国政制史》上，上海：上海人民出版社，2011年版，第30页。

事务。实际上,江南水利局的治理范围就是太湖流域,包括太湖两处水源、湖东区的浙西地区、西部的丘陵山区、太湖本体及滨湖周边地区。太湖上游浙西来水发源于天目山一带,尽管浙西行政上归属浙江省管辖,但浙西水系与太湖水系本为一体。为兼顾浙西水利,民国九年(1920)江南水利局被调整为督办苏浙太湖水利工程局,由钱能训任督办,王清穆、陶葆廉任会办,管辖苏境23个县及浙西16个县的水利。这一时期,浙西士绅为督促太湖局的水利工作,组织人员成立苏浙太湖水利联合会,帮助太湖局开展具体事务,筹兴太湖水利。

民国十六年(1927)5月25日,国民政府直属太湖流域水利工程处在苏州成立,接办江南水利工作。民国十八年(1929)改组为太湖流域水利委员会,之后又改组为太湖水利工程处,隶属于扬子江水利委员会。民国二十二年(1933)水利工作由江苏省第三行政督察专员公署农建科兼管,后因经费紧缩,将县建设科、局撤销改为技术室。翌年撤销技术室,又改设建设科(局),主管水利。民国二十九年(1940)汪伪政府成立水利委员会,后改为"建设部"水利署,太湖流域水利由江苏省建设厅管理,县政府设第三科,主管水利、建设等工作。民国三十四年(1945)8月抗战胜利,9月国民政府各县政府接收汪伪政权机构,扬子江水利委员会在苏州设太湖水利工程处,各县仍设建设科主管水利等工作。民国三十五年(1946)水利工作由江苏省第二行政区督导专员公署农业善后推广辅导区兼管,各县仍由建设科主管。中华人民共和国成立后,组建水利管理机构,1949年11月苏州专署在生产建设处水利科的基础上,新成立苏州专署水利局,后来机构虽多有变化,但水利事业和水利管理工作仍逐渐加强。苏州地市合并后,成立苏州水利农机局,2001年机构改革,成立苏州市水利局,增挂苏州市水务局牌子,实行水资源统一管理。

综上所述,在先秦时期,尽管苏州已有不少水利活动,但水利并没有从其他社会活动中单独凸显出来,水利管理机构和管理职官合并在其他职官中。秦汉一统后,中央层面的水利管理机构出现,但地方仍主要由地方行政长官兼管水利。至唐代中期,中央水官和地方水官条块清晰的水利管理体系形成。五代吴越时期,太湖地区的水利管理制度开始走向成熟,"都水营田司"的设置推动了苏州地区的水利发展。宋元两朝将地方水利事业与地方官的职责及奖惩相挂钩,切实有效地保证了水利建设的组织和开展。这一时期,江南地区出现了一系列专职水利管理机构,但这种治水专业机构、专业队伍还不能作为常设机构,时举时废。明清时期,苏州地区的水利机构不断完善。在地方,各知府、知县兼管水利,设有水利通判、同知、州同、县丞、主簿等职，在江防、海塘设有守备、千总、把总、外委等武职。与此同时，水利佥事、水利道、水利副使等专业水利职官亦存在。明清时期苏州的治水除由上述水利官负责外，中央政府往往还有临时委派的水利"专员"进行组织和管理，可见国家对苏州地区水利行政的重视。自明、清、民国以来，国家对太湖水域的治理也愈发重视，以苏州为中心，设立了一系列专门的水利管理机构，保障了太湖治水的顺利进行。

第二节 水利社会组织

国家权力及行政职官设置在传统社会尤其是具体事务治理中并不能包办一切。所谓"国权不下县，县下唯宗族，宗族皆自治，自治靠伦理，伦理造乡绅"①。在北方，官方力量集中于一条河上，即可以完成水事管理，乡村力量几乎可以忽略不计；在江南水网区，官方可以进行主要河道管理，对于水网密布的小型河道，必须依赖乡村力量进行维护和修浚。汉唐屯田以后，江南水利社会就一直存在官方与民间社会互动的问题。② 因此，在"行政真空"地带，民间力量常常参与其中。在长期历史进程中，这些民间力量演化为各种类型的社会组织，水利社会组织也不例外。

一、乡圩组织

在江南水利基层组织上，早就形成了圩长制度。这种制度长期存在。在宋代，官圩设"圩吏"，私圩有"圩长"，每年农隙由他们负责召集圩丁维修堤岸。南宋诗人杨万里诗"年年圩长集圩丁，不要招呼自要行。万杵一鸣千畚土，大呼高唱总齐声"③，其中描写的就是每年初春集众修圩的热闹场面。元代的大圩仍有甲头，水退之后，圩长以分工出夫之法，率领农民"浚河取泥做岸，岸上种桑柳"④。在明代，圩长平时还要"沿堤

---

① 秦晖：《传统十论：本土社会的制度、文化及其变革》，上海：复旦大学出版社，2003年版，第3页。
② 王建革：《水乡生态与江南社会》，北京：北京大学出版社，2013年版，第117页。
③ [宋]杨万里：《诚斋集》卷三十二《圩丁词十解》，四部丛刊景宋写本。
④ [元]任仁发：《水利集》卷三，明钞本。

分岸，纠察巡警"①。

至明代，除继续实行圩长制度外，封建国家还通过塘长制、里甲制、粮长制等行政干预手段插手"乡圩"系统，直接控制圩岸修护，以保证官粮的转输。因此，明清时期，各种行政干预手段和自发性民间团体先后参与圩岸的修筑和管理，与塘长制、圩长制相配合，结成了一种以圩田网络为基本纽带的农村社会组织——"乡圩组织"。

根据江南水乡的特点，明初政府设置了"塘长"一职来专门负责组织、督率圩田水利事宜。塘长原则上按里甲编制，以区为单位设置，"一区之中，各有数圩，计当金殷实之家充之"②，区以下有图（里）③，亦设相应的负责人，称"该年"（即圩长）。《天下郡国利病书》卷二十一《江南九·松江府》曰："每图岁轮该年一名，率作人夫，协力浚筑。有六、七图为一区者，有十余图为一区者。区有该年数名，该年之内经充领区总催，即为塘长，专主督率各图人夫，轮修本区水利。"④ 因此，如果仅按照塘长制度的编制演绎，明代"乡圩"组织的序列应该是：圩户—圩长—塘长—府县官员。圩户管修一段圩岸，圩长（甲）管修一圩圩岸，塘长管修一区圩岸，再由塘长按期向府县各级官员汇报。"一圩不完，责在圩甲；一区不完，责在塘长。轻则惩戒，重则罚治。……如一县中有十处不完，责在县官；一府有二十处不完，则府又有不得不任其咎矣。"⑤

明代，江南地区的乡官除了塘长外，还有更为常见的粮长、里长、老人等，从理论上讲，明代乡官应各司其职，"以里长、老人主一里之事，如宋之里正、耆长；以粮长督一区赋税；以塘长修理田围，疏决河道"⑥。但在实际操作中，里甲、粮长亦会介入地方水利管理，在江南的不少地区，"一圩沟岸，任在排年，一图沟岸，任在里长，此法之经也。百夫河港，任在老人，千夫河港，任在粮长，此法之纬也"⑦。因此，圩长、塘长、粮长、里长的共同介入，才是完整的"乡圩组织"，并且这种"乡圩

---

① ［明］沈启撰，［清］黄象曦辑：《吴江水考增辑》卷二《水则考》，沈氏家藏本。
② ［清］吴邦庆撰：《泽农要录》卷二《田制第二》，清道光刻本。
③ 这里的"图"即是指"里"，明代的黄册、鱼鳞图册以每里册籍，首列一图，故名。另，在江南地区，都与图之间还有"区"一级的乡村行政单位。
④ ［明］顾炎武撰，黄珅、顾宏义校点：《天下郡国利病书》，上海：上海古籍出版社，2011年版，第651页。
⑤ ［清］吴邦庆：《泽农要录》卷二《田制第二》，清道光刻本。
⑥ 正德《松江府志》卷六《田赋上》，明正德七年（1512）刊本。
⑦ ［明］顾炎武撰，黄珅、顾宏义校点：《天下郡国利病书》，上海：上海古籍出版社，2011年版，第431页。

组织"往往受到地方官府的严格控制。为加强对"乡圩"的控制,各级府县治农官常于暇时巡行阡陌,勘验田亩。正统年间周忱巡抚苏州时,还在每都每里泛置官车,"假如某都某围田被水淹没,则粮长拘集官车若干辆,督令人夫,并工车戽"①。

明代后期,随着正德嘉靖以后里甲崩溃、水利荒废的情形出现,江南地区"乡圩组织"的组织形式亦发生重大改变。明代后期,官府对基层衰退了的水利机构放任自流,把经营之责移交给民间组织负责,且多取资于民,不再需要"乡圩组织"派征赋役以兴修水利,而是倡导"计亩劝资""计亩出役"的方式。因此,原有的"乡圩"体系瓦解,塘长制在一些地区也开始废止。但这并不意味着"乡圩组织"不复存在,因为圩田的日常管理工作仍在继续进行。在圩田区,一家圩户绝无力独营圩堤之事,必须几家农户或者全圩全村通力合作,"连圩结甲"。甚至要联合几圩几村集资集力协作进行。这种经营方式,不仅在施工时要依照获沾水利利益的田亩来拨派,建成后还要协商订立管理办法,使出资出力者都能获益。这种"乡圩组织"主要是以地缘为纽带而结合的,由圩户共同承担兴修及管理圩岸之责。因此,到清代,"乡圩组织"已从明初与里甲关系密切的强制性的社会组织向一种以地缘为纽带的功能性社会组织转变,是一种自发性和公益性较强的农村社会组织。

同样,地方宗族组织也积极参与水利建设。苏南地区的乡村百姓,一谈到田地格局时便会说道:"喏,东边到某港,西边靠某浜,南边又是某港,北边就是某某塘。"② 这些浜、塘、泾等常以某族姓命名,氏族色彩浓厚。这一现象实际上反映了宗族对水利事业的参与。

自明清以来,许多地方工程仅靠国家的力量已难以为继,所以往往需要争取地方大家族的参与和支持。江南宗族往往积极响应政府号召,动员族众参与治水,并投入巨大的财力配合政府开展治水工程。如道光年间,常熟开浚白茆水利工程,此工程关系吴中四县水利,工程浩大,费用甚巨,由常熟宗族顾士佺率先捐千金助修,维持了地方的水利关系。宗族组织除了与政府进行水利协作外,还会共同应对社会水利问题。如道光十一年(1831)秋,常熟遭受大水灾,稻棵尽倒,远近数里,饥民嗷嗷。这时作为本邑"巨姓"的顾士佺与邻村巨族瞿氏,共同商议设粥厂赈济之,自

---

① 弘治《吴江志》卷六《风俗》,明弘治元年(1488)刻本。
② 茅盾:《茅盾全集》第十一卷《大旱》,北京:人民文学出版社,1986年版,第271页。

冬至春，救活者甚多。①

此外，在宗族内部由宗族组织兴办的圩田水利，其兴修与管理均由族人负责，收益亦由族人共同分享，费用则主要由族内土地所有者分摊。江南地区族有田产相当发达，"常熟、吴县、无锡、昆山等族有田产者，皆在十万亩上下"②。族田收入的一项主要开支就是举办族内的各种公益事业，其中当然也包括圩岸修葺的费用。有不少宗族还专门拨出少量族田，供族内的圩田水利专款专用，体现了宗族在地方水利兴修中的作用。

二、民间信仰及公益慈善团体

传统社会，一些民间信仰团体亦会参与到国家对地方社会的管理和控制中，参与地方水利事业。在苏州所处的江南地区，民间宗教信仰团体虽不直接领导圩田水利工程的设计和进行，但是它们所采取的立场，不可避免地要对"乡圩"产生一些影响。这表现为，在修圩过程中产生一些纠纷时，单凭宗族和乡约的力量尚不足以实行有效的控制，还常常需要取得神灵的"保证"。有的地区还设有专门的圩神供奉，如在同光时期，周庄"有庄家圩神者，在镇西南三白荡滨之庄家圩村，濒水立庙，奉像其中，神不知其为何姓名，而远近争传"③。

在水崇拜盛行的传统社会，"祈雨"是重要的水事活动之一，民间围绕此信仰形成了某种程度上的利益共同体。宋代在苏州阳山灵济庙、常熟顶山焕神庙等处拜白龙神以祷雨，元代郑元祐《甘泉祠祷雨记》中的甘泉龙神、清代陈宏谋《重修五龙堂记》中的五龙神都是雨水之神。典型事迹如1934年江南大旱后，苏州城内出现了大规模的祈雨活动。祈雨期间往往需要断屠、斋戒，以此善行感动神灵，求其普降甘霖。在1934年吴县求雨活动中，城内屠业会以团体组织的形式参与其中，发布公告，不惜牺牲各自利益支持断屠。"此次断屠，以两星期计算，其损失除营业方面不计外，就屠税一项而言，须少收入二千四百余元。"④ 禁屠祈雨不可避免会影响屠户生意，但屠业商人为了"祈雨"信仰，不惜承受一定损失来捍卫群体利益。

---

① [清] 黄廷鉴撰：《第六弦溪文钞》卷四《国学生顾君墓志铭》，北京：商务印书馆，1936年版，第81-82页。
② 李长傅：《分省地志：江苏》，北京：中华书局，1936年版，第131页。
③ 光绪《周庄镇志》卷六《杂记》，清光绪八年（1882）元和刻本。
④ 转引自沈洁：《反迷信与社区信仰空间的现代历程——以1934年苏州的求雨仪式为例》，《史林》2007年第2期。

同样，一些公益慈善团体也参与水利建设事业。至清后期，为修堤筑圩，圩田地区不少乡村出现了圩局、保圩局这样的公益慈善团体。圩局和保圩局一般拥有自己的田产，称"保圩田"，系捐资购买或葬化而来，每年所收之租米，作为保圩费用。清光绪末年，无锡县堰桥村"胡亦先在横排圩购买大量荒芜芦荡田，招人耕种，……更搜寻地方上无粮之田，拨为保圩田，一面补报登记完粮，一面由保圩局派人收租，作修圩之用"①。除具有经营机构的职能之外，一些圩局还负责为董事、圩保、夫头等立据担保，承领工料、钱粮，发给出主夫役，作为报酬。秋成后由圩局加息归还。

民国时期，苏州地区各类社会组织涌现，而商会组织无疑是其中最具实力的民间组织。苏州商会组织发挥"补官治之不逮"的作用，参与苏州地区的市政、公益建设，而参与苏州地区的水利建设就是重要的一个方面。苏州商会参与水利建设的形式有间接参与和直接参与两种。间接参与主要体现在敦促政府部门修复水利设施，如民国十九年（1930）9月，吴县商会就修复阊门水关工程多次致函县建设局，称"前以阊门外水关坍卸妨碍舟楫交通，节经本会以六〇三并六六二号公函请予赶速捞挖，以便商运在案，时逾月余，未准贵局函复，仅据该处商民，纷纷来会报称，水关虽已开工，但工程异常迟延，至今阻塞如故，商货运输损失，伊于胡底，区区修理阻碍，应恳迅再函催，从速竣工等到会，相应再行函烦查照，迅饬管工员严行催促，限期完工，无任盼切"②。最后，在商会的敦促下，由吴县建设局主持，商会募集资金，终于修复了阊门水关。

民国二十二年（1933）3月，吴县商会木渎分事务所拟疏浚当地河段，成立了"木渎镇浚河委员会"，吴县商会对木渎分事务所的浚河工程极力支持，很快就动员市区的同业公会募集捐款支持木渎浚河委员会。③ 此外，商会还直接参与苏州地区的抗洪抗旱。民国二十三年（1934）苏州大旱，吴县商会动员地方士绅及区乡政府的官长组织了临时性抗旱组织——"吴县防旱委员会"，策划如何引太湖水进入运河以灌溉农田。吴县商会还令下属的米业公会把行业打米机改造为应急抽水机。该委员会以吴县商会主席施筠清为负责人，可见商会在其中的主导作用。民国二十年（1931），苏南水灾，

---

① 中共无锡县委：《无锡县张村区特殊土地调查》，华东军政委员会土地改革委员会编《江苏省农村调查》（华东农村经济资料·第1分册），内部印行本，1952年，第252页。
② 转引自王仲：《民国苏州商会研究（1927—1936年）》，上海：上海人民出版社，2015年版，第203页。
③ 王仲：《民国苏州商会研究（1927—1936年）》，上海：上海人民出版社，2015年版，第204页。

在政府官员束手无策之时，吴县商会提议政府暂停县道工程，赶筑低田圩岸，并筹划成立了"吴县圩工委员会"①，组织灾区农民壮丁防洪抗旱。苏州商会对水利事业的最大举措当推疏浚吴淞江的行动。此次疏浚吴淞江是苏州商会与上海总商会统筹协调的结果。

三、民间专业组织

在政府设立水利机构的同时，民间商业团体、地方士绅出于维护地方水利公共设施的目的，与政府协商后组建了民间专业水利组织，如民国八年（1919）创立的江浙水利联合会、民国七年（1923）创设的吴淞江水利协会等。

由于太湖治理关涉浙西地区水利，为消弭江浙两省的水利争端，民国八年（1919）3月由两省水利人士共同组建成立了江浙水利联合会。联合会成员共30人，由江苏水利协会职员推定5人，浙西水利议事会会员15人组成，会址设在上海，并在南京、苏州、杭州等地设立通讯处。水利会经费由太湖流域内的40个县共同筹集，并按地方经济实力酌量分担。水利联合会本着"不必有官治民治之分，而一切计划总须始终贯彻，以立初基而竟全功"②的精神，对太湖流域的水利事务积极筹办。一些会员奔赴太湖各地，进行实地调查，获取第一手水文资料，提出了较为科学的治理规划。在与太湖局的水利策略论辩中提出了许多可行的治理方案，这些方案对太湖流域治理有着不可忽视的重要作用。民国十二年（1923），在上海总商会的组织筹划下沿江八县"以辅佐官厅整理吴淞江之水利交通"为宗旨，成立吴淞江水利协会，推举方椒伯为主席。在水利机构经费短缺的情况下，水利协会决定由商业团体自筹经费60万元独自治理吴淞江。③但在后来的实际治理中，因战事影响未能兑现。

这类民间专业水利组织协同水利机构处理治水事务，帮助筹集经费、勘察水利，商议施工程序。同时也要注意到，这些组织虽非政府机构，但其中很多会员也在江南局中任职。

---

① 王仲：《民国苏州商会研究（1927—1936年）》，上海：上海人民出版社，2015年版，第190页。
② 《钱能训电询治湖计划》，《申报》1919年11月18日，第10版。
③ 上海市政协文史资料委员会编：《上海文史资料存稿汇编·市政交通》，上海：上海古籍出版社，2001年版，第471-472页。

第三节 水利经费与劳动力

水利经费的筹集和劳动力安排,是实施水利建设的基本保证,也是政府对水利建设的制度性安排,关系到社会经济、国力盈虚、土地政策、赋役制度、生产水平、农事丰歉、工程性质、建设规模等一系列问题,涉及广大农民的切身利益。历代都曾试行过或设想过各种形式的办法。① 不同历史时期苏州所处的太湖流域水利建设经费与劳动力安排亦呈现出多种形式。

一、五代以前的水利官营

五代以前,水利工程经费由中央和地方政府支出,劳力靠征发徭役、徒民和军队,太湖地区水利建设的经费筹集与劳动力使用,也基本如此。当时,水利建设的受益者是公众而非个别的农民,一些灌溉、排水、防洪等措施,有助于整个区域农业生产的发展,水利工程建设需要大量资金,只能由中央和政府主导。

先秦时期,中国的水利建设就带有鲜明的"官营"色彩,经费多由政府筹集;另外,在古代中央专制集权体制下,地方兴建或修复水利工程必须经过中央部门批准,地方不可擅自动工,否则将会受到严厉的处罚。《唐律疏议》曰:"修城郭,筑堤防,兴起人功,有所营造,依营缮令,计人功多少,申尚书省听报,始合役功。或不言上及不待报,各计所役人庸,坐赃论减一等。"② 至少在北宋以前,地方政府的水利建设职权有限。范仲淹对此深有感触:"然今之世,有所兴作,横议先至,非朝廷主之,则无功而有毁。守土之人,恐无建事之意矣。"③ 大型水利工程皆由朝廷主持,地方官员很少能够有所作为。

国家发起的水利工程建设,以兵充役可以迅速集结大量劳动力。五代吴越时期,苏州地区专设有"都水营田司","号曰撩浅军,亦谓之撩清。命于太湖旁置撩清卒四部,凡七八千人,常为田事,治河筑堤,一路径下吴淞

---

① 《太湖水利史稿》编写组编:《太湖水利史稿》,南京:河海大学出版社,1993年版,第157页。

② [唐]长孙无忌:《唐律疏议》卷十六《擅兴凡二十四条》,四部丛刊三编景宋本。

③ [宋]范仲淹著,李勇先、王蓉贵校点:《范仲淹全集》上,成都:四川大学出版社,2007年版,第266页。

江，一路自急水港下淀山湖入海。居民旱则运水种田，涝则引水出田"①。这七八千兵士专门负责修治太湖通江港浦。

二、宋元时期的多元化

中唐以后，南方地区经济得到开发，水利事业北衰南盛，南方的水利出现了工程跨度牵涉面广、数量多、公私相错的局面，因而由国家出资，强征劳力营水利的办法，越来越显示出不适应社会经济发展的一面。从宋代起，水利经费来源逐渐多元化，劳力征派除了以兵充役、征调劳役外，也出现了"以工代赈"的募役形式，徭役向"雇募"方向发展是两宋时的总趋势。

在水利经费方面，一方面，宋代政府继续投入大量资金兴修水利。其投入形式多样，一种是由国库直接拨付，宋代国库支出的有内带钱、太平钱、封桩钱、安边太平库钱等。有时，中央也将留在转运司的钱米拨给两浙州县兴办水利，即"出钱币于漕库"，或干脆将本应运送国库的钱米留州使用，兴办水利，称为"截拨"②。又如北宋熙宁五年（1072）五月诏书中，两浙兴修水利花费巨大，需要购买土地、木料、石料、修斗门、闸门，"如食利人户物力出办不及，即许于常平仓官钱内支破"③。除直接拨给钱粮外，政府允许地方颁给度牒和官诰。度牒是政府发给僧人的类似身份证的东西，有了度牒就可以逃避国家一部分徭役赋税，因而具有一定的价值。政府为了解决财政问题，有时会下发一定数量的度牒，甚至出现滥发现象。宋代中央政府资助浙西兴修水利，常常不给现钱，而把颁发度牒的权力下放地方，便于地方敛财办事。官诰本来是皇帝授爵或封官的诏书，北宋朝廷曾经印发了大量的官诰售卖，以解决财政危机。如徽宗政和六年（1116），政府拨封桩米10万石、常平本钱10万贯及空名度牒2 000道等命赵霖主持平江水道的大规模疏浚工作。

此外，对于治水经费短缺情况，还通过空名度牒、出卖虚位官职获得支持。如"如阙，则以常平米及常平封桩钱贴支。并降空名度牒二千道，

---

① ［清］吴任臣：《十国春秋》卷七十八《吴越二·武肃王世家下》，清文渊阁四库全书本。
② 施正康：《宋代两浙水利人工和经费初探》，《中国史研究》，1987年第3期，第53—69页。
③ ［清］徐松辑，刘琳、刁忠民、舒大刚等校点：《宋会要辑稿·食货六一》，上海：上海古籍出版社，2014年版，第7 507页。

出卖承信、承节、将仕郎官告各五十道,其命词并以兴修水利为名,别立价直"①。在多渠道筹集经费和多种雇募共同作用下,经过三年多的准备,于宣和元年(1119)、二年(1120),浚修过一江一港四浦五十八渎,修筑常熟塘岸等工程,规模巨大。

另一方面,宋代中期,土地私有占据支配地位,因而产生了"水利民营"。宋政府大力推行"官民分营"和"民办官助"的水利兴建和资金筹集办法。北宋熙宁二年(1069),王安石颁布《农田水利约束》,提倡鼓励民间兴修水利,并规定政府亦有责任加以资助,充分调动了民间和官府修建水利的积极性。所谓"官民分营",是指由政府组织兴修大规模的水利工程,而小型水事则由民间自办。如大江大浦的疏导由政府负责,江南地区河网区大量的泾港则由私人管理。此后江南水利事业逐渐形成了官民分野,所谓"田岸之事小,水利之事大。田岸之事在民,在民者,在官不必虑;水利之事在官,在官者,在民不得为"②。关于"民办官助",则是对民间水利兴修采取借贷形式,如借支不足,可许富人按官贷息率借贷,由官府督还。这样既解决了农民兴修水利的资金,又使农民免遭高利贷的剥削。"民办官助"的办法,明清时期苏、松地区曾较多地采用,并广辟贷款源,规定具体办法,将宋代的借贷之法进一步完善起来。北宋郏亶对民营水利还提出按户摊派的办法,主张受益富户根据财产多少累进负担"量其财而取之","以供万夫之食与其费"。这个筹集经费办法,由于当时受到保守派的攻击,只在极小范围内试行,苏州地区就曾施行。熙宁中,沈括在苏州等地按田征钱,修筑堤岸。乾道、淳熙之交,浙西、江东地区修治陂塘,系按有田之家户等高下分摊工力。元符以后浙西江浦的开浚,其雇工之费系由有田之人按田亩、苗租均摊。③

在劳力征派方面,宋代苏州地区继承了以往以兵充役、征调劳役的做法。北宋真宗时两浙转运使徐奭要求复置开江兵,专修吴江塘路,兵额1 200名。仁宗时苏州开江兵有吴江、常熟、昆山、城下4指挥。元符三年(1100)诏:"苏、湖、秀洲,凡开治运河港浦、沟渎,修叠堤岸,开

---

① [宋]范成大撰,陆振岳校点:《吴郡志》卷十九《水利》,南京:江苏古籍出版社,1999年版,第291页。
② [宋]黄震:《黄氏日钞》卷七十一《权华亭县申嘉兴府辞修田塍状》,元后至元刻本。
③ 周生春:《宋代浙西、江东地区水利田的开发》,《浙江学刊》1991年第6期,第102-107页。

置斗门、水堰等，许役开江兵卒。"① 崇宁二年（1103），太湖流域下游频年水灾，调开江兵疏浚吴淞及青龙江，大量使用兵役，耗费巨大。兵役之外，宋代的劳役征派也开始有所调整，即民夫征调主要从水利工程收益户中调集。乾道八年（1172）提举河渠公事王淮论浙西、苏州一带水利指出："唯因人之力而用之则役省，因人之利而导之则乐从。力半工倍，莫甚于此。"② 即将水利收益户的利益与责任结合起来，调动收益户的积极性，从而取得更好的效益。

此外，宋代在水利经费和劳动力征集上出现了"雇募"趋势，以赈灾钱粮的方式来兴办水利。这种"以工代赈"的形式最先倡言于北宋范仲淹。景祐时苏州受灾，范仲淹"日以五升，召民为役，因而赈济"③。后北宋政和六年（1116）至南宋嘉定七年（1214）赵霖主持江南各地 10 次较大规模工程时，就大量采用此法。以工代赈可以达到赈饥民和兴修水利的双重目的，常为后世仿行。

元代设司农司，发布《劝农立社事理条画》，允许农民量力开引水渠，如果农民资力不够，官为资助。在水利经费上，元代提出"富民募捐"的办法。至元三十年（1293），浙西大水，元世祖"诏以浙西大水冒田为灾，令富家募佃人疏决水道"④。元代文学家虞集曾提出"遂富民得官之志而获其用"⑤ 的建议，即利用富人的求官心理而把其资财和积极性引导到开发农田水利上来。其特点是：根据所修水田多寡及其实效而给定官衔；开垦水田三年之后以征税来承认富民对土地的所有权；十年之后，又通过官衔世袭，进一步确定其土地私有权。这种富民捐己之资的水利经费筹集办法，国家可以"不费公帑""不烦募民"，还为国家开辟了财源，在一定程度上对国家有利，对富户有利，对农民也有利。周文英提出将"富民得官"和"以工代赈"结合起来，即由富民承担工赈之费并负起督率之责。同时，对修圩出工负担做了明确规定："田主出粮，佃户出力。"⑥

---

① ［元］脱脱等撰，刘浦江等标点：《宋史》卷九十六《志第四十九》，长春：吉林人民出版社，1995 年版，第 1 520 页。

② ［清］徐松辑，刘琳、刁忠民、舒大刚等校点：《宋会要辑稿·食货八》，上海：上海古籍出版社，2014 年版，第 6 162 页。

③ ［宋］范仲淹著，李勇先、王蓉贵校点：《范仲淹全集》上，成都：四川大学出版社，2007 年版，第 265-266 页。

④ ［明］宋濂：《元史》卷十七《本纪第十七》，北京：中华书局，1976 年版，第 373 页。

⑤ ［明］宋濂：《元史》卷一百八十一《列传第六十八》，北京：中华书局，1976 年版，第 4 177 页。

⑥ ［明］张国维纂：《吴中水利全书》卷十八《志》，清文渊阁四库全书本。

三、明清时期的细化

明代水利经费的筹措，一是中央政府资助钱粮；二是地方政府筹措，以摊派为主，还有动支官府库存、查处无碍官钱、罚款及捐募等办法。万历以后，明政府已不能履行治水的公共职能，不再兴办大型水利工程，也停止了对太湖水利的财政资助，停止了地区间协作。

明代兴修水利的经费除了国家统一拨款外，并不单纯依赖国家，多采取多得利者多出力、少得利者少出力、不得利者不出力，以及有钱者出钱、无钱者出力等办法。在分配上，基本是采用平均分配与多劳多得相结合的方法，保证了工程的兴办。当时尽管在经费的筹集和支配过程中存在不少弊病，但明代太湖地区的水利事业一直是在发展着的，它为农业生产的发展和人民生命财产的安全提供了条件。

洪武十四年（1381），朱元璋命天下郡县编赋役黄册，制定赋役里甲制，设定役有三种，其中水利劳力属杂役内调遣。当时太湖流域调集水利劳力主要具有如下几个要点：一是无任何报酬地佥发徭役；二是最初按亩出夫，以里甲为单位，按户等佥役，户等取决于人丁和资产状况；三是原则上就地佥役，但是依靠本地人口难以完成的工程，可佥发邻近地区的劳动力作为添助；四是调集夫役一般在农闲时进行；五是应役人夫同时负担浚河筑岸和采办水利工程所需材料的任务。明中叶太湖流域社会经济有较大发展，调集夫役的政策随之变化，从"按户佥役"转变为"按田出夫""按田起夫"，从无报酬的征发转变为雇役，比无报酬服役有所改进。嘉靖时期每欲举行干流疏浚工程，必计处钱粮，募集夫役，然后兴工。在给役丁报酬方面，采用"按夫给银"和"计工授值"两种方式。

明代苏州所在的太湖流域水利建设主要分三个阶段，在不同的阶段其经费来源与管理组织方式有不同的特点。① 明初，太湖流域的水系遭到破坏，东江、娄江相继淤废，吴淞江成为太湖的主泄水道，而吴淞江下游的淤塞现象亦日益严重，保持太湖出水道畅通已经刻不容缓。因此，洪武至正统时期，由明中央政府出资，主持了一系列大规模水利工程。这一阶段，主要通过徭役征发劳动力来兴修水利。从成化至隆庆时期，迫于经济压力，中央政府不再单独出面组织对大江大河的整修工程，工程经费从单

---

① 潘清：《明代太湖流域水利建设的阶段及其特点》，《中国农史》1997年第2期，第29-35页。

纯由国家拨款转为地方自筹和民间集资及国家拨款相结合的方式，因此，工程规模较前期有所减小。这一时期，明人金藻提出了"按受益田亩负担"和"加强官府干预"的主张，即应根据田户所受灌溉之利大小来确定其水利负担。建议应由官府"专任大臣，而辅之以所属；责成守令，而催办于粮里"①，即在官府责督之下，把水利负担与田户实受之利结合起来。

明中叶之后，给事中吴岩提出按田亩筹集水利经费的办法，"凡有田之家不拘官民，每田一亩，科钱一文"②，每岁秋收时，折白银缴解各府官库，由水利官动支，他官不得挪用。这一办法，虽各田亩受益不同，在经济负担上有不够合理的缺点，但便于计算和执行，官田亦不得优免，减少了贫、佃农的负担，后来作为水利经费的基本政策而被沿用。明中后期江南治水，中央政府因财政状况恶化，不能大规模投入，放弃了整体水利建设应尽的责任。地方政府因地方财政的拮据，投入资金比例也逐渐减少，个别官员殚精竭虑，多方筹措，才兴修了某些局部工程。常熟知县耿橘即为其杰出代表，他提出并实践了"水利不论优免"和"业食佃力"的主张。在大规模浚河工程时，由官府承担工食。涉及派役，每个夫役工作量的分配，应尽量做到平均而合理，在派役问题上，不给有财势者占便宜，"按田出夫"。而对于修圩浚港等小型农田水利，则用"业主出资，佃户出力"的办法，也称为"业食佃力"，工程经费由民间承担，由官府来监督保证，佃户要按官府规定的计划和标准完成工程，地主必须如数付给佃户水利劳动报酬。这种"业食佃力"，到清代又变为夫役经费，由地主和佃户共同承担，交由官府代雇人夫做工程。

清代实行"借帑"与水利专款制度。清代多袭前人之法，水利工程经费由地主和佃户共同承担，交由官府代雇人进行。在筹集水利经费与劳力征派方面，主要有动帑（又称请帑、领帑、发帑、拨帑）、借帑、按亩征摊、绅商富户捐资、照田起夫、以工代赈、业食佃力、按户摊派、军事力役等。其中地方官吏奏请借帑的款项来源有操折银、公项、藩库银、财粜米等。此期，太湖流域水利建设经费与组织管理具有鲜明的阶段性。清初30多年，由于战乱，水利经费的筹集与劳力的征调是一大难题，因此，水利事业总体呈现荒废状态。即使作为财富重地的江南也不例外，仅依靠

---

① ［明］姚文灏编辑，汪家伦校注：《浙西水利书校注》，北京：农业出版社，1984年版，第111页。

② ［明］张国维纂：《吴中水利全书》卷十四《章疏》，清文渊阁四库全书本。

地方士绅做了一些地域性的小型水利工程。康熙初到乾隆年间，清政府对江南水利建设强势参与，多次直接动帑兴修。所谓动帑，即水利经费由官府财政拨款（中央或地方）出资。如清康熙十年（1671），批准江南江西总督麻勒吉奏请，留苏松常三府漕银9万两、杭嘉湖三府漕折银5万两疏浚吴淞江、浏河，是为清代第一次大规模治理太湖。据李文治、江太新《清代漕运》一书统计，苏州府兴修水利，康熙、雍正两朝共动用公款406 588两，乾隆初年动帑29 758两。①当然，对小型水利工程，仍提倡"业主出资，佃户出力"的办法，由民间于农隙时自修。而在乾隆十年（1671）以后，江南地区的水利经营方式转变，一般大工程也不再动帑兴修，而主要采用借帑方式办理。所谓借帑，"是地方办水利时由地方大吏奏请临时借用国帑，随后采取一定的补充筹款措施，于一定时间内归还国帑原额"②。其典型案例为乾隆二十八年（1763），江苏巡抚庄有恭奏请疏浚太湖三江水利，借公项银22万余两，于苏州、松江、太仓等府州按亩摊征，分年归款。③

道光年间太湖流域水利经营方式再次发生转变。以往的借帑兴工弊端渐显，分年按亩摊征往往旷日持久，有借无还。江南地方官由此推出替代性解决方案，尤以陶澍、林则徐推广的绅商官员捐输水利经费为代表。道光十四年（1834），林则徐主持白茆河疏浚工程。当时国家财政困难，估需工费11万两，无处筹措，最后决定开捐纳事例。在总督陶澍、巡抚林则徐的倡导下，各地方官和绅民贾踊跃捐纳。咸同以后，厘金成为地方政府的财政收入，也成为地方官府兴修水利的重要经费来源。如光绪六年（1880），修宝山、镇洋（今太仓）海塘，就于苏、沪厘金项下动支。同治十年（1871），江苏巡抚张之万于苏州专设水利局，兴修三吴水利，委藩署司应宝时专司其事，水利局设有水利专款。是年除了疏浚溇港外，还挑浚了吴淞江、七浦河、徐六泾，并修理桥窦，共用款29.5万两，除徐六泾用款13 800两归入白茆河经费接续摊征还款外，"其余均以苏、沪二厘局厘捐银两通筹济用"④。不足部分，民间按亩贴费。

---

① 李文治、江太新：《清代漕运》，北京：中国社会科学出版社，2008年版，第21页。
② 彭雨新：《略论清代苏松地区农田水利经费的筹集》，中国水利学会水利史研究会、江苏省水利史志编纂委员会编印《太湖水利史论文集》，内部发行，1986年版，第60-61页。
③ 刘文远：《清代水利借项研究》，厦门：厦门大学出版社，2011年版，第73页。
④ 中国水利水电科学研究院水利史研究室编校：《再续行水金鉴·长江卷》，武汉：湖北人民出版社，2004年版，第460页。

四、民国的完善

民国时期，修建江堤海塘，经申报省建设厅批准后，拨给工赈经费。对区域性或属县内水利工程，则采取代征水利经费、捐募、发行建设公债、申请棉麦借款或地方自筹经费办法。据《苏州明报》报道，民国十五年（1926）江南水利经费无款可筹，致电国务院，请求在苏州、镇江、江海、金陵四关，代征水利经费。因民国二十年（1931）大水，圩堤破坏极多，民国二十一年（1932）修筑任务大，建设厅派员分往各县调查工赈状况，指导进行方法，促进工赈工作。民国二十三年（1934）太湖流域水利委员会发表"浚淞计划"，建议请拨棉麦借款疏浚吴淞江，以利农商；民国二十三年（1934）11月7日吴县县长上呈建设厅，请拨水利建设公债，疏浚胥江等工程；民国二十四年（1935）为疏浚西太湖之北港、南太湖之张田港，吴县建设委员会议决，组织工赈劝募委员会，由省府拨款万元，并由地方募集八九千元，作为工赈经费。抗日战争胜利后，也有慈善团体、善后救济总署拨放粮食、面粉作为工赈费用。

民国时期，水利经费与劳力征集多为沿用历代办法，并予以综合实践与完善，主要采取以工代赈、国家拨款、民办公助、按受益田亩或劳动力分摊、发行债券、商捐和社会捐助等方法。如苏州地区修建江堤海塘，经申报省建设厅批准后，拨给工赈经费。

综上所述，各历史时期苏州地区的水利建设在水利经费筹集与劳动力征集方式上不断发展完善，创见颇多。五代以前，苏州地区的水利建设多为官修，经费多由国家拨给，劳动力征集主要依靠征发徭役和兵役。宋代以后，水利建设出现"官民分营"，水利经费来源逐渐多元化。在劳力征派方面出现的新特点则是出现了"雇募"趋势，以"以工代赈"的方式来兴办水利。宋元时期推行的诸如"民办官助""按户摊派""富民募捐"等经费筹集与劳力征集办法虽然只是一种尝试，却为后世的水利建设提供了进一步完善的基础。明清两朝，苏州地区的水利建设都具有鲜明的阶段性特点。明代前期，国家财政充裕，对区域水利建设资金投入颇多；进入中后期以后，国家无力负担大规模的水利兴修，水利经费多靠地方和民间设法筹集。这种情况下，苏州地区出现了一大批治水能臣，推陈出新，实践新的经费筹集与劳力征集方式，推动了苏州地区的水利建设。至清代，苏州地区在水利经费筹集方面已比较多元，主要有动帑、借帑、按亩征摊、绅商富户捐资、照田出夫、以工代赈、业食佃力、按户摊派、军事力役等。在劳动力征集方面，其总的趋势是由徭役制走向雇募制，经济利益与田亩负担相结合的分担方式成为大众所能接受的基本原则。民国时期，苏州地区对水利经费筹集与劳力征集的方式予以进一步综合实践和完善。

第四节　水资源管理

水资源管理"以提高水资源利用效率、维护水资源的合理分配、保护水资源的可持续开发利用、保护水源和充分发挥工程的最大社会、环境和经济效益而进行的水资源优化调度以及对一切类型的水工程的合理规划及布局进行协调与统筹安排等为主要内容"①。水资源利用与管理具有鲜明的时代内涵。在古代，洪涝灾害是威胁人类生存的大问题，因此，古代水资源利用与管理偏重干旱洪涝灾害的管理。先民们为治理水患，保护和利用水资源，很早就开始进行各项水利工程建设。

苏州地区雨量充沛，河网储水功能大，水资源较为丰富。但如何确保丰富的水资源成为"水利"而非"水患"，更需要科学的水管理策略。数千年来，苏州人民根据地区的气候、地理和水文环境，围绕农业生产与城市生活的用水需求，不断摸索、实践，为今天水资源的科学利用与管理提供了宝贵的经验。

一、农业水资源管理

苏州唯亭草鞋山遗址的考古发现表明，吴地先民们早就有意识地蓄积、处理和利用水资源。根据马家浜文化遗址中水田形态的不同，可将其分为三个时期，早期是不规则的自然洼地形成的畦田，尚未形成明显的水利灌溉系统；中期是人工开挖的小面积条状分布的椭圆浅坑形畦田，田块之间有水口相通，以专设的水沟和蓄水井坑为主体的蓄灌设施已经形成，并有一定的规模和格式；后期是以方形蓄水塘为中心的灌溉设施开始出现，浅坑形畦田围绕水塘分布，田块之间由水口或浅沟形成的水路串联。② 这反映先民们管水、用水的演进过程，也是人们利用水源更好服务农业生产的过程。

---

① 何俊仕主编：《水资源概论》，北京：中国农业大学出版社，2006年版，第243页。
② 据钱公麟、徐亦鹏：《苏州考古》，苏州：苏州大学出版社，2000年版，第61页。

对水资源的利用与管理，历代王朝都相当重视。郏亶在其《苏州水利六失六得》中，就如何利用苏州水资源分布的特点，因地制宜开展农业生产的灌溉布局发表了见解。他说："何谓地形高下之殊？曰：苏州五县，号为水田。其实昆山之东，接于海之冈陇，东西仅百里，南北仅二百里，其地东高而西下，向所谓东导于海，而水反西流者是也。常熟之北，接于北江之涨沙。南北七八十里，东西仅二百里。其地皆北高而南下，向所谓欲北导于江，而水反南下者是也。是二处，皆谓之高田。而其昆山冈身之西，抵于常州之境，仅一百五十里。常熟之南抵于湖、秀之境，仅二百里。其地低下，皆谓之水田。高田者常欲水，今水乃流而不蓄，故常患旱也。……水田者常患水，今西南既有太湖数州之水；而东北又有昆山、常熟二县冈身之流，故常患水也。……但水田多而高田少，水田近于城郭，为人所见，而税重复。高田远于城郭，人所不见，而税复轻。故议者唯知治水而不知治旱也。"① 文中指出高低不同的水田水的状况是不同的，在实际治水过程中，要兼顾地势低的易涝田的治水和地势高的易旱田的治旱，需要做到疏浚与筑堤的结合。

在长期用水实践中，为了能达成对农业水资源的最优利用，有识之士还对农田蓄水的量进行了思考。如宋陈旉在《农书·地势之宜篇》记载："若高田视其地势，高水所会归之处，量其所用而凿为陂塘，约十亩田，即损二三亩以潴蓄水。"② 他认为对高田应划出一部分低洼区进行蓄水缓冲，以备干旱时灌溉农田。明人金藻认为平田十分之一的蓄水比例就能应对旱情，他在《三江水利书》中记载："大约有田十亩，开池一亩，有田一顷，开潭十亩，平时可以养鱼，旱月可以救稻。"③ 明代俞汝则认为，十分之一蓄水比例远远不够，他指出："每十亩之中，用二亩为积水沟，才可救五十日不雨。若十分全旱年分（份），尚不免于枯竭，况一亩乎？大抵水田稻苗，全赖水养。炎日消水甚易，以十日消水二寸计之，五十日该消去田间水一尺，即二亩沟中，亦不免于消水。总计其润，是沟中常有五六尺之积，斯足用耳，岂可望于夏秋亢旱之日？且稻苗生长秀实，该用水浸溉一百二十日。十亩取二亩作积水沟，仅救半旱，斯言非谬。"④ 这

---

① ［宋］范成大撰，陆振岳校点：《吴郡志》卷十九《水利》，南京：江苏古籍出版社，1999年版，第266页。
② ［宋］陈旉：《农书》卷上《地势之宜篇第二》，清知不足斋丛书本。
③ 郑肇经主编：《太湖水利技术史》，北京：农业出版社，1987年版，第131页。
④ ［明］徐光启著，陈焕良、罗文华校注：《农政全书》，长沙：岳麓书社，2002年版，第249页。

对蓄水比例提出了更高的要求。

在将水资源运用于农业生产的过程中，为了提高效率，苏州人还发明、使用各种各样的灌溉工具，如戽斗、桔槔、水车等灌溉工具被广泛运用。清末民初时期，随着机械的发展，苏州地区已开始运用煤油发动机带动龙骨水车进行灌溉，进而发展到带动水泵来进行排灌，进一步节省了人力、物力。由于江南地区水网密布，河道纵横，因此，有人将水泵装在船上，在河道中来去自如，非常便捷地为民众打水，被称为机船。直到中华人民共和国成立以后，随着机电排灌设施得到大力发展与普及，机船才逐渐退出了历史舞台。这在某种程度上体现了苏州人管水、用水的成就。

二、城市水资源管理

水资源是苏州城市的命脉。自苏州建城以来，水就和苏州城的生存与发展联系在一起，苏州古城的建筑和发展史充分体现了人们对水资源的合理利用。早在周敬王六年（前514），伍子胥便全面勘察周边环境，建阖闾大城于水乡泽国的有利位置。建城初始，建设者便为城市之水做了科学规划，城外以外城河道抵御周边的水害，城内以八大水陆城门的街衢河道沟通城内外交通，同时也发挥了城市的引水、排水作用。

唐宋时期，苏州城已经具备了较为完善的城市河道布局。苏州城形成了小桥流水的基本特色。至明清时期，苏州经济发展迅速，人们又重新整理了苏州河道，以适应经济的发展。

明朝以前，苏州城市河道水质一直很好，居民直接就地汲取河水饮用。随着时代发展及城市变化，河道杂物增多，在河里洗涤马桶、脏物等，河水水质逐年下降，河水不能饮用，居民开始饮用城郊农民由船装运来的外城河水。中华人民共和国成立前，苏州城内大小茶馆水灶60余家，皆雇佣小船，大的每户一船，小的二三户雇一船，将城外大河河水运进城内以供饮用。尤以胥江水为佳，因其源于太湖，水质较好，农民取之，船运至城内出售给居民饮用。当然，除了地表河水之外，地下水资源也是饮用水源的重要补充，早期水井的开浚和使用体现了古代苏州人的使用地下水资源的智慧。

作为一座"水城"，苏州也是较早将维护水质纳入水资源管理范畴的城市。到清朝中期，随着城市经济发展，苏州城区的河水出现了一定污染。苏州人较早意识到了保护水质的重要，最典型的事例便是乾隆年间，民众要求官府对因纺织业而造成的虎丘一带水系污染展开治理。虎丘山一带本来是佛教圣地,清康熙皇帝行宫亦在此地,同时又是广大农民生活生产区域。但在雍正朝至乾隆初期,不少唯利是图的染坊主利用山塘河的水运和用水之便,到沿河开设染坊,并未经处理就排放滚滚污水,严重污染了清澈的山塘河。从染坊流出的污水造成禾苗受损,花园胜景遭到破坏,饮水更成问题,并且这种污水有害健康,市民深受其害。许多傍山的茶棚也因水质而使茶无法饮啜。昔日之清流,变成满是"青红黑紫"散发着使人窒息臭气的污水沟,严重影响了当地的水源和环境卫生,以致"各图居民,无不报愤兴嗟"①。在虎丘山地区的佛家弟子和农民联名告状后,苏州府会同属下元和、长洲、吴县三县详明情况,下令严禁在虎丘一带开设染坊。乾隆二年(1737),在虎丘正山门内立《奉宪勒石永禁虎丘染坊碑》,碑文称,"并饬将置备染作器物,迁移他处开张","如敢故违,定行提究"。②该碑文可视为我国最早的地方水质保护法规,比英国《水质污染控制法》早96年,比美国《西部河川港湾法》早162年③,在世界水污染治理中具有重要意义。

随着经济社会的发展,人们对水资源及其管理方式的认识不断深化而渐趋完善。在苏州城市规划中,根据水资源特点,满足了城市的供水、交通、防洪等水利需求。以水系为脉络、河道为骨架、街巷为血肉,创造了一个虚实相生的完美城市空间,这不仅是中国城市规划史上首创,也是苏州与世界上其他水城的区别所在。苏州也是较早将维护水质纳入水资源管理范畴的城市,清澈的水在古城中萦回贯穿,与各类建筑密切融合,相互渗透,相互交织,因水成坊,因水成市,因水成街,因水成园,大大丰富了城市风貌,创造了一个尺度亲切宜人、体态玲珑轻巧、风格晶莹秀丽的水的空间。

---

① 江苏省博物馆编:《江苏省明清以来碑刻资料选集》,北京:生活·读书·新知三联书店,1959年版,第61页。
② 江苏省博物馆编:《江苏省明清以来碑刻资料选集》,北京:生活·读书·新知三联书店,1959年版,第61页。
③ 周治华主编:《苏州全国之最》,南京:江苏科学技术出版社,1994年版,第19-20页。

第九章 水居空间与水建筑

水孕育了苏州璀璨的文明，营造了独特的空间，苏州既是山清水秀的地理空间，也是鱼米之乡的富庶地区，更在此基础之上形成了具有特色的水文化。这种空间的特殊之处在于"水"与"文"的相合，以水育文，以文化水，自然赋予和人文创造实现了珠联璧合。

第一节 水文化遗产

水对于苏州文化的影响，一是缘于水形成了一个个鲜明的文化空间、文化场域；二是水的样貌赋予了文化的气象。从横向上看，当今的苏州因水而呈现出文化要素密集的若干文化空间；从纵向上看，有较多与水密切相关的历史文化遗产。

一、水文化遗产类型

苏州文化遗产十分丰富，目前拥有人类"非遗"名录项目6项、国家级33项、省级124项、市级172项[①]，其中水文化遗产极其丰富，遗产分布面广量大。据水文化遗产调查工作第一阶段摸底调查工作显示，共计工程建筑类1 691处、文献资料类170处和"非遗"类363处，占全省水文化遗产数的42%，其中姑苏区（老城区）遗产数量最为集中。一些水利遗产具有重要价值，如白茆闸遗址、谷渎港、浏河节制闸、吴江古纤道、宝带桥、苏南水稻田灌溉遗址、盘门、山塘河等，被列入首批省级水利遗产名录。总体呈现种类多（表9-1）、"非遗"级别高等特点。

表9-1 水文化遗产主要类型

序号	类型、功能	举隅
1	古城	苏州古城
2	古镇	同里、周庄
3	历史街区、老街	千灯石板街、巴城老街
4	古村落	陆巷、明月湾
5	古运河	大运河苏州段、古运河琴川
6	园林	留园、网师园
7	古桥	宝带桥、思本桥
8	古井、井亭	通海泉、诸公井亭

---

① 苏州非物质文化遗产信息网，http://www.szfwzwh.gov.cn/。

续表

序号	类型、功能	举隅
9	驳岸、水道	甪直镇水道驳岸、黎里市河驳岸及古桥、运河古纤道
10	休憩、驻留类建筑	横塘驿站、十里亭
11	农作物种植	草鞋山遗址
12	重要历史事迹	黄泗浦遗址（鉴真东渡启航处）
13	海运粮仓	太仓海运仓遗址
14	水闸	白茆闸、浏河新闸
15	水利管理机构	太湖水利同知署旧址
16	船坊	俞家湾船坊
17	水利事业的纪念	乙未亭
18	水岸商行、铺店等	万盛米行旧址、铜罗枫桥河廊等。
19	水民俗信仰	浏河天妃宫遗迹
20	其他	陈妃水冢

其中，相对较为丰富的是古镇、古村、古典园林，尤其以古桥类文物保护单位居多。另外，还有大量民居、厅堂等古建筑，也多依水而建。

苏州水文化类非物质文化遗产，市级以上代表作名录，主要如表9-2所示。

表 9-2　苏州涉水文化非遗部分名录（市级及市级以上名录）

序号	类型	名称	级别
1	民间文学	吴歌（其中含阳澄渔歌）	国家级、省级、市级
2	民俗	水乡传统妇女服饰（含甪直、胜浦水乡妇女服饰）	国家级、省级、市级
3			
4		苏州端午节	世界非遗、国家级、省级、市级
5		水乡婚俗（含太湖渔民婚俗）	省级、市级
6		妈祖祭拜礼仪	市级
		湖甸龙舟会	省级、市级
7	竞技、传统体育、游艺与杂技	摇快船	市级
8		江南船拳（含北桥开口船头拳）	市级
9			

续表

序号	类型	名称	级别
10	传统技艺	渭塘淡水珍珠加工工艺	市级
11		苏州水乡木船制作技艺（含七桅古船制作技艺）	市级
12		假山制作技艺	市级
13		苏帮菜制作技艺（苏州船点制作技艺、木渎石家鲃肺汤制作技艺）	省级、市级
15		香山帮传统建筑营造技艺	世界非遗、国家级、省级、市级
16		苏州御窑金砖制作技艺	国家级、省级、市级
17		陆慕蟋蟀盆制作技艺	国家级、省级、市级
18		苏州太湖洞庭山碧螺春制作技艺	国家级、省级、市级
19		苏派酿酒技艺（铜罗黄酒、后塍黄酒、王四桂花酒）	省级、市级
20	传统美术	苏州藏书澄泥石刻	省级、市级
21	传统音乐	渔民号子（浏河渔民号子）	市级
22	传统舞蹈	摇大橹	市级
23		荡湖船	市级

其中，既有在水上产生的文化现象，如阳澄渔歌、渔民号子、荡湖船、摇大橹、江南船拳（含北桥开口船头拳）、渭塘淡水珍珠加工工艺、摇快船等；也有因苏州的水环境而产生的与他地不同的原材料和工艺等，如苏州御窑金砖制作技艺、陆慕蟋蟀盆制作技艺、太湖洞庭山碧螺春制作技艺、苏派酿酒技艺、苏州藏书澄泥石刻等；还有为适应苏州水乡生活而产生的独特生活审美和习俗，如水乡传统妇女服饰、水乡婚俗、妈祖祭拜礼仪和湖甸龙舟会等。苏州的昆曲、评弹、江南丝竹、苏绣、缂丝、宋锦等戏曲曲艺、工艺美术等都流淌着水的痕迹。

二、水文化遗产空间分布

关于水文化空间，不妨将其界定为缘水、环水及临水的场域，成为文化生发的可能性场所，且具有有形、无形的能量，引导、促进和激发人们的文化需求、文化消费和文化创造的能力。从而，这个空间具有一定的文化磁力，成为特定的文化环境，拥有较为浓厚的文化气息和文化氛围。苏州目前的文化密集空间主要在以下方面（图9-1）。

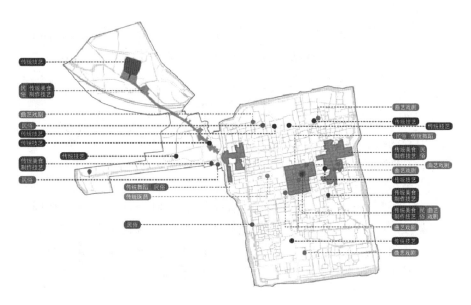

图9-1　非物质文化遗产保护基地的空间分布①

一是围绕护城河内外的苏州古城区，是集中体现水文化的区域。这里集中了古典园林历史街区和文物保护单位。

二是阳澄湖沿岸一带，传统工艺美术资源丰富，集中了缂丝、木船制作、淡水珍珠养殖及制作等工艺。

三是金鸡湖东边湖荡地区，有唯亭草鞋山新石器时代遗址，以及胜浦、甪直一带的宣卷、山歌、水乡传统妇女服饰及斜塘评弹等民俗、民间文学活态遗存。

四是苏州东南部水网地区古镇密布。周庄、甪直、同里、锦溪、千灯、黎里、芦墟、平望和沙溪等水乡古镇保存着大量具有高度艺术与文物价值的古建筑，如古塔、古桥、寺观、祠堂、会馆、衙署、名人故居、牌坊和古井等。

五是在太湖中的岛屿，苏州保存较好的古村落主要分布在此。这里集中了陆巷、杨湾、三山岛、明月湾、东村、堂里、甪里、东蔡和西蔡、徐湾、植里、后埠、恬庄、金村、南库14个市级控制保护古村落。

---

①　夏熔静：《苏州非物质文化遗产档案化保护的实践与思考》，《档案与建设》2017年第7期，第80-83页。

六是苏州西部太湖沿岸,闻名遐迩的苏州传统工艺类、传统美术类项目云集于此。如刺绣技艺、缂丝技艺、玉石雕刻、碧螺春制作技艺、水乡木船制作技艺及香山帮传统建筑营造技艺等。

七是在苏州北部沿江地带,荟萃了具有鲜明江南特色的戏曲、曲艺、民间音乐和民间舞蹈,江南丝竹、道教音乐、古琴艺术、山歌(双凤山歌、白茆山歌、河阳山歌等),以及评弹、滚灯和宣卷等密织成民间文化网。

八是大运河沿岸文化廊道。古运河沿岸保存了一批风貌较好、历史文化价值较高的古驳岸(古纤道)、驿站古亭、古城墙、城门关隘、古塔、寺庙、古墓葬群、古桥梁、会馆、古民居、古典园林和近现代工业遗存等文物古迹50多处。

大运河及域内外联水道,促进了苏州与其他地区的文化交流。特别是京畿与江南遥相呼应形成两大文化磁场强辐射效应,朝廷的导向作用力与江南文化的影响力汇成合力,并助推苏州文化在历史时期达到巅峰。同时,苏州作为全国经济文化重镇,发达的水上交通,四方文人、商人及游客云集,"虽京都亦难之"[①],"当花朝月夕,仙侣同舟,名优俊妓,四方宦游之客,靡不毕集"[②]。体验江南独具风味的饮食、文化、游乐等,游览苏州七里山塘水上画舫,更是那个时代四方文人士夫的风月情怀。

在吴文化圈内及相邻地域,也因水的流动,使得文化相互交流、激荡。如魏良辅改革昆山腔后,以苏州为大本营,向江、浙各地传播辐射,松(江)、常(州)、镇(江)和杭(州)、嘉(兴)、湖(州)等地率先出现争尚"苏州戏"的时尚。江南地区、吴文化圈是昆曲流播的主要阵地。苏州评弹从形成之初便随着江南水脉和吴语圈而扩散,乾隆年间初步形成了以苏州为核心向江南市镇荡漾的评弹文化圈。以苏州话为代表方言的传统吴语,划出了苏州评弹都市文化圈的边界[③]。

---

① [明]袁宏道著,钱伯城笺校:《袁宏道集笺校》,上海:上海古籍出版社,1981年版,第239页。

② [清]袁景澜撰,甘兰经、吴琴校点:《吴郡岁华纪丽》卷三,南京:江苏古籍出版社,1998年版,第121页。

③ 唐力行:《从苏州到上海:评弹与都市文化圈的变迁》,《史林》2010年第4期,第21-31,188页。

第二节　古城、古街

苏州地区历史悠久，苏州所辖县（市、区）古城及古街很多，而苏州城内古城、古街最具代表性，这里阐述城内古城、古街的水文化韵味，以窥其全貌。

苏州古城是一个典型的水围之城。伍子胥奉吴王之命构筑吴国都城，形成水陆八门的阖闾大城。环城之外有护城河和其他河道，这些河道包围了古城。南宋《平江图》中显示了苏州古城的河流、道路、桥梁及重要的建筑物，基本呈现了水陆双棋盘格局，城市框架亦由此确定，城内坊巷亦以此分布，在河道上架有桥梁，水陆交通都很方便。明清时期虽有所变化，但总体格局没有太多改变。

城内河道纵横，形成了独具特色的水巷民居建筑。街道依河而建，民居临水而筑，前门临街，后门沿河，铸就了江南水乡典型的"枕河人家"。水巷主要有三种形态，其一，是一房一河，河道一边为民居建筑，另一边为街巷，河街并列。这在苏州沿河民居中具有代表性。其二，是两房夹一河，河道在中间，两边是枕河民居，排满了粉墙黛瓦的房屋，形成一条供舟船来往的水上小巷，有河无街，人们很多生活物资依靠船只提供。其三，是两街夹一河，中间是河道，河道两岸都是与河道平行的街巷，两街夹河，兼得水陆两便（图9-2）。

图 9-2　山塘河①

以河道为主体，平行的街道水巷，跨河的各式小桥，临水的民居建筑，沿河的花草树木，还有水码头、水踏步、石栏杆、古井、水亭、牌

---

① 中国国家地理网，http://www.dili360.com/article/p5b57eab97878985.htm。

坊等建筑小品串联组合起来,构成一个别具风采的水巷空间。吴良镛先生曾经评价江南水巷说:"河道两侧民居压驳岸而退,形成一条幽深水上小巷。舟楫穿梭,倒影浮荡,橹声欸乃;民居粉墙黛瓦,栉比鳞次,错落参差,形成了一条水上风景线。水巷上常有节奏地架设着形式各异的石桥以及跨河宅院的私家小桥、桥廊、水阁,东西南北桥相望,商店、茶楼、酒肆、码头(河埠头)等往往与桥梁结合起来,成为人们活动的集中点,丰富水巷的景观。"① 小小水巷不仅是人们的生活场所,还是人们的交流场所,更是人们亲近水、感受水、乐水及启迪智慧获得创造灵感的场所(图9-3)。

图9-3　苏州城一隅②

平江历史街区和山塘街最能体现"枕河"之街的特色,这里以其为例进行阐述,说明古城河道水网在街区经济社会生活中的重要作用。

其一,平江历史街区是"枕河"之街的典型,是迄今为止苏州古城保存最典型、最完整的历史文化保护区,也是古城内河道密度、长度最高的地区。追寻宋《平江图》,可见其所绘河道分布状况和双棋盘格局。平江

---

① 吴良镛:《江南建筑文化与地区建筑学》,吴良镛《吴良镛城市研究论文集:迎接新世纪的来临(1986—1995)》,北京:中国建筑工业出版社,1996年版,第183页。
② 中国国家地理网,http://www.dili360.com/cng/article/p5350c3da9067158.htm。

历史街区是苏州古城千年来历史发展变迁的缩影。从平江街区内部结构来看，自宋到近现代，虽然这些大小街巷经历了一次或多次更名，但其地理位置基本不变，且各街巷之间修建了多条小路连接，道路数量大幅增加，变得更为稠密。从1229年的《平江图》（图9-4）、1888年的《苏州城厢图》（图9-5）、1949年的《最新苏州地图》（图9-6）可以看出，该区域自南宋绍定二年（1229）起，主要街巷地理位置基本不变，而其内部的支巷越来越多，逐渐变得稠密。

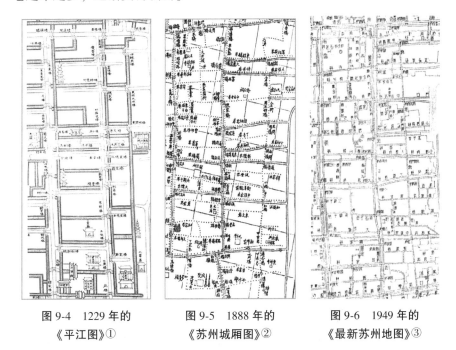

图9-4　1229年的《平江图》①　　图9-5　1888年的《苏州城厢图》②　　图9-6　1949年的《最新苏州地图》③

自宋到近现代，平江历史街区内的街巷不仅在布局上发生了变化，许多在命名上也经历了多次变更。虽然这些大小街巷经历了一次或多次更名，但其地理位置基本不变，且各街巷之间修建了多条小路连接，道路数量大幅增加，变得更为稠密。

平江街区的古桥、古井较为丰富。古桥是宋《平江图》中最明显的地理建筑，图中对当时苏州古城内几乎所有桥梁都做了记录，并将桥名刻于其旁以做说明。该区域不仅是古城区内河道最密集地区，也是桥梁密度最

---

① 张英霖主编：《苏州古城地图》，苏州：古吴轩出版社，2004年版。
② 张英霖主编：《苏州古城地图》，苏州：古吴轩出版社，2004年版。
③ 张英霖主编：《苏州古城地图》，苏州：古吴轩出版社，2004年版。

高的地区。平江历史街区的古井现存的乾隆官井、万斛泉、如意泉、仲英泉、百龄泉、福寿泉等。时至今日，平江路虽然已无"十泉里"之原貌，原先十泉也皆不复存在，但清朝和民国所建的官井，仍有一些还在为人们提供生活用水。

其二，山塘街。明清时期，苏州之盛在山塘。山塘街始建于唐代宝历年间，当时任苏州刺史的白居易在吴中主持疏浚塘河，堆土修筑了一条长堤，后世称为"白公堤"，也就是现在的山塘街。山塘街东起阊门渡僧桥附近，西至虎丘望山桥，一边连接着苏州繁华的阊门地区，一边则连接着虎丘镇和名胜虎丘山，长约七里，被称为"七里山塘到虎丘"。山塘河的开凿和山塘街的修建，大大便利了灌溉和交通，使这一带成了热闹非凡的市井。自唐代开始，山塘街就成为商品的集散之地和南北商人的聚集之处。明清时期山塘街的发展达到鼎盛，《岭南会馆广业堂碑记》载："阊门外商贾鳞集，货贝辐辏，襟带于山塘间，久成都会。"① 阊门、山塘附近作为南来北往的商贾、官员、士兵和漕运军民驻足停泊的必经之地，既成了繁华的商品集散地和转运中心，也成了文人名士的流连冶游之地。山塘街河道多、桥多，整个街道呈水陆并行、河街相邻的格局，建筑精致典雅、疏朗有致，街面店肆林立，会馆集聚，有民歌唱道"上有天堂下有苏杭，杭州有西湖，苏州有山塘，两处好地方，无限好风光"。

明清时期，山塘繁荣已达到了顶峰，成为整个苏州文化的典型表现。山塘文化的繁盛首先在于市井，节庆、时令、习俗都是人们生活的重要组成部分。明清山塘四时节令、节事不断，季季有节庆，月月有习俗，自春节开始，每个月都有热闹的节庆习俗，如灯会、庙会、花会等。在端午习俗中，山塘竞渡是其中最为热闹的一项盛事，规模宏大，场面壮观。端午之时，龙船都聚集在山塘河，装扮得非常华丽，其上彩旗飘扬，船内鼓乐声喧天，一片欢声笑语。那时"龙船，阊、胥门，南北濠及枫桥西路水滨皆有之，各占一色……山塘七里，几无驻足；河中船挤，不见寸澜。操楫之子，使船如马。船窗洞达，玻璃与水，相映若一。"② 夜晚灯火万盏，月光与波光同辉，星光与灯火相映，尤为奇观。

山塘街也是文人文化创作及结社的重要地点，一向为历代文人墨客和朝野名士所钟爱。各地的文人名士争相来到山塘，或暂住，或久居，在山

---

① 苏州历史博物馆、江苏师范学院历史系、南京大学明清史研究室合编：《明清苏州工商业碑刻集》，南京：江苏人民出版社，1981年版，第327页。

② [清] 袁景澜撰，甘兰经、吴琴校点：《吴郡岁华纪丽》卷五《五月》，南京：江苏古籍出版社，1998年版，第179-180页。

塘结社、举办盛会，留下了许多吟咏之作，使得山塘乃至苏州的士大夫文化呈现出繁盛的面貌。他们给山塘、给苏州带来了繁盛的诗词文学风气，使其一时成为全国性的文化中心。明清时期山塘街的文化繁盛辐射到整个苏州和其他附近地区，成为苏州最具代表性的文化区域。

第三节　古镇、古村

宋元以来尤其是明清时期，以苏州为代表的江南商品经济勃兴和市镇群的繁盛相辅相成，为今天的苏州留下了众多的古镇。市镇群聚了"上自帝京，远连交广，以及海外诸洋"①的商人，吴江盛泽"四方大贾辇金至者无虚日。每日中为市，舟楫塞港，街道肩摩"②。冯梦龙《醒世恒言》记有盛泽绸业交易的盛况："苏州府吴江县离城七十里，有个乡镇，地名盛泽。镇上居民稠广，土俗淳朴，俱以蚕桑为业。男女勤谨，络纬机杼之声，通宵彻夜。那市上两岸绸丝牙行，有千百余家，远近村坊织成绸匹，俱到此上市。四方商贾来收买的，蜂攒蚁集，挨挤不开，路途无驻足之隙。乃出产锦绣之乡，积聚绫罗之地。江南养蚕所在甚多，唯此镇处最盛。"③古镇因"市"而"镇"，商贸极其繁荣。今天的苏州水乡古镇保存较好，其中周庄、同里、甪直与浙江的西塘、乌镇、南浔等古镇是江南水乡古镇的代表，这些古镇具有极其重要的历史文化价值。

古镇的总体形象是"粉墙黛瓦""小桥流水人家"。因纵横交错的水网，居住房屋依水而建，几乎家家有水埠，户户有河棚，街道、水巷、小桥、古井与白墙、黑瓦、砖石木构相映生辉，独具水乡风格。古镇以水为轴展开，因水成街，因水成市，因水成镇。古镇以街道为中心，连接着民居、店铺、街坊，伴随着纵横交错的河道系统，形成了江南水乡古镇的整体空间布局。"水"是古镇的依托，古镇人的生产生活都依赖水、围绕水展开（图9-7）。

---

① 苏州历史博物馆、江苏师范学院历史系、南京大学明清史研究室合编：《明清苏州工商业碑刻集》，南京：江苏人民出版社，1981年版，第331页。
② 乾隆《吴江县志》卷四《疆土四》，清乾隆十二年（1747）刻本。
③ [明]冯梦龙编著：《醒世恒言》，长沙：岳麓书社，2012年版，第249页。

图 9-7　周庄①

  市镇的文化休闲生活丰富多彩，茶馆是最鲜明的特色。"江南，哪个较大的城市与集镇上没有这样中国的俱乐部？把吃茶看成一种了不得的罪恶，或者提到苏州人，就联想他们的游惰生活，上茶馆居其一。"② 将茶馆与"游惰"关联虽失之偏颇，但却反映了茶馆之兴。茶馆传播商业信息，满足乡人社交的需要。同时乡镇茶馆中常设书场。书场表演主要是苏州评弹或演滩簧，多种艺术形式由城市向乡镇扩散。戏曲、曲艺是市镇文化休闲的大宗，明清时期，昆曲、评弹盛行于市镇。昆曲曲社中的市镇商人数量仅亚于文人，有的曲社完全由商业人士组成。如盛泽养正社多为绸业人士，他们在"下庄"落市后聚集，"成为时尚的娱乐活动"③。聚众演戏也是镇上的大事，在盛泽有着遗留下来的风俗，"在小满节的一天，镇上几百家丝行，共同出资演神戏一天。……那末可使你不费分文，看一本极精彩的京戏"④。水乡村落因为水网密布，丰富的水源为百姓生产生活带来了便利，村民因此聚集。作为市镇的延伸，村落少了些市井气息，多了些朴实恬淡和远离尘世的安静。

  在苏州古村落中，明月湾古村十分古老，其位于太湖西山岛南端，相传形成于春秋时期，村名由吴王和西施赏月而来。唐宋时期，明月湾村基

---

① 中国国家地理网，http://www.dili360.com/cng/article/p5350c3d69275575.htm。
② 秋文：《坐茶馆》，《盛京时报》，1936 年 6 月 21 日。
③ 李炳华主编，盛泽镇地方志办公室编纂：《盛泽镇志》，南京：江苏古籍出版社，1991 年版，第 371 页。
④ 于秋：《盛泽的"小满戏"》，茅盾主编《中国的一日》第四编，上海：上海生活书店，1936 年版，第 58—59 页。

本形成了水陆棋盘状的格局。在清代乾隆年间，明月湾修建了大批宅第、祠堂、石板街、河埠、码头等建筑。今天还保存着近百幢清代建筑，村中有上千米长的石板街。在这些古建筑中，不仅有精致典雅的砖雕、木雕，还有华丽秀美的苏式彩绘，白居易、陆龟蒙、沈德潜等著名文人也在此留下过美丽的诗篇。

在古代建筑数量和规模方面，陆巷古村首屈一指，其源于北宋，选址布局独具水乡特色，村落与太湖岸相距数百米。古村外围东邻虾蟆岭，南对东太湖，西嶂北箭壶，北依寒谷山，处于群山环抱之中。古村布局一街六巷，六巷沿自然谷山脚顺山势而上，"一街则与引入太湖的三条港紧邻，而六条巷又分别与一街顺序相接。无论从道路交通，还是从自然排水、通风采光的角度来看，陆巷古村落的这种布局在江南并不多见，具有重要参考价值"。① 陆巷现有明清建筑几十处，其数量之多，规模之大，质量之高，保存之完整，在江南古村中独占鳌头。古村人杰地灵，产生了著名的政治家和文学家王鏊，明、清两代产生过1名状元、1名探花、11名进士和46名举人，从古至今有进士、状元、探花及各类官员、院士、教授等数百人，被称为"宰相状元故里，院士教授摇篮"②。

第四节　古典园林

苏州古典园林是苏派建筑的精髓，萃取、融合了不同时期园主、设计者、艺匠和文人墨客等的智慧，是文心和匠心的合体。园林作为苏州文化的芯片，演绎了现实中的天堂景象，特别是近现代以来，擘画着苏州城市化建设的基本格调。联合国教科文组织遗产委员会对苏州古典园林给予高度评价："中国园林是世界造园之母，苏州园林是中国园林的杰出代表。"③

一、园林及园林理水

苏州园林可追溯至春秋时期的吴国皇家园林。李白有诗云："姑苏台

---

① 苏州市规划局、苏州市城市规划编制中心编：《苏州古村落保护规划》，上海：同济大学出版社，2008年版，第3页。
② 江苏省苏州市吴中区东山镇《陆巷村志》编纂委员会编：《陆巷村志》，北京：方志出版社，2018年版，第226页。
③ 衣学领：《园耕：苏州园林10年纪》，上海：上海三联书店，2012年版，第259页。

上乌栖时,吴王宫里醉西施。"① 姑苏台就是春秋吴国皇室园林,其"开后世苑囿之渐"②。吴王宫有前园、梧桐园。此外,离宫别苑类的有南城宫、馆娃宫等。吴国苑囿别馆园林有三十多处,亭、台、廊、榭、宫、殿、馆、阁等建筑类型齐全,开始重视以水为景、栽花植木和室内装饰,借景于自然、长廊连绵,为后世苏州园林之滥觞。

两汉以后,苏州私家园林初兴。西汉初年张长史的五亩园,园名或取于《孟子·梁惠王》:"五亩之宅,树之以桑,五十者可以衣帛矣。"③ 后世苏州私家园林之名多有此儒韵雅风。东汉末,私园笮家园也可与其媲美。到魏晋南北朝时,江南居安于乱常,北人南迁,豪族势力和经济文化力量壮观,隐士醉心于乡野园居之风日盛。著名书法家王献之曾自会稽经吴,闻顾辟疆有名园,亲历游览,见其怪石清池、柳深竹荫,赞其不愧"号为吴中第一"④。著名高士戴颙(377—441)的宅园,"聚石引水,植林开涧,少时繁密,有若自然"⑤。"聚石"即叠石之艺,因园主善绘画、精雕塑之故,园子也颇有写意端倪的自然山水园之貌了。东汉佛教传入、道教形成后,苏州寺观庙宇纷纷崛起,寺庙多擅园林之胜。苏州作为南朝重镇,寺观园林联翩建立,胜景仅次于建康,成为苏州园林史上继吴国之后的第二次兴建高潮。此后,寺观庙宇园林不衰,唐代乃是兴旺期。

唐代,苏州"风物雄丽,为东南之冠",经唐宋两代官府修建,苏州治署园林颇为"雄特"。唐宝历二年(826),白居易任苏州刺史,在其厅署,亭榭楼阁,假山曲池,竹树繁花,极呈园林之色,白居易还在木兰堂北池坞中植桧。根据其诗咏,结合《平江府图碑》的子城图,可以回溯当时官署园林的大概:规模宏伟的郡治正厅黄堂,抬首可望的郡治后子城上的齐云楼,楼前有文武二亭和芍药坛;子城内偏东池上为初阳楼,楼建池上,开园林水榭之先;郡治后,有木兰堂,遍植木兰;木兰堂后北池上的虚阁、孤岛、奇桧、丛菊、修竹、垂柳、雏鹤、驯鹿为佳景,北池之北为池光亭,池旁假山两座,池光亭北为郡圃,有方池假山美石,池上四亭;郡圃之西为西园,亦多美石;郡圃东北之四照亭,春夏秋冬有海棠、湖

---

① [唐]李白:《李太白集》卷三《歌诗三十一首》,宋刻本。
② 童寯:《江南园林志:第2版》,北京:中国建筑工业出版社,1984年版,第21页。
③ [清]谢家福:《五亩园记》,衣学领主编,王稼句编著《苏州园林历代文钞》,上海:上海三联书店,2008年版,第124页。
④ 魏嘉瓒:《苏州古典园林史》,上海:上海三联书店,2005年版,第88页。
⑤ [唐]李延寿撰,陈苏镇等校点:《南史》卷七十五《列传第六十五》,长春:吉林人民出版社,1995年版,第1 066页。

石、芙蓉、梅花相宜。白居易后来还写就《太湖石记》，开赏石理论先河。官署园林集中了苏州当时园艺精华，实际上与隋唐时期苏州的多处文人私家园林审美相通，与后世文人园林也一脉相承。① 官署园林，久盛未衰，后世治署园林则以清代苏州织造府的西花园为代表，江南三大名石之一的瑞云峰就立于此。

宋室南迁，北方造园愈萧，苏州及江南园林大显风骚，渐成中国庭园主流。见诸史籍的有沧浪亭、网师园、艺圃、桃花坞、五柳堂、隐圃、招隐堂、小隐堂、秀野堂、窝庐、藏春园、如村、道隐园及范成大石湖别墅等。据统计，两宋苏州仅私家园林就有50余处，与杭州、湖州三足鼎立，且居于首。宋代苏州园林不再局限于城池和风景胜地，弥散城外湖山与村野。元代苏州乡村园林兴建呈潮涌之势，玉山佳处与清閟阁、耕渔轩在元末江南乡村私园中鼎足而三。明代杨维桢《玉山佳处记》载："前轩曰'钓月'，中室曰'芝云'，东曰'可诗斋'，西曰'读书舍'，后累石为山，山前之亭曰'种玉'，登山而住憩者曰'小蓬莱'，凡园景二十四处。"② 玉山草堂园池亭榭、宾朋声伎之盛，甲于天下。"缭檐四周尽植梅与竹，珍奇之山石，瑰异之花卉，亦旁罗而列。"③ 元代吴地儒生、雅士、山人、隐者、道士、释僧，多有园池、草堂、亭馆或林圃。

明代是苏州古典园林的繁盛时期，无论是数量还是艺术造诣，都达到了历史上的高峰。由此，形成了苏州园林城市的特色，奠定了全国领先地位。造园技艺和艺术也在这一时期得到总结与提升。清代，苏州园林延续明代盛景，府城更为密集，清代苏州现有文献所见的190多座园林，约有一半在府城。清沈朝初在《忆江南·春游名胜词》中咏道："苏州好，城里半园亭。"④ 园主闲居，游人闲步。这也是当时的人们俗虑尘怀爽然顿释的生活情态。以现今列入世界遗产名录的苏州9个园林来看，网师园、环秀山庄、留园、耦园、退思园皆系清代园林的代表。此外，怡园博采历代诸园所长，布局自然流畅，亭榭廊舫小巧雅致，山池花木疏朗宜人，亦堪为园中精品。

---

① 马晓、周学鹰：《江南水乡园林发展简史（之三）：江南水乡园林之兴盛》，《华中建筑》2009年第7期，第238—243页。

② [明]杨维桢：《玉山佳处记》，衣学领主编，王稼句编著《苏州园林历代文钞》，上海：上海三联书店，2008年版，第225页。

③ [元]郑元祐：《玉山草堂记》，衣学领主编，王稼句编著《苏州园林历代文钞》，上海：上海三联书店，2008年版，第228页。

④ [清]顾禄著，王密林、韩育生，译：《清嘉录》，南京：江苏凤凰文艺出版社，2019年版，第113页。

根据光绪《苏州府志》记载进行大体统计,"苏州在周代有园林6处,汉代4处,南北朝14处,唐代7处,宋代118处,元代48处,明代271处,清代139处"①。然而,未能载入史册者也同样为园林发展史添彩。其中的大多数淹没在历史的风尘中,保存至今的有60多座。这既体现了苏州园林发展的沿革,也展现了历代苏州园林建筑的辉煌。

园林理水是园林建造中的重要环节。水是江南园林之魂,是苏州园林构建的必备要素。无水不园,园因水活,水铸就了苏州园林的灵动和俊秀。江南园林甲天下,苏州园林甲江南,其关键在于理水的技艺。苏州园林外引河湖水源,园内水系经过技术处理和艺术加工,迂回盘曲,活水周流。园林理水手法多样,聚散结合,借他物以造景,水池与山石、瀑布、小桥、花木融为一体,浑然天成。在水的孕育下,苏州园林呈现出别样的风景,擅长于在较小的空间里寻求"天人合一"之境界,可谓"咫尺之内造乾坤"②。这里以拙政园和沧浪亭为例对园林理水进行阐述。

拙政园(图9-8)是江南古典园林的代表作,我国园林艺术的珍贵遗产。1997年被列入《世界遗产名录》。拙政园为明代御史王献臣始建于明正德初年(16世纪初)。造园之初,利用城内第一横河水系,后经多次改建复建。园林格调平淡天真、疏朗自然、天人合一。园林面积约1.23公顷,水面约占总面积的1/3。全园以水为中心,疏浚为池;望若湖泊,碧水浩渺,厅榭精美,花木繁茂。所谓"居多隙地,有积水亘其中,稍加浚

图9-8 拙政园③

---

① 丁应执:《苏州城市演变研究:兼评苏州现代化城市建设》,南京师范大学硕士学位论文,2008年,第43页。
② 王炳熹:《中国符号》,北京:中国工人出版社,2012年版,第47页。
③ 左图来自苏州市园林和绿化管理局:《拙政园》,http://ylj.suzhou.gov.cn/szsylj/sjyc/201905/c1df393edc8745abb20e8a9bd5525782.shtml;右图来自苏州市园林和绿化管理局:《拙政园》,http://ylj.suzhou.gov.cn/szsylj/ylml/201904/f64435b7b293433cb70bc9734e76eff2.shtml。

治，环以林木"① "地可池则池之，取土于池，积而成高，可山则山之。池之上，山之间，可屋则屋之"。② 总体形成水陆萦绕、水回山环，给人以无可穷尽之感。

总体而言，拙政园的理水分东、中、西三个部分，三个小园相对独立，又各具特色。中园是园的核心和精华，以大水池为中心，中部呈横向矩形，水内堆出两座山岛，以小桥和堤将水面分成数块，大小湖面，既自成一体，又相互通连；西部的补园亦以水池为中心，水面呈曲尺形，以散为主，聚为辅；东部原称"归田园居"，开朗明快，其水面广阔，水体较大，水形丰富。开阔的水面、平静的水池、狭长的水涧、幽静的水潭、深邃的水井等，各种水体相得益彰。整个水面既有分隔变化，有聚有散，层次丰富，又彼此贯通、互相联系，并在东、中、西南留有水口，与外界水源沟通；聚处以辽阔见长，散处以曲折取胜，产生"疏水若为无尽"③ 之感。以水体理景为主，借以建筑、山体、花木穿插其中，与水体相映生辉，景色自然。

沧浪亭（图 9-9），倚水而建，借水造景，因水立意。沧浪亭原为五代吴越国广陵王钱元璙的花园，五代末为吴军节度使孙承祐的别墅（池

图 9-9　沧浪亭④

---

① ［明］汪砢玉：《珊瑚网》卷十五《法书题跋》，清文渊阁四库全书本。
② ［明］王心一：《兰雪堂集》卷四《记》，清乾隆刻本。
③ ［明］计成：《园冶》，南昌：江西美术出版社，2018 年版，第 32 页。
④ 苏州市园林和绿化管理局：《沧浪亭》，http：// ylj. suzhou. gov. cn/szsylj/ylml/201903/aa67fdeb128d4973bc7c3efdd0f51494.shtml。

馆），北宋庆历年间为苏舜钦购得，在园内建沧浪亭。后以亭名为园名。沧浪亭是苏州最为悠久的古典园林。2000 年作为世界文化遗产苏州古典园林增补项目被列入《世界遗产名录》。

南宋绍定二年（1229）《平江图》显示，沧浪亭西、北两面已无水道，沧浪亭西北角的墙体与水道呈"L"形相邻。明崇祯十二年（1639）《苏州府城内水道图》显示，原"L"形水道上端西转，在墙体北面形成了橄榄形池塘，池塘西侧尽头南转，整个池塘与水道呈"几"字形，此后两百余年"几"字形水道从未断流。清同治三年（1864）后，沧浪亭"几"字形水道因苏州城内东南水系断流，"几"字形水道仅剩东侧尚存；而清光绪二十二年（1896）的《苏城全图》显示，"几"字形水道又基本恢复，"几"字仅少一"丿"成"乙"字形。1927 年以后，《最新苏州市全图》显示，"沧浪亭"的西侧水道又已开通，"几"字形水道恢复。此后，水道几度变迁，演变为现在的沧浪亭水道，其入口处东面变成了一湾开阔的水面。

沧浪亭的理水方式别具匠心，园外有一池绿水环绕，其围墙修建独具特色，长距离的围墙与水相邻，园林东、西、北均有城内水道，三面临水，园内在小山下凿有水池，正所谓——园外曲水当门，石梁济渡，园内一勺而已。沧浪亭占地面积 1.08 公顷，整个园林位于湖中央，湖内侧由山石、复廊、亭榭围绕一周。园内以山石为主景，山上植有古木，山下水池，山水之间以曲折的复廊相连。山石四周环列建筑，通过复廊上的漏窗渗透作用，沟通园内外的山水，水面与池岸、假山、亭榭融为一体。

二、园林艺术

苏州园林虽有大小之异，园中水池也有聚散之别，且每一园林不尽相同，但一般遵循"小园宜聚，大园宜分"的构成原则。其"虽由人作，宛自天开"，师法自然，因地制宜，追求意境，充满诗情画意，淡雅而幽静，体现出独特的艺术风格。

其一，显于风景。这是苏州园林最为显性的审美，是以物象来完成塑造的，并往往通过以人们的视觉、直觉就可以实现，而风景的要义是围绕着水铺陈出风雅。

园林建筑、叠山、理水与栽花植木是造园的四大要素，这是园林最为可触、可见之处。园林建筑讲求风格、布局、格调等自不待言，叠山也是一种学问、一番巧智。计成是著名的叠山大师，其总结"等分平衡法"理论,并有《园冶·掇山》专门论述,其中分类从园山、厅山、楼山、阁山、书房山、池山、内室山、峭壁山、山石池、金鱼缸、峰峦、岩洞、涧、曲水、瀑布等十几个方面加以细述。如"池上理山,园中第一胜也。若大若小,更有妙境。就水点其步石,从巅架以飞梁。洞穴潜藏,穿岩径水;峰峦飘渺,漏月招云。莫言世上无仙,斯住世之瀛壶也"①。艺圃的池上山,显示出此种建筑风范。顺着乳鱼厅东南小沼上一平弧形石桥,漫步过桥,迎面就是池南主景,高耸假山、洞壑、悬崖、山径融为一体,石景、池水与绝壁相互衬托,这是明代筑园的叠石遗留。临池之石,突兀吻水,石因水而活。山径低平,凸显山水的过渡,增强水之浩渺、山之险峻的景象。这也塑造了艺圃以疏朗、自然、质朴、淡雅、简练的艺术风貌为主,较本色地体现了我国传统文人园林的艺术精神。叠山是苏州园林的精粹,狮子林、环秀山庄、留园等是叠山艺术的集中呈现。与山相呼应,水是苏州园林的"活物",园林也是漂浮在水上的美景。哪怕像网师园这样的极小之园,也是以园之理水作为巧的典范,园中一片半亩池水,通过园艺手段,巧妙运用大与小、动与静、明与暗、开与合、虚与实,从而有辽阔空旷的多姿。池水倒映出亭、树、廊、阁,天光、云影交织在一起,风姿绰约。

花草树木是园林的生机,"苏州园林植物种类有200余种,一般大型园林在100种以上,中型的也在50种左右"②。在构筑的厅、廊、堂、榭之"人境"内外,有了植物的衬托,就有了天然雕琢及与自然呼应的意境。园林配置的花木主要有松、竹、梅、玉兰、山茶、紫薇、芍药、牡丹、睡莲、荷花等,这些植物因不同的自然形态特点,各有"德性"。造园者选择植物,除了美化环境外,更重要的是赋予其丰富内涵的审美意象,即"象外之至,象外之境"之意境美。

其二,隐于风雅。苏州园林之风雅往往隐藏于诗文、书画、禅道及家具摆设等方面。

一是诗情。苏州园林在建筑命名、题额、楹联等方面,极尽揣摩,特别是园名、景名,更是园林的精神象征,多取义不俗。拙政园取名于西晋文学家潘岳《闲居赋》:"灌园鬻蔬,以供朝夕之膳,此亦拙者之为政也。"③ 在留园,"濠濮亭"匾额题有"林幽泉胜,禽鱼目亲,如在濠上,

---

① [明]计成著,刘乾先注释:《园林说译注》,长春:吉林文史出版社,1998年版,第212页。
② 曹林娣:《东方园林审美论》,北京:中国建筑工业出版社,2012年版,第199页。
③ 曹林娣:《苏州园林匾额楹联鉴赏》,北京:华夏出版社,1991年版,第112-113页。

如临濮滨"。观鱼台匾额为"安知我不知鱼之乐"。网师园园内的"月到风来厅""竹外一枝轩"等厅堂亭台之题名,无不藏典纳故。园东南小桥,桥名"引静",涧称"槃涧",闸赋之曰"待潮",仅仅三步长的微型小桥,因题名而引人无尽遐思。清末时期复建的沧浪亭,网罗众名家之手笔,其中有俞樾篆书"流玉""沧浪胜迹""沧浪亭",清代画家吴昌硕书"陆舟水屋"额,苏州状元洪钧有联云:"徒倚水云乡,拜长史新祠,犹为羁臣留胜迹;品评风月价,吟庐陵旧什,恍闻孺子发清歌。"沧浪亭的翠玲珑更是结合了诸种诗情画意,苏舜钦《沧浪怀贯之》诗句曰:"秋色入林红黯淡,月光穿行翠玲珑。"①

  二是画意。随着文教昌盛,苏州形成了诗、书、画"三绝"的士人群体,他们是推动苏州园林极盛之主力,仅文徵明之文氏一宗,或善绘园林,或设计布画园林。园与画的关系,体现在两方面。一方面,画入园。也就是在构筑园林之前,先以绘画理论、胸臆之画作为设计蓝图;另一方面,园如画,也就是所造之园,无论是从哪个角度取景、取镜,都堪称画作。拙政园相传由文徵明参与设计,文徵明绘有《拙政园三十一景图》(1533年所作)共三十一开,每开画拙政园内一个景点,对页题诗一首,诗前作小序,并用正草隶篆书写,凡园内山水、花鸟、亭台、泉石,摹写无遗,意境隽永,拙政园的实景,既可如画,本身亦是画。艺圃也是"园"起丹青,最突出的特征在于"画"是灵魂,依水泼墨,将画境与诗文合奏。沧浪亭借园外之水,连接园内山水,以水成景。水岸叠石嶙峋,山林隐现,仿佛高山余脉延伸到水边,气势磅礴,体现了画一般的园林意境。宋代,"园林中熔铸诗画意趣比之唐代就更为自觉,同时也更为重视园林意境的创造。……山水诗、山水画、山水园林互相渗透的密切关系,到宋代已经完全确立"②。

  三是仙境、禅意融于风雅。苏州园林注重对风水佳穴的选择、仙境灵域和闭合式壶天模式的模仿,还特别重视净化、诗化的艺术养生,创造出"美好的、诗一般的"梦幻境界。其中,仙境以方壶、蓬莱、瀛洲三山为名。于是,园主们也在有限的空间凿池筑山,以仿此仙境。拙政园中部水中三"岛":荷风四面亭、雪香云蔚亭和待霜亭;留园水池中小岛径名"小蓬莱",园主颇为自得地说:"园西小筑成山,层垒而上,仿佛蓬莱烟

---

① [宋]苏舜钦:《苏学士集》卷七,四部丛刊景清康熙刊本。
② 周维权:《中国古典园林史》,北京:清华大学出版社,1990年版,第95页。

景，宛然在目。"① 禅宗思想也与园林结缘很深，留园东部的参禅处、待云庵、亦不二亭是园主佛事活动的场所；怡园筑亭名为"面壁"，乃佛家坐禅念经的精神修炼法。留园和拙政园水中有静美的小石幢，石幢上雕刻佛像、荷花。留园"闻木樨香轩"，网师园"小山丛桂轩""无隐山房"都是根据宋代黄庭坚闻桂香而悟禅的公案所建。元代，狮子林更以禅意立园，高师维则来到苏州弘禅，于元至正二年（1342）建禅林，前寺后园，今寺不存。维则有《狮子林即景诗》曰："人道我居城市里，我疑身在万山中。"②

其三，寄寓清品。苏州园林不仅体现了园主的雅怀、才情，更是其清品气节的表达。

一些园林命名的意境深远，如药圃，即今之艺圃，"药"为《楚辞》中的香草白芷，喻为不与小人同流合污之德操，园名也印证了园主文徵明曾孙文震孟及第入仕后"刚方贞介"之风节。又如网师园，"因以网师自号，并颜其园，盖托于渔隐之义"③。另有"濯缨水阁"，更显渔隐之意。水阁旁悬挂郑板桥手书："曾三颜四，禹寸陶分。"述及曾参、颜回、大禹、陶侃四位名人修身养性故事，园主的心志赫然可见。在以园艺寄寓园主的清品和气节方面，沧浪亭最为典型。沧浪亭就是自宋代以来千余年文人士大夫清品的共识、共建。北宋庆历五年（1045）初，诗人苏舜钦游居苏州，择地建园。因思屈原与渔父故事，有感于"沧浪之水清兮，可以濯吾缨；沧浪之水浊兮，可以濯吾足"④，就在此建亭取号沧浪亭。苏舜钦将治世之满腔豪情和落寞转而寄托在诗词文学及沧浪亭的绿杨白鹭之中。可以说，"'沧浪之水'一直是中国古代士大夫处世的哲学，苏舜钦以'沧浪之水'立意，沧浪亭便成为一代又一代才人杰士的向往之地"⑤。沧浪亭立世千年，其间物质实体存废无常，而精神意向坚如磐石，这是一种文化现象，是士人品节意向追求的物象表达。

苏州园林作为一种文化元素，塑造了城市的气质和品格。人们对园林进行了各自的描述、想象，并将其进行艺术加工，成为诗词文学、丹青妙

---

① 居阅时：《江南建筑与园林文化》，上海：上海人民出版社，2019年版，第221页。
② ［明］钱谷：《吴都文粹续集》卷三十《寺院》，清文渊阁四库全书补配清文津阁四库全书本。
③ ［清］钱大昕：《网师园记》，衣学领主编，王稼句编著《苏州园林历代文钞》，上海：上海三联书店，2008年版，第76页。
④ ［战国］屈原、［战国］宋玉著，廖晨星注译：《楚辞》，武汉：崇文书局，2020年版，第170页。
⑤ 周苏宁：《沧浪亭》，苏州：古吴轩出版社，1998年版，第12页。

墨、戏曲曲艺、工艺美术等文学、艺术创造的母体。人们又往往将苏州园林"移植""嫁接"在现实生活版图中，从而使苏州园林符号产生功能溢出效应。他们将苏州园林蕴含的要素借鉴至皇家园林、公共园林等构建中，更将其幻化、落根于苏州寻常百姓家庭院落、环境布置及日常生活中，也融入城市发展基调、格局中，使苏州成为世界城市发展史上的独特文化景观。

苏州建筑之"水性"十足。古城、古镇、古街、古民居，无不突出"水"，即便一方小小的园子，也要引进水、挖出水。无论是水乡民居，还是市镇建筑，整体上体现出亲水、枕水的特色。①市镇形成了"下店上宅""前店后宅""前店后坊"的集商业、居住、生产为一体的建筑形式，还有水墙门、水埠头、水廊棚、水阁、水榭楼台，甚至水巷穿宅而过，形成了人水和谐的居住环境。②造型轻巧简洁，粉墙黛瓦，色彩淡雅宜人，轮廓柔和优美，演绎着"君到姑苏见，人家尽枕河"的独特水乡景观。

第五节　水栅

水栅一般是以木桩阻碍水势的一种装置。《王祯农书》云：水栅，即"排木障水也。若溪岸稍深，田在高处，水不能及，则于溪之上流作栅遏水，使之旁出下溉，以及田所。其制：当流列植树桩，桩上枕以伏牛，搿以拉木，仍用块石高垒，众榫斜撑，以遨水势。此栅之小者。如秦雍之地，所拒川水，率用巨栅。其蒙利之家，岁例量力均办所需工物。乃深植桩木，列置石囤，长或百步，高可寻丈，以横截中流，使旁入沟港。凡所溉田亩计千万，号为陆海。此栅之大者。其余各处境域，虽有此水，而无此栅，非地利素不彼若，盖工所未及也。今特列于《图谱》，以示大小规制，庶彼方效之，俾水为有用之水，田为不旱之田，由此栅也"③。水栅具有控制水流的重要作用，充当了水闸的作用。"开闭水门也。间有地形高下，水陆不均，则必跨据津要，高筑堤坝汇水，前立斗门：甃石为壁，

---

① 俞绳方：《深幽、洁净的小街水巷和依水而建粉墙黛瓦的民居建筑群：苏州古城风貌研究之五》，《江苏城市规划》2008年第8期，第14-25页。

② 阮仪三、邵甬、林林：《江南水乡城镇的特色、价值及保护》，《城市规划汇刊》2002年第1期，第1-4、79-84页。

③ ［元］王祯撰，缪启愉、缪桂龙译注：《农书译注》下，济南：齐鲁书社，2009年版，第623-624页。

叠木作障，以备启闭。如遇旱涸，则撤水灌田，民赖其利。又得通济舟楫，转激碾硙，实水利之总揆也。"① 水栅具有水利功能，但在历史发展中，也形成一个特别的空间。江南水乡，河网密布，芦苇丛生，便于盗贼藏匿、逃逸。这种岔河支流、水道，又连接城乡、村庄。为了加强对河道进出人员的管理，政府部门在市镇河道两端设立了水栅，建立水闸，强化控制。

水栅一般设立在市梢河道上，市镇河梢处往往成为市镇与农村之间一道明显的分界线。水栅以内为市镇居民，水栅之外为四乡之民。甪直镇"四栅之民，工商佃田外，大都业织席，西南三隅暨迤南迤西尤甚。东隅多业浦履，迤东南多业织棉布，迤东北多业织夏布，迤西多业浦菱，其女红则绩苎绖为多"②。在一个城镇的水栅头，一般根据其不同的地理位置及种植结构进行行业上的分工，而且特别细致，由此形成了自给自足的自然经济状态。

在市梢头设立水栅，相当于有了巡检防务，进出船只都集中在那里，水栅之地成了集市之所，热闹非凡，从而形成了米市、丝行、渔场。因水成市，因水成衢，因水交易，有的成为上街，有的成为下塘，有的成为南濠，也有的成为直塘，无不促进了集市的繁荣。由此，市梢河道的水栅之地也是苏州地区一个特有的集市交易空间。

河道具有交通功能，一些水上交通要道需要设立水栅进行管理。明代，太仓州与昆山县城沿浏河两岸均分布着小栅，如昆山的巴城镇，雄踞巴湖东南，水陆四达，锡澄虞吴各路水运，凡至沪渎，必经其地，自朝至暮，舟楫帆樯，往来不绝。而陈墓则位于澄湖与淀山湖之间，被大小湖泊、长短河道包围。其中的诸多河道便是水上交通要道，需要防范盗贼由此通过。"盗贼无他恃者，船，易装易载，易窜逃易藏匿。"③ 因此，在市镇上的市梢河道上往往设立栅栏和水门，一般东、南、西、北河道口上各设一个。吴江黎里镇原有水栅九所，如东口、西口、望恩桥、通秀桥、道南桥、发字港、作字港、浒泾桥、庙泾桥；道光以后增古村桥、九成汇、

---

① ［元］王祯撰，缪启愉、缪桂龙译注：《农书译注》下，济南：齐鲁书社，2009年版，第626-627页。
② ［清］陈惟中纂修：《吴郡甫里志》，清康熙四十一年（1702）樹德堂刻本。
③ 转引自吴滔：《清代江南市镇与农村关系的空间透视：以苏州地区为中心》，上海：上海古籍出版社，2010年版，第84页。

中立阁、桥后底四栅。"责令圩田管守,每遇损坏,里人随时休整。"① 甪直镇有九栅,布置在西美桥、洋泾桥、安桥、南通桥、寿康桥、金鞍浜、北港、正阳桥、通浦桥等处。

水栅的管理,清代《新市镇志》"卷一"中记载:"四栅皆植木于河而为栏,以限舟楫之非时。盖水栅也,栅有总小甲以司烟火,彔巡司,掌行。原栅各有更楼一座,置铃柝,以警昏旦。"② 有更楼,以便打更,告诉市梢边或者出入的人大约现在处于哪个时辰,有总甲、小甲,以管理水栅启闭,相当于现在监察方面的支队和大队、中队、小队,强化层级管理。"置水栅,所以备寇盗也。镇四隅设栅,立法非不尽善。"③

巡检司是管理水栅的机构,如同里巡检司设于宋代,延续到元、明、清,同里巡检司设立在吴江同里镇,控扼沿吴淞江至淀山湖上的水路及昆山方向经新阳江进入内陆的水路上的节点。汾湖巡检司也始设于宋代,嘉靖间,汾湖为一要地,"东通三泖,西接胜墩"④,而且直到太湖,与运河可以交叉,倭寇出没较多,往来自由,设置机构非常必要,非巡检司也难以控扼。除在重要河道设置外,在沿江地区设置机构也非常重要,如常熟浒浦镇,宋代在此设立御前浒浦水军寨,直到明代,不仅仅防御海盗,而且对抵御倭寇入侵发挥了重要作用,是防御倭寇的重要关口。据《太湖备考》卷四"兵防"记述:宋代时兵制禁军、厢军之外,"又有士兵,领以巡检,在城为司,在乡为寨"⑤,在太湖西洞庭山设有甪头寨,还有简村、长桥等巡检司,到了明代有了扩充,仅西洞庭山就有大胜寨、甪头寨、鼋山寨、龟山寨、圻村寨。

水栅原有水利功能,可以为周围的圩田提供水利调节,或者潮汐控制,防止海水倒灌,往往也由巡检司管理。水栅可启可闭,较之于坝堰的封闭而言有诸多优点。元明交替之际,水栅被豪强用以占地,侵占荒闭的水荡资源。明人的水栅仍有封闭一个区域交通网的作用。⑥ 沈启云:"甃石筑土为坝,列木通水为栅,于水何利而置之?端为盐盗防,故皆属之巡

---

① 转引自吴滔:《清代江南市镇与农村关系的空间透视:以苏州地区为中心》,上海:上海古籍出版社,2010年版,第84页。

② 李海珉:《水乡足迹:缆船石》,北京:文物出版社,2004年版,第22页。

③ 民国《乌青镇志》卷六《水利》,民国二十五年(1936)本。

④ [明]郑若曾:《江南经略》卷三上,清文渊阁四库全书本。

⑤ [清]金友理撰,薛正兴校点:《太湖备考》卷四《兵防》,南京:江苏古籍出版社,1998年版,第143页。

⑥ 王建革:《明代江南的水利单位与地方制度:以常熟为例》,《中国史研究》2011年第2期,第165—179页。

司。建置之初，或出乡村之自卫，或出院司之求备，仓促应命，未必皆险要之地。及县每年差属官点查更陪其数多寡、应否，不知何以复命。且迩年海寇内犯，编氓守望，邻邦设险，仓皇不暇为水谋也。其创建于四封之内者，尤多乱己，自当厘正，若彼豪右欲擅江湖之利，遁逃欲拒勾摄之人，国有法焉。"① 属长桥司管辖的水栅就有大浦港、六里港、直路港、袅腰港、翁泾港、长浜港、吕家港、白港、汤大坝、黎里镇、长田港、延寿桥、无石桥、王家港、划船港、万顷港、甘泉港、三江桥、严家港、惠港、仙槎桥、庙泾桥，都设在港口或者桥头。

---

① ［明］沈启撰，［清］黄象曦辑：《吴江水考增辑》卷二《水栅考》，沈氏家藏本。

第十章 水乡生活

水乡生活自给自足，丰富多彩。在人们衣、食、住、行的各个方面，在生产劳动、神灵信仰、岁时节令、人生礼俗、生活娱乐等各种习俗中都体现了鲜明的水乡特色，反映了人们的文化生活和审美需求。人们在享受富足生活的同时，还不断从中咀嚼出"不俗"，追求生活的闲趣、雅致，赋予日常生活文化品格。

第一节 饮食与服饰

在优越的水环境下,苏州饮食和服饰具有浓郁的水乡特色。在饮食方面,有的食材原料直接来源于湖河之中,有的则体现出特有的水乡制作技艺,这些都为人们提供了丰富的美食;在服饰方面,其主要特点是适应水乡的农事劳作,大方实用,做工考究,装饰优美。

一、饮食

在适应自然节律的过程中,苏州产生了丰富的时令饮食,如二月蚬肉、菜花鲈鱼、鲍鱼、河豚,三月白云茶、碧螺春、春笋、鳜鱼、菜花甲鱼、腌金花菜、吃青团子、焐熟藕,四月鲥鱼,等等。时令性强是苏州饮食的重要特征。俗语称:"春季荸荠夏时藕,秋末慈姑冬芹菜。三到十月茭白鲜,水生四季有蔬菜。"清代《吴门竹枝词》有云:"山中鲜果海中鳞,落索瓜茄次第陈。佳品尽为吴地有,一年四季卖时新。"[1] 清代沈朝初《忆江南》云:"苏州好,夏日食冰鲜,石首带黄荷叶裹,鲥鱼似雪柳条穿,到处接鲜船。"[2] 苏州有著名的"水八仙",即莼菜、茭白、莲藕、菱角、芡实、水芹、慈姑、荸荠八种水生植物,其作为蔬菜具有明显的时令性。以吃鱼为例,人们对时令性的关注达到极致。有谚语:"正月塘鳢肉头细,二月桃花桂鱼肥,三月甲鱼补身体,四月鲥鱼加葱须,五月白鱼吃肚皮,六月鳊鱼鲜如鸡,七月鳗鱼酱油焖,八月鲍鱼要吃肺,九月鲫鱼要塞肉,十月草鱼打牙祭,十一月鲢鱼汤吃头,十二月青鱼只吃尾。"[3] 体现了浓郁的水乡特色。

苏州几乎每个节日,皆有相应的节令饮食。仅以糕团来看,苏式"口胃"皆与糯稻有关,正月里有春饼,正月十五上灯圆子,农历二月二的撑腰糕、酒酿,三月三的亮眼糕,三月寒食节与清明节的清团子、焐熟藕

---

[1] [清] 顾禄著,王密林、韩育生,译:《清嘉录》,南京:江苏凤凰文艺出版社,2019年版,第133页。
[2] 尹玲玲:《明清长江中下游渔业经济研究》,济南:齐鲁书社,2004年版,第253页。
[3] 詹一先主编,吴县地方志编纂委员会编:《吴县志》卷三十《社会》,上海:上海古籍出版社,1994年版,第1 091页。

（内塞糯米），农历四月八日浴佛日的乌米饭，端午的角黍（粽子），六月水晶糕、山楂蜜糕、王千糕、白松糕等，农历八月二十四食粢团祭灶，九月九日重阳糕，冬至日冬至团，腊月二十四的谢灶团，以及过新年的年糕，全都是甜甜的、糯糯的。

苏州船菜最能体现水乡特色。苏州人士早有载酒泛舟之风，水乡居民走亲访友或郊游皆以船代步，船只被称为移动酒家、移动客栈。《忆江南》云："苏州好，载酒卷艄船。几上博山香篆细，筵前冰碗五侯鲜。稳坐到山前。"① 明清时，苏州船菜船宴发展到高峰，船上设宴成为士绅间的风尚，而商贾尤喜在山塘河游船上洽谈生意，使得船宴越来越丰盛。清代徐扬绘制的《盛世滋生图》中有灵岩山麓雅客野餐唱和、石湖之畔渔家沽酒相聚、山塘河上游人肴馔船宴等场景，这亦反映了苏州船宴在清代兴盛的状况。清代顾禄在《桐桥倚棹录》中记述："宴游之风开创于吴，至唐兴盛。游船多停泊于虎丘野芳浜及普济桥上下岸。郡人宴会与请客之在吴贸易者，辄赁沙飞船会饮于是。"② 因品尝船宴均为达官贵人、商贾富豪，宴席奢华。民国年间，阊门北浩弄口、广济桥下，常有许多花船停泊候雇。花船较游船更为奢华，除供应精美绝伦的船宴外，还伴有弹词、昆曲弹唱，供客消遣。苏州船菜船宴，名扬四方。

此外，很多饮食制作技艺，累积了人们对于美食的追求，不少菜品、糕点、小吃、酒酿制作工艺进入非物质文化遗产名录（表10-1）。

表10-1 苏州非物质文化遗产饮食技艺类名录

序号	类型	名录名称
1	苏帮菜制作技艺	苏州织造官府菜制作技艺
		苏州船点制作技艺
		木渎石家鲃肺汤制作技艺
2	小吃、菜、面类制作	玄妙观小吃制作技艺
3		苏式卤汁豆腐干制作技艺
4		王四酒家叫花鸡制作技艺

---

① ［清］顾禄著，王密林、韩育生，译：《清嘉录》，南京：江苏凤凰文艺出版社，2019年版，第113页。

② 转引自于赓哲：《隋唐人的日常生活》，西安：陕西人民教育出版社，2017年版，第108页。

续表

序号	类型	名录名称
5	小吃、菜、面类制作	马永斋熏腊品制作技艺
6		陆稿荐苏式卤菜制作技艺
7		昆山奥灶面制作技艺
8		石梅盘香饼制作技艺
9		聚新春紧酵馒头制作技艺
10		常熟蒸菜烹饪技艺
11		太仓肉松制作技艺
13	绿茶制作	苏州太湖洞庭山碧螺春制作技艺
14		虞山绿茶制作技艺
15	糕点制作	乾生元枣泥麻饼制作技艺
16		叶受和苏式糕点制作技艺
17		桂香村大方糕制作技艺
18		采芝斋苏式糖果制作技艺
19		黄天源苏式糕团制作技艺
20		稻香村苏式月饼制作技艺
21		正仪文魁斋青团制作工艺
22		生禄斋苏式月饼制作技艺
23	糖果制作	黎里饴糖制作技艺
24	苏派酿酒技艺	铜罗黄酒
25		后塍黄酒
26		王四桂花酒
27		福贞黄酒坐缸酿制
28	配料制作	梅李木桶酱油酿造技艺
29		太仓糟油制作技艺

其中涉水饮食也有不少，如苏州船点制作技艺、木渎石家鲃肺汤制作技艺、苏州太湖洞庭山碧螺春制作技艺等，主要体现在水食材、水菜肴、水糕点、水酿酒等方面。在丰水环境中，水生动植物极其丰富，为日常饮食提供了丰富原料，呈现出独特的水乡饮食特点。

二、茶

在三国孙吴时期或晋时，苏州地区对茶和饮茶已经有所了解。苏州产茶的明确记载见之于唐朝陆羽的《茶经》："浙西：以湖州上，常州次，宣州、杭州、睦州、歙州下，润州、苏州又下。"① 此时苏州所产茶叶的质量，在浙西一带属于下乘。五代时期至迟宋代初年，苏州就产有好茶。宋朱长文的《吴郡图经续记》云："洞庭山出美茶，旧入为贡。……近年山僧尤善制茗，谓之'水月茶'，以院为名也，颇为吴人所贵。"② 明清时期，已经形成了一套比较完整先进的制茶工艺，炒青绿茶生产得到长足发展，成为茶叶生产中心。明苏州洞庭西山人张源在《茶录》中言："采茶之候，贵及其时，太早则味不全，迟则神散。以谷雨前五日为上，后五日次之，再五日又次之。茶牙紫者为上，面皱者次之，团叶又次之，光面如筱叶者最下。彻夜无云，浥露采者为上，日中采者次之。阴雨中不宜采。产谷中者为上，竹下者次之，烂石中者又次之，黄沙中者又次之。……新采，拣去老叶及枝梗碎屑。锅广二尺四寸。将茶一斤半焙之，候锅极热，始下茶急炒，火不可缓。待熟方退火，撤入筛中，轻团那数遍，复下锅中。渐渐减火，焙干为度。中有玄微，难以言显。火候均停，色香全美，玄微未究，神味俱疲。"③ 详细描述了采茶、挑拣、杀青、摊凉、揉捻和焙干的具体过程。

苏州地区，制茶工艺与名茶交相辉映，在明徐渭所举的三十种名茶中，苏州的"天池"居第二，"虎丘"名列第八。在明代文献中，有关茶的排名，不少将苏州的虎丘和天池放在首位，当时有"苏州茶饮遍天下"之称。明文震亨在《长物志》卷十二中列出虎丘、天池、岕茶、六安、松罗、龙井、天目等香茗。此外，明代见于史籍的其他苏州名茶还有吴县洞庭西山的剔目茶与云雾茶。在剔目茶的基础上，清代产生了大名鼎鼎的碧螺春，至今依然是我国著名的绿茶。

吴地独特的山水，孕育了苏州丰富多彩的茶文化。正所谓："苏州好，

---

① [唐] 陆羽等撰，鲍思陶纂注：《茶典》，济南：山东画报出版社，2004年版，第26-27页。

② [宋] 朱长文撰，金菊林校点：《吴郡图经续记》卷下，南京：江苏古籍出版社，1999年版，第84页。

③ 阮浩耕、沈冬梅、于良子点校注释：《中国古代茶叶全书》，杭州：浙江摄影出版社，1999年版，第219-220页。

茶社最清幽。阳羡时壶烹绿雪，松江眉饼炙鸡油，花草满阶头。"① 如今苏州名茶主要有碧螺春茶、虎丘花茶、阳山茶等。

洞庭碧螺春是茶中珍品，它外形纤细、卷曲成螺，茸毛遍布，银绿隐翠，冲泡后，清香芬芳，汤绿水澈。因此，以其形美、色艳、香浓、味醇"四绝"而享誉古今。太湖中的洞庭东山与西山，自古就是苏州的花果山，一年四季花果飘香。在这里茶树与各种花果树如桃、梅、枇杷、板栗、橘、李等交错种植，形成了花香馥郁的天然品质。有关碧螺春的得名及由来，有各种各样的记载。据清陆延灿成书于雍正年间的《续茶经》中所引《随见录》记载："洞庭山有茶，微似岕而细，味甚甘香，俗呼为'吓杀人'，产碧螺峰者尤佳，名碧螺春。"② 相传"碧螺春"是明大学士王鏊所题。清王应奎《柳南续笔》卷二中则有不同的记载，称"碧螺春"之名是康熙所赐，"洞庭东山碧螺峰石壁，产野茶数株，每岁土人持竹筐采归，以供日用。历数十年如是，未见其异也。康熙某年，按候以采，而其叶较多，筐不胜贮，因置怀间，茶得热气，异香忽发，采茶者争呼吓杀人香。吓杀人者，吴中方言也，因遂以名是茶云。自是以后，每值采茶，土人男女长幼，务必沐浴更衣，尽室而往，贮不用筐，悉置怀间。而土人朱元正独精制法，出自其家，尤称妙品，每斤价值三两。己卯岁，车驾幸太湖，宋公购此茶以进，上以其名不雅，题之曰碧螺春"③。据清金友理《太湖备考》记载："茶。出东西两山，东山者胜。有一种名碧螺春，俗呼吓杀人香，味殊绝，人矜贵之，然所产无多，市者多伪。"④ 碧螺春茶极其珍贵，还有不少仿冒者。如今，碧螺春茶于每年春分前后开采，谷雨前后结束，以春分至清明采制的明前茶品质最佳。大多仍采用手工方法炒制，杀青、炒揉、搓团、焙干，在同一锅中一气呵成，芽叶在锅中慢慢条形卷曲，茸毫尽显，妙不可言。

虎丘花茶也享有盛名。苏州虎丘、山塘一带自古便香花遍地，花农众多，是我国著名的四大香花产区之一。明代吴门诗人钱希言有诗云："斗茶时节买花忙，只选头多与干长。花价渐增茶渐减，南风十日满帘香。楼

---

① 魏嘉瓒主编，沧浪诗社、苏州市诗词协会编：《忆江南·苏州美》，武汉：长江文艺出版社，2010年版，第213页。
② [唐] 陆羽等撰，鲍思陶纂注：《茶典》，济南：山东画报出版社，2004年版，第255页。
③ 陈祖椝、朱自振编：《中国茶叶历史资料选辑》，北京：农业出版社，1981年版，第370-371页。
④ [清] 金友理撰，薛正兴校点：《太湖备考》卷六《物产》，南京：江苏古籍出版社，1998年，第309页。

台簇簇虎丘山,斟酌桥边柳一湾。三月碧波吹晓市,荡河船子载花还。"①诗中描写了当时买花制茶的繁忙景象。清顾禄的《清嘉录》中也保存了不少制作花茶的珍贵资料。如"珠兰、茉莉花,来自他省。熏风欲拂,已毕集于山塘花肆。茶叶铺买以为配茶之用者,珠兰辄取其子,号为'撤梗';茉莉花则去蒂衡值,号'打爪花'"②。著名的苏州虎丘花茶,就是用绿茶加入天然香花窨制而成,品种多样,有茉莉花茶、玳玳花茶、白兰花茶、珠兰花茶、栀子花茶等。花茶香气清芬鲜灵,茶味醇和含香,深受人们的喜爱。苏州花茶还大量远销东北、华北、西北市场。位于辽宁省锦州市城内北街路西的"天后宫"于雍正五年(1727)重建时,碑文中就有苏州著名的以经营花茶为主的"关东庄"出资赞助的记载。据1917年至1919年的相关资料记载,从苏州经海上运往东北的花茶,每年平均达8 266担。加上铁路运往其他地区的花茶,每年总销售量在15 000担左右。③ 1982年,在全国花茶、乌龙茶优质产品评比会上,"虎丘牌"一级茉莉花茶荣获国家优质食品银质奖章。

林木葱翠的大阳山,位于苏州城西北,西濒碧波万顷的太湖,据记载在东晋时期就已产茶。东晋名寺白龙庙龙湫上所产的茶被称为白龙茶,是阳山的一大名茶。明《阳山志》记载:"茶颇异别土者,汲泉烹之,其色碧绿,香而味佳,诚不厌啜。"④ 阳山长云峰下出产另一种茶,现为碧螺春,古时称为龙井。阳山所产的两款茶,虽然历史悠久,香而味佳,受古人珍视,但在20世纪由于开山采石等原因,一度被铲除,随着对生态文化的重视,2007年,阳山白龙茶和碧螺春被依据古法重新种植。

苏州地区饮茶之风盛行,茶俗也世代相传,并不断演变,它已经融入苏州人的生活中,成为苏州人文化生活的一个组成部分。宋元以后,苏州地区各类茶馆、茶肆、茶坊由城市遍及乡镇,而从明清至民国时期,更是遍布大街小巷,那些傍水沿河的茶馆,则更具苏州水乡的特色。在饮茶的时候还有各式茶点与之相配,并且四季不同,如有名的酒酿饼、枣泥麻饼等。苏州的茶馆还常常有说书助兴,喝茶听书,使茶馆成了独具特色的休

---

① 崔晋余:《姑苏札记》,上海:百家出版社,2005年版,第104页。

② [清]顾禄著,王密林、韩育生,译:《清嘉录》,南京:江苏凤凰文艺出版社,2019年版,第191页。

③ 苏州市地方志编纂委员会办公室、苏州市档案局编:《苏州史志资料选辑》,第5辑,内部资料,1985年,第7页。

④ [明]岳岱:《阳山志》,王稼句《苏州山水名胜历代文钞》,上海:上海三联书店,2010年版,第121页。

闲娱乐场所。

三、服饰

明中叶以来,"吴服""吴装"或"吴门新式"服饰风靡大江南北,有"四方重吴服"之说,这种风气一直延续到清朝。雍正帝的十二妃子画像都穿着丝绸的"吴服",背景则是江南园林、湖石假山。可见,时髦的"吴服"几乎成了"苏式"生活方式的代名词。沈从文曾对清初《康熙耕织图》里庶民服饰做过这样的描述:"衣着还近似江南明末农家装束,惟男子头上多露顶椎髻,用明式巾裹网巾和瓜皮帽的不多。但并无曳长辫的。妇女衣着变化更少。"①徐珂《清稗类钞·服饰类》曰:"顺康时,妇女妆饰,以苏州为最时,犹欧洲各国之巴黎也。"② 清代早期的美人也往往身穿吴装,尤其到乾隆时期,各地妇女多仿苏州妇女服饰。③

在水网密集的乡镇区域,其民间服饰具有典型的水乡特征。如以甪直镇为中心的水网地区,妇女服饰尤为亮丽,时尚华美与水乡特色相映。水乡民间服饰是江南女子在田间劳作时穿着的整套服装,其历史可追溯到距今五六千年的稻作农业经济初期,是水乡妇女因地制宜、顺应当地自然条件和田间劳作的需求,不断发展演变而成。④ 水乡服饰的总体样貌是:头梳鬅鬅头,扎包头,上身穿大襟衣,拼接衫,下身穿拼接中长裤,腰束褡裙、褡腰,腿裹卷膀,脚穿船形绣花鞋,具有鲜明的水乡特点。

大襟衫是苏州妇女服装主流,主体部分均采用棉质材料,大裆裤主体均为棉、麻面料,作裙面料中采用棉、麻的比例很高。采取拼接,可以节约用料、便于更换。大襟衫肩部、袖部等部位的拼接是水乡妇女的独特创造,她们在插秧、挑担、掼稻等劳作中,这些部位容易磨损,损坏后可将拼接处的布料拆下,换上新的零碎面料,使服装得以二次使用或多次使用,从而节约成本。水乡女子"就材加工,量材为用"的造物原则中透露的节俭美德使其服饰因至善而至美。⑤ 水乡民间服饰主要包括包头巾、大

---

① 沈从文编著:《中国古代服饰研究》,上海:上海书店出版社,2011年版,第589页。
② 徐珂编撰:《清稗类钞·服饰类》,北京:中华书局,1984年版,第6149页。
③ 林永匡:《清代衣食住行》,北京:中华书局,2013年版,第28页。
④ 《国家级非物质文化遗产大观》编写组编著:《国家级非物质文化遗产大观》,北京:北京工业大学出版社,2006年版,第392页。
⑤ 周小溪、梁惠娥、董稚雅:《江南水乡民俗服饰面料的技术美》,《纺织学报》2015年第12期,第104-108页。

襟衫、作裙、穿腰束腰、大裆裤与百纳绣鞋等（图10-1）。这与稻作生产密切相关，其包头扎在头上用来拢发、遮阳、避露、挡虫、御寒、保洁等；围裙因在劳作时穿着而被称为"作裙"，制作简单，下摆较大，穿在身上行动方便，系于腰间冬日御寒保暖，夏日轻便凉爽，田间偶遇骤雨还可盖在头上当作雨具；包头巾用以固定发团，使其不脱散、不脱落，因为插秧、收割多为弯腰农活且背风劳作，头发容易散落或飞舞，遮挡视线势必影响生产。服装一般短上衣、大裤子，这与特定场景的劳作需要有一定的关系。"短上衣保证了江南女子在田间劳作时，服装具有良好的透气功能……裤子肥大的臀围、裆部不仅有利于散热，还可以方便起、蹲、弯腰等常有动作。小裤腿使劳作者不易受到蚊虫的叮咬且避免弄脏裤腿，充分体现了江南女子的秀巧与干练。"①

图10-1　胜浦水乡妇女服饰②

水乡女子服饰极其讲究拼接、绲边、纽攀、带饰和绣花的巧妙应用，体现了该服饰的装饰工艺性；在江南水乡妇女服饰中，却将多种工艺（拼、纳、绣、绲、贴）普遍运用于衣、裤、裙等各个位置，可以说是无处不装饰，这样所达到的俏丽效果被称为"汉族中的少数民族"。水乡女子在艰苦的劳作生活中依旧追求审美愉悦的精神享受，使水乡服饰始终具有浓郁的生命气息。纯净而又不失东方女性文雅、秀丽、含蓄的江南服饰恰到好处地向人们传达了江南水乡的人文、社会环境及意境，成为水乡文

---

① 梁惠娥、周小溪：《江南水乡民间服饰手工技艺的审美特征及传承原则》，《民族艺术研究》2013年第6期，第129页。

② 梁惠娥、张竞琼、刘水：《探析胜浦水乡妇女服饰特色工艺的设计内涵》，《装饰》2010年第6期，第110页。

化的象征。①

第二节　舟桥

在一定意义上讲，古代苏州人的生活是两栖的，地域内湖港较多，水路发达，交通工具主要以船楫为主，人们走亲访友或郊游常以船出行，吴儿善操舟，无船不出行。

一、舟船

古代苏州农家几乎家家备有小船，船成为人们生产、生活中不可缺少的工具。《姑苏繁华图》上，窄窄的河面挤满了帆船、篷船、楼船、画舫，全卷共绘有各色人物一万两千余人，各色房屋建筑两千一百四十余栋，桥梁五十余座，客货船只四百余。② 水乡的船乃经济传输带，也连接着社会生活的这端和那端。南朝时苏州已成为全国造船中心之一，明代太仓港是郑和下西洋的起锚地，苏州船师常被征召去修、造下海木船。明清时期，苏州为东南一大都会，交通是商业发展的命脉，而这主要仰赖水上运输。

清代，苏州的船种类较多，主要有戏船、农船、渔船、放鸟船等。明清时期，苏州旅游休闲之风领衔全国，七里山塘画舫，是那个时代文人士大夫的风月情怀。灯船画舫，装饰华丽，舱房精美，比快船大，中舱可容纳三四十人，专供游览宴会之用。农船，凡装稻、载柴、籴米、装甕、罱泥等类皆农船。渔船，形如蚱蜢故变其字体呼之为舴艋船。还有蓄鸬鹚以取鱼的叫放鸟船；捉螺蚬的叫扒螺蛳船。太湖渔船大小不等，其最大者曰罟船，亦名六桅船，不能停岸不能入港，篙橹不能撑摇，而专等候暴风行船，故其祷神有"大树连根起，小树着天飞"③之语。苏州的酒船、游船业盛极不下，几乎在每只船上，都有为游人演奏音乐、唱曲歌舞的艺人。那些飘荡在水上的画舫戏船，就是流动的舞台，集诗、书、画、昆曲、苏州评弹、茶艺以及船菜等于一体。

---

① 崔荣荣：《江南水乡民间作裙与围裙之比较》，《装饰》2005 年第 5 期，第 70 页。
② 郑红峰：《大美中国你该读懂的 300 幅中国名画·千古风流》，北京：光明日报出版社，2012 年版，第 233 页。
③ [清] 金友理撰，薛正兴校点：《太湖备考》卷十六《杂记》，南京：江苏古籍出版社，1998 年，第 565 页。

木船是水乡交通运输的必备。明清时,太湖一带的船匠,曾经常被征去太仓、嘉定修造五帆、七帆下海木船。苏州木船制造主要分布在太湖、阳澄湖沿岸及常熟水乡地区,其中相城太平桥、常熟浒浦和吴中横泾是苏州水乡木船业制造比较集中的地区。明清时期,太湖沿岸大大小小的船厂星罗棋布,横泾境内基本上每个自然村都有木船修造的技术艺人。据《太湖备考》记载,罛船的造船之处,"在胥口之下场湾,西山之东村,五龙桥之蠡墅,光福之铜坑"①。阳澄湖深处太平桥,旧时造船作坊不下十余家,从业者近千人。所造舟船,以内河运输船、农船为主。虎丘一带的"画舫船",装修华丽,中舱可设多桌筵席。船只林林总总,大大小小不下二十余种,为人们生产生活做出了极大的贡献。

总体来说,作为中国传统木船制作技艺的杰出代表,苏州水乡木船别具一格,其各类船体形态各异、造型逼真、结构严谨、制作精美、工艺精细。特别是太湖七桅古船,蕴含着深厚的历史文化底蕴和江南水乡的玲珑秀气,被誉为太湖的"活化石"。

二、古桥

苏州具有悠久的建桥历史,相传吴王阖闾命伍子胥造城,水门之上架木梁,最古老的苏州桥之原型就此诞生。此后,造桥不断。至唐代,苏州有"七县八门,皆通水陆。郡郭三百余巷,……虹桥三百有余"②。白居易有诗句"远近高低寺间出,东西南北桥相望"③ "绿浪东西南北水,红栏三百九十桥"④ 等。

苏州古桥众多,《平江图》中标出的桥梁有314座,其中城内295座,城外19座;标有名称的桥307座,无名桥7座。明《苏州府城内水道图》所示苏州城内有桥梁329座,清乾隆间的《姑苏城图》标有桥梁256座;清末《苏城全图》标绘桥梁323座,其中城内241座,城外82座。民国二十九年(1940)江苏建设厅绘《吴县城厢图》,城内有桥261座。据《苏州市志》记载,至1985年,苏州市区共有桥梁361座,其中古城内有桥161座,古城外包括郊区有桥200座。苏州的历史文化名镇,也保存了

---

① [清] 金友理撰,薛正兴校点:《太湖备考》卷十六《杂记》,南京:江苏古籍出版社,1998年版,第566页。

② [唐] 陆广微撰,曹林娣校注:《吴地记》,南京:江苏古籍出版社,1999年版,第111页。

③ [唐] 白居易:《白氏长庆集》卷五十一,四部丛刊景日本翻宋大字本。

④ [唐] 白居易:《白氏长庆集》卷五十四《律诗》,四部丛刊景日本翻宋大字本。

许多古桥。吴中区甪直古镇内有三横三纵六条河流，原有古桥72座，现存造型各异、古色古香的古桥41座。同里古镇四面环水，镶嵌于同里、九里、叶泽、南星、庞山五湖之中，镇区被"川"字形的15条小河分隔成7个小岛，而49座古桥又将小岛串为一个整体。周庄古镇纵横的小河上横卧着14座建于元、明、清的古桥。《苏州老桥志》共收录了现存100年以上的古桥440多座。① 古桥因原构建废弃，后世恢复重建，或者在原构筑基础上增扩、修复，表现出时代的叠加或延续。

苏州古桥是地域文化和民俗文化的典型载体，尤其在装饰纹饰上集中体现了民俗文化。苏州古桥的装饰图形、纹案大多采用象征、暗喻、谐音、借代等设计手法，以表示祈福消灾、趋吉避凶的渴望，以及对功名利禄的追求、对长寿的祈盼、对出行平安的祷告、对文人雅趣修养的流露、对劝诫惩恶的警示，等等。这些吉祥图案与生活息息相关，人生礼仪、岁时节令、日常装饰等应有尽有。其形成虽然久远，但都是农业社会背景下的产物，这些装饰图案所表现出来的生活理想几乎涵盖了生活的每一个方面。莲花象征女性、多子、高洁，也可以象征清廉，也可以指代佛教；麒麟可象征求子，也可象征太平盛世；葫芦象征多子多福，福禄双全；蝙蝠、松菊、蝴蝶、龟鹤等象征长寿，鲤鱼、桂花象征对功名的渴求。无论表现内容是动物、植物还是器物，吉祥图案都赋予了其特有的神异功能，期望能够带来幸福幸运。无论是吉祥还是辟邪，均体现出一种民俗信仰，这种信仰是这一类图案在苏州古桥大量出现的巨大推动力。

苏州古桥既有江南建筑的典型特色，又有地方文化的风貌，主要体现在和谐美、装饰美、象征美和形态美等几个方面。比如苏州的宝带桥因地处水面宽阔，该桥跨度300多米，53孔相连，但建筑师在设计桥梁时，充分尊重和依据柔美秀丽这一审美标准，将其总体立面设计成富于变化、单孔大小不一的形式，绝不粗犷恢宏，而是以绵长秀丽、形似宝带的造型特色，给人一种特别的婉约感。苏州以"小桥流水人家"而著称，桥的形态是这一环境中不可或缺的部分，在形态表现上必须融入周边的环境，与周围的民居建筑、自然山水、树木相互映衬，成为环境重要的一部分。②

---

① 邬才生:《苏州古桥知多少》,《江苏地方志》2014年第3期，第34页。
② 沈海龙、王文藜、左沐涟:《苏州古桥装饰艺术的民俗文化意蕴与美学特征》,《艺术研究》2015年第4期，第35页。

三、桥联

古桥在桥名、桥联、桥碑、桥民俗等方面，蕴含丰富的文化价值，体现了人们的价值观和精神诉求。苏州古桥的两侧立有楹柱，楹柱上镌刻着楹联，亦有文人专门为建造桥梁而写的对联，如此种种，通常称之为桥联。桥联一般对仗工整、内涵丰富，或表明桥的地理位置，或叙述建桥过程，或描述桥型的精美，或记载当地特色文化，或歌颂名人志士，等等。

苏州地区的桥联，内容丰富，涉及宗教、地理、民俗、劝善、重修记录等内容。有记述赞赏建桥功绩的，有记述桥梁位置及历史人文的，更有描绘桥梁架设自然景观的，也有借景抒情、隐喻人生、教人行善的。大多数桥联，构思精巧，对仗工整，文辞优雅，许多出自名家手笔。诸多佳联妙对，通过优美的书法和精美的勒石呈现，立于桥侧，供人们吟诵欣赏，人们通过对桥联的欣赏，在获得教益的同时，也获得了艺术和美的享受。唐代著名书法家颜真卿就曾作《登平望桥下诗》："登桥试长望，望极与天平。际海兼霞色，终朝凫雁声。近山犹仿佛，远水忽微明。更览诸公作，知高题柱名。"① 对吴江平望"桥联"文化进行了关注。苏州桥联内容丰富，总体主要集中在自然人文景观及其蕴含的文化内涵。

其一，勾勒古城历史风貌，描绘水乡景观和生产生活。如泰让桥，南北向跨胥江，为胥江东起第一桥。始建于清光绪晚期，初名大洋桥，后转音为太阳桥，再取谐音名"泰让桥"，寓意纪念周泰伯让位。俞涌有联曰："让国奔吴，千载流徽彪史册；乘风逐浪，一弯偃月扼胥江。"② 朱红有联曰："西郭中枢，东望古阙通南北；四方百姓，一归勾吴达万千。"③ 传颂着古城的千古历史。苏州桥："青山绿水百花苑，聚龙醒狮万年城。"④ 吴江同里镇泰来桥西联曰："题柱客从云表度，涉川人向镜中来。"⑤ 描绘泰来桥落成的情境，诗境如画。吴江盛泽镇的白龙桥西侧桥联刻有"风送万机声，莫道众擎犹易举；晴翻千尺浪，好从饮水更思源"⑥，勾勒了盛泽镇丝绸生产发展昌盛，一派繁荣的水乡风貌。乌鹊桥东向桥联："雁齿重

---

① ［唐］颜真卿：《颜鲁公文集》卷十二《古近体诗》，清三长物斋丛书本。
② 张伟振编注：《吴地古今桥联》，南京：凤凰出版社，2015年版，第19页。
③ 张伟振编注：《吴地古今桥联》，南京：凤凰出版社，2015年版，第19页。
④ 李畅然编著：《古桥》，济南：泰山出版社，2012年版，第158页。
⑤ 张伟振编注：《吴地古今桥联》，南京：凤凰出版社，2015年版，第82页。
⑥ 张伟振编注：《吴地古今桥联》，南京：凤凰出版社，2015年版，第139页。

新,两岸弦歌铿茂苑;虹腰依旧,一湾烟月溯莳溪。"① 描绘了岸边的自然和人文景观。

枫桥因为《枫桥夜泊》诗而闻名。其桥堍建有"梦诗亭",亭柱上有两联,其一为王西野撰吴进贤书,"水驿邮程游子梦,霜钟渔火古人诗"②,描绘了建桥后出行往回的便利,驿站征人骚客之所想,姑苏地道景色,寒山绝韵,同时注入了历史人文情怀;其二为谭以文书,"亭前柳色凄迷绿,湖上山痕杳渺青"③,主要描绘了桥上可见的湖光山色。吴江区同里镇吉利桥,南侧桥联:"浅渚波光云影,小桥流水江村。"④ 北侧桥联:"吉利桥横形半月,太平梁峙映双虹。"⑤ 兼容了自然景观和村落生活景象。越城桥的明柱镌有联句曰"碧草平湖青山一画,波光万顷月色千秋""十里荷花香连水,一堤杨柳影接行"⑥,让人们领略到真切的诗情画意。这些桥联极具文学艺术性,为古桥"锦上添花",与古桥建筑共同形成了鲜明的水乡特色,让人回味无穷。

其二,叙述修建桥梁之功,激励人们振兴桑梓,求取功名。如同里镇长庆桥西联曰:"共解囊金成利济,好留柱石待标题。"⑦ 南侧桥柱文字为"里人公捐重建";北侧桥柱文字为"同治一十二年桂月吉立"⑧。其"共解囊金"即"里人公捐",大家共同出资建桥。同时,要留下柱石,等待荣显之士来题字,刻在桥柱石上,激励人们奋发有为。又如震泽镇镇东有禹迹桥,为纪念大禹治水的传说而建。该桥西联曰:"市近湖漘,骈肩无俟临流唤;地当浙委,绣壤应多题柱才。"⑨ 除了描绘盛泽商贸繁荣、地理位置外,还盼望这块土地多出求取功名的人才。乌鹊桥西向桥联曰:"利涉同资,会看千秋湲渚北;嘉名永锡,每逢七夕忆淮南。"⑩ 描绘了建

---

① 张伟振编注:《吴地古今桥联》,南京:凤凰出版社,2015年版,第12页。
② 张伟振编注:《吴地古今桥联》,南京:凤凰出版社,2015年版,第35页。
③ 张伟振编注:《吴地古今桥联》,南京:凤凰出版社,2015年版,第35页。
④ 张伟振编注:《吴地古今桥联》,南京:凤凰出版社,2015年版,第78页。
⑤ 张伟振编注:《吴地古今桥联》,南京:凤凰出版社,2015年版,第78页。
⑥ 江洪等主编:《苏州词典》,苏州:苏州大学出版社,1999年版,第376页。
⑦ 吴恩培、吴蕴慧:《苏州古桥楹联中的"题柱"及其"人文"精神:兼及东、西方对"人文"一词的表述差异》,中国民族建筑研究会编《族群·聚落·民族建筑:国际人类学与民族学联合会第十六届世界大会专题会议论文集》,昆明:云南大学出版社,2009年版,第442页。
⑧ 吴恩培、吴蕴慧:《苏州古桥楹联中的"题柱"及其"人文"精神:兼及东、西方对"人文"一词的表述差异》,中国民族建筑研究会编《族群·聚落·民族建筑:国际人类学与民族学联合会第十六届世界大会专题会议论文集》,昆明:云南大学出版社,2009年版,第442页。
⑨ 张伟振编注:《吴地古今桥联》,南京:凤凰出版社,2015年版,第98页。
⑩ 张伟振编注:《吴地古今桥联》,南京:凤凰出版社,2015年版,第12页。

桥功名。

长庆桥与太平桥、吉利桥是同里人气最旺的"三桥",千百年来这里一直广为流传"走三桥"的民俗,成为消灾避难、吉祥幸福的象征。上联写大家共同解囊建桥做好事谋福利,下联则期盼家乡多出人才留下文字刻于石柱,含有激励振兴乡里之意。

其三,描绘景观与抒发情感相结合。如昆山千灯镇的陶家桥,南北两侧的桥联内容各不相同。南联写景,"雁阵排连,北接吴淞而源远;彩虹环卧,南通薛淀之津长"①,描绘特定位置的桥梁景观;北联寓情,"上下橹摇,两岸波平涵半月;往来人渡,万家鳞密领千波"②,赞颂了造桥方便出行、造福百姓之功。新觅渡桥有多联,潘君明联曰:"百年觅渡,一叶扁舟归远客;十里莳溪,三分明月照伊人"③,情景交融,以景及情;俞涌有两联:"到此留连休问渡,从兹飒爽永乘风""莳溪瞻宝带,揽吴地三分明月;古渡跨新虹,抒水城千载乐章"④,描绘了建桥位置的重要和建桥功绩。位于山塘河中段的普济桥,由普济堂捐资兴建。其联:"东望鸿城,水绕山塘连七里;西瞻虎阜,云藏塔影立孤峰。""北发塘桥,水驿往来通陆墓;南临路轨,云车咫尺到梁溪"⑤,将桥上景观和建桥的重要价值一并勾勒。此外,还有描绘桥梁景观本身的佳句,以宝带桥为典型。如"左金龙、右金龙,戏水金龙成双戏;上玉兔、下玉兔,游宫玉兔列队游",以金龙成双戏、玉兔列队游比喻桥和孔,生动形象。

第三节 古井

水井可以说是苏州的水文化符号,是老苏州的特色之一。水井在苏州具有极其悠久的历史,见证了古代水乡人的生产和生活,它是一座城市的记忆。水井文化是苏州水文化的一道独特风景。

据统计,清代苏州城区有水井约 2 万口,中华人民共和国成立前,苏州仍有水井近 2 万口,其中大多是古井,时间跨度由宋代到近代,以清末

---

① 张伟振编注:《吴地古今桥联》,南京:凤凰出版社,2015 年版,第 178 页。
② 张伟振编注:《吴地古今桥联》,南京:凤凰出版社,2015 年版,第 178 页。
③ 张伟振编注:《吴地古今桥联》,南京:凤凰出版社,2015 年版,第 23 页。
④ 张伟振编注:《吴地古今桥联》,南京:凤凰出版社,2015 年版,第 23 页。
⑤ 张伟振编注:《吴地古今桥联》,南京:凤凰出版社,2015 年版,第 26 页。

民初的居多。中华人民共和国成立之初，全城尚存水井约 9 000 口。据全国第三次文物普查资料显示，截至 2011 年，苏州城内尚存古井 2 000 多口。

2005 年，苏州市文物局公布了"古城十大名井"评选结果，分别是仓街的"福寿泉"、石板街的"顾地流泉"、观前街东脚门的"怀德泉"、史家巷书院弄口的"坎泉"、范庄前的"八角公井"、古吴路的"博济泉"、专诸巷天库前的"源源泉"、周王庙弄的"周王庙济急井"、道前街的"青石古井"及海红坊的"松寿泉"。这些古井，成为苏州不可缺失的文化符号。十大古井分布于古城区的各个板块。外观上如今保存较好，部分古井的四周还增设了护栏，2019 年 12 月，有关部门在古井的四周张挂了金属铭牌，铭牌上有古井名称及专属编号。

苏州古井（图 10-2），根据开凿主体不同，可以分为公井、私井和义井三类。公井主要是供公共使用的水井，大多位于居民聚集区、宽阔的道路附近。就现存情况看，包括官方修建或经浚的官井和市民公社修建的市民公井两类。公井一般体量、口径较大，常常是用巨大的石板封口，上面并排安置数个石井栏或井眼。井栏圈有双眼、三眼和四眼等，苏州人称双眼井为"双吊桶"。如乾隆官井，处在东花桥巷与金刀桥巷口，井栏题刻

图 10-2　古城十大名井①

---

① 图片取自印象苏州水文化馆，杜祯彬提供照片。

"官井，乾隆乙丑"，即乾隆十年（1745）；还有一个在雍熙寺弄内，六角形青石井栏，题刻"元和县程，乾隆"等。又如公益官井，建在留园管理处门前，井栏题刻"公益官井，宣统元年正月，中路巡警分局吉立"。还有周急局官井，周急局是清道光二十年（1840）由邑绅潘遵祁、顾震涛等创办的民间慈善机构，光绪十四年（1888），周急局曾在苏州城区开凿一批公用水井，包括元邑官井、元邑新官井、元和县官井、吴邑官井等。另一类是自治局官井。自治局是清光绪三十三年（1907），苏州成立的自治性组织之一。自治局在苏州城区浚治一批公用水井。井栏多用花岗石，少数青石井栏系旧井栏改制。

私井基本是由私人开凿，供私人使用，多在民居院内，属私家所有。苏州古城区内，数量最多的便是私井，不管是民居、园林，还是祠堂、寺庙内几乎都有私井。有的百姓为使用方便，一户甚至有开掘多口的。私井与公井、义井相比，规制较小，往往是单眼小口。在苏州2 500多年的城市变迁中，一些私井因为房屋、道路的拆迁往往变为无主井，若井水水质好就会变成众人共用的公井。由于私井数量繁多，这里不一一列举。

义井一般由苏州的一些社会人士捐助或合资修建，如当地一些有钱的乡绅、义士或百姓出资建造，目的是行善积德，多在小巷子里，如甘泉义井、嘉庆义井、平阳义泉、留韵义井等，其受众也较公井为小。一些乡绅富贵人家，他们因得子、及第、高寿等喜事，需要感恩上苍、发愿行善，也会捐钱请人打井，所打的井就被称为"义井"，此类义井数量不少，街坊邻里获得实惠。嘉道时期被称为吴中首善的潘曾沂，在城中"浚凿义井四五十处……是夏适亢旱，居民赖以得水获利者无算"①。同治十二年（1873）夏，"吴郡亢旱不雨，河水臭涸，城中一带居民乏水，民生不便……幸赖潘东园部郎，相度地势，乃于观前吉祥寺门口，独出己赀，倡浚双眼官井，深三丈余，宽二丈一尺，名曰望雨泉，以资里中汲水"②。民国时，沈惺叔为苏州保大钱庄老板，家住三茅观巷，因老来得子，发愿行善，在苏城捐建了18口义井；如今尚存的几口分别位于洪元弄口、仓街136号门口、专诸巷口、禾家弄等。陶耕荪为母亲做寿，那年正逢干旱，为此他用得到的寿资来凿井，以惠邻里。但苦于找不到适当的地方，当时冯桂芬的后裔知道后鼎力相助，出让祖祠照墙边的空地建井，留下了

---

① 余新忠：《清代江南的卫生观念与行为及其近代变迁初探》，转引自李文海、夏明方编《天有凶年：清代灾荒与中国社会》，北京：生活·读书·新知三联书店，2007年版，第545页。
② 余新忠：《清代江南的卫生观念与行为及其近代变迁初探》，转引自李文海、夏明方编《天有凶年：清代灾荒与中国社会》，北京：生活·读书·新知三联书店，2007年版，第545-546页。

感人的《坎泉记》。

水井布局和设计体现了苏州人特有的生活习性。苏州的水井大多用整条青石雕琢为井栏，有的为以防小儿坠入采取高腰井栏的设计，能工巧匠们还赋予它们不同的造型和图文。苏州城众多水井青石栏圈上深浅不一的印痕，是千百年来苏州水养育苏州人的印证。古井的造型亦具有重要价值。比如单眼井、双眼井、三眼井、四眼井。其中单眼井又各有造型，有六角形、八角形、圆筒形、覆钵形、鼓形、匏瓜形、莲花形、盂形、须弥座形和石柱围合形等，甚至还有更为艺术化的动植物和器物等造型，古井的刻字、造型、花纹等具有一定的艺术价值，但更为重要的是其丰富的人文内涵。

苏州人常以水巷、水井为单元，形成一个小型的社区性的集聚中心，像是一个小型的生活单元。人们在水井边汲水、洗衣、淘米，并在那里乘凉聚集，一些"张家长、李家短"的故事在这里起源、交汇和传播。古代的苏州，无论是大街小巷，还是古典园林、老宅小院，水井都是其中一道独特的风景，留下了无数的城市记忆。现在的苏州，大街小巷、背街僻弄、老宅小院，水井仍是一道独特的风景。

第四节 民俗

民俗贯穿于人们日常生活之中，苏州在岁时节令、人生礼仪等民俗事象方面，呈现了浓郁的水乡特色。

一、岁时节令

岁时习俗在民俗事象中占有较大比重，反映了人们对美好生活的向往。苏州岁时节令涉及传统节日、祭水神等各个方面，人们在河岸、桥头、田边开展着民俗活动，内容极其丰富（表10-2）。

表 10-2　苏州涉水的岁时节日①

节令名称	节令时间
猛将生日	正月十三
龙抬头	二月初二
上巳节	三月初三
白龙生日	三月十八
湖甸龙舟会	三月二十、八月初三
浒墅关竞篙船会	三月下旬
平台山祭禹	清明
蛇王生日	四月十二
水龙会	五月十三
胥门水仙会	五月
端午节	五月初五
观莲节	六月二十四
老郎庙演青龙戏	中元节前后
中元水官生日	七月十五
稻生日	八月二十四
山塘看会	清明、七月十五、十月初一
莲花寺轧莲花	七月三十
积谷会	八月初三

一些岁时节令活动与水密切相关，其内容十分丰富。

其一，岁时节令活动的水空间。水空间是人们进行民俗活动的重要地点。水井在苏州民俗活动中承担着不可或缺的神圣角色，除夕封井，初三开井。在虞山镇，置井泉童子马于竹筛内，祀以糕果茶酒，皮井阑上掩之，谓之封井。桥梁的意义也体现在节日活动中，苏州有元宵节"走三桥"的习俗。妇女相邀走三桥，祛百病，彻夜欢腾。顾禄《清嘉录》载："元夕，妇女相率宵行，以却疾病，必历三桥而止，谓之'走三桥'。"②

---

① 蔡利民、高福民主编：《苏州传统礼仪节令》下，苏州：古吴轩出版社，2006 年版，第 768—769 页。

② ［清］顾禄著，王密林、韩育生译：《清嘉录》，南京：江苏凤凰文艺出版社，2019 年版，第 49 页。

并引明代陆伸《走三桥词》："细娘盼咐后庭鸡，不到天明莫浪啼。走遍三桥灯已落，却嫌罗袜污春泥。"① 常熟长洲、元和两县的地方志记载"上元，妇女走历三桥，谓可免百病"②。嘉靖《太仓州志》载："老媪多率妇女历三桥，云过三桥可免百病，故又名走百病。"③ 河道是水上交通通道，河岸、河畔成为人们来往、赏玩之地，也是仪式活动的场所。元宵期间，水乡苏州则在沿河、岸边、桥头树灯，五彩斑斓、迷离朦胧的灯光倒射在河水中，水与灯相互映衬、相得益彰。苏州的元宵灯会，多在环水、水岸举行，如胥门元宵灯会以及山塘一条街、水乡周庄元宵灯会。在传统中国农业社会，田间地头是人们生产劳作的重要场所。正月十五日晚间在田头照田财、烧田蚕。吴县东部外跨塘，每年正月举行"猛将会"。由少年以轿抬猛将到田边巡视一周，给各户发纸制小红旗于田中，以示猛将保护。

其二，端午与龙舟竞渡。苏州端午习俗主要仪式也是与水有关，在春秋时期，吴国大夫伍子胥忠于吴国并建造苏州古城，后被吴王夫差屈杀，投尸于水。那是五月初五端午日，民间盛传"子胥死，水仙生"，从此"祭伍子，迎水仙"就成了吴地端午节的重要内容。苏州人赋予端午节纪念意义的人物是伍子胥，而不是屈原，伍子胥所属年代比屈原要早两百年左右。曹魏时代的邯郸淳在《曹娥碑》中说："五月五日时，迎伍君逆涛而上，为水所淹。斯又东吴之俗事。在子胥，不关屈平也。"④ 《石湖志》载："游者倾城而出，云集蚁聚，不下万人，舟舆之相接，食货之相竞，鼓吹之相闻，欢声动地，以乐太平。"⑤ 可见其泛舟游乐之盛况。端午节竞渡龙舟，在龙舟队伍的前列，"又有学习丝竹管弦之辈，乘大船，结灯彩，吹弹鼓唱，曰清客船。聚观者动以万计"⑥。在举行祭祀仪式后，吴地百姓争相往河中抛粽子，放生泥鳅和河蚌，场面蔚为壮观。此外，苏州作为江南湿热之地，五月又称"毒月"，五毒绣品特别为人们所钟爱。端

---

① [清] 顾禄著，王密林、韩育生译：《清嘉录》，南京：江苏凤凰文艺出版社，2019年版，第49页。
② [清] 顾禄著，王密林、韩育生译：《清嘉录》，南京：江苏凤凰文艺出版社，2019年版，第49页。
③ 常建华：《江南的"走三桥"与中国岁时节日文化》，转引自唐力行主编《江南社会历史评论》，第11期，北京：商务印书馆，2017年版，第331页。
④ 殷兆安编著：《我们的传统节日》，长沙：中南大学出版社，2013年版，第94页。
⑤ [明] 莫震：《石湖志》卷二，明刻本。
⑥ [清] 顾传金辑，王孝俭等标点：《蒲溪小志》，上海：上海古籍出版社，2003年版，第14页。

午需要祛瘟逐疫，当天孩子们要穿五毒衣、虎头鞋、龙头鞋，以避虫毒。其中，五毒肚兜或坎肩最为常见，中间绣制虎形，四周绣有蛇、蜈蚣、蝎子、蜘蛛、壁虎等"五毒"图案，寓意老虎护佑，五毒不侵①。以此消灾祛病，祈求平安。

其三，岁时节令与水上游乐。苏州的清明节和上巳节可谓热闹非凡，绮川子弟，倾城而出，"用楼船、箫鼓，具酒肴以游上方、石湖诸处"②。袁景澜在《吴郡岁华纪丽》中记载的上巳节："江南山水平远，舆骑便于游。节届重三，山塘波渌，白堤士女，竞出寻芳，集池亭流觞曲水，效修禊故事。"③ 立夏日饯春，即"游船舣虎丘山塘"，"歌传檀板"④。还有荷花节，"六月二十四日，群游葑门外荷花荡"⑤，观荷纳凉，远近画船箫鼓声相闻。中秋赏月是苏州的重要风俗。石湖为吴中盛景，每到节日于石湖聚集游玩，规模宏大。苏州人称石湖赏月为"串月胜会"，人们泛舟石湖，看"串月"胜景，届时"游船排挤，彻夜笙歌"⑥。清代诗人沈朝初《忆江南》说："苏州好，串月有长桥。桥面重重湖面阔，月亮片片桂轮高，此夜爱吹箫。"⑦ 每年八月十八前后，石湖岸边、上方山上，游人如织，水面上小舟如梭，成为全城人的节庆活动。"石湖串月"与北京的"卢沟晓月"、杭州的"三潭印月"、太湖的"石公秋月"列为我国四大月景。

二、水上礼仪

一些人生礼仪，往往与水有关。如男儿满月剃头后，第一次戴帽子，身上放本历本，角端用红绿丝线串一枚太平铜钱，由舅舅抱了撑一把油纸伞去走桥名叫作"太平""吉利""状元"的桥。太湖渔民每年五月到七月"白鱼汛"出现之前，都要举行"请神会餐"仪式，热闹三天三夜，

---

① 李明、沈建东：《苏绣》，南京：译林出版社，2013年版，第108页。
② ［清］顾禄著，王密林、韩育生，译：《清嘉录》，南京：江苏凤凰文艺出版社，2019年版，第108页。
③ ［清］袁景澜撰，甘兰经、吴琴校点：《吴郡岁华纪丽》，南京：江苏古籍出版社，1998年版，第85页。
④ ［清］袁景澜撰，甘兰经、吴琴校点：《吴郡岁华纪丽》，南京：江苏古籍出版社，1998年版，第391页。
⑤ ［清］袁景澜撰，甘兰经、吴琴校点：《吴郡岁华纪丽》，南京：江苏古籍出版社，1999年版，第391页。
⑥ ［清］沈复著，俞平伯校点：《浮生六记》卷四，北京：人民文学出版社，1980年版，第54页。
⑦ 张承安主编：《中国园林艺术辞典》，武汉：湖北人民出版社，1994年版，第393页。

其间要祭神、拜神、唱神歌,俗称"做公堂",首次参加做公堂就等于行成年礼。苏州人吃生日面,特别讲究面浇头,河虾面浇头为苏州人所钟爱。熟河虾遍体通红,须长身弯;红为喜色,须长代表寿长,虾体弯曲,应了苏州一句俗语"回回顺"。

在婚礼仪式中,以船只娶亲独具水乡特色。娶亲时不仅用花轿,还用特制的花船,船上张灯结彩、吹乐奏鸣。花船是经过特别装饰的,苏州胜浦的堂船有八吨大小,棚上都是雕花窗棂和镂空花扇,打扮得富丽堂皇。周庄的水乡婚俗,历史悠久。据记载,其特有的婚船彩棚、哭嫁、摇快船、铺米袋、娘舅为大、聘礼中的鲤鱼、请茶拜茶等特有习俗,暗合了鱼米之乡的稻作文化和神秘的求子观念,可以追溯到崧泽文化时期。在周庄婚礼中,最后一礼"亲迎"最重要。迎接工具为水乡特有的"亲船",亲船上搭有彩棚,装扮一新,临行前放炮仗八个,船上配有船工16个,有各类人员组成乐队,演奏《小桃红》《欢乐歌》《巡街》《朝天子》等各种喜庆曲目。

《姑苏繁华图》中出现了两处婚礼场景,其中一处在木渎镇,河中一条扎彩大船,船头上歇了一顶四人抬花轿,轿子前有一人引领,轿子旁后站立着披了红绸的迎亲人夫,船舱内只剩两人在向外观望。大船右前方一条小船,一支11人的迎亲乐队,或坐或站,吹喇叭的,吹笙管的,敲锣的,打鼓的,正热闹着。大船前一条小船,挤满了擎着"翰林院""状元及第"字样纱灯的男男女女。①

太湖渔民婚俗更具特别之处,整个仪式从定亲、搭棚船、敬神(设香堂、请神、排宴、献宝、唱神歌、送神)、祭祖、成亲(迎聘、发喜花、吃正酒、铺床、发迎、拜堂、坐床、撒帐、挑方巾、踏核板、喝和气汤、洗脸、待新姑爷)到满月酒,各个环节都体现了渔民及船行生活的特征。"发迎"是迎娶的关键,"正酒"吃到黄昏时,将已扎上红绿彩绸的两条小舢板,组成"迎船",由男家伯伯带领"迎船"迎亲。在男家的两条发迎舢板上,一条装饰成有棚的"官船"称"迎官",另一条舢板则载掌礼和乐手,一路吹奏迎亲乐曲。至女家船后,女方必招待"迎官"及一应众人吃"下迎面"。迎船返回时,从男家大船左侧摇进,是谓"摇青龙角",以讨"吉利"。②

---

① 范金民:《〈姑苏繁华图〉:清代苏州城市文化繁荣的写照》,《江海学刊》2003年第5期,第156页。
② 朱年、陈俊才:《太湖渔俗》,苏州:苏州大学出版社,2006年版,第86-95页。

三、水上信仰

在苏州园林中，常常有镇水患、水怪的石和尚；在镇湖，万佛寺面朝太湖，墙壁上密密麻麻地排列着高不满 5 厘米的佛像浮雕，共 60 排，每排平均刻有小佛像 180 尊，总计有佛像 10 800 尊，是为"万佛"，民间相传是为了镇太湖水患而建。在太仓市浏河镇，有天妃宫。天妃宫始建于北宋宣和五年（1123），由旅居娄江口的闽海商所建。元至正二年（1342）移建于现址，距今已有近 900 年历史，是江南地区最古老、最负盛名、最具独特历史价值的妈祖宫庙，现为国家级文物保护单位。600 多年前郑和从太仓起锚七下西洋时，每次都会来到天妃宫祭祀，祈求妈祖这位"海上女神"保佑他的船队一帆风顺。

漕运祭拜，场面盛大，又有漕臣等官员参加。船队有百余艘大型帆船，拥有两千号人，通常每次参拜人数不下两千人。水上祭祀活动从总体上呈现两个特点：一是丰，二是广。祭拜时所献礼品丰厚。如漕运每次祭拜均要"奉币"白银十箱，计千两。郑和直接代表永乐朝廷祭拜妈祖，所献礼品之丰盛绝无仅有、无与伦比，如"献金"所奉上的有黄金、白银等贵重之物。祭拜人员涉及面广，人数众多。2011 年 4 月 30 日，重修后的浏河天妃宫举行了隆重的修复开放暨妈祖神像开光庆典活动。庆典迎来了 220 多名台商及 5 000 多名观众热情参与，呈现出浓浓的妈祖文化气息。

在苏州等环太湖地区，相传正月初八是夏禹生日，俗有神诞庙会——祭崄。夏禹，作为中华民族的祖先神和治水的英雄神，在太湖地区则衍变成渔民的保护神。吴越地区古代洪水泛滥，禹在吴越治水功绩显赫，"禹劳天下，而死为社"①。另外，渔民在艰苦的自然环境中捕鱼劳作，抗御自然灾害能力较弱，需要有神灵作为精神上的支柱，大禹也就渐渐从祖先神、英雄神演变成了太湖渔民的保护神。

正月"祭崄"正是纪念禹王圣诞和祭鳖求福的祭祀活动。整个活动从正月初八开始，持续半个多月。祭禹王的香会一年有四期，正月初八、清明日、七月初八、白露日，其中春秋两祭最隆重。如正月初八"上崄"，《太湖备考》载，"太湖中小山之名崄者有四，其上皆有禹王庙"②，"一

---

① ［明］董斯张：《广博物志》卷十四《灵异三》，清文渊阁四库全书本。
② ［清］金友理撰，薛正兴校点：《太湖备考》卷十六《杂记》，南京：江苏古籍出版社，1998 年版，第 553 页。

在北崦,俗称平台山庙;一在南崦,即西山消夏湾的众安州;一在西崦,甪头山南,土人称崦山;一在东崦,即三洋州"①。届时,太湖渔船集中到太湖西山平台山禹王庙烧香集会,持续半月有余。平常无民居的孤岛此时异常热闹,人们祭神、演戏、经商、探亲访友,渔民中有的借此重新拼拆"对盘船",重新选用受雇渔工,调换船家。祭祀活动虽纷繁复杂,但程序井然。

第五节 水上体育与游艺

在苏州水乡,龙舟竞渡、龙舟会及船上舞蹈既是游乐盛会,也是体育活动;更有一些竞技类、武术类的体育项目,属于水乡特有的体育运动。体育竞技或许是对吴地文化早期"尚武"的一种观照。

一、湖甸龙舟会

常熟湖甸位于虞山南麓、尚湖之东。湖甸人家傍水而居,日常出没风波里,在水中讨生活,他们祈福于传说中的水神李王,于每年农历的春秋两季进行湖甸龙舟会。划龙舟习俗,在荆楚是为祭祀屈原,在吴越为祭祀伍子胥,而在常熟是为祭祀李王。李王即宋代的李禄,他在生前就为民驱瘟除灾、救民于倒悬,死后传说其化为水神(海神),卫海漕、息灾厉,为老百姓所崇敬。《常昭合志》记载:邑中到处有李王庙,而湖甸地区尤盛。② 常熟湖甸龙舟会的独特之处在于一年两度。第一次是"划青苗",第二次是"秋报"。形式上与他处划龙船显著的不同还表现在龙船由老爷船、铛船、划船组成。湖甸龙舟会从宋、元始,经历明、清、民国到中华人民共和国初期,一直兴盛不衰。

湖甸龙舟会显示了道教思想对人们日常生活的渗透。李王神像供奉于常熟虞山南麓致道观。据唐《艺文类聚》载,致道观初名"招真治",由张道裕建于梁天监二年(503),梁简文帝亲撰《招真治碑记》。湖甸龙舟会的一系列仪式唯道教是尊。如它的祭拜、开路、护佑、服饰、供品等,

---

① [清]金友理撰,薛正兴校点:《太湖备考》卷六《祠庙》,南京:江苏古籍出版社,1998年版,第264页。
② 转引自中国人民政治协商会议江苏省常熟市委员会文史委员会编:《常熟文史资料选辑〈常熟文史〉》,第40辑上,上海:上海社会科学院出版社,2009年版,第332页。

都是道教法事活动所做"斋醮""道场"等的套路。湖甸龙舟会的程式规范，影响了湖甸周边乡镇纷纷效仿。

二、摇快船

摇快船是一种在船上表演的民间舞蹈，但是体育色彩也较为明显。如周庄摇快船，其经过数百年的传承演绎，已经成了在良辰佳节、婚嫁迎亲、喜庆丰收时举行的群众乐见喜闻的大型娱乐活动。活动期间，农民们自备服装、船只、锣鼓、道具自娱自乐。快船比赛更是奇异。赛船一般由艺高手巧的工匠们在船上搭起花棚，称为"花快"。花棚分为头棚、舱棚和销棚，棚上挂满帷幔绸缎，装饰华丽，异彩纷呈。头棚上则插满彩旗，悬挂彩灯，舱棚上流苏飘挂。舱中坐着锣鼓乐队。每船备头篙，船体两侧有大小橹各一，并配有十五六名橹手。比赛开始，橹手们各司其职，出跳、扯绷、把橹配合默契，参赛快船在铿锵的锣鼓声中似飞箭出弦，奋勇争先。

从吴江芦墟摇船来看，主要围绕庄家圩猛将会、城司"三庙"庙会和芦墟镇迎神赛会及其他庙会等而举行，流行于芦墟20多个村及与芦墟交界的上海青浦、浙江嘉善的农村。庄家圩猛将会于年初四开始启动，摇快船活动共举行三天，快船于初五从草里村经窑港、北栅港两渡口飞箭似摇入芦墟，初六驶至莘塔。窑港及北栅港两个渡口都有二十多米宽。成千人的出会队伍用十几只快船接渡。抢头船争先恐后过窑港，最后一船将"刘王老爷"神轿送到对岸，再把队伍渡到北栅港。到达北栅港后，在分湖内开始比赛，争抢头旗。这一过程中先有一次"接渡"，后有一次竞技"拆渡"，精彩纷呈。比赛时庙会会场和船队的锣鼓齐鸣，鞭炮阵阵，船队破浪前进，场面紧张热烈。除庄家圩"猛将会"和城司"三庙"庙会外，正月半"元宵灯会"、四月十四"轧神仙"、七月十四"接韦驮"、七月"赊青苗"、八月中秋节芦墟"迎神赛会"和其他各村庙会，都举行摇快船竞技活动。人们自娱自乐，比赛气氛热烈。还有的农村娶亲也用"快船迎新娘"，规模虽小，但几只快船同样也要比赛。颇具观赏价值和民俗风情。

三、江南船拳

江南船拳是中国武林中独一无二的拳术流派，是武术园地中的一朵奇葩，是吴文化宝库中一颗耀眼的明珠。苏州是江南船拳的发源地，源于吴越争霸时期，兴于唐宋，明清时期达到顶峰。江南船拳既有古代水军活动留下的痕迹，也有古代船民生活习俗的影像，更有北方武术拳种的渗透，其中诸如五虎拳、罗汉拳等都是江南船拳对外来拳种的改造，以北方少林寺拳种为代表的外来拳种是江南船拳丰富发展的重要因素。

明代在反击倭寇的过程中，江南船拳已经成为苏州人民抗倭斗争的主要手段之一。明代以后的江南船拳不仅是一种反侵略的斗争武器，是普通百姓自卫防身的重要手段，更重要的是已经成为苏州百姓生活中的一种休闲文化。明清时期，每逢立夏、端午、中秋节等，苏州的吴江、吴县、太仓、常熟等地的船拳好手，均要不约而同地登船献技。特别是农历八月十八日，在苏州城外的石湖，船拳活动尤为兴盛。

江南船拳的核心文化圈是以太湖为中心，主要包括滨湖的苏州、无锡、湖州三个地区，苏州是这个核心文化圈的中心，主要集中在吴中区的越溪、相城区的北桥和常熟市的沙家浜。越溪船拳，传承群体主要分布于苏州石湖周边的越溪境内，主要流传闭口船拳，并强调船拳活动时要有音乐伴奏，主要为江南丝竹调。北桥船拳，主要流传开口船拳，就是拳师在船头上打拳时，要边打边唱拳歌，舞弄刀枪剑戟时，也要边舞边唱。沙家浜船拳，传承群体主要分布于苏州阳澄湖地区，兼有闭口、开口船拳，特别强调船拳活动中的医疗卫生和伤病急救，成为沙家浜船拳的重要特色。

船拳是武术，更是一种休闲文化，一年中要举行数次表演或比赛，通常和其他民俗文化活动一起进行。苏州拳船一般常以双橹快船装饰而成，披红戴绿。船舱两侧的威武架上，刀枪剑戟一应俱全。每艘快船前，排着数名青年引吭高歌。有的拳船，还在舱内置有弦乐手，边行进边以悦耳的江南丝竹调为拳师们的拳术表演增添色彩，也是为船拳表演比赛活动助兴。

四、浒墅竞篙赛船会

浒墅关有三条小河交织成一个"大"字，在"大"字的交汇处，形成了向五方散射的开阔水面，被当地人叫作"五角兜"。以前，每年三月下旬，这儿要举行别具特色的竞篙赛船会。参赛船只，船首挂着红绿彩带，停靠在起赛点上，船上赛手个个上穿对襟白褂背心，露臂光膀，下穿大裆灯笼裤，整装待发。撑篙手站立船头，主、副橹手船艄操橹。锣响三声，开始进入比赛准备，锣响两声，各就各位，最后一声锣响，赛船便你追我赶地急驰直前。比赛中，撑篙手在船头左右挥篙，以保证船行方向，避免船头撞岸的危险；主、副橹手则前推后拉，奋力将船推向前进。站在出挑舷外木板上的副橹手，双脚如蹈波浪。当赛船驰过千米小河，摇出岔河浜，回到五角兜时，起点线已成了终点线。这时篙手将手中竹篙高高掷出，让对方篙手接篙，掷篙、接篙表演精彩，场面热烈，将赛船会气氛推向高潮。正所谓"年年青溪篙舟赛，系马柳岸犹眼随"。浒关人赛船，不重名次，他们看重的是竞篙，能竞出气概、气魄和精神来。

第十一章 水韵文学与艺术

苏州的文学和艺术充满着水的韵味。昆曲成为全国性主导声腔,并掀起了戏曲文化繁盛的热潮;吴歌唱出了水乡土味;"明四家"开创引领的吴门画派,成为中国传统书画界的泰山北斗;工艺美术更以"苏式""苏样"等享誉潮流,风靡民间,目前在全国工艺美术十一大类中,苏州拥有十大类共3 000多个品种。

第一节　昆曲与评弹

昆曲（图11-1）是中国最古老的剧种之一，是戏曲艺术中的珍品；评弹（图11-2）是采用吴语进行讲说表演的曲艺说书形式，在苏、浙、沪一带流行。

图 11-1　昆曲①

图 11-2　评弹②

---

① 苏州非物质文化遗产信息网，http://www.szfwzwh.gov.cn/。
② 苏州非物质文化遗产信息网，http://www.szfwzwh.gov.cn/。

一、昆曲

苏州戏剧列入国家级非物质文化遗产名录的有昆曲、苏滩苏剧、苏州滑稽戏等，昆曲还被联合国教科文组织列为"人类口述和非物质遗产代表作"。其既有"阳春白雪"的高雅，又有"下里巴人"的通俗，以鲜明、浓厚的文学性为特色，曾将中国古典戏曲艺术推上巅峰，在艺术上体现出鲜明的地域特色，人们多用兰花的清雅、水磨的软糯加以形容。昆曲在一定程度上塑造了苏州印象，也对后世苏州崇雅重艺的社会风尚产生了深远影响。

昆山腔始于元末，因经过魏良辅和张野塘、谢林泉、张梅谷等人的潜心研究，使之柔丽婉转、妙入情理、清远悠长，时称"水磨腔"。魏良辅进行新声昆山腔改革，在宫调、平仄、气韵、声口等各方面精雕细琢。"每度一字，几尽一刻。"① 新声昆山腔以水磨调为特征，"其以'水磨'名者，吴下红木作打磨家具，工序颇繁，最后以木贼草蘸水而磨之，故极其细致滑润，俗曰水磨工夫"②，形象地道出新声昆曲唱腔精致、细腻。水磨调是宋元以来婉约词派的遗响，转音若丝，"功深镕琢，气无烟火，启口轻圆，收音纯细"③。新声昆山腔将昆曲引向和谐、圆融、适度、自然之美，其腔韵契合中国传统美学。"和谐"是昆山腔之魂，声、韵、调相协是魏良辅昆腔改革的一大贡献，在表现形式上追求器乐之音与人声融合、相济。清代李渔认为昆山腔有"天人合一"之妙，这可能是中国传统美学理念尤其是吴地"自然"美学观的延续和体现。

二、评弹

苏州评弹与昆曲被誉为苏州艺圃的并蒂莲，其与昆曲雅文化特征既相似，又有不同，体现出更明显的市民文化特征。苏州评弹是宋元时期的北方评话和弹词流行到吴地，与以苏州话为代表的吴方言结合的产物。约至清代乾隆后，苏州评弹成为江浙吴音区评话、弹词的主流、大宗，是江南

---

① [明] 袁宏道著，钱伯城笺校：《袁宏道集笺校》，上海：上海古籍出版社，1981年版，第157页。
② 俞平伯：《论诗词曲杂著》，上海：上海古籍出版社，1983年版，第801页。
③ 上海辞书出版社文学鉴赏辞典编纂中心编：《明清传奇鉴赏辞典》，上海：上海辞书出版社，2019年版，第1 647页。

最大的曲种之一。

江南市镇的繁荣是苏州评弹艺术茁壮成长的根基。苏州评弹艺人流动演出，亦称"走码头""跑码头"。苏州评弹创造了 30 多种流派曲调。①这些流派唱腔各炫其彩，并以声与乐的魅力完全融入苏州社会的文化底蕴里，以至于人们往往从中可以感受到明清以来苏州社会的风土人情、丰富的文化内涵及苏州人的性格特征。因而，苏州评弹已成为吴语地区的文化记忆符号。

第二节　歌舞

吴地是中国最早的鱼米之乡，农耕文明历史悠久。人们在农事活动中需要以一定的方式进行娱乐和宣泄，水乡歌舞是人们劳作和娱乐的一个缩影，折射出人们的精神文化生活。

一、吴歌

吴歌发源于江苏东南部，苏州是吴歌产生发展的中心地区。吴歌是民间口头文学创作，是以口头演唱方式表演的一种艺术形式。其在中国文学史上产生过深刻的影响，为古体诗歌开一代诗风，为戏曲音乐提供了创作源泉。

吴歌的历史源远流长，起源于春秋时期。吴歌源于劳动，与稻作文化和舟楫文化密不可分，有莳秧歌、耥稻歌、牵砻歌、摇船歌等，说到底就是水乡劳动生活的伴奏，因水乡而具有鲜明的艺术特色。"自古以来，通常是用委婉清丽、温柔敦厚、含蓄缠绵、隐喻曲折来概括它的特点。区别于北方民歌的热烈奔放、率直坦荡、豪情粗犷、高亢雄壮。吴歌具有浓厚的水文化特点，和耸立的高山、辽阔的草原不同，它如汩汩流水一般，清新亮丽，一波三折，柔韧而含情脉脉，和吴侬软语有相同的格调，有其独特的民间艺术魅力。"②

吴歌用水乡生活的最纯正语言——吴方言演唱，尤其是保存了诸多具有特殊价值的水乡土语（表 11-1）。吴歌的音乐独具特色，委婉清丽，曲

---

① 朱栋霖：《假如没有苏州评弹》，《文艺报》，2011 年 12 月 28 日。
② 汪榕培：《汪榕培学术研究文集》，上海：上海外语教育出版社，2017 年，第 334 页。

调众多,广为传唱的《九连环》《孟姜女春调》等就源于吴地民歌,诸多曲调被吸收进苏州评弹、宣卷、昆曲、苏剧、越剧、锡剧,共同缔造了水韵色彩浓厚的艺术作品。

水乡生活的多姿多彩,使得吴歌丰富多元,苏州吴歌主要包括吴江芦墟山歌、常熟白茆山歌、张家港河阳山歌等,各具特色。如白茆山歌,主要体现了农作的情景,"白茆塘地区的自然条件十分适合水稻、棉花、桑树的种植,因此白茆山歌中就出现了大量的田山歌,如种田歌、除草歌、踏车歌、耥稻歌、砟稻歌、种棉歌、采桑歌等。……都是白茆山歌中乡土、民族、民间风情的真实艺术体现,向世人们展示了白茆山歌鲜明的地域文化艺术风格和个性特征"①。

表 11-1　吴歌中的江南水乡②

吴歌类型	举隅
引歌	山歌勿唱忘记多,搜搜索索还有十万八千九淘箩, (吭嗨吭嗨)扛到吴江东门格座垂虹桥浪去唱, 压坍仔桥墩,塞满东太湖。
劳动歌	伊旺!啊旺!车水人腿里酸汪汪。 伊旺!啊旺!田底崩坼稻苗黄, 伊旺!啊旺!车水人眼里泪汪汪。 伊旺!啊旺!水息牛(车水板)入水就起水, 伊旺!啊旺!车水人勿及水息牛。
仪式歌	西方路上一只小快船,靠船靠勒石驳岸, 带缆带勒荷花桩,后生家落船苦凄凄。
情歌	结识私情隔塘田,去年相会到今年。
风物歌	财神贴得高,主家蒸馒头来又蒸糕。 财神贴得低,主家开车(明年)好福气。 财神贴得勿高勿低,主家家里钱铺地。
儿歌	太湖中间挑野菜,大尖顶浪摸田螺, 摸格田螺笆斗大,摆勒摇篮里向骗外婆。

吴歌与水息息相关,体现了原生态的水文化事象。"在吴歌中有大量与水有关的事实存在,如船、桥、河、浜、塘、浪头、渔网、莲等水文化元素,所有民俗事象,保留着其独特的水文化遗存。以水乡熟知的风物作比喻,如《子夜四时歌》中的莲子谐'怜子'、'芙蓉'为'夫容'等,

---

① 刘大巍:《吴风古韵歌乡情:非物质文化遗产常熟白茆山歌探微》,《艺术百家》2008年第6期,第205页。

② 过伟:《吴歌研究》,苏州:古吴轩出版社,2011年版,第11-44页。

含蓄地抒发感情，吐露心声。许多吴歌反映了农村繁忙的情景，都是原生态的水文化真实写照，一些长歌描写了吴地河网密布、河道纵横的水生态景观和农村水网圩区的生动画面，也有的反映了历史上发生的水旱灾害场景，也有借水生景生情、有感而发，或欢乐，或悲伤，无不反映着吴地生产生活与水息息相关的特点，历史证明水利不仅是农业的命脉，也是经济社会发展的基础。"①

一些民歌体现了丰富的水文化景观，其中水稻、茭白、蒲叶、石芦、河港、河荡、桥梁等尽显其中。如《汾湖对唱》之二："伲晓得分湖北滩格条十字港贴对南滩格条后洋港；伲晓得后洋港过东上南，上南过东丁家桥，丁家桥上南棋荡港，棋荡港过东上南王家桥，王家桥出口罗家漾，罗家漾过西上南格条新东桥，新东桥过西上南格条蟛蜞桥，蟛蜞桥出口夏墓荡，夏墓荡上南格条青龙桥，青龙桥上南格路水弯弯曲曲到南湖。"② 其中描述了四通八达的江南水系网络，船在水中行，人在水中走，船只穿梭于河浜塘浦之中，唱出了桥梁的丰富性和水景观的多样性。③ 亦有反映水旱灾害的，如"十年九勿收，三年吭两头，油瓶头，酱罐头，淌到田横头，大水没脱稻穗头，寡妇哭到坟跟头，男人出去跑码头"④。有反映水岸发达的商品贸易的，如《花锦城姑苏赵圣关山歌刻传》节选《姑苏六门三关》："苏州建立六城门，只有阊门直到城，南北两濠通子上下经商客，经商船日夜闹盈盈。……浒墅关上闹盈盈，货客船相打不曾定。主事就是包铁面，钞钱日夜斗来量。"⑤ 亦有反映婚俗的，吴歌《十二月打船娶新娘》，唱请雕花匠打船雕花准备娶亲："正月打船娶新娘，船上阿哥请仔格雕花匠，前舱要雕梅花开来迎新春，后舱雕得鲤鱼睏勒荌草旁。二月打船娶新娘，船上阿哥请仔格雕花匠，前舱要雕杏花开来白如霜，后舱雕得鳜鱼赖窝清水坑。"⑥ 总之，吴歌为水乡增添了草根文化的艺术韵味。

《五姑娘》在吴歌中具有代表性，其中所包含的内容十分丰富，涉及水乡特有的河湖、舟桥、农作以及自然人文景观、爱情生活等诸多方面。

---

① 郭根林、王国荣、陆霄鹤：《吴歌中的水文化元素研究》，2016年度江苏省水利文史研究课题结项报告。
② 郑土有：《吴语叙事山歌演唱传统研究》，上海：上海辞书出版社，2005年版，第199页。
③ 郭根林、王国荣、陆霄鹤：《吴歌中的水文化元素研究》，2016年度江苏省水利文史研究课题结项报告。
④ 过伟：《吴歌研究》，苏州：古吴轩出版社，2011年版，第38页。
⑤ 阿英：《阿英全集》第5卷，合肥：安徽教育出版社，2003年版，第372-373页。
⑥ 苏州市民间文学集成组委会，金煦、钱正、马汉民主编：《苏州歌谣谚语》，北京：中国民间文艺出版社，1989年版，第183-184页。

如:"吭嗨吭嗨挑到吴江东门垂虹桥浪去唱啊,解开叉袋口㸚满东太湖。"① "分湖弯弯分湖长,分湖边浪全是百脚港,方家浜浪长仔一棵大杨树,大杨树下头有个杨家大门墙。"② "分湖水,碧碧青,阿天有双好眼睛,望见五姑娘对准自家跑过来,就拉开喉咙唱起山歌拿伊迎。"③ "分湖两岸青草绿旺旺,两岸边全是垈田栽桑格小姑娘,伊笃听见两家头盘出来格山歌声音好,跳出田塍、立勒湖边、东张西望,自家喉咙亦发痒。" "阿天哥哥穿仔上杭州来落杭州,上苏州来落苏州,七里山塘兜一兜,走过青山绿水桥,高高兴兴上虎丘。"④ "要绣王江泾长虹桥,要绣平望南大桥、北大桥,绣到八坼吭不桥,两只摆渡船摇勒摇。要绣吴江三里桥,要绣一顶夹浦桥,要绣长桥桥洞七十二个孔;要绣苏州觅渡桥,要绣苏州城里七塔八幢九馒头,要绣大大小小三百七十二条桥;先绣上水桥,慢绣下水桥。"⑤

二、渔民号子

渔民号子(浏河渔民号子)作为传统音乐类项目,已被列入苏州市第四批市级非物质文化遗产代表性项目名录。渔业是太仓刘家港(今浏河镇)的传统产业,有众多以海上捕捞为生的渔民。在捕捞作业中,涉及船只的起锚、驻锚、离港、转移、扯篷等多个环节,为了协调动作,统一步调,激发干劲,产生了简单易唱、朗朗上口、富有地域特色的渔民号子。

由于场景不同,在各种工作需要的背景中,产生了各种"号子",可分为"推关号子""打水号子""吊舢板号子""扯篷号子""吊鱼篓号子"等。如船只起锚时要用"推关号子",船只要转移渔场,要把锚抛驻在海底,上千斤重的铁锚通过绞关(即绞盘)绞上船来。推关的船员众多,以唱"推关号子"来协调动作。船上厚帆布做成的帆篷,长达四五十

---

① 陆阿妹等口述,张舫澜、马汉民、卢群搜集整理:《五姑娘》,南京:江苏人民出版社,1984年版,第1页。
② 陆阿妹等口述,张舫澜、马汉民、卢群搜集整理:《五姑娘》,南京:江苏人民出版社,1984年版,第3页。
③ 陆阿妹等口述,张舫澜、马汉民、卢群搜集整理:《五姑娘》,南京:江苏人民出版社,1984年版,第30-31页。
④ 陆阿妹等口述,张舫澜、马汉民、卢群搜集整理:《五姑娘》,南京:江苏人民出版社,1984年版,第33、44页。
⑤ 陆阿妹等口述,张舫澜、马汉民、卢群搜集整理:《五姑娘》,南京:江苏人民出版社,1984年版,第45-46页。

米，宽十米左右，还有几十根竹竿穿过桅杆。扯帆篷让它升上桅杆顶部的过程，船员们通过"扯篷号子"，齐心合力才能完成。船只离开港口时，要有几个船员通过两根吊索，用桅上的滑轮钩住舢板首尾，一齐用力把系在船尾的舢板吊上船来。为了保持舢板的平衡状态，就要唱"吊舢板号子"。测量水深的号子叫"打水号子"。渔船进出港，船老大要命令"船头"（负责抛锚、起锚和测水的船员）"打水"，即测量水深，以防搁浅。"船头"要把测知的水深数据报给船老大，船老大据此做出前行、缓行或驻锚的决定。在实践过程中，"船头"的号子就逐渐演变成了以具有一定旋律和韵味的山歌，即"打水号子"报告水深的习俗。各种号子都是齐唱，或有领唱、和唱，除领唱者或有指挥性质或鼓舞性的具体歌词外，大家唱的基本都是"哎嗨！""吭哟！"等呼应之声。只有"打水号子"要报水位情况，只有"船头"一个人唱。①

渔民号子既是劳动的号子，也是音乐的号子，具有鲜明的水乡特色。② 它在劳动过程中，独具协调性和合作性的功能。海上作业需要多人合力，劳动强度极大，很多操作需要大家协调一致，相互配合，渔民号子可以协调并统一劳动者的步调，收到事半功倍的效果。③ 同时，它还具有娱乐性和艺术性特征，人们在艰巨的劳动工作中，通过歌唱、"吆喝"，获得一定的放松和愉悦，减轻工作的辛劳，其铿锵有力的旋律，朗朗上口的音调，抑扬顿挫的节奏，具有一定的艺术价值，也是作曲家创作的宝贵素材。④

第三节　水墨吴门

吴地多烟雨，水墨皆篇章。"水墨吴门"是对苏州最为恰当的美学及艺术的界定。水是苏州的自然之魂，水和墨成就了文人雅士的书画艺术。在苏州沧浪亭的五百名贤祠中，擅长书画的名家就有一长串名字：晋代陆机、陆

---

① 江苏非物质文化遗产网，http：//www.jsfybh.com/Intangible/fyporlt/WEB‑INF/views/portal_Vip/homepage/index.html。
② 汤钰林主编：《苏州文化遗产丛书·非物质文化遗产》，上海：文汇出版社，2010年版，第134页。
③ 苏州非物质文化遗产信息网，http：//www.szfwzwh.gov.cn/。
④ 江苏非物质文化遗产网，http：//www.jsfybh.com/Intangible/fyporlt/WEB‑INF/views/portal_Vip/homepage/index.html。

云"二陆","六朝三大家"之张僧繇、陆探微,唐代草圣张旭,宋代范仲淹、范成大等。15世纪下半叶的苏州,从元末战乱中逐渐恢复元气,社会稳定,商业发达,一派生机勃勃。城市在经济繁荣之后迎来了文化复兴,名家迭出,产生了以沈周、文徵明、唐寅、仇英为代表的一大批画家,中国艺术史上最大的画派之一——吴门画派,也由此而称名于世。

沈周(1427—1509),长洲人,出身于诗文书画之家,接受过元代隐逸淡泊、细腻从容的文人画教育,这与苏州淡然恬静的水环境似乎相近。其创作的《京江送别图》卷,画面作平远式布局,近处坡岸众人揖别,中部浩渺江面上一舟辞行,远方群山逶迤,连亘无际,境界开阔澄虚。画风简洁苍秀,皴法短粗,坡岸、板桥的轮廓洗练质朴,淡墨浅色的渲染与浓墨攒苔、深浅叶点相间,墨色极富层次变化;画笔的线条粗阔雄浑、苍劲浑厚。从此种面貌可看出沈周晚年融"元四家"之吴镇、倪瓒等诸家之长,并自成一体的成熟风格,称为"粗沈"。沈周山水画对于中国画发展是一个分水岭。山水画是吴门画派的最重要成果和主要题材,立足于苏州的山水清佳及祖国大江南北的壮阔,加之文人雅士的审美心境,以及对历史绘画成果的吸收,最后形成了吴门画派。

文徵明(1470—1559),出生于长洲县,其绘画将沈周的缜密细秀的笔法发展到炉火纯青的地步。《真赏斋图》直接师承沈周并参以王蒙笔意而作,构图严谨缜密,用笔细致绵密,画面文秀沉静、明丽清新;境界幽雅清旷,设色古淡秀雅。这类作品设色清润,以小青绿居多,有时仅仅敷以淡彩,或有一定的浅绛。"细文"的画面构成尤重形式美感,在广师古人形式美感的基础上,塑造成文人绘画的典型样式,奠定了吴门画派的基本品格。

唐寅(1470—1523),出生于吴县,兼擅山水、花鸟、人物画,以仕女画称绝。《秋风纨扇图》画面简洁,仕女独立,手执纨扇,略带忧伤,凝眸远望,装束典雅明丽。艺术手法上纯用白描,以淡墨染衣带,浓墨画涂发髻,浓淡枯湿恰到好处,衣纹用笔顿挫转折,遒劲飘逸,巧妙生出秋风乍起之感。背景仅画坡石一角,上侧缀有双勾细竹,疏落之状,让人顿生空旷萧瑟、冷落寂寥之感。此种风格有别于魏晋的伦理教化、隋唐的富贵华丽、两宋的风俗肖像及元代的清丽高逸,代表一种新的时尚与风格,这种风格俨然就是一幅幅江南流水纹样图。

仇英(约1489—1552),出生于太仓,与沈周、文徵明、唐寅合称为"吴门四家",在明代崇尚水墨写意的情况下,仇英以"青绿山水"而闻名画坛。其《临溪水阁图》,山峰高耸入云,云雾缥缈清逸,亭台精细,翠柏挺拔，溪水潺潺，每一根松针都清晰可见，设色雅致，笔墨灵动细致，可见其绘画技法的繁复多样。《松下琴眠图》是他少有的"水墨写意"作品。而《桃源仙境图》运用纯熟的技法，面面俱到地勾画出世外桃源般的绮丽景象。山体用石青石绿大面积勾廓晕染，着色既大胆浓郁，又清雅俊逸；淡墨细笔勾描萦绕山间的云气，线条婉转绵延；亭台楼阁刻画精致细腻；人物衣纹线条匀劲流畅，刻画生动传神。其《清明上河图》，细致入微地描绘明代苏州城乡景色与社会生活。

吴门画派将自然、社会描摹入卷，而其画品、画意也创造了这方水土独特的生活图卷，桃花坞木刻年画《姑苏阊门图·三百六十行》与《清明上河图》可谓一脉相承。这些年画中的仕女，宛若绣像，运线隽畅飘逸，套色淡雅透明，简直就是唐寅、仇英的余韵。文徵明所绘《拙政园三十一景图》，园以画传，而园本身更像是摹画而建，二者以艺术的手法展现出人类栖居的理想世界，还塑造了苏州民间工艺的品位和特色。

清代徐沁的《明画录》中，共收全国画家800人，其中，仅苏州市区的画家就占150余人。《中国美术辞典》（上海辞书出版社1987年版），共收明代画家293人，而苏州籍画家竟有109人之多，占全国画家总数的37%。[①]

第四节　水润工艺

明代后期开始流行起来的"苏样""苏意"，是苏州风尚的代名词，从生活方式到行为方式，举凡服饰穿着、器物使用、饮食起居、书画欣赏、古玩珍藏、戏曲表演、语言表达，无所不包。自明后期至清中期绵延了近三个世纪之久，操控着海内上下进退之权。其中包括了诸多工艺门类。苏州自入明以来即有趋时应求、迎合市场、讲究生产、崇尚精细雅洁的传统。苏州几大重要的商品生产如丝绸、棉布及其加工业，以及印染业、书籍刻印业、铜铁器加工业以至副食品生产，都不断得到发展。[②] 同时，与此相关的传统工艺类亦得到迅速发展，在不同时代涌现出大批传统工艺，如国家级的宋锦织造、缂丝织造、苏绣、香山帮传统建筑营造、苏

[①] 张剑澜、杨权栋编：《艺术差异教学论文案例集》，苏州：苏州大学出版社，2015年版，第202页。

[②] 范金民：《"苏样"、"苏意"：明清苏州领潮流》，《南京大学学报》（哲学·人文科学·社会科学版）2013年第4期，第123-141页。

州御窑金砖制作、桃花坞木版年画、玉雕、核雕、盆景技艺等,其中的一些工艺与水文化有较为密切的关系。

苏州刺绣、塑像等工艺进入宗教领域,凸显特色。苏州云岩寺塔、瑞光寺塔所藏的五代北宋时期的刺绣经帙,精致的绣品表达了对宗教的虔诚。甪直保圣寺罗汉塑像,年龄、性格、坐姿相异,衣褶线条流畅,细节刻画极精,采用了以壁塑山水为衬景的圆雕彩绘手法,虽历经千年仍岿然不动,仿佛就是唐宋以来苏州神佛塑像技艺的铁证。"自古及今,苏州的佛道雕塑技艺因其特色,被称为苏帮,与徽帮等并称为四大流派,名噪全国。《红楼梦》第67回,薛蟠从苏州回来,拿出"一出一出的泥人儿戏,用青纱罩的匣子装着"①。这种精致可爱的虎丘泥人,深受神佛塑像技艺影响,以捏相和耍货享有盛名。神佛塑像与虎丘泥人共同形成苏州泥塑的特征,图案丰富、高雅、细腻,以绘画与书法的线条为造型手段,注重意象的表达及整体神韵和气势。

苏州手工艺术的发展与节俗礼俗相辅相成。上元赏灯风俗的盛行,促进了苏州灯彩发展。苏州灯彩亦称苏灯,始于南北朝,盛于唐宋。苏州灯彩较有特色者是以苏州古典园林亭台楼阁为造型范本,灯身以苏州上乘丝绸为面料,灯面以吴门画派技法而绘制,灯花是以能再现唐代华胜的苏州套色剪纸而成,地方文化色彩鲜明。苏灯是全国仅有能保持挂灯类、壁灯类、座灯类、大型艺术灯彩、人物灯彩组合景等五大类120余品种制作的地方性灯彩,门类齐全、品种丰富,且色彩雅丽、造型独特、工艺细致、制作精良,为我国四大灯彩流派之一。② 明清时期,吴趋坊、西中市、阊门一带,灯市动辄蜿蜒十数里。据1925年苏州灯业公所成立时的记录,当时仍有大小灯铺117家之多。③

苏州渭塘淡水珍珠是太湖珍珠加工工艺的典型代表。太湖地区的珍珠,古代称为"吴珠",与产于合浦的"南珠"、松花江流域的"东珠"齐名。《尚书·禹贡》有"淮夷嫔珠"的说法,说明在几千年前,太湖流域的先民或已将淡水珍珠作为贡品。渭塘淡水珍珠加工工艺到明清时期逐渐发展成熟,手工艺品除了常见的珠花、珠钗、项链等首饰之外,还出现了珍珠衫、珍珠塔、珠褥、珠被等特种工艺品,并形成了一套完整独到的

---

① [清] 曹雪芹:《红楼梦》,南京:江苏人民出版社,2019年版,第140页。
② 胡志栋:《苏州灯彩调研及引发的思考》,《上海工艺美术》2013年第1期,第113-115页。
③ 张卉:《精彩纷呈的古代苏州灯彩艺术》,《苏州工艺美术职业技术学院学报》2008年第2期,第41-44页。

珍珠手工加工工艺。精美绝伦的珍珠工艺品如珍珠衫、珍珠塔等似璀璨群星，层出不穷，彰显了能工巧匠们的奇思妙想、巧夺天工。开采珍珠时，举行盛大隆重的祈祷活动，珍珠丰收时，载歌载舞，耍起龙灯舞尽情欢庆，体现了淡水珍珠文化的特点。

第五节　涉水诗词

苏州在密布河网中，呈现"小桥流水人家"的独特水乡风貌。千百年来，无数文人墨客为之倾倒，奋笔挥毫，留下诗词无数，有的甚至成为千古绝唱。如杜荀鹤的"君到姑苏见，人家尽枕河。古宫闲地少，水港小桥多。夜市卖菱藕，春船载绮罗。遥知未眠月，乡思在渔歌"①，张继的"月落乌啼霜满天，江枫渔火对愁眠。姑苏城外寒山寺，夜半钟声到客船"②，白居易的"黄鹂巷口莺欲语，乌鹊河头冰欲销。绿浪东西南北水，红栏三百九十桥"③，等等诗词，对苏州水乡景观描绘得惟妙惟肖。这里按朝代选择一些具有代表性的诗词，展现文人诗词中的苏州水文化景观。

文人描绘苏州，从西晋开始，如西晋文学家左思（约250—305）写作《吴都赋》，对苏州古城进行了气势磅礴的描绘。其中"或涌川而开渎，或吞江而纳汉。魂魂磑磑，滮滮洰洰。磕礚乎数州之间，灌注乎天下之半。……徒观其郊隧之内奥，都邑之纲纪，霸王之所根柢，开国之所基趾（址）。郛郭周匝，重城结隅。通门二八，水道陆衢。……造姑苏之高台，临四远而特建。带朝夕之浚池，佩长洲之茂苑。窥东山之府，则瑰宝溢目；颙海陵之仓，则红粟流衍。起寝庙于武昌，作离宫于建业。"④ 对苏州古城的建城、自然地理、水道及水陆并行等状态进行了多角度的刻画。

陆机（261—303），吴郡吴县人，其诗《吴趋行》："吴趋自有始，请从阊门起。阊门何峨峨，飞阁跨通波。重栾承游极，回轩启曲阿。蔼蔼庆

---

① ［唐］杜荀鹤撰：《杜荀鹤文集》卷一《杂诗》，宋刻本。
② ［宋］陈岩肖撰：《庚溪诗话》卷上，宋百川学海本。
③ ［唐］白居易：《白氏长庆集》卷五十四《律诗》，四部丛刊景日本翻宋大字本。
④ ［梁］萧统编，海荣、秦克标校：《文选》卷五《京都下》，上海：上海古籍出版社，1998年版，第32—33页。

云被，泠泠祥风过。山泽多藏育，土风清且嘉。泰伯导仁风，仲雍扬其波。"① 以阊门为中心，描述了吴郡建筑雄伟、物产丰富、风俗醇厚、人才荟萃的景象。同时代的吴郡人张翰（约258—约319），出身望族，天性率真，多次咏叹家乡的鲈鱼，在《思吴江歌》中有："秋风起兮木叶飞，吴江水兮鲈正肥。三千里兮家未归，恨禁难兮仰天悲。"② 他从洛阳的"秋风"想到家乡的秋日风光和肥美的鲈鱼，表达了难以自禁的乡关之思。

  唐代多位大诗人或为苏州人，或任职、游历于苏州，他们有很多诗词描绘了苏州古城的历史与风韵。崔融（653—706）在《吴中好风景》中有："洛渚问吴潮，吴门想洛桥。夕烟杨柳岸，春水木兰桡。城邑南楼近，星辰北斗遥。无因生羽翼，轻举托还飙。"③ 苏州的水乡风韵尽收眼底。宋之问（约656—713）的《夜渡吴淞江怀古》："宿帆震泽口，晓渡松江溃。棹发鱼龙气，舟冲鸿雁群。寒潮顿觉满，暗浦稍将分。气赤海生日，光清湖起云。水乡尽天卫，叹息为吴君。谋士伏剑死，至今悲所闻。"④ 触景生情，追忆往事，发思古之幽情。具有相同意蕴的是李白（701—762）的《苏台览古》："旧苑荒台杨柳新，菱歌春（清）唱不胜春。只今唯有江西月，曾照吴王宫里人。"⑤ 感叹世事沧桑。张籍（约767—约830），写有《江南曲》："江南人家多橘树，吴姬舟上织白苎。土地卑湿饶虫蛇，连木为簰入江住。江村亥日长为市，落帆度桥来浦里。清莎覆城竹为屋，无井家家饮潮水。长干午日沽春酒，高高酒旗悬江口。娼楼两岸悬水栅，夜唱竹枝留北客。江南风土欢乐多，悠悠处处尽经过。"⑥ 用朴实的语言描绘了具有代表性的江南生产生活风貌。其《送从弟戴玄往苏州》："杨柳阊门路，悠悠水岸斜。乘舟向山寺，着屐到渔家。夜月红柑树，秋风白藕花。江天诗景好，回日莫令赊。"⑦ 利用借景抒情手法，以平实的语言阐发兄弟情深。李绅（772—846）的《过吴门二十四韵》："烟水吴都郭，阊门架碧流。绿杨深浅巷，青翰往来舟。朱户千家室，丹楹百处楼，水光摇极浦，草色辨长洲。"⑧ 仿佛一幅苏州古城画，水城风

---

  ① ［晋］陆机：《陆士衡文集》卷六《拟古十二首乐府十七首》，清嘉庆宛委别藏本。
  ② ［唐］韩鄂：《岁华纪丽》卷三《秋》，明万历秘册汇函本。
  ③ ［宋］范成大撰，陆振岳校点：《吴郡志》卷四十九《杂咏》，南京：江苏古籍出版社，1999年版，第642页。
  ④ ［宋］李昉：《文苑英华》卷一百六十二《地部四》，明刻本。
  ⑤ ［唐］李白：《李太白集》卷二十《歌诗六十一首》，宋刻本。
  ⑥ 李冬生注：《张籍集注》，合肥：黄山书社，1989年版，第69页。
  ⑦ 李冬生注：《张籍集注》，合肥：黄山书社，1989年版，第121页。
  ⑧ ［唐］李绅：《追昔游集》卷中，清文渊阁四库全书本。

貌尽收眼底。

白居易（772—846），曾任苏州刺史，其《忆江南》："江南好，风景旧曾谙。日出江花红胜火，春来江水绿如蓝。能不忆江南？"① 描绘春天日出时秀丽明艳的江南风光，那碧绿的江水，把江南的春天渲染得绚丽多彩、生机勃勃。这首诗脍炙人口，不断为后人咏诵。其《吴中好风景二首》："吴中好风景，八月如三月。水荇叶仍香，木莲花未歇。海天微雨散，江郭纤埃灭。暑退衣服干，湖生船舫活。两衙渐多暇，亭午初无热。骑吏语使君，正是游时节。吴中好风景，风景旧朝暮。晓色万家烟，秋声八月树。舟移弦管动，桥拥旌旗驻。改号齐云楼，重开武丘路。况当丰熟岁，好是欢游处。州民劝使君，且莫抛官去。"② 将苏州水乡景色和生活特色描画得十分生动而细腻；而其《松江亭携乐观渔宴宿》："震泽平芜岸，松江落叶波。在官常梦想，为客始经过。水面排罾网，船头簇绮罗。朝盘脍红鲤，夜烛舞青娥。雁断知风急，潮平见月多。繁丝与促管，不解和渔歌。"③ 描述了震泽、吴淞江景色及撒网捕鱼、行船等情景，以此抒发情感。白居易《九日宴集，醉题郡楼，兼呈周、殷二判官》中有："江南九月未摇落，柳青蒲绿稻穗香。姑苏台榭倚苍霭，太湖山水含清光。可怜假日好天色，公门吏静风景凉。榜舟鞭马取宾客，扫楼拂石排壶觞。……远近高低寺间出，东西南北桥相望。水道脉分棹鳞次，里闾棋布城册方。人烟树色无隙罅，十里一片青茫茫。"④ 仿佛一个从远到近的广角镜头，融进了从田野风光到太湖山水及河网水道等的各种景光。杜牧（802—853）的《渡吴江》："堠馆人稀夜更长，姑苏城远树苍苍。江湖潮落高楼迥，河汉秋归广殿凉。月转碧梧移鹊影，露低红草湿萤光。文园诗侣应多思，莫醉笙歌掩华堂。"⑤ 其借苏州水乡之景色，融叙事、议论、抒情于一体。皮日休（约838—约883），曾任苏州刺史从事，其《吴中书事寄汉南裴尚书》："万家无事锁兰桡，乡味腥多厌紫蟧。水似棋文交度郭，柳如行障俨遮桥。青梅蒂重初迎雨，白鸟群高欲避潮。唯望旧知怜此意，得为伧鬼也逍遥。"⑥ 以苏州水文景观和社会生活抒发自身情愫。

---

① ［唐］白居易：《白氏长庆集》卷六十七《律诗》，四部丛刊景日本翻宋大字本。
② ［唐］白居易：《白氏长庆集》卷五十一《格诗歌行杂体》，四部丛刊景日本翻宋大字本。
③ ［唐］白居易：《白氏长庆集》卷五十四《律诗》，四部丛刊景日本翻宋大字本。
④ ［唐］白居易：《白氏长庆集》卷五十一《格诗歌行杂体》，四部丛刊景日本翻宋大字本。
⑤ ［宋］范成大撰，陆振岳校点：《吴郡志》卷十八《川》，南京：江苏古籍出版社，1999年版，第256页。
⑥ ［唐］陆龟蒙：《松陵集》卷七《今体七言诗九十首》，清文渊阁四库全书本。

宋元文人诗词对苏州的描绘生动而形象，水乡景观跃然纸上。王安石（1021—1086）有《松江》二首，其一："来时还似去时天，欲道来时已惘然。只有松江桥下水，无情长送去来船。"① 其二："宛宛虹霓堕半空，银河直与此相通。五更缥缈千山月，万里凄凉一笛风。鸥鹭稍回青霭外，汀州时起绿芜中。骚人自欲留佳句，忽忆君诗思已穷。"② 又有《吴江》："莽莽昔登临，秋风一散襟。地留孤屿小，天入五湖深。柑橘无千里，鱼虾有万金。吾虽轻范蠡，终欲此幽寻。"③ 他的诗词以苏州水景为底色，可谓情景交融，含蓄深沉。

杨万里（1127—1206），曾任江东转运副使，与苏州常有往来，作与苏州有关的诗词多篇，许多都涉及水景观。如《将近许市望见虎丘》："许市人家远树前，虎丘山色夕阳边。石桥分水入别港，茅屋垂杨仍钓船。"④ 又如《已过吴江阻风上湖口》："南风捲水入湖去，落尽波痕不复回。更被网船碍归舫，一船一过尽船来。"⑤《松江晓晴》："昨夜何缘不峭寒，今晨端要放晴天。窗间波日如楼上，帘外霜风似腊前。近水人家随处好，上春物色不胜妍。舨时二月三吴路，桃杏香中慢过船。"⑥ 还有《过太湖石塘三首（其一）》："兀坐船中只欲眠，不如船外看山川。松江是物皆诗料，兰桨穿湖即水仙。将取垂虹亭上景，都归却月观中篇。正缘王事游方外，凿齿弥天未当贤。"⑦ 对于虎丘、吴江、吴淞江等水景观做了细致描绘，个中意境给人带来太多的想象。其《过平望三首》中云："小麦田田种，垂杨岸岸栽。风从平望住，雨傍下塘来。乱港交穿市，高桥过得桅。"⑧ 对农田、杨柳、水道、桥梁等进行了描绘。

范成大（1126—1193），吴县人，对家乡风景更是如醉如痴，他有诸多描述水文化景观的诗篇，对太湖及吴淞江更是赞叹有加。其《过松江》中有："长虹斗起蛟龙穴，朱碧栏干夜明灭。太湖三万六千顷，多少清风与明月？"⑨ 气势磅礴，其诗如画，太湖水景尽收眼底。他还对水生动植物进行赞咏，如《晚春田园杂兴十二绝》："紫青莼菜卷荷香，玉雪芹芽

---

① ［宋］王安石：《临川集》卷三十四《律诗》，四部丛刊景明嘉靖本。
② ［宋］王安石：《王荆公诗注》卷三十八《律诗》，清文渊阁四库全书本。
③ ［宋］王安石：《临川集》卷十六《律诗》，四部丛刊景明嘉靖本。
④ ［宋］杨万里：《诚斋集》卷十三《诗》，四部丛刊景宋写本。
⑤ ［宋］杨万里：《诚斋集》卷十三《诗》，四部丛刊景宋写本。
⑥ ［宋］杨万里：《诚斋集》卷二十九《诗》，四部丛刊景宋写本。
⑦ ［宋］杨万里：《诚斋集》卷二十八《诗》，四部丛刊景宋写本。
⑧ ［宋］杨万里：《诚斋集》卷二十八《诗》，四部丛刊景宋写本。
⑨ ［宋］范成大：《石湖诗集》卷一，四部丛刊景清爱汝堂本。

拔韭长。自撷溪毛充晚供,短篷风雨宿横塘。"①"海雨江风浪作堆,时新鱼菜逐春回。荻芽抽笋河豚上,楝子开花石首来。"② 赵孟頫（1254—1322）作《夜发吴门》："吴树依依吴水流,吴中舟楫好夷犹。多情最是吴门月,又送行人下秀州。"③ 以朴实的语言,展现水城山水。

　　明代是苏州文学艺术的一个高峰,文人雅士热爱家乡,诗咏水城,留下许多名篇佳作。沈周作《晚归阳城湖漫兴》："薄暮及东泛,眼豁连胸臆。净碧不可唾,百里借秋拭。远树水光上,出没似空植。疏处方森然,山黛一眉塞。"④ 文徵明作《月夜登阊门西虹桥》："白雾浮空去渺然,西虹桥上月初圆。带城灯火千家市,极目帆樯万里船。人语不分尘似海,夜寒初重水生烟。平生无限登临兴,都落风栏露楯前。"⑤ 唐寅曾住桃花坞,对那里景色描绘的诗篇非常多。《社中诸友携酒园中送春》中有"三月尽头刚立夏,一杯新酒送残春。共嗟时序随流水,况是筋骸欲老人。眼底风波惊不定,江南樱笋又尝新。芳园正在桃花坞,欲伴渔郎去问津"⑥。这里描绘了桃花坞的芬芳,春日将去,品尝时令的樱桃与脆笋。其《把酒对月歌》"姑苏城外一茆屋,万树桃花月满天"⑦,更是对桃花庵万树桃花的幽美至境与朦胧的月光交相辉映的叙述。《姑苏杂咏》："长洲茂苑古通津,风土清嘉百姓驯。小巷十家三酒店,豪门五日一尝新。市河到处堪摇橹,街巷通宵不绝人。四百万粮充岁办,供输何处似吴民。"⑧ 对苏州古城景色和日常生活进行了刻画。最具代表性的长篇是《江南四季歌》："江南人住神仙地,雪月风花分四季。满城旗队看迎春,又见鳌山烧火树。千门挂彩六街红,凤笙鼍鼓喧春风。歌童游女路南北,王孙公子河西东。看灯未了人未绝,等闲又话清明节。呼船载酒竞游春,蛤蜊上巳争尝新。吴山穿绕横塘过,虎丘灵岩复玄墓。提壶挈榼归去来,南湖又报荷花开。锦云乡中漾舟去,美人鬓压琵琶钗。银筝皓齿声断续,翠纱汗衫红映肉。金刀剖破水晶瓜,冰山影里人如玉。一天火云犹未已,梧桐忽报秋风起。鹊桥牛女渡银河,乞巧人排明月里。南楼雁过又中秋,……桂花千树天香

---

① [宋]范成大:《石湖诗集》卷二十七,四部丛刊景清爱汝堂本。
② [宋]范成大:《石湖诗集》卷二十七,四部丛刊景清爱汝堂本。
③ [明]钱谷:《吴都文粹续集》卷二《城池人物》,清文渊阁四库全书补配清文津阁四库全书本。
④ [清]钱谦益:《列朝诗集》丙集卷八,清顺治九年（1652）毛氏汲古阁刻本。
⑤ [明]文徵明:《甫田集》卷四《诗四十二首》,清文渊阁四库全书本。
⑥ [明]唐寅:《唐伯虎先生集》外编续刻卷七《七言律诗》,明万历刻本。
⑦ [明]唐寅:《唐伯虎先生集》外编卷一《一集伯虎逸篇》,明万历刻本。
⑧ [明]唐寅:《唐伯虎先生集》外编续刻卷七《七言律诗》,明万历刻本。

浮。左持蟹鳌右持酒，不觉今朝又重九。一年好景最斯时，橘绿橙黄洞庭有。满园还剩菊花枝，雪片高飞大如手。安排暖阁开红炉，敲冰洗盏烘牛酥。销金帐掩梅梢月，流酥润滑钩珊瑚。汤作蝉鸣生蟹眼，罐中茶熟春泉铺。寸韭饼，千金果，鳖裙鹤掌山羊脯。侍儿烘酒暖银壶，小婢歌阑欲罢舞。黑貂裘，红氍毹，不知蓑笠渔翁苦？"① 诗词全面描绘了姑苏生活，浓墨重彩，对苏州四季繁华如锦的景致和市井生活，进行了生动再现。王穉登《端午日卧病简范员外》曰："长安端午日，卧病复思乡，……与君同病恋家园，闻说江南即断魂，官舍三间隔杨柳，不得共倒菖蒲樽，江南此时何所有，山市渔郎夸石首。"② 病中对家乡苏州一草一木及热闹舒适生活很是留念，显示了诗人对苏州的热爱。

  清朝及近代，苏州水城仍然激发着文人骚客的创作情思。苏州地区成为诗歌的一个重镇，有作品传世的诗人有数千人。清代苏州蔡云有《吴歈》："七里山塘七里船，船船笙笛夜喧天。十千那觳一船费，月未上弦直到圆。"③ 描绘游玩山塘街的盛况，显示了舟船文化的发达。近代苏曼殊《吴门一》诗曰："江南花草尽愁根，惹得吴娃笑语频。独有伤心驴背客，暮烟疏雨过阊门。"④ 将情感融入苏城烟雨之中。常熟陈结璘《田家秋兴》："秋日郊墟喜渐凉，稻花阡陌散晴香。争梨鸟雀喧斜日，踏藕儿童闹晚塘。老树傍门常扫叶，好山当户故低墙。悠然独坐南窗下，早挂清芬白苎裳。"⑤ 将自然景观与村庄、稻田等融为一体，描绘了秋天的农家景象。在众多诗词中，除了描绘苏州水乡特色外，还有很多反映人们现实生活及辛勤劳作的诗篇。如毛秀惠《戽水谣》："绿杨深沉塘水浅，辘轳车声满疆畇。倒挽河流上陇飞，渴乌衔尾回环转。今夏旱久农心劳，西风刮地黄尘高。原田迸裂龟兆坼，引水灌之如沃焦。男妇足茧更流血，鞭牛日夜牛蹄脱。田中黄秧料难活，村村尽呼力已竭。"⑥ 展现了农民戽水灌溉的辛劳。席佩兰《织女叹》："孤灯取寒光，有女当窗织。废我一宵瞑，看丝乍盈尺。废我两宵瞑，看丝不成匹。岂不畏龟手，此心凛无逸。昨日入城提蟹筐，东邻嫁女耀丰妆。……归来泣对机中锦，知与谁人作嫁裳。抽刀

---

① [明] 唐寅：《唐伯虎先生集》外编续刻卷三《七言古诗》，明万历刻本。
② [明] 王穉登：《王百穀集十九种》燕市集卷上《五言古诗》，明刻本。
③ [清] 顾禄著，王密林、韩育生，译：《清嘉录》，南京：江苏凤凰文艺出版社，2019年版，第242页。
④ 孙中旺编选：《苏州桃花坞诗咏》，济南：山东画报出版社，2011年版，第218页。
⑤ 王延梯辑：《中国古代女作家集》，济南：山东大学出版社，1999年版，第721页。
⑥ 周道荣、许之栩、黄奇珍编选：《中国历代女子诗词选》，北京：新华出版社，1983年版，第185页。

断机不如寝,又听络纬啼金井。"① 再现了织女劳作的无比艰辛,以及其与富家之女相比之下的心酸。

---

① 王延梯辑:《中国古代女作家集》,济南:山东大学出版社,1999年版,第897页。

第十二章 水文化传承与城市精神

苏州在2 500多年的历史发展中，形成了色彩斑斓的水文化。以水利建设为中心的水文化曾为区域经济社会发展做出了重要贡献。水文化是现代城市文化建设的重要文化资源，我们需要将其保护好、传承好、利用好，提炼其适合当代的合理内核，为城市精神文化建设服务。

第一节　水文化特征及其现代价值

苏州是吴文化的核心区域，苏州文化是吴文化的代表和精髓。吴文化产生于特定的自然地理环境中，丰富的水资源在人们生产生活中具有重要作用。在一定的意义上讲，由水害到水利的治水实践成就了吴地，涵养了吴地文化，由此可以说水文化是吴文化的基础和内核。现代社会发展面临诸多问题，苏州水文化的内敛、包容等特征，对于现代经济社会发展具有重要借鉴价值。

一、吴文化特质与水文化

吴文化是指吴地物质生活、社会规范、生活方式、语言艺术、风俗习惯、精神风貌和价值观念等诸层面的总和。作为中国传统文化的一个组成部分，吴文化既有中国传统文化的共性，又存在浓厚的吴地区域特色。

基于自然地理环境与吴地人们的生产生活实践的互动，吴文化具有不同内涵，以至于有各种不同的表述，称之为"水文化""农业文化"，或称之为"玉文化""鱼文化""稻文化"，亦有"吴语文化""吴歌文化""船文化""桥文化"之说；由于后来的发展及其趋向，又有所谓"状元文化""园林文化""市井文化""戏曲文化"等说法。一些研究者认为吴文化是水文化+鱼文化+稻文化+蚕桑文化+船文化[1]。他们从不同的文化层面出发，认为以苏州为中心的吴文化具有多层次、复合式、多元性的文化特征，即鲜明的水乡文化色彩、浓郁的市民文化特色、外柔内刚的文化品格、重文重教的文化理念、精巧细腻的文化品位和博采众长的文化个性。[2] 还有学者总结了吴文化的基本特征，认为：稻渔并重、船桥相望铸就了景观独特的水乡文化；吴歌、昆曲、吴语小说形成了土味十足的吴语

---

[1] 汪长根、王明国：《吴文化的特征研究：兼论吴文化与苏州文化的关系》，周向群主编《吴文化与现代化论坛：苏州现代化进程中的吴文化研究》，南京：江苏古籍出版社，2002年版，第5页。

[2] 汪长根、王明国：《吴文化的特征研究：兼论吴文化与苏州文化的关系》，周向群主编《吴文化与现代化论坛：苏州现代化进程中的吴文化研究》，南京：江苏古籍出版社，2002年版，第3-11页。

文化；尚武与重文的结合养成了由刚及柔的民风习性；融摄与更新具备了适时顺变的开放功能。① 其从多个方面对吴文化进行总结提炼，在整体上贯穿了吴文化的历史发展过程。上述各种界说在总体上或者不同的侧面把握了吴文化的特征。但毋庸置疑的是，无论是从什么角度，以什么形态进行界定，吴文化总是在自然环境与吴地人们实践活动的互动及双向适应中延绵和发展的。

吴文化产生在以水主导的多元自然农业经济的母体里，处于水利和水害的双重环境中，在历史的积淀中，呈现出亲水内敛、多元混成的文化特质。吴文化属于趋水（内陆湖泊和土地交织）的农业文化。吴文化产生于丰富的水资源环境之中，吴文化的内核就是水文化。就普遍情形来说，水在人类生存繁衍及社会发展中起着决定性作用，从自然地理环境和历史发展看，中国人具有低地趋向性情结，是低地逐水而居之民，黄河、长江及湖泊水系等有早期文明和文化的延续，这也是中国文化的摇篮。

吴文化是在与其他区域文化交流的基础上渐渐形成的。吴文化与中原文化、越文化、楚文化等区域文化进行了长期的交流和碰撞，在借鉴、融合其他区域文化过程中形成了自己的特色。先秦时代，泰伯、孙武、伍子胥等外来精英的融入，与子游、季札等吴地本土人物的接触互动，实现了某种程度的融合；西晋"永嘉南渡"、唐代"安史之乱"和宋朝"靖康之变"等三次大规模移民，为江南提供了大量的政治经济、科学技术的支持，江南渐渐成为全国政治、经济和文化的中心；近代又在接纳西方科学技术，实现自身创造的过程中再领风骚。

吴文化是中华文化中最活跃的区域文化之一，吴文化区域自唐宋以来一直是中国经济文化最发达的地区之一，在其孕育、成长、成熟和转型发展过程中受吴地自然与社会环境的影响较大，构成了独特的文化整合演变模式。从文化区域系统角度看，吴文化是水的文化；吴文化区域系统是开放的巨系统；吴文化系统在其整合过程中，形成了斑斓的吴文化景观。②

吴文化特质的形成在于其特殊的内陆湖泊的资源环境与人们适应性劳作生活的整合。从自然资源禀赋及其多样性来看，吴文化产生于湖泊水产和土谷文明之中，湖泊文明与农业文明相互依托，相映成辉。因此，无论是从哪个角度阐述吴文化或总结其特征，水总是其中一个基础性的要素。

---

① 王卫平：《论吴文化的基本特征》，周向群主编《吴文化与现代化论坛：苏州现代化进程中的吴文化研究》，南京：江苏古籍出版社，2002年版，第12-24页。
② 钱智：《吴文化区域系统初步研究》，《地理学报》1998年第2期，第123页。

"吴文化是在江南水乡地区成长、发展起来的区域文化。水乡地理环境决定了吴文化的发展离不开水,是水浇灌出吴地发达的农耕文化,是水为吴地渔文化的发展提供了天然舞台,同样是水造就出吴地绚丽多姿的船文化和桥文化,甚至有'吴侬软语'之称的吴语也是与水的滋润分不开的。"① 所以,择其中具体之一端,如以渔文化、桥文化、船文化、吴侬软语等事象,来阐述吴文化的特征总有不足之嫌。因为吴地基于丰富的水资源与适宜耕作的土地,水土并举、亦种亦水,两者互相支撑,浑然一体。湖泊、河流是吴文化的母体,湖泊和土谷交杂并成,相得益彰,共同营造了吴地文明。② 吴文化的诸多内涵都由此生成或者派生出来,抑或是一定社会历史的产物,总体呈现了水乡文化的独特之处,这也是区别于其他区域文化的重要标识。

湖泊资源和古稻种植为人们早期生活提供了便利。吴地的历史可以追溯到 1 万年以前,其种植水稻的历史至少有 7 000 年,区域内水稻及水产品资源极其丰富。吴地历史上水稻产量较高,稻品也繁多,仅明清时期见诸记载的就有数百上千种;在水产资源方面,被称为"江东鱼国",其中鱼类品种上百种,还有种类繁多的介贝类、水禽(野鸭)类及其水生植物。③ 正是"江南水乡,采捕为业,鱼鳖之利,黎元所资"④。《新唐书》记载苏州吴郡土贡为:"丝葛、丝绵、八蚕丝、绯绫、布、白角簟、草席、鞋、大小香秔(粳)、柑、橘、藕、鲻皮、鲛、鲭、鸭胞、肚鱼、鱼子、白石脂、蛇粟。"⑤ 由此可见,吴人依托水、土、谷、鱼等自然禀赋,形成了水稻、水产、蚕桑为主的多元化的自然农业经济结构。

水是吴文化的灵魂。吴地先民生活在以水主导的自然地理环境中,所谓"饭稻羹鱼""蚕桑衣麻""枕河而居""舟楫之便"等,体现了吴地人们在基本物质生活资料的获取方面都与水资源有密切的关系,甚至"水"也成为江南先民习俗与图腾的源泉,如"断发文身"就体现了先民对于多水的自然环境的适应,水文化反映在吴地物质与精神活动之中。

---

① 王卫平:《论吴文化的基本特征》,周向群主编《吴文化与现代化论坛:苏州现代化进程中的吴文化研究》,南京:江苏古籍出版社,2002 年版,第 23 页。

② 胡火金:《吴文化的特质及其现代价值》,《学术界》2012 年第 2 期,第 177-185 页。

③ 杨晓东:《灿烂的吴地鱼稻文化》,北京:当代中国出版社,1993 年版,第 17-42、217-225 页。

④ [唐]李乂:《谏遣使江南以官物充直赎生疏》,[清]董浩等编《全唐文》卷二六六,清嘉庆内府刻本。

⑤ [宋]欧阳修、[宋]宋祁:《新唐书》卷四十一《志卷三十一》,北京:中华书局,1975 年版,第 1 058 页。

水文化作为吴文化的内核，其形成、发展与水环境密切相关。吴文化孕育于古代吴越之地，在独特的内陆湖泊环境中，形成了人与自然协调的文化内核。吴地历史上水涝灾害频仍，水涝灾害给人民生命财产及生产生活带来了极大损失，因而治理水害始终是吴地历史上最重要的事业，由水害而兴的水利成为吴地水文化的重要组成部分。吴地人民在遭受水涝灾害的情形下，在人与自然双向适应的过程中，渐渐产生了独有特质的水文化。吴地人民在特定的自然环境中，对自然进行了适应性改造，从地势卑湿、水涝频仍的情形中走了出来，将水害变为水利，取得了人类实践与自然环境的双向适应。随着吴地水利事业的不断发展，农业开发日臻兴盛，经济发展不断加快。随着经济重心的逐渐南移，吴地成为全国经济的重心，亦是全国财赋的重点。吴地人在适应自然环境、遵守自然节律的基础上始终围绕田地湖泊周而复始地生产生活，由此形成了与此适应的独特的生存智慧和思想文化观念。

二、水文化的现代价值

苏州在特定的自然社会环境中积淀形成了以水为内核的吴文化，为区域社会经济发展提供了重要支撑。春秋战国时期，吴越相继称霸，不断强大，农业生产亦取得发展。其后随着吴越的消亡，吴地农业一度萧条。三国以后尤其晋代农业开发不断加深。东汉末年，黄河流域的汉民族南流，"永嘉之乱"晋室南迁，中原士族和难民大批流入江南；东晋及南朝时期，北方长期处于少数民族的入侵和割据之中，民众南迁不断，同时也带来了北方先进的生产工具和技术，加之统治阶级要在江南立足和生存，大规模开发江南，吴地社会经济得到了迅速的发展。唐宋以后，我国财赋的重点、"全国经济的重心"转移到了江南，而吴地则成了"重中之重"。由于水稻、蚕桑、茶叶等物产的兴盛，唐宋之际的苏州及太湖地区已成为整个东南漕粮和货物的转运集散中心，明清时成为南北贸易的集散地，商业贸易空前发展。

水文化成就了吴地，造就了苏州。纵观吴地的发展历史，由于水利建设的不断加强，水害转为水利，区域人们更好地利用了丰富的水资源。一方面，水利建设使得农田水利体系渐趋完备，农业获得先期发展，这为其他各业发展奠定了基础；另一方面，水利建设大大促进了水路交通的发展，带来商业贸易的繁荣，加速了市镇经济的全面发展。由此，苏州地位逐渐凸显，不断抬升，唐宋时期苏州就成为全国最为富庶的地方，宋时有

"上有天堂，下有苏杭"之美誉，明清时期苏州已成为全国经济文化中心之一，经济、社会文化相当发达。

吴文化体现了吴地人的劳作与水资源环境的双向适应。"文化是植根于由人的生存发展需要所决定的人与自然界之间双向适应的关系，植根于人为了满足生存发展需要所必需的实现人与自然界之间双向适应的能力，并表现为指向自然而对象性地发挥这种能力的多种活动及其结果，即为了实现人与自然界之间的双向适应而对自然（包括人自身的自然）进行的加工改造。"[1] 水资源为吴地区域提供了基于水环境的适应性改造，吴地顺应了这种选择，水在吴地文化起源及其发展中发挥了重要作用。

长期以来，以水文化为核心的吴文化，为区域社会经济发展提供了重要支撑，吴文化具有开放性、开拓性、独立性、实用性等特征，吴文化区域系统是一个开放的巨系统。长期以来，它始终保持着旺盛的生命力，并且在文化与经济的互动中显示出巨大的效用，为吴地经济发展作出了应有的贡献，多姿多采的文化景观形成了独特的区域形象。[2] 在全球化及世界各地文化碰撞和融合不断加深的情况下，吴文化仍然具有很强的生命力。我们需要挖掘、概括、提炼和延伸水文化现代价值，从中获得适应现代社会发展的核心价值理念，服务于苏州现代化发展的精神需求，放眼世界和国家的现代化进程，立足苏州社会经济发展的实际，确立苏州水文化核心价值目标，满足提升苏州现代化发展的精神文化需求。当今时代吴文化在与其他区域文化的碰撞融合中，不断彰显其独特的魅力。吴文化及水文化的人文精神、价值追求乃至人生态度，在现代社会诸多弊端凸显的情形下，具有借鉴价值。

文化是"人化"，包括外部自然的"人化"和人自身自然的"人化"。特殊的水土环境不但影响了人们的生产生活方式，还影响了人们的心理及其思想观念。吴地人在遵循自然规律的前提下，勤奋劳作，生存繁衍及安康生活不成问题。吴地人的生存实践涵养了人们的生存理念及道德秉性。人们信守生产实践活动要与自然环境相适应的法则，将自身融于天地自然之中，在天地环境与自身劳作之间寻求平衡，信奉"天时、地利、人和"的理念，向内用力，注重内省，讲究协调。吴人心态、吴文化性格与水环境有关，那么由水所造成的灾害环境对其也有重要的影响。从这个意义上来讲，吴文化是水利和水害的双向整合。吴地区域历史上水涝灾害频仍，因而治水实践始终是吴地各个历史时期最为重要的事业之一。吴地人一方

---

[1] 夏甄陶：《自然与文化》，《中国社会科学》1999年第5期，第90-104页。
[2] 钱智：《吴文化区域系统初步研究》，《地理学报》1998年第2期，第129页。

面需要做好防御和抵抗的各种准备,与自然灾害进行斗争,保护和维持自己的家园与生活;另一方面养成了与自然抗争、与灾害斗争的无畏精神,磨炼了思维、意志等,强化了对自然对人生的理解和感悟力,锤炼实际生存能力与心理承受能力。人们从灾害的创伤中实现自我恢复,面对现实环境,更加深刻地了解和把握自然规律,为我所用。久而久之,寻求天地环境与人们劳作的平衡便是吴地人生存的根基。

在历史的演进中,吴地在多元自然农业经济发展的基础上,区域工业(手工业作坊)文明、商业文明、城市(市镇)文明等也得到迅速发展。吴越时期由于"尚武"驱动,带来了较为发达的冶炼、兵器制造和造船等技术,由此促进了手工业发展及多元经济结构的形成。六朝以后,吴文化区域除铸造冶炼、造船等工业门类有明显的发展外,漆器、竹器、陶瓷、酿造、染织、印刷等各种加工制造业也有了显著发展。尤其是棉织、丝织业等工业产业的兴盛,衍生出诸如染坊、踹坊及酒、锡箔坊等手工业,其从业人数在明代超过了农业从业人数。① 由此形成了农业及手工业、商业等多业并举发展的格局,导致商业贸易的繁荣和市镇的迅速发展,吴地商贸中心地位渐显。

随着水利工程建设的不断加强,农业生产长足发展,在农业发展的推动下,交通商贸、市镇经济等都得到重要发展。由此吴地形成了尚文重教、人文荟萃的良好氛围,具备了科学技术发展的良好基础和氛围,科技领域人才辈出。在科学技术的各个领域都有极其重要的成就,涉及农业、水利、中医、传统工艺技术,以及天文、数学、物理、地理、建筑、冶金等各个方面,在中国科技文化史上占有重要地位。从现代科学技术发展角度来看,不仅体现在其具备的卓越的工匠精神上,还在传统中医(温病学说)、香山帮建筑、水利技术及丝绸工艺等方面具有巨大发展潜力。尤其是吴门医派,独创温病学说,在中国医学史上具有独特地位。明清时期,以吴中地区为中心的江南成为全国医学中心,有"吴中医学甲天下"之盛誉。在恢复振兴中国传统中医的历程中,吴门医派一定能够大放异彩。

吴文化孕育产生于特定的自然社会背景之中,她自成体系,长盛不衰,特色鲜明。在早期湖泊文明、农业文明的支撑下,种植业、捕捞业等多业并举,人们在劳作实践与自然环境之间协调共进。吴文化价值观念及其人文精神的基本取向是:遵循天意,信奉人与自然的协调统一。在既定

---

① 中国农业科学院、南京农业大学中国农业遗产研究室、太湖地区农业史研究课题组编著:《太湖地区农业史稿》,北京:农业出版社,1990年版,第15—17页。

的自然社会秩序中，勤劳发奋，尽力而为，一切自然而然，无须想入非非，生活自有保障。这种文化精神对于区域社会经济的发展起到十分重要的作用。在全球化、现代化发展中，"人与自然的和谐统一"成了人类生存和可持续发展的主调。基于此，吴文化的内涵及特质与全球化诸多问题的解决在思想上是完全契合的。人类必须对自身发展的历史进行反省，从战胜自然转向顾及自然及人与自然和谐统一。从这种意义上来讲，吴文化表征着人类发展的文化方向。

从历史上看，得益于吴文化的支撑，吴文化核心区域自唐宋开始就一直是中国社会经济发展较为迅速、人们生活较为富庶的地区。从现代来看，吴文化区域如上海的发展，既传承了吴文化的合理内核，又受到西方文化的冲击，在兼收并蓄中成就了国际大都市的发展格局。以上海为代表的"海派文化"，植根于吴文化传统，被注入时代精神，赋予新的文化内涵，在文化传承、交流互动中，以博大的胸襟、能动的创新，不断实现超越，充分展现其文化的引领、统摄与辐射功能，其覆盖面之广、影响力之大有目共睹。还有，吴文化区域的"苏南模式"和"温州模式"的成功，开启了乡镇工业突起、小城镇发展及民营企业兴盛的发展之路，区域经济社会发展处于全国领先，引领带动了全国经济社会的迅速发展。上海的发展及"苏南模式""温州模式"的成功，都与该区域历史文化的传承及其创新有着密切的关联。

不同的水环境在区域文化发生发展中有不同的作用，江河、湖泊、海洋等水环境的文化意义指向也有所不同。苏州水文化的内敛特性，往往外化为秩序、顺从、保守和安分守己的特点。而同属于古代吴越文化区域的泉州、温州、潮州等地，属于沿海区域，兼备海洋文化的特征，表现出"海疆文化"的一些特征，与吴文化内陆区域相比，更具有开发性、流动性，甚至带有悍勇和开拓的成分。这些地区的人们为了生存繁衍、维持生活，向外寻找生存空间和发展机会，形成开放流动的"帮派"与"网络"，闯荡世界，发展自身。岭南文化的本源也是渔猎文明和稻作文明，在其发展过程中不断汲取外来文化的营养，尤其是海洋文化的融入，使其具备了习于流动、创新和冒险的精神，其文化性格趋向于开放、兼容、创新、重商等，彰显出与"内陆"文化不同的南越文化特征。海洋文化的流动性和开放性的注入，可能为上海、浙江、福建、广东乃至海南、山东等地区经济社会发展提供了自然的路径选择。在一定意义上讲，以上海为代表的海派文化兼容了吴越文化和西方文化。明清之际，上海在物质和精神两个方面都仿效吴文化。"在开埠以前，上海人没有什么明显的特征。他们或植棉，或种稻，或捕鱼，或经商，文化上受到苏州影响较大。"① 尚需指出，上海近代开埠发展，成为世界大都市，吴文化开始衰微，但以上海为中心的海派文化，汲取了吴文化积极的一面，或者说可以升华的文化方面，作为海派文化的组成部分，也使得上海的海派文化具有特别的方面，比如细腻、严谨、规范、讲规矩、讲实际、接地气等。

　　自古以来，苏州文化具有融合吸收异质文化的特点，她既能吸纳、消解外来文化，又能保持自身独特个性。从文化交流来讲，她也最易搭起中西方文化交流的桥梁，与世界各国各区域文化的交流最易展开，吴文化及水文化蕴含的生存智慧会给人类以永恒的启迪。在世界文化碰撞不断加深的背景下，苏州需要主动迎接新时代，主动与世界各国及各地区进行交流，弘扬传统文化和开拓创新并进。多样性是人类生存发展的本质。人类文明史告诉我们：各种文明既相互区别、相互冲突，又相互联系、相互依赖和相互融合，它们共生共补，相互促进。② 在文化的创新发展上，采取"推出去""引进来"战略，一方面接纳其他国家区域的先进文化，一方面以高度的文化自信，向其他区域推出自身的文化，以接纳、兼容、开放的态势建构顺应时代发展的新文化。

第二节　水文化内涵与城市精神塑造

　　苏州应将水文化内涵融入城市精神的表述之中，将其置于现代文化发展之中，在对现代社会发展进行反思的基础上，从中获得人与自然和谐发展的理念，从历史文化中汲取营养，前瞻性地引领、把握苏州现代化发展。苏州城市精神的梳理提炼需要思考以下几个问题：苏州的文化底蕴内涵是什么？人文精神如何体现？城市特点在哪里？持续发展的精神动力是什么？如此等等，可以从吴文化、水文化的长期积淀中去寻求、去挖掘、去提炼。

一、水哲学及水本质

　　在古希腊、古印度、中国等先哲那里，都有诸多关于水的阐述，有的

---

① 熊月之主编：《上海通史》，上海：上海人民出版社，1999年版，第71页。
② 陈顺武：《论世界的多样性》，《中国社会科学》2004年第1期，第144—156页。

将其作为哲学及宗教话语的基础。古希腊神话中将水视为万物中最尊贵和最古老的物质，甚至将水神——俄刻阿诺斯（大洋之神）和泰西斯（海之女神）作为原始始祖或是第二代神。古希腊神话还把水当作人的基本组成要素，人类的创造离不开水。如"制造人类的责任，落于底但族（Titan）的普罗密修斯（Prometheus）与他的弟弟厄庇墨透斯（Epimethus）身上。普罗密修斯与厄庇墨透斯取形成未久的泥土，和以潺潺流滚的清莹的泉水，模拟着天神们的形体而造成了人"①。此外，水在宗教领域也是如此。《旧约·创世纪》称上帝划分不同的水域，又有陆地和海洋之分，水中繁衍生命。在自然观的探索中，古希腊有水、气、火及无限等几种本原说。著名哲学派别米利都学派的创始人泰勒斯将水置于万物起源的重要角色，提出水为万物的本原，认为万物之源为水，水生万物，万物又复归于水。这个学派的另一代表人物阿那克西曼德在水是万物本原的基础上，指出基本物质之间的转换，即水转为土、土转为水，水又转为气，气又转为水；认为万物的本原是"无限者"，其一切生于无限复归于无限。在此影响下，该学派另一代表人物阿那克西美尼主张自然界的基质是唯一的"气"。②与此相通，古代印度对水的本源性也进行了讨论。在《爱多列雅奥义书》中有："太初，此世界唯独'自我'也。……彼遂创造此诸世界：洪洋也，光明也，死亡也，诸水也。洪洋在天之彼面，天为其基。两间，诸光明也。地，死亡也。地之下者，诸水是也。……彼遂直由诸水取出一真元体而形成之。"③

中国古代先哲对水亦有诸多论述，水是中国古代自然观的一个重要命题，先哲们以水论事、以水喻理、以水明志的精辟论见，是为中国文化的思想精华。老子认为水接近于"道"，具有原初性质，其言："上善若水。水善利万物而不争，处众人之所恶，故几于道。"④ 最高之善就像水，水利万物不争，却居低下，接近"道"。《郭店楚墓竹简》的《太一生水》属于道家的作品，其开篇曰："太一生水。水反辅太一，是以成天。天反辅太一，是以成地。天地复相辅也，是以成神明。"⑤ 指出水具有宇宙生

---

① 郑振铎编著：《希腊神话与英雄传说》，上海：上海书店出版社，2006年版，第5页。
② 北京大学哲学系、外国哲学史教研室编译：《西方哲学原著选读》上，北京：商务印书馆，1981年版，第15-17页。
③ 徐梵澄，译：《五十奥义书（修订本）》，北京：中国社会科学出版社，1995年版，第20-21页。
④ [春秋]老子著，陈国庆，张养年注译：《道德经》八章，合肥：安徽人民出版社，2001年版，第23页。
⑤ 丁四新：《郭店楚墓竹简思想研究》，北京：东方出版社，2000年版，第88页。

成论意义，正所谓"神明者，天地之所生也。天地者，太一之所生也"①。在这里，水与"太一"是密切关联的，具有天地造始的性质，"神明"等物由天地生，因而居其后。水是万物的本原，亦是生命的始祖，水具有"万物莫不以生"的原生特征，世间各种性质的事物——美好与丑恶，贤良与不肖，愚蠢与智慧，都由它产生或引发。《管子·水地》云："水者何也？万物之本原也，诸生之宗室也。"②

水的性质使我们能够获得关于自然宇宙普遍原则的一些启示。美国学者艾兰认为："水，滋养生命，从地下汩汩涌上，自然流淌。当其静止时变得水平如仪，并沉淀杂质，澄清自我，忍受外在的强力而最终消磨坚石，可以硬如坚冰而散为蒸汽，是有关宇宙本质的哲学观念的模型。"③水的多重性质，还为我们理解自然生物提供启示。"水，有着多重样态与激发意象的伟力，为宇宙普遍原则的概念化提供了原型，这一般原则既适用于自然的变化又适用于人类的行为。植物——水所滋育——充当了理解包括人类在内的所有生物的本喻。"④ 在中国人的事项中，水具有最高借喻意义。孔子的"水哉，水哉"，充满了对水的隐喻及关于水的无限遐思。

水具有柔弱性，水往低处流。柔软的水总是向着地势低洼的地方流动，从而形成江、河、湖、海，可以养鱼养虾，可以载舟行船。这就是老子所言的"洼则盈"。水虽然非常柔弱，但水可以凭借其"虚静"柔弱的本性形成博大。正所谓："天下莫柔弱于水，而攻坚强者莫之能胜，以其无以易之。弱之胜强，柔之胜刚，天下莫不知，莫能行。是以圣人云：'受国之垢，是谓社稷主；受国不祥，是为天下王。'"⑤ 即"柔弱胜刚强""天下之至柔，驰骋天下之至坚"⑥，表明了水的柔弱可以成为世界上最坚强的力量。

不仅如此，水还具有贯通成形的性质。《管子·水地》云："水者，

---

① 丁四新：《郭店楚墓竹简思想研究》，北京：东方出版社，2000年版，第88页。
② [战国] 管仲著，梁运华校点：《管子》卷第十四《水地第三十九》，沈阳：辽宁教育出版社，1997年版，第123页。
③ 艾兰：《水之道与德之端：中国早期哲学思想的本喻》，张海晏，译，上海：上海人民出版社，2002年版，第5-6页。
④ 艾兰：《水之道与德之端：中国早期哲学思想的本喻》，张海晏，译，上海：上海人民出版社，2002年版，第6页。
⑤ [春秋] 老子著，陈国庆、张养年注译：《道德经》七十八章，合肥：安徽人民出版社，2001年版，第218页。
⑥ [春秋] 老子著，陈国庆、张养年注译：《道德经》四十三章，合肥：安徽人民出版社，2001年版，第122页。

地之血气，如筋脉之通流者也。故曰：水具材也。"① 水是地的血气，就像人体的筋脉一样，在大地流通。水是具备一切的东西。人也是水，也是水的流布而来，"人，水也。男女精气合而水流形"②。自然界的一切物质形态都由水流而成。水还可以延展为德、义、道、勇、法、察、善化、志等多种意味、多种性质。如："夫水，遍与诸生而无为也，似德；其流也埤下，裾拘必循其理，似义；其洸洸乎不淈尽，似道。若有决行之，其应佚若声响，其赴百仞之谷不惧，似勇；主量必平，似法；盈不求概，似正；淖约微达，似察；以出以入、以就鲜絜，似善化；其万折也必东，似志。是故君子见大水必观焉。"③ 水的性质给我们诸多启示，老子言："居，善地；心，善渊；与，善仁；言，善信；政，善治；事，善能；动，善时。夫唯不争，故无尤。"④ 因为水的性质的重要性，圣人、君子应当效仿它，以获得诸多优异品格。在国家社会治理方面可以效法，《管子·水地》中言："是以圣人之治于世也，不人告也，不户说也，其枢在水。"⑤ 圣人治理国家社会，其关键是理解水、仿效水，从水的性质中得到启示和借鉴。

  水与德关联，水成之德行可以成就不同的帝德。帝之德为最高境界，为世人效仿，但因成之于不同的水，其德也不同。《国语·晋语》云："黄帝以姬水成，炎帝以姜水成，成而异德。"⑥ 不仅如此，不同区域的水养成不同的人，形成不同类型、不同性格的人，所谓"一方水土养一方人"。《管子·水地》云："何以知其然也？夫齐之水道躁而复，故其民贪粗而好勇。楚之水淖弱而清，故其民轻果而贼。越之水浊重而洎，故其民愚疾而垢。秦之水泔最而稽，淤滞而杂，故其民贪戾，罔而好事齐。晋之水枯旱而运，淤滞而杂，故其民谄谀而葆诈，巧佞而好利。燕之水萃下而弱，沉滞而杂，故其民愚戆而好贞，轻疾而易死。宋之水轻劲而清，故其

---

① [战国]管仲著，梁运华校点：《管子》卷第十四《水地第三十九》，沈阳：辽宁教育出版社，1997年版，第122页。
② [战国]管仲著，梁运华校点：《管子》卷第十四《水地第三十九》，沈阳：辽宁教育出版社，1997年版，第123页。
③ [战国]荀况著，[唐]杨倞注，耿芸标校：《荀子》宥坐篇第二十八，上海：上海古籍出版社，2014年版，355-356页。
④ [春秋]老子著，陈国庆、张养年注译：《道德经》八章，合肥：安徽人民出版社，2001年出版，第23页。
⑤ [战国]管仲著，梁运华校点：《管子》卷第十四《水地第三十九》，沈阳：辽宁教育出版社，1997年版，第124页。
⑥ [汉]毛亨：《毛诗注疏》卷第十七，清嘉庆二十年（1815）南昌府学重刊宋本十三经注疏本。

民闲易而好正。"① 这种"水性论"可能失之偏颇,但也是古人看待不同地域的人的性情性格的一种视角。

先哲们认为,人性及人性的善与不善亦可从水的性质中得到启示。关于人性,荀子持性恶的观点,孟子则倾向于性善,告子认为"性无善无不善"。告子巧妙地以水作比,认为水流不分东、西,人性亦相通,即"性无善无不善";而孟子则以水往低处流进行驳斥,认为人性本善。其言:"告子曰:'性犹湍水也,决诸东方则东流,决诸西方则西流。人性之无分于善不善也,犹水之无分于东西也。'孟子曰:'水,信无分于东西,无分于上下乎?人性之善也,犹水之就下也。人无有不善,水无有不下。今夫水,搏而跃之,可使过颡;激而行之,可使在山。是岂水之性哉?其势则然也。人之可使为不善,其性亦犹是也。'"②

水的隐喻在人的道德品格塑造方面具有重要作用。先哲们常以水性比拟人性。《庄子·刻意》云:"水之性,不杂则清,莫动则平。郁闭而不流,亦不能清,天德之象也。故曰:纯粹而不杂,静一而不变,淡而无为,动而以天行,此养神之道也。"③《庄子·田子方》言:"水之于汋也,无为而才自然矣。至人之于德也,不修而物不能离焉。"④水的品质对人类的隐喻价值,诸如仁、精、正、义、卑等,尤其是卑,意指向低下,如《管子·水地》曰:"卑也者,道之室,王者之器也,而水以为都居。……是以水者,万物之准也,诸生之淡也,违非得失之质也,是以无不满,无不居也。集于天地,而藏于万物,产于金石,集于诸生,故曰水神。"⑤水具有的德行及品性需要人们去模仿。水凝为玉,表现出九德是君子都应效仿的,人需要学习模仿水表现出来的各种品行。《管子·水地》云:"水之内度适也。夫玉之所贵者,九德出焉。夫玉温润以泽,仁也。邻以理者,知也。坚而不蹙,义也。廉而不刿,行也。鲜而不垢,洁也。折而不挠,勇也。瑕适皆见,精也。茂华光泽,并通而不相陵,容也。叩之其音清搏彻远,纯而不杀,辞也。是以人主贵之,藏以为宝,剖以为符

---

① [战国] 管仲著,梁运华校点:《管子》卷第十四《水地第三十九》,沈阳:辽宁教育出版社,1997年版,第124页。
② [战国] 孟子著,周满江注译:《孟子选注》,桂林:漓江出版社,2014年版,第129页。
③ [春秋] 庄周:《庄子》卷六,四部丛刊景明世德堂刊本。
④ [春秋] 庄周:《庄子》卷六,四部丛刊景明世德堂刊本。
⑤ [战国] 管仲著,梁运华校点:《管子》卷第十四《水地第三十九》,沈阳:辽宁教育出版社,1997年版,第122页。

瑞，九德出焉。"①

从上述种种关于水的哲思、伦理及水的诸多隐喻，我们可以大体了解到水的形态、性质及功能，其不同的形态具有不同的价值，在水文化的研究中，需要领略探讨其不同形态的价值，以免失之偏颇。在水的精神方面，需要解决"化水害为水利"的问题；在水之"用"方面，要以人与自然的和谐关系为根本前提；在水之"生态"方面，要以人与自然和谐为基础，实现水的内在价值、遵循水文生态规律。否则无法实现水的多样性价值，也不能完成水伦理的生态定位的基本诉求。②

在城市精神的提炼和发展方面，既要顾及水的本喻，又要考虑水的多种形态拓展的精神文化诉求，将其置于未来发展可能的方向进行把握，即如何将水文化的显性价值——流动、开放、汇聚、清静、柔弱、坚强，隐形内涵——圆融、灵动、智慧、开拓、包容、无为，以及上善、睿智、融合、崇美、德行、和谐等内涵和隐喻，转化为现实的面向未来的城市建设发展的精神源泉。对于苏州，需要关注水文化与城市的精、气、神，在水文化的诸多要素中提炼出具有现代气息、指向未来的城市精神。

二、城市精神

城市精神是城市的灵魂，城市精神的最大特征是异质性，城市的魅力在于它的特色。城市精神，是指一个城市通过其市民行为方式，包括生活方式、生产方式、交往方式、规章制度、文化艺术、伦理道德、城市景观等方面体现出来的共同的价值观念、心理导向，是植根于城市的历史、体现城市的现实、引领城市未来、区别于其他城市的灵魂。德国学者斯宾格勒认为："城市精神是一个城市在向世界展示她的人文与自然风貌的同时，展现出来的独特的、内在的风韵，是一个城市的灵魂，它应该是这个城市中各个群体的一种主体风貌。城市精神应该是多元的、丰富的、精彩的，它所表现的不仅仅是这个城市现在的精神风貌，还将充分体现这个城市的底蕴和未来图景。"③ 城市精神具有诸多内涵，需要体现城市的底蕴并指向未来，每个城市都具有其不同于其他城市的独特性。独特的城市个性，

---

① ［战国］管仲著，梁运华校点：《管子》卷第十四《水地第三十九》，沈阳：辽宁教育出版社，1997年版，第122页。
② 田海平：《"水"伦理的道德形态学论纲》，《江海学刊》2012第4期，第5—14页。
③ 倪凯：《斯宾格勒文化形态视角下的城市思想研究》，《都市文化研究》2015年第1期，第120—131页。

体现了一座城市卓尔不群的风格与魅力。城市精神是一个城市发展过程中持续传承的必然结果，它就像一个张开宇盖的巨树，汲取着历史的、现实的、未来的养分，在城市精神的树干之上，延伸出社会、经济、政治、文化、法律、军事等精神的枝，蔓延出产业、行业、企业、民风、民俗、民习等精神的杈，繁衍出万象千态竞相纷呈的精神叶片、竞相开放的精神花朵、竞相芬芳的精神果实。① 城市的"精神之树"有它的历史、现实和未来，它在一定的"土壤""空气""阳光"中成长和演化。

城市精神从广义上来说是城市文化，或者说城市精神应该是一种城市文化符号，体现城市的个性。文化是一种凝聚力，是持续长远发展和核心竞争力的体现。城市精神的形成是一个长期的过程，它既是历史的产物，也是面向未来的文化支持，既有地方的、历史的特质，也有人类社会的普遍精神价值追求。近年来，国内许多城市纷纷推出各自的城市精神表述语。各直辖市、省会城市都先后有了城市精神方面的表述用语，其他城市甚至不少中小城市及个别城镇也都开展了提炼城市精神的活动。在此过程中，涌现出不少得当的城市精神的表述。有的城市还就城市精神进行了专门的研究和讨论，如上海精神，先后研究提供了几百种城市精神的表述方式，有学者对此进行了全面分析，提出了"海纳百川、敢为人先、与时俱进、儒雅大气、诚信守法、天下意识、崇尚科学、天人和谐"的城市精神。② 此后又有人提出"与时俱进、开拓创新、海纳百川、追求卓越"等。城市精神的表述，有的体现了城市个性，有的结合时代及传统，但总体而言，识别性不够强，个性不够鲜明。

关于城市精神及城市品牌的提炼表述，国际上具有代表性的有：巴黎精神——世界时尚之都、浪漫之都、服饰之都、欧洲文化之都；伦敦城市精神——历史与现实的和谐统一，人与自然的和谐统一，不畏强暴、坚强不屈的英雄意志；纽约精神——高度的融合力、卓越的创造力、强烈的竞争意识、非凡的应变力。有的则以某种独特的方面体现特色，如意大利的威尼斯，以建筑、文化艺术的"水城"著称于世；奥地利首都维也纳以音乐获得世界"音乐之都"的称号；法国的戛纳以"电影节"闻名；还有美国硅谷、日本筑波以科技文化为特征；美国夏威夷的火奴鲁鲁、"赌城"拉斯维加斯等，以旅游品牌而著名。2004年成立了联合国"创意城市网络"，目前授予"创意城市"的七大主题荣誉称号——文学之都、音乐之

---

① 陈柳钦：《论城市精神及其塑造和弘扬》，《城市管理与科技》2010年第4期，第30页。
② 熊月之：《上海城市精神述论》，《史林》2003年第5期，第6-8页。

都、电影之都、设计之都、民间艺术之都、媒体艺术之都、烹饪美食之都，中国北京、深圳、武汉、上海、苏州等城市榜上有名。这种类别的区分，能够彰显出城市的特点。城市精神更是如此，没有个性的城市精神表述没有太大价值和意义。

就国内而言，"城市精神热"表明人们对于城市文化精神在城市发展中的重要性有了充分的认知和重视，这对于城市发展具有重要的引领作用。可是在城市精神表述中也出现了一些问题，主要表现为：一是表述趋于雷同，一些表述不具备城市的识别性，时代性和应时性太强，类似于改革、开拓、绿色、发展、和谐等词汇频繁出现；二是特点不鲜明，与其他城市相比，没有差异性，说白了，从表述内容中看不出来是哪个城市，似乎放在哪儿都行；三是人文精神和文化底蕴不够，缺乏对城市精、气、神的提炼；四是面面俱到，一味顾及求全、求大、求新，对城市的历史、现代和将来发展的导向性、引领性不够。有的甚至不伦不类，有城市被称为"东方日内瓦""东方威尼斯""东方布达佩斯"，或者"小巴黎""小上海"，在模仿、效仿方面下功夫，失去民族特色、区域特色。没有特色、没有文化品位就不能形成品牌，更不可能有核心竞争力。

苏州十分重视城市精神的梳理提炼和研究，先是确立了"崇文、融合、创新、致远"的城市精神；2013年苏州市委确定了"崇文睿智，开放包容，争先创优，和谐致远"的苏州精神。这两种表述从基本含义的延伸拓展来看，可谓立足历史、结合现实、面向未来，体现了吴文化的历史内涵，坚持了面向现代化、面向世界、面向未来的发展理念。但总体而言，还是缺乏个性，识别性不够，更不能由此延展为合适的城市名片。苏州具有深厚的文化底蕴，城市特色鲜明，需要深入挖掘和提炼，进一步确立更加彰显具有苏州独特个性的城市精神。2020年苏州市委启动新时代"苏州精神"重大课题研究，继续为城市文化建设出谋划策。

苏州城市精神的提炼，必须注重历史与现实的结合，重点在于体现城市文化底蕴并指向未来。在体现苏州人文与自然风貌，展现她独特的内在风韵方面，必须回到水，回到水文化。水文化是苏州城市文化建设发展的重要文化资源，也是苏州区别于其他城市的重要特点。在城市建设发展中，水资源的稀缺性决定了它的重要价值。城市是一个有机体，水是城市的"血液"，河流是城市的"血管"。在世界城市发展中，将水融入城市建设中的例子不胜枚举。所谓世界八大水城，即意大利的威尼斯、荷兰首都阿姆斯特丹、瑞典首都斯德哥尔摩、泰国首都曼谷、文莱首都斯里巴加湾、非洲英普提、尼日利亚拉克斯、中国苏州，这些城市都与水有密切的关系。

苏州需要在水文化方面大做文章、做大文章。苏州水文化具有深厚的历史底蕴和坚实的基础。就水文化的物质文化遗产来看，从湖泊、河流面积及长度等来看，在世界上首屈一指，无可比拟；苏州城建城早，春秋时期的水陆八门，使得四纵五横的古城水系格局基本形成，至唐代，三横四直的水陆双棋盘格局基本形成。其后，苏州城基本保持着古代"水陆并行、河街相邻"的双棋盘格局和纵横交错的河道水系，维持着"小桥流水、粉墙黛瓦、古迹名园"的水乡风貌。同时，苏州历史文化遗产的丰富多样，在全国处于领先位置，水文化遗产更是数量多、种类全、级别高，且拥有大量的被列入世界和国家文化遗产目录的遗产。这些文化遗产都是水文化积淀和浸润的产物，也是苏州历史文化的重要组成部分，苏州城市精神的表述及城市品牌的树立需要从中获取营养。

精神文化是一个城市的核心价值观、城市本质内涵的集中体现，它浓缩城市的过去，昭示城市的将来，渗透于城市文化的诸样态之中，是城市文化的实质和核心，这是城市的主体风貌，也是城市的"精、气、神"的体现。法国城市地理学家潘什梅尔说：城市既是一个景观、一片经济空间、一种人口密度，也是一个生活中心和劳动中心；更具体点说，也可能是一种气氛、一种特征或者一个灵魂。① 水文化可以为城市精神、城市品牌确立一个定位。她体现了城市的传统和发展的历史脉络，承载着城市人们普遍的精神寄托与慰藉。寻求、提炼苏州城市精神，不是就"水"而"水"，回到"小桥流水人家"，也不是回到"江南水乡"，更不是人云亦云地附和现代时尚，而是需要在面向未来的建设发展中，保持一种对城市的伦理学和美学的观照，恪守城市的人本原则。城市的一个重要功能是居住，是人文关怀，是"建设可持续发展的、宜人的居住环境"②。苏州在历史文化名城"天堂"的基础上，再造"宜居苏州"和"美丽苏州"。

在历史文化方面，苏州并不像北京、南京、西安等城市那样厚重，历史资源相比较而言也显得琐碎和庞杂，缺乏一定的震撼力、冲击力和影响力，但是，我们从水文化切入抑或从文化的绵延性、系统性、整体性来进行把握，就可以凸显其个性，体现其特色。苏州与水文化相关的非物质文化丰富多彩，这些基础和要素是别的城市所不具备的，这将为城市精神的

---

① 转引自李仁武：《城市文化发展引论》，西安：世界图书出版西安有限公司，2020年版，第17页。

② 吴良镛：《人居环境科学导论》，北京：中国建筑工业出版社，2001年版，第67页。

塑造和城市品牌的树立奠定重要基础。苏州作为一座拥有深厚历史底蕴的文化名城，在与水有关的物质文化遗产方面都有其他城市所无以比拟的优势。就苏州非物质文化遗产而言，进入世界级和国家级目录的就有近40项，可以在保护和开发的基础上，形成一个整体的文化遗产系统，体现其源远流长的历史文化。可以将其作为城市文化品牌，选择有代表性的、具有核心价值的内容作为城市的标签和符号，甚至可以将城市确立为"非遗之城"。苏州的非物质文化遗产面广、量大，涵盖了艺术、民俗、宗教和历史等多个方面，这虽然对应城市文化的多个维度，但缺乏整合，疏于提炼概括和精准定位，没有形成体现时代精神、把握现代文化脉搏的具有核心地位和全球价值的文化品牌。当然，应该说这是一件极其困难的事情，需要一个不断认知、不断追寻的过程。

  总体来看，苏州从治水发轫而形成的水文化，具备融合吸收异质文化的特点，它既能吸纳、消解外来文化，又能保持自身的独特个性。在新时代的背景下，苏州城市的发展必须基于全球化国际化视野，在传播自身文化与吸收外来文化的互动中发展，在传统与现代之间取得协调平衡。苏州城市的发展必须整合自身文化资源，以接纳、包容、开放的态势迎接现代化过程中的机遇与挑战。苏州在现代城市发展中具有文化上的独特性，其根本原因是她悠久的文化积淀。因此，从非物质文化遗产角度可以将苏州定位为"文化艺术之城""园林艺术之城"，这与"2 500年的城""江南水乡""天堂苏州"等表述相互映照，可以铸成"中国水城、人间天堂"的城市品牌。

  苏州城市精神的提炼需要关注现实、指向未来。城市文化的一个重要指向就是时代性。时代文化的维度主要是城市建设、经济社会发展过程中所展现的文化气质。在工业化、城市化、全球化的趋势下，苏州展示了巨大魅力和发展潜力，现代文化精神呈现出积极向上、和谐发展的格局。我们需要在水文化中植入现代要素，在文化传承的基础上进行创新利用，引领城市发展，体现城市的生命力和创造力。苏州现代文明、城市精神源于丰富灿烂的水文化，城市精神是对水文化的高度凝练，应把寻求水文化的合理内核丰富到苏州城市的精神文化之中，挖掘其人文内涵，为苏州城市持续发展提供精神动力。需要将水文化与苏州的历史发展和现代苏州的经济建设、社会发展中所体现的人文精神、城市精神结合起来，将水文化的兼容并蓄、多元融合等文化特质渗透到苏州城市精神的塑造中，为苏州城市现代化建设提供文化精神支持。与此同时，我们必须立足现实、理性审视水文化，创新思路，加大力度培育现代苏州城市精神，凝聚市民共识，真正把苏州塑造成"古代文化与现代文明交相辉映"的国际大都市，构建形成"世界水城""园林之城""中国历史文化名城""世界旅游之都""国际休闲乐园""国际新兴创新之城"等具有影响力的城市品牌。

党的十九大提出了"创新、协调、绿色、开放、共享"的发展理念，这为苏州城市精神提炼给予了重要启示。无论怎样定位苏州城市精神，都可以将水文化要素融入其中，这可以丰富城市精神的内涵，也是苏州践行新时代发展理念的基础。在发展过程中，要更好地认识发展的普遍性和特殊性，加深对苏州特色的理解，将"圆融""德善"等至高境界融入苏州城市精神，使城市永葆活力。

第十二章 水生态与美丽水城建设

水生态建设是生态文明建设的题中之义。苏州处于特殊的水生态之中,应利用丰富的水资源和多样化的水文化遗产,着力构建水文化景观,建设美丽水城及山水城市;不断加强水生态文明建设,促进苏州新时代经济社会的全面升级。

第一节 水文化景观建设

水文化景观主要是指以水为核心的自然和人工景观的复合体。自然景观主要指湖泊、河道桥梁及水文化遗产，包括历史遗留下来的各种与水有关的自然景观；人工景观是指水文化广场、水文化风景区、园林文物古迹、园林绿化、石山、水上建构筑物、建筑、水上乐园、艺术小品、商贸集市等。从历史的角度看，自然景观与人工景观不是绝对可分的，在长期的历史沉淀中，往往你中有我、我中有你。

一、总体设想

苏州水文化资源极其丰富，主要包括长江文化、太湖文化、运河文化、古城水系、历史河湖、江南水乡古镇、山水园林、桥梁、井泉、水利名贤、塘浦圩田、历史水工程遗产、当代水工程、水文化民俗民风等。核心的水利文化资源，物质类包括古城水系、河湖、湿地、圩田、水工程等；精神类包括治水科技、水乡民俗、涉水文学艺术等；制度行为类包括涉水制度、规范等。应利用好各种水文化资源，将其融入水文化景观建设之中。苏州水文化景观建设，一方面需要大手笔大文章，另一方面需要结合细节，将水景观渗透至苏州景观的每个毛孔，力争经过一些年的建设，将苏州塑造成为世界"第一水城"。

苏州水文化景观建设要有世界眼光，以前瞻性的规划设计和建设进行引导。以满足人的需要为宗旨，做到有文化内涵、有活动、有主题、有意象。苏州水景观及其要素极为丰富，需要进行整体性架构、系统性组织，由此形成一个完整和谐的水景观体系和有序的城市空间结构。在保护文化遗产的基础上，通过各种方式、各种活动展现苏州文化，传承、培育、提升城市精神。苏州"十三五"时期，确立了发展定位：即将苏州建设成具有国际竞争力的先进制造业基地、具有全球影响力的产业科技创新高地、具有独特魅力的国际文化旅游胜地和具有较强综合实力的国际化大都市。要把苏州建成具有国际竞争力的现代产业名城，开放包容的创新创业名城，富裕文明的美丽宜居名城，古今辉映的历史文化名城。与此相适应，苏州市水文化发展的定位是：具有国际美誉度的东方水城，独特文化魅力的江南水乡，城市水文化现代化发展的新标杆，全域水文化生态建设的先行区和国家大运河文化带建设的示范段。

苏州城市景观需要围绕城市精神和城市发展建设，厘清整体思路，在城市规划区域内进行空间布局，确立城市景观系统和框架，切忌就局部而局部，应充分利用和激活城市的每一个区域每一个空间。景观建设需要积极响应"国际化大城市"的发展需要，在与国际接轨、与现代化生活接轨的同时，再生苏州城市文化精神和内核。在水文化景观建设方面，需要构建覆盖苏州全城的水文化发展框架体系，加强水文化景观设计，推进水文化地标性建筑，显示水文化特色，凸显水文化景观亮点。

建设水文化的标志性建筑。一个城市拥有个性鲜明、具有国际水准的主体形象建筑及标志性文化设施群体，对突出城市形象、提高城市品位、扩大城市辐射力，具有举足轻重的意义。如巴黎埃菲尔铁塔、凯旋门，悉尼歌剧院，北京天安门，上海东方明珠等，都是城市的象征和标志，其影响难以估量。还有一些城市雕塑，如美国纽约的"自由女神"、丹麦哥本哈根的"美人鱼"、比利时布鲁塞尔的"撒尿小孩"、俄罗斯圣彼得堡的"青铜骑士"、阿联酋迪拜的"七星帆船酒店"、巴西的"基督雕像"、印度古吉拉特邦的"萨达尔·帕特尔"；还有我国北京的"人民英雄纪念碑"、广州的"五羊"、珠海的"渔女"、深圳的"拓荒牛"、兰州的"黄河母亲"，等等，这些雕塑具有城市的某种象征意义。一件文化精品的代表性和影响力是无可比拟的，城市文化特色的传播和绵延离不开精品的创作。[1] 作为水文化景观的地标性建筑，在形态和功能上，能够发挥城市地标的影响力。"一旦某个物体拥有了一段历史、一个符号或某种意蕴，那它作为标志物的地位也将得到提升。"[2] 景观地标不仅仅就是一般的静态建筑，它还需要体现它的价值功能，以承担文化解释、城市意象、文化价值、创造联想等功能，以其内容的多元性和丰富性，在城市文化生活中具备对人气、资源的集聚效应，激发城市的活力和创造力，营造一种积极向上的文化亲和力。

苏州在地块性的建筑和局部雕塑等方面做得非常好，但还缺少具有代表性的标志性建筑和雕塑。比如，你若做一个调查，大部分人会认为苏州的地标性建筑是"秋裤"（苏州中心）。事实上，苏州可以寻求水文化的

---

[1] 温朝霞：《文化特色：现代城市的灵魂》，《学习与实践》2002年第10期，第43页。
[2] [美] 凯文·林奇：《城市意象》，方益萍、何晓军，译，北京：华夏出版社，2001年版，第62页。

标志性建筑来树立城市形象，展示城市水文化特色，选择独立的、富有个性的、充分表达城市水文化特质的一个标志系统。这一点可以通过社会招标，利用社会民众集体的智慧来实施，群策群力，精心设计，精心建筑。当然，对与此相关的地块性标志性建筑亦可以进行筹划，形成一个建筑、雕塑群，以彰显城市水文化的底蕴。

精心设计，构建水文化景观的整体性格局。景观的整体格局关系到城市的整体形象和整体面貌。总体设计、系统性地把握是苏州城市景观建设的关键，在现在城市格局的基础上，着重建设宏大的水文化景观是苏州走向世界大都市的必然选择。针对太湖、护城河、金鸡湖、独墅湖等湖河水面，精心打造具有"江南水乡、中国水城"的水文化景观。这主要包括水利风景带、运河文化旅游风景带、太湖风景区、水文化公园、水文化广场、水文化遗产风景区、大型湿地公园等，着力建设历史文化和生态旅游相结合的水景观、水街景区，建设具有世界性意义、富有传统特色、引领现代生活的高品位历史文化旅游街区。做到点、轴、线、面、立体景观的整体呼应，以此形成带状、片状、点状、立体状等相结合的有层次、有梯度、有特色的水文化景观，既有自然风光又有文化内涵，给人们带来视觉感官的、心灵的震撼和冲击。由此进行全面整合，可以借鉴上海的外滩、新加坡的圣淘沙、英国的伦敦桥、法国的塞纳河、纽约的曼哈顿和温哥华的滨水旅游名城等，打造出优美自然的水景观与现代化高楼相互呼应的世界著名的滨水城市。

二、整体布局

苏州湖泊、河道资源极其丰富，境内河道纵横、河湖相连，形成了"一江、百湖、万河"的水网体系。丰富的水资源和水体、水面、水边、水岸线，对于苏州水文化景观打造来说极其重要，开阔的水面具有巨大的潜在景观价值。因此，需要充分利用水资源的有形和无形价值，在整体上进行合理布局，精心策划和设计，发挥湖泊、长江、河道的各种文化景观功能。

苏州水文化景观建设，关键是前瞻性地做好整个城市的总体布局（图13-1）。《苏州水文化发展规划》将苏州水文化发展布局设为七大框架体系（水文化遗产保护与利用、水工程文化优化与提升、生态河湖水文化建设、水文化制度行为、水文化公共服务、水文化产业培育、水文化教育与传播体系建设），认为应采用"点、轴、面"相结合的空间发展模式，加强大运河走廊、沿浏河、娄江、胥江的水文化体系建设，构建"双轴三带，一核两极"的水文化发展空间结构。"双轴"指娄江、胥江拓展的水文化景观；"三带"是沿大运河的水文化发展廊道、北部的沿江生态景观廊道和南部的江南水乡特色景观带；"一核"指苏州古城水系圈及延伸而出的古城水文化圈；"两极"是太湖、阳澄湖水文化及景观生长极。① 水文化建设发展的一个重要方面就是水景观的建设，在水文化发展规划中同时也蕴含着水文化景观建设的格局、方向和具体实施内容。

图 13-1　苏州水文化发展布局②

《苏州水文化发展规划》在水文化发展的主要任务和实施内容中指出，水文化遗产方面重点做好常熟白茆老闸遗址公园、吴中区三堰二池五闸遗址公园、吴江垂虹桥遗址公园、塘路遗址公园、吴中区禹王庙庙会等项目建设。在水工程优化提升的布局方面，提出"一一五九"——"一水绕城、一带风光、五堤盘固、九龙共舞"工程计划。"一水绕城"是指苏州古城河道水系；"一带风光"是指大运河水文化带，建设"一带、两心、四镇、八园、多点"的运河文化景观格局，即以大运河文化遗产风光带为轴心，以姑苏（姑苏区、高新区、吴中区沿岸）、松陵为核心，以望亭、浒关、平望、盛泽四镇为关键，建设"浒墅古风、文昌阁、枫桥夜泊、体育公园、驿亭待月、宝带串月、垂虹唱晚、塘路古道"八园，形成望亭休

---

① 参见《苏州水文化发展规划》，2018 年，内部资料。
② 参见《苏州水文化发展规划》，2018 年，内部资料。

闲公园、苏城门户、枫桥新天地、运河都会走廊、滨水活动公园、运河雕刻公园、贺铸研究馆、澹台儒学馆、吴江运河公园、平望湿地公园、盛泽丝绸公园、潜龙渠公园等多个景点;"五堤盘固"是指长江堤防、望虞河堤防、环太湖堤防、太浦河堤防、淀山湖堤防;"九龙共舞"是指以甪直、震泽、同里、黎里、周庄、锦溪、巴城、千灯、沙溪古镇为龙头,以古村、老街为点缀,注重水文化和水景观建设。做好一批重点项目建设,如古城水文化展示、大运河文化带、环太湖风光带、长江堤岸风光带、望虞河及大浦河水利风景区、江南水乡古镇、水风景区创建。在生态河湖水文化建设布局方面,形成"一圈五河十湖"的生态河湖水文化布局。"一圈"是指"山—河—湖—城—地—田"的苏州水文化开发与利用圈,包括山水文化、湖泊、古城、湿地圩田文化圈;五河是指吴淞江、太浦河、七浦塘、西塘河、浏河五条河(长江、大运河除外);"十湖"是指太湖、阳澄湖、独墅湖、金鸡湖、石湖、澄湖、尚湖、昆承湖、同里湖、汾湖等。由此可见,在水文化发展中,有诸多水文化景观的布局。以水文化景观为依托,以具体形态的水文化景观进行展现,才是体现水文化发展的基础。没有具体物质形态的水文化是空洞的,没有显现思想精神的水文化是苍白的。

在前瞻性的总体布局的基础上,重点做好大项目大场景的规划,以提升带动整个城市水文化景观建设。建设做好一批具有全局性的景观带,主要包括河道、水街、大运河景观带,太湖、金鸡湖、独墅湖、阳澄湖等等片区景观建设;当然,还需建设水文化广场、水文化公园、水文化馆、水文化博物馆等公共服务平台,以此带动整个城市的水文化景观建设,提升水文化建设发展水平。在景观的设计和序列组织中,突出自然风光带、历史风光带、生态风光带和人文风光带的主题,形成不同主题特征和功能特色,使人们在不同的空间场景中获得不同的感受与体验。针对水文化景观建设发展的实际情况,以及水景观在城市景观方面的价值等,目前建设水文化景观主要应从以下几个方面着手。

全面布局,逐步实施湖泊水文化景观建设。湖泊,在苏州城市水景观中具有独特价值,其不仅在全国就是在世界上也是极其少有的珍贵资源。大小湖泊构成了苏州独特的水景观,除了在生态环境方面的重大作用以外,在城市景观的建设方面也是特别稀缺的资源。对于现有湖泊水面,需要进行系统的整体规划,强调整体性和系统性,绝不可以将其随意分割。尤其要注意大水面、长江、海洋及各种河流,甚至包括地面水和地下水的贯通、循环,这需要有一个全面解决的一体化方案,而不是解决一个湖泊、一条河流的问题。

继续优化提升金鸡湖、阳澄湖、独墅湖的水景观建设，实现全面整合，做好保护和开发，发挥"三湖"引领带动作用，在整体上实现"三湖共生"效应，构成不同的空间和景观功能区，形成景观和功能的集聚区，即金鸡湖商务旅游极核、阳澄湖休闲度假旅游极核、独墅湖科教文创旅游区及科技工业体验旅游区。金鸡湖景观的设计和规划实施是一个成功案例。但金鸡湖的规划实施建设中，在湖泊与城市的融合方面还可以大做文章，比如在湖泊与高楼、繁华与平静、商务与休闲、工作与体验等方面，进行完美的结合，通过水景观的延伸和演绎，将高楼林立的中心地带与绿色水景进行完美的融合，给人们带来美的体验和愉悦。湖泊景观开发利用是苏州城市景观建设的长期任务，湖泊是自然的造化，也是人与自然协调的结果，具有稀缺性、不可再生性和不可替代性等特点，需要好好珍惜，加强保护和利用。其他湖泊的景观开发可以借鉴目前成功的经验，以更加前瞻性的理念和视野做好景观建设，着力于人与自然的和谐，注重生态效应和社会效应的结合。

继续做好水利风景区建设。至 2017 年，苏州创建了国家级水利风景区 6 个（苏州市胥口水利枢纽水利风景区、吴江浦江源水利风景区、吴中区旺山水利风景区、张家港环城河水利风景区、太仓市金仓湖水利风景区、昆山市明镜荡水利风景区）；省级水利风景区 5 个（张家港凤凰水利风景区、太仓市凤凰湖水利风景区、昆山市巴城湖水利风景区、常熟南湖水利风景区、常熟市泥仓溇水利风景区）。可见，苏州在水利风景区建设方面成绩突出。最近进入整合和规划设计的苏州引清工程水利风景区、石湖滨湖水利风景区及昆山巴城湖和张家港环城河水利风景区等，更是需要以新的景观标准和建设理念，在多方面取得更加优良的效果；尤其是"苏州引清工程水利风景区"包括胥口、西塘河、七浦塘阳澄湖、七浦塘江边枢纽四大枢纽和胥江、西塘河、七浦塘、外城河及阳澄西湖。这些工程对于苏州"活水周流"及水利景观建设是一个主要的保证。调水工程将长江水引入太湖和古城水系，开展"引江济太"望虞河苏州段工程、西塘河引清工程建设等，实施水系连通工程与活水畅流工程，水体质量不断提升，这也为水文化水景观提供了支持。

在水文化景观的开发建设中，树立人与水和谐的思想观念，水景观建设也成为现代水利的重要内容。保护水文化遗产，丰富水文化内涵；河道生态修复、水系修复、亲水修复，水域空间景观要丰富多彩，保持"活水周流"水文化与水景观建设要注意与相关规划的衔接，与城市建设有机结合，注重水域经济的开发，把水与人文景观、历史遗存有机融合，增加水文化的内涵，提升旅游景点的品位，从而促进旅游业的发展加强水文化和水景观建设的领导与相关法律法规、制度规范的制定，确保永续发展。对水资源的利用和保护也就是对环境的保护，水质就是城市质量、人们生活质量的重要体现。水文化景观开发建设需要更上一层楼，要有世界性的超前的大手笔。可以引入水文化主题公园，进行"史诗式"主题公园开发，凸显水文化景观，为居住者和旅游者提供愉悦的体验。通过创建自然景观和人文景观相融合的景观意象，对文化意象进行再提升，形成强烈的冲击力，通过符号化的展示和原真性的体验，不断增加吴文化旅游景观中的"文化密度"，从而进一步提升旅游者的景观体验质量。① 同时，顾及环境治理，维持河湖生态的良性循环。重点开展水环境治理、水生态修复，并与地方经济社会发展的规划进行衔接，合理开发和利用。

在《苏州市国民经济和社会发展第十四个五年规划和二〇三五年远景目标纲要》（以下简称《纲要》）中，涉及了很多历史文化及水文化的内容。在2035年远景目标中指出，将苏州建成"人文之城""生态之城""国家历史文化名城"。苏州"十四五"经济社会发展目标中指出：高颜值城市展现更美形态。苏州国家历史文化名城保护示范区焕然一新，瑰丽古城引人入胜，"河街相邻、水陆并行"的双棋盘保护格局基本完好。长三角生态绿色一体化发展示范区初步建成"世界级滨水人居文明典范"。大运河苏州段基本建成大运河文化带"最精彩的一段"。《纲要》在"空间格局"中对"做好水文章"进行了安排："……'一湖两带一区'。做足做好水文章，以太湖、长江、江南运河、南部水乡湖荡区为主体，连通湖泊、河流、湿地、山体、森林、农田等生态廊道和斑块，构建水网纵横、蓝绿交织的江南水乡生态和农业基底。"② 加快共建环太湖世界级湖区。统筹推进环太湖文旅休闲度假区、大运河文化带建设，共建环太湖国际旅游目的地。在"加强历史文化名城保护与有机更新"中，《纲要》指出："严格保护'水陆并行双棋盘'的古城空间格局和'三横四直环连扣'的历史水系格局，加快由塔、城门城墙、民居街坊建筑群和古桥构成的古城天际线建设，积极保护'一城、两线、三片'的历史城区。探索建

---

① 周永博、沈敏、余子萍等：《吴文化旅游景观"史诗式"主题公园开发》，《经济地理》2010年第11期，第1931页。

② 苏州市发展和改革委员会：《苏州市国民经济和社会发展第十四个五年规划和二〇三五年远景目标纲要》，http://fg.suzhou.gov.cn/szfgw/fggmjjjh/202103/c03a9278c584d8ba26004380f8dod5d.shtml，第22页。

立古城'大景区'管理体制机制,使规划建设运维有机统一起来,促进古城保护传承利用取得令人刮目相看的新成效。加强各类古建与街区保护。保护平江、拙政园、怡园、阊门、山塘等历史文化街区,系统开展苏州古典园林、中国大运河等世界文化遗产、各级文物和历史建筑保护,延续传统民居及其院落肌理和空间布局模式,擦亮'世界遗产典范城市'名片。"① 维持"小桥流水、粉墙黛瓦"的传统风貌。

三、细节安排

水文化景观建设是彰显水文化的重要载体,需要针对水文化的历史资源与显示水文化资源的具体情况,进行有针对性的水文化景观建设,从整体进行规划,注重细节方面的安排和实施。

在做大做好水景观整体布局实施的同时,需要做好城市景观细节的规划设计和建设,因为细节决定成败。苏州城市景观在细节上基本做到了极致,可谓"无处不景观"。一个造型、一片花草、一个池塘、一块石头、一个护栏、一个雕塑……无不显示了苏州在景观细节上的精雕细琢。独墅湖周边已经形成一定的特色,周边设计造型及景观,能将独特、舒适、参与、体验等要素结合起来,穿透力较强,具有一定的震撼力,可以聚集人气,安居乐业。独墅湖教堂就是一个案例,教堂只是一个小建筑,但它位置处在独墅湖边,具有宗教文化氛围,其在人气聚集、休闲活动、旅游观光、心灵体验等活动中的作用可以作为一个范例进行研究。这也为我们做到"一景一天堂""一物一苏州""一花一世界"的景观境界提供借鉴。

水是城市的艺术要素。水质的变化是多样的,有不同的深度、不同的动态和流,还有不同的声音,这些在水景观中都有特定的用途。水文化景观的主要特性是使人们充分体验到水的亲切、水的灵动、水的美感,这需要关注水景观建设的每一个细节。正如美国设计大师所说:"人们规划的不是场所,不是空间,也不是物体;人们规划的是体验——首先是确定的用途或体验,其次才是对形式和质量的有意识的设计。"② 在水文化景观的艺术设计中,使人们更能亲近、感受水,在戏水、观水中领略水的内在

---

① 苏州市发展和改革委员会:《苏州市国民经济和社会发展第十四个五年规划和二〇三五年远景目标纲要》,http://fg.suzhou.gov.cn/szfgw/fggmjjjh/202103/co3a9278c584d8ba26004380f8dod5d.shtml,第64页。

② [美]约翰·O·西蒙兹:《景观设计学——场地规划与设计手册》第三版,俞孔坚、王志芳、孙鹏,译,程里尧、刘衡,校,北京:中国建筑工业出版社,2000年版,第387页。

价值；使人们在与水近距离的接触中，感受和体验水带来的愉悦、遐想和智慧。

苏州水文化景观需要建设一个整体性的亲水环境，从宽广的湖面到城内的水巷，都需要在亲水景观的细节方面下功夫。在城市景观建设中要建设一些亲水平台、亲水广场等注重亲水性的设施，创造人与水接近、人与自然环境友好的景观。苏州有诸多条件建设亲水性景观，可以加大湖泊、河道的亲水景观建设，以湖泊和江河河道为主线，不断延伸水面、水流、水景，针对具体情景建筑亲水住宅、亲水饭店、亲水公园、亲水步道、亲水平台、亲水广场等，使得水文化景观与周边环境浑然一体，让人们在工作、就餐、休闲、娱乐中感受水文化。水文化景观不仅仅是城市风景的重要体现，更是人们宜居的重要场所，需要顾及人们对于水文化景观的体验。充分利用水体进行场地设计建设，给人们以美的享受。"河流与水体是我们阅读景观的标点符号，……赋予大地灵魂，……一个土地拥有者如果拥有一片引人入胜的水面或可在远处欣赏这景色，那真是莫大的幸运。在景观和建筑规划中，一个主要任务是使水的视觉和实用功能得到最充分的利用。"① 在水景观细节上，应充分利用水体、水面的边界进行延伸，为水景观建设锦上添花。"由于水体是如此令人向往，由于只有一定规模的水面和水边地带供人享用，而且由于水体和水边地带的保护在环境规划中变得至关重要，所以我们的规划在保护水体完整性的同时，应充分发挥临水陆地的最大功效。即将与水相关土地的实际边界和视域边界尽量扩大到合理的极限。"②

继续做好城内河街水巷和水乡古镇建设。"小桥流水、老宅深巷"体现了典型的江南水乡城镇特色，这是苏州城市水文化的品牌和象征。对于城内河街水巷，需要重点维护"三横三竖一环"的河道水系、小桥流水的水巷空间、路河相邻并行的双棋盘格局，以及道路景观与文物古迹。在具体景观建设中，做好水景观的延伸和拓展，避免对于水景观体验不到、感受不深，以及"走不到、看不见"的状况。在工业化背景下，现有河道街巷格局不可改变，大规模恢复重建河路空间结构关系已无可能，但可以在诸多细节上下功夫，比如对错位的河路街巷的空间关系进行修复，对滨河沿路地带的景观进行改造更新，深入统筹重新规划滨河道路等，最大限度

---

① [美] 约翰·O·西蒙兹:《景观设计学——场地规划与设计手册》第三版，俞孔坚、王志芳、孙鹏，译，程里尧、刘衡，校，北京：中国建筑工业出版社，2000年版，第54页。

② [美] 约翰·O·西蒙兹:《景观设计学——场地规划与设计手册》第三版，俞孔坚、王志芳、孙鹏，译，程里尧、刘衡，校，北京：中国建筑工业出版社，2000年版，第59-60页。

地修复部分河道与道路的联系,由此再现传统江南水乡特色空间形态。①与此同时,继续做好水乡古镇景观建设。对现有历史文化名镇——周庄、同里、甪直、木渎、沙溪、千灯、锦溪、黎里、震泽、凤凰等古镇,需要进一步强化水景观建设,在延伸拓展方面下功夫,以人们的体验和感受为主线,在历史文化方面再行挖掘,彰显水文化特色。此外,还可以开发新的水乡古镇和乡村,总体依照城镇的空间格局与湖泊、河道水网的关系,进行进一步梳理,在兼顾工商业的同时,营造独特的水景空间,彰显"河街"水陆同构的特色风貌。

最后,我们需要关注水文化元素的提炼和展示。在历史的沉淀中,苏州文化中具有诸多水文化元素,在景观建设的细节中亦要尽量展示。比如,2011年12月3日,亮相于纽约时代广场户外电子大屏幕的苏州城市形象片,以"中国苏州,一座2500年的城市"为主题,融入了昆曲、园林、刺绣、评弹等多种元素,呈现了多维度的美,传达了苏州独有的文化特质和精神意境,这里面就包含了水文化的元素。同样,在城市景观建设中,也需要将水文化元素融入其中,彰显深厚的文化底蕴,显示其独特性的一面。

四、大运河苏州段风光带建设

习近平总书记高度重视大运河文化保护传承利用工作,2017年12月24日视察北京大运河森林公园时强调:"大运河是祖先留给我们的宝贵遗产、是流动的文化,保护大运河是运河沿线所有地区的共同责任。"② "要求将大运河文化保护好、传承好、利用好。"③ 为贯彻落实习近平总书记重要指示批示精神,2019年中办、国办印发《大运河文化保护传承利用规划纲要》,强调坚持科学规划、突出保护,古为今用、强化传承,优化布局、合理利用的基本原则,打造大运河璀璨文化带、绿色生态带、缤纷旅游带。按照高质量发展要求,从国家战略层面对大运河文化带建设进行顶层设计,为大运河文化保护传承利用描绘了宏伟蓝图。

2014年中国大运河申遗成功,苏州作为大运河的节点城市,共有4条

---

① 张芳:《现代江南城市中"河—路"空间关系的分析与评价——以苏州市为例》,《建筑与文化》2016年第5期,第89页。
② 姜师立编著:《中国大运河遗产》,北京:中国建材工业出版社,2019年版,第294页。
③ 姜师立编著:《中国大运河遗产》,北京:中国建材工业出版社,2019年版,第294页。

运河故道（山塘河、上塘河、胥江、环古城河）和 7 个点段（盘门、山塘历史街区含虎丘云岩寺塔、平江历史街区含全晋会馆、宝带桥、吴江运河古纤道）列入申遗名录，是沿线城市唯一以"古城概念"进行申遗的城市，14.2 平方千米的古城被整体列为世界文化遗产，在大运河文化带中具有特别重要的地位。苏州成为大运河沿线流经区域多、遗产最丰富的城市之一，理应成为大运河保护传承利用的榜样。保护好、传承好、利用好大运河文化是一项系统工程，必须坚持科学谋划、统筹推进、有序实施。

苏州要以大运河成功申遗为契机，针对大运河文化的历史性和现实"活态"性进行探讨，立足历史遗产传承和保护，研究历史遗产的现代利用价值、理念、方法路径；探索运河文化遗产保护、运河文化创意产业的整体性，做好标示标识、博物馆、展示馆、文化公园、民俗文化馆、历史村镇街区的规划，建构以自然生态景观为主轴，以历史街区、文化园区、博物馆群、寺庙庵堂、遗产遗迹为节点的文化休闲体验长廊；兼顾遗产保护和现代建设；探讨"水文化+""运河文化+"发展模式。大力建设大运河苏州段绿色清水生态长廊。立足生态环境保护，关键在于河道本体保护及清运航道和河道水流的维护，将大运河与苏州古城水系进行融合和联动，展示"苏式运河、中国水城"的特色。同时，发挥运河产业经济带的集聚功能。因地制宜，进行"运河产业链"发展，制定运河产业发展的整体规划，确立大运河旅游规划，做好旅游休闲观光带，发展水上旅游黄金线路，促进苏州旅游、休闲经济的新增长，同时提升航运能力，加强航运管理，促进航运经济发展。

苏州积极响应大运河文化带建设国家策略，对照《江苏省大运河文化保护传承利用实施规划》，着力推进运河文化带建设、推进国家水利风景区创建、完善水文化公共服务设施、加快水文化馆和水文化公园建设，把大运河文化带苏州段建成高品位的文化长廊、高颜值的生态长廊、高水平的旅游长廊，让千年运河堤岸绿、河水清、航道畅，焕发新生机。2021年《苏州市国民经济和社会发展第十四个五年规划和二〇三五年远景目标纲要》指出：厚植苏州特质文化根基，着重阐明对文化遗产的保护传承利用，强调体系化建设。强调大运河文化的保护传承利用，建设大运河文化带"最精彩的一段"。构建文物建筑保护传承利用体系，规划建设苏州世界文化遗产展示馆，创建国家文物保护利用示范区。加强江南文化、吴文化、大运河文化整理、研究和出版。推进大运河文化的保护传承利用，打造以"运河十景"为代表的一批标志性景点，建成国家大运河文化公园（涵盖"四园四带二十六景点"），展示苏城的古韵今风，彰显"苏式生活·运河人家"吴文化底蕴。

近年来，苏州市启动大运河文化带建设工作，编制《苏州市大运河文化保护传承利用实施规划》，从多个方面对大运河文化的保护、传承和利用进行了具体规划。其总体要求为：强化规划引领，突出文脉传承，放大生态功能，繁荣文化产业，抓紧梳理打造一批标志项目，完善综合治理体系，努力把苏州段建设成为大运河文化带中"最精彩的一段"。大运河风光带建设是一项系统工程，涉及城市建设、水利水运、交通网络、遗产保护、文化传承、生态建设、经济发展等诸多方面。为了切实做好文化带建设，需要坚持规划引领，从长远的角度，以世界的眼光，采用整体的系统思维方法，逐步实施各项工程，加强运河文化的"活保护"。

苏州段大运河文化带规划提出总体目标：打造京杭大运河文化带上具有苏式韵味的运河文化段落，构建"国际视野的遗产水岸、江南特色的文旅水岸、苏州个性的创新水岸和自我更新的宜居水岸"。一是国际视野的遗产水岸。响应运河文化带建设号召，梳理并保护运河沿线历史文化资源，在保障大运河历史文化节点及周边风貌特征的基础上，提升运河沿线城市空间的整体性与统一性。在强调大运河沿岸地区历史延续性的同时，满足国际化都市的城市功能诉求。二是江南特色的文旅水岸。在运河沿线增设文化展示、文化体验、文化博览等文化设施节点，塑造沿岸特色文化主题段落，丰富沿河文旅活动，提高市民、游客文化参与度，构建大运河文化旅游脉络，彰显文旅水岸的江南特色。三是苏州个性的创新水岸。提升运河沿线城市功能，完善城市支撑体系。丰富运河沿线公共要素与创新要素，围绕文化创意、商业服务、商务办公等功能，打造多个沿运河创新、创智功能组团，构建创新水岸。四是自我更新的宜居水岸。强调沿运河生态人文要素、慢行体系、休闲与服务配套，打造环境优美、设施齐全、通行顺畅、品质宜人的城市公共空间。保障运河周边水绿交织的生态格局，塑造沿运河舒适便捷的慢行网络，提升沿运河地区的宜居程度。

在实施策略方面，主要针对五个方面展开。一是生态修复，添绿通廊。修复大运河的生态功能，增加沿河绿地空间，打通运河至周边地区的生态通廊，保障苏州水绿交织的生态格局。二是协调功能，完善交通。协调运河功能布局，提升岸线空间的公共性，完善城市交通支撑体系，增强运河两岸空间联系。三是传承文化，增补设施。挖掘保护运河两岸文化要素，分段布局特色文化主题，增加文化设施节点，丰富运河文化活动。四是地标统领，管控分区。以文化地标为统领，分区引导控制建筑风貌，对滨河界面和背景空间风貌进行差异化管控。五是以人为本，慢行提升。以水绿交织的廊道为载体，贯通滨河慢行通道，增补慢行设施，创造便捷、舒适的运河慢行网络。

在空间布局方面，设立七条运河两岸大型生态廊道。打造"一带统领，七廊织布"的生态格局，保护运河文化带及与其相交的七条生态廊道（太湖望虞河生态廊道、绕城高速生态廊道、白荡港三角咀生态廊道、上塘河生态廊道、胥江石湖生态廊道、斜港生态廊道、太湖吴淞江生态廊道）。通过"一带多点"的公园体系、沿河慢行系统，实现运河两岸"400米见园"的规划目标。

突出文脉传承。大运河文化的保护传承利用，重点在文化，在文化遗产。要保护运河，亲近运河，传承文脉。大运河塑造了苏州的辉煌过去，也奠定了大运河文化带建设的优势。全长81.8千米的大运河苏州段文化遗产密布，不仅包含5条运河故道和7个遗产点段，而且9个入选世界文化遗产名录的古典园林，昆曲、古琴等6个世界非物质文化遗产名录项目也都与大运河有着深厚渊源，堪称别具特色的大运河文化遗产宝库。挖掘运河文化历史价值，传承运河历史遗产风貌，努力把大运河苏州段打造成一条滨水风情人文带、旅游休闲观光带、防洪排涝安全带、海绵城市建设示范带。在文化元素挖掘等方面加大力度，统筹大运河文化资源和文化价值，努力建设运河文化走廊和生态走廊，共同打造精品工程，沿岸根据分段文化主题，布置特色文化设施，如主题公园、文化街区、博物馆、文化广场等，为高质量推进大运河文化带建设贡献力量，谱写好大运河文化带建设的苏州篇章。进一步挖掘好运河文化，进一步开发、充实和展示水韵江南文化精髓。保护好运河遗存，加强对苏州传统农耕技术、桑蚕丝织技艺等非物质文化遗产的传承保护，健全非物质文化遗产传承人的命名、资助、培育制度。传播好运河故事，推动大运河沿线的香山帮、昆曲、古琴、宋锦等非物质文化遗产"走出去"。不断繁荣文化产业，要推动"文化+旅游"深度融合，以文化提升旅游的内涵，以旅游推动文化的消费，促进文化、生态和旅游功能融为一体；促进"文化+创意"蓬勃发展，做大做强大运河苏州段文化创意产业；加快"文化+数字"升级改造，实施大运河数字平台建设工程。

强化生态功能。在做好一系列基础设施建设的基础上，提升运河航运水平，提升整体通航能力，保护好运河水质。持续加大大运河苏州段沿线文化遗产的价值评估与保护管理，打造出富有文化内涵、地方特色和观赏价值的文化生态旅游项目，实现保护传承和开发利用的良性循环。修复"运河生态"，回归原生生态，提升生态价值。自2017年以来，苏州启动清水工程。工程范围东至金鸡湖，西南至运河，北至沪宁高速，总面积约100平方千米，从而实现城市中心区水体质量明显提升，由运河贯通的苏城水网将更加清澈。坚持保护优先、绿色发展的理念，建设"蓝绿交织、水陆并行、古今辉映"的绿水步道生态网络，打造"一带三区九脉"的生态廊道体系，形成最美大运河风景线。将运河沿线分为六大类景观风貌段落，依据不同段落的风貌需求，确定建筑风格、建筑色彩。打造"一带统领、七廊织布"的生态格局，保护运河文化带及与其相交的七条生态廊道。结合沿线功能，将防洪加固与景观风貌岸线打造统筹考虑，定制不同类型的运河水岸空间。明确界定大运河文化带苏州段主河道管控范围，着力保护自然生态环境和传统历史风貌。坚决做好污染防治，加强运河断面水质监测，以河长制为抓手，推进大运河苏州流域整治，进一步提升水环境质量。统筹推进大运河苏州段水资源管理，合理保护利用岸线资源，完善水利基础设施，持续推进大运河环境治理。立足生态环境保护，建设大运河苏州段绿色清水生态长廊。做好河道本体保护及其清运航道和河道水流的维护，将大运河与苏州古城水系进行融合和联动，展示"苏式运河、中国水城"的特色。

第二节　水生态文明建设

　　自工业文明以来，人类在创造辉煌的物质文明、精神文明的同时，也带来了诸多问题，其中生态环境资源问题已经成为持续发展的重大障碍，人类面临资源、生态、环境等多重危机，人类的生存发展遇到了前所未有的挑战。由此，我们必须反思现代化、工业化、城市化过程中存在的种种问题，建设生态文明，建立人与自然的和谐关系，维持人类的持续发展。

一、水生态与生态文明

　　生态文明是工业文明发展到一定阶段的产物，是超越工业文明的新型文明境界，是正在积极推动、逐步形成的一种社会形态，是人类社会文明的高级形态。以生态文明取代工业文明成为人类历史发展的必然，建设生态文明，不仅对中国的经济发展有重大的作用，而且对于维护全球生态安全，推动可持续发展具有深远的意义。生态文明建设是中国社会发展的重要举措，是中国持续良性发展的基础。水生态文明问题是文明建设的题中之义。苏州具有良好的水生态环境基础条件,大力做好水生态文明建设是苏州城市未来发展的方向。随着时代变迁,"天堂"符号在现代文明乃至未来生态文明中,其内涵不断拓展和延伸。但人类不论走在天堂的哪一阶梯上,都将会把点睛之笔落在融自然环境之美与人文环境之美于一体的发展样式,这是人类对天堂的仰止。

目前,我国正处于现代化发展的进程中,同样面临自然资源日趋短缺、环境污染十分严重和生态系统持续恶化的情况。自从党的十七大报告中提出"生态文明"发展理念以来,我国生态文明建设成效显著。生态文明是基于地球生态、资源、环境系统而言的一种人类社会持续和谐发展的先进理念,它以人与自然的共生和协调为基础,兼顾人与人、人与社会的和谐发展,关联人们的发展理念及生产、生活方式,生态文明反映了社会发展和社会文明进步。

生态文明建设不仅是中华民族永续发展的千年大计,也是全球生态安全的重要组成部分。党的十九大将生态文明建设确立为新时代坚持和发展中国特色社会主义的基本方略,将生态文明建设作为我国经济发展方式和社会发展道路的重要选择,认为我国生态文明建设在取得重大成就的同时,对于全球生态文明建设亦做出重要贡献。报告指出:"人与自然是生命共同体,人类必须尊重自然、顺应自然、保护自然。"[①] "坚持人与自然和谐共生。建设生态文明是中华民族永续发展的千年大计。必须树立和践行绿水青山就是金山银山的理念,坚持节约资源和保护环境的基本国策,像对待生命一样对待生态环境,统筹山水林田湖草系统治理,实行最严格的生态环境保护制度,形成绿色发展方式和生活方式,坚定走生产发展、生活富裕、生态良好的文明发展道路,建设美丽中国,为人民创造良好生产生活环境,为全球生态安全作出贡献。"[②] "我们要建设的现代化是人与自然和谐共生的现代化,既要创造更多物质财富和精神财富以满足人民日益增长的美好生活需要,也要提供更多优质生态产品以满足人民日益增长的优美生态环境需要。必须坚持节约优先、保护优先、自然恢复为主的方针,形成节约资源和保护环境的空间格局、产业结构、生产方式、生活方

---

① 习近平:《决胜全面建成小康社会 夺取新时代中国特色社会主义伟大胜利——在中国共产党第十九次全国代表大会上的报告》,北京:人民出版社,2017年版,第50页。

② 习近平:《决胜全面建成小康社会 夺取新时代中国特色社会主义伟大胜利——在中国共产党第十九次全国代表大会上的报告》,北京:人民出版社,2017年版,第23-24页。

式，还自然以宁静、和谐、美丽。"①

水生态文明是生态文明建设的题中之义，是生态文明建设的重要基础和核心。水生态文明建设，要求人类遵循人水和谐理念，实现水资源可持续利用，支撑经济社会和谐发展，保障生态系统的良性循环。水污染防治、水安全保障、水生态修复、水生态环境、水资源管理及水旱灾害防御等，构成了水生态文明建设的重要环节和内容，这亦是生态文明建设的基础。党的十八大、十九大报告都将生态文明建设内容独立成章，强调在建设美丽中国、实现经济社会永续发展的总体性战略宏图中，需要重视生态文明建设，美丽中国是天蓝、地绿、水净的美好家园，水生态文明是建设美丽中国不可缺少的重要组成部分。

水生态文明建设，既包含对经济社会发展中水生态问题的深刻反思，又包含水生态文明建设的实践创造和理论创新。按照生态文明建设的战略部署，将水生态文明的理念，融入水资源开发、利用、配置、节约、保护的各个方面，渗透至水利规划、水利建设、水利管理的各个环节，坚持节约优先、保护优先和自然恢复为主的方针，以落实最严格水资源管理制度为核心，通过优化水资源配置，加强水资源节约保护，进行水生态环境综合治理，实现水资源可持续利用，提高水生态文明建设水平。

水生态文明是苏州生态文明建设的重中之重。为建设美丽苏州，推进绿色发展，着力解决突出的水环境问题，加大水生态系统保护力度，改革水生态环境监管体制，全面治理水生态环境。人类赖以生存的环境是一个包含社会、经济、自然的复合生态系统，水环境是自然系统中的重要组成部分。城市也是一个复合生态系统，水环境资源系统对于苏州具有无以替代的作用和价值，苏州城市建设，需要围绕水生态环境对经济、社会系统的影响进行系统性、整体性思考，确立水生态文明建设的长远定位和具体实施方案。既要进行水生态文明的制度建设，改革体制机制，又要强化水生态文明建设实践，编制水生态环境保护规划，着重实施；既要保护好丰厚的水文化遗产，发挥水资源的多重价值，又要维护好整体绿水环境，为苏州生态文明建设奠定坚实基础。

---

① 习近平：《决胜全面建成小康社会 夺取新时代中国特色社会主义伟大胜利——在中国共产党第十九次全国代表大会上的报告》，北京：人民出版社，2017年版，第50页。

二、水生态文明与"美丽水城"建设

水生态文明的要义：确立良好的人水关系，在洁净的良性循环的水资源环境生态中，持续不断地获得各种产品，以最大限度地满足人们物质和精神需求。苏州是著名的历史文化名城和风景旅游城市，水文化底蕴十分深厚，水生态环境良好，水生态文明的基础条件比较优越。多年来，苏州在城市文明建设及水生态建设方面取得了巨大成就。为了鼓励城市的优质、特色和持续发展，国际国内各种组织机构采用各种指标对城市进行衡量评比，以凸显城市的某种特点。一般而言，在某个方面、某几个方面获得荣誉已经非常不易、值得称赞了，而苏州在诸多领域、众多方面都能榜上有名，难能可贵。在生态文明方面，苏州荣获中国生态文明研究与促进会"2017美丽山水城市"称号，实现绿色发展，成为"有颜值，有文化，有智慧，有情感，有个性，有作为"的人与自然和谐共生的城市样板。苏州经济社会及生态等综合方面，获得国家和世界的认同。事实上，苏州无论是在经济活力、特色魅力、新兴城市等方面，还是生态园林、宜居城市、历史文化、风景旅游等方面取得的成就，其中最重要的还是得益于水文化的底蕴及水生态文明的贡献。

水景观、古典园林是苏州城市的重要特色。苏州城市建设可以在山水城市①、园林城市中寻求"水+园林"的城市生态景观定位，结合自然和历史文化传统，将苏州定位于"中国美丽水城"。"美丽水城"建设是水生态文明的本义。其要义是建设水环境和社会经济、人们生活和谐发展的优美城市。水生态文明内涵丰富，主要包括水安全、水资源、水环境、水生态、水文化、水管理等，其中"水生态"是水生态文明城市建设的核心组成部分。2013年苏州成为全国水生态文明城市建设试点城市。基于水质提升、水美、生态环境改善、城乡均等化、提高城乡水生态品质，开展了一系列行动，进一步提高水生态文明的程度，为建立美丽水城做出了

---

① 钱学森1990年首先提出"山水城市"概念，把山水诗词、古典园林和山水画的美与意境融入城市建设，指出"人离开自然又要返回自然。社会主义的中国，能建造山水城市式的居住区"。山水城市是未来城市发展的方向，具有中国文化风格，是中华文化的继承和发扬，符合城市生态学原理。吴良镛认为，山水城市是城市与自然的结合，强调城市的山水景观；有生态学、城市气候学、美学、环境科学的意义；山水城市还在于它特殊的文化意义，即中国山水文化、山水美学意义。周干峙则认为，从历史文化角度来讲，山水城市很好地概括了我国的城市特色，是一种具有高度文明水准的城市形态模式。

努力。

美丽水城建设是美丽苏州建设的基础，也是美丽中国建设的重要组成部分。美丽水城建设可以依照山水城市的理念进行规划设计和实施。苏州城市从早期选址到现在，经历了2 500多年的积淀和演变，城市水网、水系及城市周边山水格局、近郊山水体系都是城市难得的山水资源，这种"山—水—城"的自然山水景观和城市人文景观相呼应的都市风景系统，形成了苏州发展山水城市的基础。

山水城市是人居环境的最好居所。山水也是城市环境文化的重要载体。山水城市以自然山水为基础，合理地处理好人与自然的关系，提倡对于山水美学价值的文化诉求，体现人对于自然山水的审美体验。说到底，即将具有自然属性的山水引入社会文化之中，作为文化存在，让人们体验山水中的自然之美。吴良镛在人居科学中提出"环境文化"概念，即指"作为自然的一员赖以生存的'自然环境'和作为人们文化精神所寄托的'人文环境'"①。他将"山水城市"理解为城市与自然的结合，"山水"意指自然环境，"城市"则指人工环境。山水城市建设的最终目的，是建设人工环境与自然环境相融合的人类聚居环境，其特点是环境优美、如诗如画。

山水城市、古典园林城市作为中国生态城市建设的主流，山水和园林两大核心要素苏州全部具备，而且几近完美。有学者提出建设山水城市，可将中国山水诗词、古典园林建筑和中国山水画融合在一起应用到城市建设中，借鉴运用现代科技手段把城市建成一座超大型的园林。山水画影响了中国古典园林中堆山理水、叠石造景过程中的深层文化意识。"一座中国园林就是一幅三维风景画，一幅写意中国画。"② 从这个意义上讲，苏州最为适合建设山水城市。苏州的地貌特点也决定了苏州建设山水城市的基本格局，苏州古城位于长江下游南岸，东通吴淞江，南临太湖，北近阳澄湖，西部有灵岩、天平、邓尉、穹窿、尧峰、七子、上方等山，历史上的苏州，无论是山水诗词，还是古典园林、山水画都是极其丰富的。当然，山水城市建设需要顾及苏州山水田林湖草的整体系统，以城市有机体思想贯穿建设之中，切忌顾此失彼，尤其要注意城市生态系统的有机循环和城市的永续发展。

园林是苏州美丽水城建设的重要组成部分，需要进一步强化和提升。

---

① 吴良镛：《人居环境科学导论》，北京：中国建筑工业出版社，2001年版，第151页。
② 童寯：《园论》，天津：百花文艺出版社，2006年版，第4页。

苏州现有保存完好的古典园林60余处，其中拙政园和留园被列入中国四大名园，并同网师园、环秀山庄及沧浪亭、狮子林、艺圃、耦园、退思园等古典园林，被联合国教科文组织列入《世界遗产名录》。"苏州园林甲天下"，苏州园林大多以文人写意山水画为范本，不仅小巧、自由、精致、淡雅，还兼具诗情和书韵，是造园技艺与文化艺术的和谐统一，是写意园林艺术的典范。同时，她也是建筑、山水、花木、雕刻、书画的综合艺术品，集自然美和艺术美于一体，构成了曲折迂回、步移景换的画面，体现了诗情画意之境。园林在美丽城市建设中具有特别重要的价值，需要尽力发挥苏州园林品牌的社会综合效应。①

围绕美丽水城建设，将人们聚居地与城市水环境进行融合，在城市社会、经济和自然等各个子系统之间获得一种良性循环的生态平衡。联合国教科文组织提出生态城市规划的5项基本原则，即生态保护策略、生态基础设施、居民的生活标准、文化历史的保护、将自然融入城市，这也是规划建设生态城市的重要原则基础。苏州美丽水城建设，需要将水生态文明纳入生态城市建设中来，致力于水文化遗产的保护，将湖泊、河流融入城市，将水生态融入社会、经济、自然等各个系统之中，实现人们宜居与社会经济持续发展的格局。只有这样，才能逐步把苏州市建设成为生态良好、和谐宜居、经济繁荣、富有活力、特色鲜明的现代化大都市。

在工业化、现代化及城市化进程中，人类面临诸多问题，如自然环境、空气和水资源污染、经济发展方式和环境协调、自然与人的协调问题等，苏州同样也面临这些问题。水生态、水环境对于苏州具有全局性意义。苏州水生态系统的保护和系统恢复工作仍具有长期性和复杂性。一是就整个水生态系统而言，其具有自身演替规律和演变过程，人类任何行为的干预都是极其有限的，不能过于强调通过建设来解决一切问题；二是在工业化演进中，尤其是随着城市化率的提高，环境压力不可规避，水生态系统的修复和重建是一个长期的过程。因此，美丽水城建设的一个迫切任务是水环境的全面修复和治理。长期以来，由于水体污染、建设开发侵占重要水生态栖息地、人类活动造成生态系统扰动及长江、太湖等大区域水生态功能整体衰退的影响，水生态呈现退化趋势。近年来，苏州实施了一系列节水、减排、控源、截污工程，全市水功能区水质达标率明显提高。但总体而言，水环境问题依然严峻，区域水环境功能区达标率偏低，超出

---

① 陈大林、汪长根、蒋忠友，等：《苏州园林品牌价值研究》，《中国园林》2018年第1期，第35-39页。

区域水环境承载力。苏南运河水质不断恶化，运河苏州段已无剩余水环境容量，急需开展水环境整治。①

水生态环境建设需要有一个整体计划，实施一揽子工程，避免走先污染后治理的路子，切切实实从源头抓起，从大环境抓起，重视水生态修复，促使水生态环境资源的根本改善。加强水生态建设，需要对于湖泊、河道、湿地等水环境进行综合性治理，全面实施境内水生态保护和修复，严格控制污染源，降低污染负荷，倡导绿色生产和绿色消费。加强江湖水系连通和流动，提高水体纳污能力。加快使用水处理技术，将安全用水、污水处理与再生利用及雨水收集和利用等措施进行综合运用，重视生态修复，恢复水体的自净功能，促使水生态的良性循环，将水资源的粗放式简单利用转向多级多次循环利用。

绿水青山就是金山银山。不断创新探索、深化推进河长制、湖长制工作，着力建设美丽河湖、健康河湖、幸福河湖。要构建生态网络体系。统筹山水林田湖草系统治理和空间协调保护，构建以"三核四轴四片"为主体，多廊多源地为支撑的生态保护格局，打造层次丰富、类型多样的生态连接线，提升生态系统的质量和稳定性。确立了生态保护的基本格局，即三核——太湖、阳澄湖、长江生态核，四轴——京杭运河、望虞河、太浦河、吴淞江生态轴，四片——环太湖、环阳澄湖、长江田园和水乡湿地生态片区，多廊——娄江—浏河、元和塘—常浒河、盐铁塘、张家港河等生态廊道，多源地——自然保护地、重要湿地、生态公益林、山体等生态源地。在生态保护方面，对于河湖给予重点关注，到2025年，"建成10个省级生态美丽示范河湖，推出2—3个有全国影响力的生态美丽河湖典范，支持相城开展生态美丽幸福河湖建设暨'十百千万'生态建设工程。"②做好样板和示范河湖，在此基础上总结经验，全面推开，实现生态美丽河湖全覆盖。

---

① 陆健刚、钟燮、刘颖等：《苏南运河苏州段水环境容量及水质达标性计算》，《水电能源科学》2015年第7期，第51页。

② 苏州市发展和改革委员会：《苏州市国民经济和社会发展第十四个五年规划和二〇三五年远景目标纲要》，http://fg.suzhou.gov.cn/szfgw/.fggmjjjh/202103/co3a9278c584d8ba26004380f8dod5d.shtml，第93页。

后记

《苏州水文化概论》的编撰是受苏州市水务局委托，按照初步协商的框架提纲，拟从多视角、多层面阐述苏州水文化。接受委托任务后，我们组建了课题组，进行了人员分工，经历了两年多的紧张工作完成初稿。其后，苏州市水利局两次组织专家审稿、评审，提出修改意见，我们经过反复多次修改完成结项终稿。在付梓之前又进行了大量的补充和修改，终成此稿。

本书在撰写过程中，得到苏州市水务局前局长王国荣的大力支持；得到苏州市水务局前纪委书记郭根林的鼓励和督促，他对书稿提出诸多补充和修改建议，其认真负责的工作态度令人敬佩；本书在出版过程中，得到苏州市水务局局长陈习庆的大力支持。在搜集资料、核实数据等过程中，江苏省水文水资源勘测局苏州分局局长许仁康、苏州市水务局水利水务质量监督站站长梅新铭等，给予了诸多帮助；同时苏州大学图书馆、苏州市图书馆、苏州市博物馆、苏州市民俗博物馆、苏州市碑刻博物馆、苏州市文物局考古研究所等单位提供了大力支持，在此一并表示感谢。此外，我们还得到水文化遗产调查项目的支持，实地调查与项目成果数据的利用，对于书稿撰写大有裨益。在此，对项目委托单位苏州市水务局、吴中区水务局、相城区水务局等表示感谢。

苏州是吴文化的核心区域，水文化是吴文化的内核及特质，对苏州水文化进行探讨是一个很好的选题。而基于水探讨吴文化存在诸多难点，其关键在于以水为核心，围绕水探究区域社会生产、生活、社会心态及人文价值取向。其实，影响区域经济社会发展的环境因素有很多，也很复杂，水作为环境的基本要素之一，如何与人的活动发生关联和互动，如何渗透至社会生产生活形成文化特色，诸如此类的问题，既要在理论上进行阐释，又要落实到具体的文化层面，进行全面整合性研究，这对于本书的框架提纲、谋篇布局、研究内容等提出了挑战。近年来，江南经济社会文化问题始终是学界的热点，在与水文化相关的领域有诸多学者已进行了卓有成效的研究，为本课题研究提供了借鉴。

本书在撰写与评审过程中，承蒙江苏省水利厅潘杰研究员，复旦大学王建革教授，亚太地区世界遗产培训与研究中心（苏州）主任汪长根先生，苏州科技大学戈春源教授，苏州大学王卫平教授、臧知非教授、朱小田教授、王玉贵教授、黄鸿山教授等专家学者的指导，在此表示感谢。另外，课题负责人胡火金于 2017 年承担了江苏省社会科学基金基地项目"苏州水文化与城市精神研究"，这为本书的撰写奠定了一定基础。在此，还要特别感谢责任编辑周凯婷老师的辛勤劳动，她的认真仔细及高效的工作是本书质量的基本保证；薛华强编审对该书进行了审核、校对等工作，付出辛苦劳动，在此谨表谢忱。

　　水文化史涉及诸多方面，包罗万象。本书选择了相关方面的专家学者参与撰写，这也是顺利完成书稿编写的重要前提。书稿撰写具体分工，绪论、第一章：胡火金、霍耀宗；第二、三、四、五、六章：杨凤銮、胡火金；第七章：敬淼春；第八章：潘伟峰；第九、十、十一章：朱琳、胡火金；第十二、十三章：胡火金、孟明娟；研究生李兵兵及王毅、王泽仁、李淑伟、唱明扬、晏宋钰、刘心宇、尚冬雪等参与资料搜集、核对和注释工作；全书由胡火金负责框架谋划、提纲撰写及统稿修改等工作。

　　由于我们是按照苏州市水务局认定的框架提纲进行编写，加之多人参加，风格有异，且限于时间和能力水平，在水文化涉及的层面和深度及细节梳理和论证等方面存在诸多不足，有待以后思考补正。

编　者
2021 年 11 月 20 日